부모의 이별과 마주한 아이

(아동과 이혼에 대한 진실)

Robert E. Emery, Ph.D

최 인 화 역

창지사

역자 서문

에머리 교수님을 처음 만난 것은 몇 년 전 이혼가족의 적응이라는 주제로 열렸던 국제학술대회에서이다. 국제적으로 유명한 이혼 조정 전문가로서, 조정(mediation)이 이혼가정의 부모자녀관계에 미치는 영향에 관한 12년에 걸친 종단연구의 결과를 발표하는 자리였다. 이혼을 하는 부부들은 처음에는 슬픔에 잠겨 있다가 책임감이나 관계 회복에 대한 희망을 가지고 잃어버린 사랑의 끝자락을 향해 다시 손을 내민다. 그러나 잡아 주는 손길이 느껴지지 않거나 자신의 친절한 행동이 오해받았다고 느낄 때 곧 상대방에 대한 분노에 휩싸인다. 그러면서도 죄책감이나 상대방의 거절로 인해 다시 슬픔에 잠긴다. 이렇게 슬픔과 사랑, 그리고 분노로 이어지는 감정의 순환주기에 대한 그의 설명은 대단히 명쾌했다. 이 책에서도 그 내용이 상세히 다루어지고 있다. 이혼 후 남남이 된 부부들은 처음에는 마치 롤러코스터를 탄 것처럼 심한 감정의 파도를 넘게 된다. 이 감정은 애초의 슬픔에서 사랑으로, 그리고 다시 분노로 바뀌는데, 시간이 흐를수록 파도의 높이가 점점 낮아지면서 이런 감정들이 서로 뒤섞이는 것을 경험한다. 그리고 그 감정의 흔적들을 상자에 담아 마음 속 어딘가에 깊숙이 넣어 둔다. 이혼한 부부 사이에 아이들이 없다면 아마 그 상자를 꺼낼 필요가 없을지도 모른다. 혹 다른 물건을 찾다가 어쩌다 마주치게 될지는 몰라도 말이다. 하지만 결혼생활을 접으려는 부부 사이에 아이들이 있다면 문제는 달라진다.

이혼이 부부 사이의 결혼은 깰 수 있을지 모르지만, 엄마, 아빠, 그리고 아이로 이루어진 가족관계 자체는 깰 수 없다. 그래서 이혼 후 '전남편'과 '전 아내' 간의 거리가 멀어질수록 아이는 그 사이에 끼어서 힘들어하며, 무엇보다도 '아이답게 자라는 데' 많은 어려움을 겪는다. 부모의 이혼을 경험한 아동을 대상으로 한 많은 연구들에 의하면, 이런 아동들이 심리적, 사회적 측면은 물론 학업이나 건강 측면에 있어서도 취약할 가능성이 많은 것으로 나타난다. 그러나 저자는 부모들이 감정을 잘 조절하고, 이혼 후에도 함께 자녀양육에 참여한다면 아이들 역시 부모의 이혼에 따른 어려움을 극복하고 적응유연성 있는 아이로 자랄 수 있다고 한다. 실제 저자는 이혼소송을 진행하기 위해 법원을 찾은 부부들을 무작위로 두 그룹으로 나눈 뒤, 한 집단은 소송을 통해 그리고 다른 집단은 조정을 통해 자녀양육에 대해 합의를 도출하도록 하고서 이혼 후 12년에 걸쳐 그 결과를 살피는 연구를 진행했었다. 그 결과, 조정 절차를 통해 자녀양육에 합의한 부모들이 소송 과정을 거친 부모들에 비해 자녀의 양육에 더욱 협력적인 것으로 나타났다. 특히 소송을 통해 자녀양육 문제를 결정한 이들의 경우 함께 살지 않는 부모, 곧 친권을 갖지 않은 부모가 자녀의 삶에서 사라지는 경우가 훨씬 높은 것으로 나타났다.

저자는 자신이 첫 결혼에서 얻은 딸을 포함한 다섯 아이의 아버지로서 학자로, 교수로, 그리고 연구자로서의 삶에 전념할 수도 있었다고 말한다. 그런 자신이 굳이 이혼을 앞두고 높은 수위의 감정다툼을 벌이는 부부들 사이에 '끼어들어' 조정하는 것은, 아무 선택의 자유도 없이 부모의 갈등 사이에 '끼어' 고통 받는 아동들, 특히 부모의 이혼으로 인해 가족마저 잃을 수 있는 아동들을 돕기 위해서라고 말한다. 이혼에 직면한 부모들이 위기의 순간에 자신의 감정을 다스리고 아이의 필요에 관심을 가질 수 있도록 돕기 위함이라는 것이다.

역자가 학술대회 기간 동안 가까이에서 접하며 느꼈던 것처럼, 에머리 교수는 훌륭한 성품을 가진 분이다. 게다가 부모의 이혼이 아동에게 미치는 영향을 누구보다 잘 아는 임상심리학자이다. 그런데 이런 사람도 이혼을 할 수 있다. 그러니까 어떤 결혼이라도 그 나름으로 지속되기 어려운 상황에 처할 수 있다는 것이다. 아이들이 없다면 상대적으로 문제는 단순하다. 그 결혼을 어떻게 끝낼지 두 사람이 결정하면 되기 때문이다. 그러나 아이가 있다면, 문제는 이혼을 고려하는 부부 두 사람에게서 끝나지 않는다. 자신들의 이혼과 상관없이 자녀에게 계속해서 가족이 되어 줄 책임, 여전히 엄마로, 아빠로 아이의 정상적인 발달을 도와야 할 사랑의 책임이 있는 것이다.

최근 들어 한국사회는 급격한 이혼율의 증가를 경험하고 있다. 그리고 많은 이혼부부들 사이에는 미성년 자녀들이 있어 부모의 결별을 겪어야 하는 아이들이 늘고 있다. 그러나 이혼을 생각하는 부부들에게 그들의 결정이 자녀들에게 얼마나 심각한 영향을 미치는지를 인식시키려는 노력이나 이혼 후 자녀양육 계획을 어떻게 세워야 할지에 대한 실질적인 도움은 아주 부족한 상황이다. 그런 점에서 이 책은 실제로 이혼의 과정을 거치는 부부들뿐 아니라 이런저런 이유로 이혼을 고려하고 있는 부부들에게도 도움이 될 만한 실제적인 내용을 많이 담고 있다. 이혼 전은 물론 이혼 후에 이르기까지 한때 부부라는 이름으로 묶여졌던 두 사람이 직면하는 여러 가지 어려운 상황에서, 이들이 어떻게 자신의 감정을 다스리고, 어떻게 서로의 관계를 재정립하며, 어떻게 아이들에게 부모의 이혼에 대해 이야기를 할지, 그리고 어떻게 이혼으로 야기되는 과제들과 자녀양육 문제를 해결할 수 있을 것인지를 실제 사례들과 함께 알기 쉽게 제시하고 있다.

2008년 6월부터는 우리나라도 먼저 부부간에 미성년 자녀 양육문제에 대해 합의가 이루어져야 협의이혼이 가능하다고 한다. 그러니까 미성년 자녀 양육계획 및 친권자 결정 협의서 제출이 의무화된 것이다. 지금까지 부모의 이별을 겪으면서 가족까지도 잃어야 했던 많은 아이들이 새로운 법제도하에서 아이답게 자랄 수 있는 그들의 권리를 보장받을 수 있기를 바란다. 비록 미국의 경우이긴 하지만 이 책에서는 이혼가족과 관련한 구체적 조언들 역시 많이 다루고 있어서, 아동이나 가족복지 관련 전문가나 정책 결정자들, 그리고 변호사, 판사 등의 법률 전문가들 및 상담자, 이혼 조정 위원, 사회복지사 등 실천적 서비스 제공자들에게도 큰 도움이 될 것으로 기대한다.

이 책을 번역하는 과정에 도움을 준 이들이 많다. 자녀를 키우는 엄마의 입장에서 글을 읽고 조언해 준 친구 선희, 법률 전문가의 입장에서 날카로운 지적과 가르침을 준 후배 상진, 그리고 바쁜 시간을 쪼개 가며 원고 교정에 도움을 준 연구실의 사랑스런 후배들 선영, 새롬, 진실에게 고마운 마음을 전한다. 그들의 도움에도 불구하고 오역이나 실수가 발견된다면 이는 전적으로 역자의 책임이다. 또한 배우자의 부족함을 이모저모로 채워 주는 남편과 엄마, 아빠 사이에 늘 '끼어'들기를 원하는 딸 세라에게 고마움을 전한다. 이 책을 번역하면서 그 중요성을 더 절실히 깨닫게 된 겸손과 용서, 귀 기울임과 너그러움의 미덕을 더 잘 실천하리라는 다짐을 해 본다.

부모의 이별에 직면한 아이들을 위해, 그리고 이혼과 부모의 이혼을 겪는 아동에 대한 진실을 한국의 독자들에게 알리기 위해, 에머리 교수의 책을 번역하겠다는 역자의 제안을 흔쾌히 받아주신 창지사 사장님과, 예정보다 오랜 시간을 끌었음에도 늘 웃음과 격려를 아끼지 않으신 최창숙 편집장님 그리고 꼼꼼하게 편집에 애써 주신 박윤정 대리님께 감사의 말씀을 전한다.

2010년 4월

최 인 화

한국어판 서문

나의 책 『부모의 이별과 마주한 아이(아동과 이혼에 대한 진실)』이 한국어로 출간된 것을 영예롭게 생각하며, 열정적이고도 감각적으로 이 책의 내용과 문화적 색채를 잘 옮겨 준 최인화 선생께 감사의 마음을 전하고 싶다. 이혼을 두고서, 한국 문화와 미국 문화가 부모와 자녀를 바라보고 취급하는 방식은 서로 다르겠지만, 우리가 겪는 상처와 고통과 슬픔은 누구에게나 같다. 미국에서는 이혼이 '쉽다'고 생각하는 사람들도 있지만, 이혼으로 인한 감정적 파장은 그 누구에게도 결코 쉬운 일이 아니다. 하지만 한국을 방문하여 그곳의 전문가들과 장시간 논의해 본 결과 나는 한국의 이혼에는 또 나름대로 독특한 어려움들이 있다는 사실을 알게 되었다. 경제와 사회의 급격한 변화 및 가정 내에서의 심각한 동요로 인한 문제들, 결혼이 실패한 후 어떻게 아이를 양육할 것인가에 관한 문제들, 이혼이 야기하는 공적 혹은 사적 수치심 등과 같은 문제들이었다. 이 책을 통해 당신도 함께 공유할 수 있었으면 하는 나의 희망은 바로 이것이다. 곧 우리 자신이 겪는 상처와 분노와 수치심에도 불구하고 우리 부모들은 아이들이라는 변할 수 없는 이유로 인해 정직하고 겸허하게, 냉정하고 공평하게, 그리고 가능하다면 용서의 마음으로 우리 앞의 문제들과 직면해야 한다는 것이다. 한 개인으로 그리고 전문가로 내가 습득하여 이 책에서 제시하는 조언들이 인생의 격랑 속에서 보다 나은 부모가 되려는 당신에게 도움이 되기를 바란다. 부모들은 자녀들을 보호하기 위해 자신의 힘겨운 감정들을 인식해야 하고 이를 다루는 법을 배워야 한다는 충고를 우리 부모들이 마음에 새길 수 있기를 바란다. 나의 목표는 단순하다. 부모들이 이혼이라는 어려움에도 불구하고 부모로서의 책임을 다함으로써 당신의 자녀들이 '이혼 가정의 아이'를 벗어나 아이다운 아이들로 자랄 수 있게끔 하는 것이다.

I am honored to see The Truth about Children and Divorce published in Korean, and I am grateful to In Hwa Choi for her dedication and sensitivity in translating both the text and the cultural aspects of my book. Korean and American cultures view and treat parents and children differently in divorce, but our hurt, pain, anger, and grief are universal. Many people seem to think divorce is "easy" in America, but the emotions of divorce are never easy. Yet, my travel to Korea, and my extensive consultations with Korean experts, have taught me of some of the unique struggles of Korean divorce - struggles not only with rapid changes in industry and society, but also with upheavals infamily life; struggles with how best to raise children after a marriage ends; struggles with the public and private shame of divorce. For me, and I hope for you, our children are the one abiding reason why parents, despite our own hurt, anger, and shame, must face our struggles with honesty, humility, perspective, fairness, and perhaps even forgiveness. I hope that the personal and professional lessons I have learned, and offer in this book, can help you, in the midst of your turmoil, to be better parents to your children. I hope that you take to heart the advice that we, as parents, must recognize and begin to manage our own, difficult emotions in order to protect our children. My goal is a simple one. I want parents, despite divorce, to do their job as parents, so that your children can be children, not forever a "child of divorce."

감사의 말

내가 이 책을 쓰게 된 가장 큰 목적은 이혼의 상처, 아픔, 비통함, 불확실함 및 슬픔으로 힘겨워하는 부모들과 아이들을 도우려는 것이었다. 내가 바라는 것은, 당신과 같은 갈등을 가진 이들의 이야기들 및 그 속에 담긴 통찰들이 당신으로 하여금 이혼의 위기를 슬기롭게 극복할 수 있도록 돕는 것, 더 나아가 한 개인으로서, 그리고 비록 나누어지긴 했지만 한 가정의 일원으로서 보다 나은 자리에 이를 수 있도록 돕는 것이다. 이 책에는 나의 내담자나, 다양한 연구 과제의 참여자, 혹은 친구의 입장에서 자신들의 이야기들, 아니 보다 중요하게 그들의 감정을 나눈 많은 사람들이 있다. 나는 이들로부터 어떻게 감사해야 할지 모를 만큼 많은 것들을 배웠다. 만일 이 책의 내용이 당신에게 도움이 된다면, 당신 역시 나와 마찬가지로 이 많은 사람들에게 감사의 마음을 가져도 좋을 것이다.

무엇보다도 나의 에이전트인 배스 베셀(Beth Vesel)에게 감사한다. 그녀는 이혼의 고통을 겪는 이들을 돕고자 하는 나의 열정을 이 책으로 변모시키는 데 결정적인 도움을 주었을 뿐 아니라, 책이 만들어지는 과정 내내 나의 입장을 대변하고, 나의 고충을 들어 주며, 부드러우면서도 예리한 비평가 역할을 해 주었다. 편집자요 작가 역할을 해 준 패티 로마노프스키 배쉬(Patty Romanowski Bashe)에게도 깊은 감사의 마음을 전한다. 그녀는 대단한 유머감각과 인내심을 갖고서 어떻게 하면 딱딱한 학문적 문체에서 벗어나 보다 자연스럽게 생각하고, 말하고, 느끼는 대로 쓸 수 있는지를 가르쳐 주었다. 이 책을 편집한 자넷 골드스타인(Janet Goldstein)에게도 감사를 드린다. 그녀는 처음부터 이 책과 내가 나누고자 하는 말의 가치를 믿어 주었으며, 종종 이 책이 누구에게로 가야 할 것인가에 대해 나보다 더 나은 감각을 보여 주었다. 부편집인 루시아 왓슨(Lucia Watson)은 이 책이 완성되는 과정에서 문체와 책의 구조와 관련된 엄청난 세부적 사항들을 능숙하게 처리해 주었다. 그녀의 세심함과 능숙함에 대해 감사의 마음을 전한다.

지난 25년 동안 매우 훌륭한 대학원생 제자들을 가르칠 수 있었던 것은 더할 나위 없는 행운이었다. 이들은 성실히 연구에 임했고, 내 생각을 정교하게 하는 데 도움을 주었으며, 그들의 독창적인 생각과 경험들을 나와 함께 나누었다. 리사 로만-빌링스(Lisa Laumann-Billings), 데이브 스바라(Dave Sbarra), 메리 월드론(Mary Waldron), 그리고 피트 딜런(Pete Dillon)은 나의 최근 연구에서 중심적인 역할을 한 이들이며, 그 중 많은 것들이 이 책에서 소개되었다. 하지만 조정 관련 연구가 시작된 것은 20년 전이었는데, 이 자리를 빌어 과거 그 연구에 참여했던 아래의 학생들에게도 감사의 말을 전하고자 한다. 수전 피터먼(Susan Peterman), 댄 쇼(Dan Shaw), 멜리사 와이어(Melissa Wyer), 수전 조이스(Susan Joyce), 제프 호가드(Jeff Haugaard), 쉴라 매튜스(Sheila Matthews), 쉘리 튜어 마틴(Shelly Tuer Martin), 캐더린 키츠먼(Katherine Kitzman), 그리고 매리 조우 코이로(Mary Jo Coiro), 그리고 초기의 연구에서 주 조정자였던 조앤 잭슨(Joanne Jackson) 및 내가 특별한 관심을 기울인 학생이었고, 또한 그녀 역시 이 책에 깊은 관심을 갖게 되었던 캐더린 맥램(Catherine McLamb)에게도 감사의 마음을 전한다.

지난 여러 해 동안 윌리엄 T. 그랜트 재단(William T. Grant Foundation)은 마치 마음씨 좋은 친척처럼 나의 연구뿐 아니라 나의 아이디어를 뒷받침해 주었다. W. T. 그랜트 재단의 이혼연구협의회(Divorce consortium)에 속한 탁월한 멤버들은 독특하고 활발한 모임들을 통해 나의 생각을 더욱 날카로운 것으로 만들어 주었으며, 이는 버지니아대학교에 함께 있는 나의 친구들과 동료들 역시 마찬가지였다. 이 중에서도 특별히 메이비스 헤더링튼(Mavis Hetherington)을 언급하고 싶은데, 그와 나는 아마 20년 동안 같은 학과에 있으면서 이야기를 나눈 것보다 함께 다른 곳으로 여행하면서 나눈 이야기가 훨씬 더 많을 것이다.

또한 이 책의 원고를 읽고 매우 귀중한 조언을 해 준 두 친구요 동료들인 앨리스 리카타(Alice Licata)와 잰 프라이어(Jan Pryor)에게 특별한 감사의 말을 전하고 싶다.

자라나면서 나의 누이들인 수전(Susan)과 크리스턴(Kristan)은 우리 집에서는 가족(family)이란 말을 대문자 F로 시작한다고 말하곤 했다. 그리고 우리는 실제로 그렇게 했다. 나는 미국인으로 이탈리아계 대가족에서 자랐는데, 가족 모두가 같은 일에 종사하고 또 모두가 서로의 일에 간섭하는 그런 가정이었다. 나의 부모님은 57년 동안을 함께 지내셨다. 아버지는 2001년에 돌아가셨는데, 그가 그립다. 그리고 가끔 간섭이 좀 심하긴 하지만 언제나 사랑 넘치는 나의 어머니 미키(Mickey)께서도 내가 얼마나 그녀를 사랑하는지 아셨으면 좋겠다. 가장 깊은 사랑과 감사는 나의 아내 킴벌리(Kimberly)의 몫이다. 그녀는 때론 닦달하기도 하고, 때론 보조를 맞추기도 하면서 내가 흥미를 잃지 않고 작업할 수 있도록 해 주었다. 물론 동일한 사랑과 감사는 나의 다섯 아이들의 몫이기도 하다. 나는 그 어떤 책에서보다 매기(Maggie), 줄리아(Julia), 바비(Bobby), 루시(Lucy), 그리고 존(John)에게서 배운 것이 더 많은데, 특히 부모로서의 수고와 기쁨, 그리고 궁극적으로는 부모의 한계에 대해서는 더더욱 그렇다. 그리고 이 책을 두고 말하자면, 나의 이혼을 겪어 내며 더욱 강인한 아이로 자라 준 매기에게 특별한 찬사를 돌려야 할 것 같다.

저자의 주

이 책에서 묘사된 모든 사례들은 조합된 것들이다. 내담자들과 연구 참여자들의 비밀과 사생활을 보호하기 위해 세부적인 사항들은 많은 부분 각색되었다. 이 책에서 제시된 사례들은 정서적으로 사실적인 이야기들이지만, 이들 중 어느 것도 생사를 막론하고 실제 인물과 일치하지 않는다.

저자 서문

결혼이 깨어질 때 아이들을 먼저 생각하기

그 전화는 결혼상담가이며 조정인인 내가 흔히 받는 전화 중 하나였다. 다니엘(Danielle)과 프랭크(Frank)는 14년의 결혼 생활을 끝내고 그때 막 헤어지려는 참이었다. 일반적으로 배우자 중 한 사람이 전화를 걸어 첫 약속을 정하곤 하는데, 보통 결혼을 끝내고 싶어 하는 쪽에서 전화를 하는 경우가 많다. 나는 전화를 걸어 온 배우자가 자기 입장에서 들려 주는 사건의 전말에 귀를 기울이며, 동시에 결혼 생활이란 어떤 경우이든지 적어도 두 가지 혹은 그 이상의 서로 다른 차원이 있다는 사실도 잊지 않으려 한다. 이번 상담 건이 특이했던 것은 전화가 걸려온 시기가 바로 크리스마스 한 주 전이었다는 사실이다. 별거 이야기를 꺼내기에 어울리는 때는 아니었으니까 말이다. 그리고 다니엘이 제시한 결별의 시점도 그랬다. 당장 별거를 시작하겠다는 것이었다.

이들 부부에게는 샘(Sam)이라는 여섯 살짜리 아이가 있었기에 심리학자이면서 아버지이기도 한 나에게는 이 부분이 특히 곤혹스러웠다. 다니엘이나 프랭크 모두 이미 각자의 변호사와 의논을 한 뒤였지만, 다니엘은 자신은 법정에서 일을 해결하고 싶은 생각이 없으며 프랭크 역시 자신과 같은 입장이었으면 좋겠다고 했다. 두 사람 다 수입은 비슷하니까 재산 때문에 싸우는 일은 없을 것이라고 했다. 프랭크는 결혼을 깨고 싶어 하지 않지만, 이렇게까지 된 마당에 결혼 생활을 지속할 가능성은 거의 없다고 다니엘은 말했다.

"크리스마스 이전에 저희와 꼭 만나 주시면 좋겠어요." 하며 다니엘은 다급하게 부탁했다. 약속 날짜를 정하고 난 뒤, 다니엘은 자신의 상황에 대한 결정적인 설명을 덧붙였다. 최근에서야 그녀는 자신이 그동안 바람을 피워 왔다는 사실을 프랭크에게 고백했다는 것이다. 그녀는 프랭크가 어떻게 나올지 무척 걱정하고 있었다.

결별하는 것을 두고 프랭크와 진지하게 이야기하려고 할 때마다, 프랭크는 아이는 전적으로 자신이 키우겠다고 못을 박아 왔다. 하지만 다니엘에게는 그건 말도 안 되는 이야기였다. 왜냐하면 지금까지 아들을 키우는 데 더 많은 시간을 들인 것은 바로 자신이었으며, 자신 또한 그 아이를 너무나 사랑하기 때문이었다. 아들과 떨어지게 되면 도저히 견딜 수 없을 것이다. 그렇지만 다니엘에게는 죄책감이 있었다. 또 어떤 것이 과연 옳은 것인지, 법적으로는 어떻게 될지 자신이 없었다. 따지고 보면 바람을 피웠던 사람은 바로 자기 자신이었기 때문이다. 약속 시간을 기록하면서, 나는 두 사람과 상담이 끝날 무렵이면 우리들이 과연 얼마나 크리스마스 기분을 느낄 수 있을지 생각해 보았다.

나중에 상담 일지를 살펴보던 나는 다니엘과 프랭크의 경우가 감정적으로 격하고 볼썽사나운 이혼이 지닌 모든 요소를 보여주고 있다는 것을 알 수 있었다. 부부 중 어느 한쪽으로부터의 일방적인 결별 요구, 배우자의 부정에서 오는 충격과 배신감, 적어도 몇 개월 혹은 몇 년까지 소요될 수 있는 결별의 과제를 겨우 며칠 만에 해치우겠다는 조급함, 잠재적으로 적대적인 변호사들, 그리고 최악의 타이밍까지 말이다. 어린 샘의 입장에서 볼 때 크리스마스 기간에 부모가 헤어지는 것보다 더 끔찍한 일이 있을 수 있을까? 한때 서로의 배우자였고 앞으로는 전 배우자가 될 다니엘과 프랭크가 어려운 때를 맞이했다는 데는 의문의 여지가 없었다. 하지만 이 모든 상황에도 불구하고, 나는 다니엘이 전화로 했던 그 한 마디 말이 진실이었기를 바랐다. 그녀와 프랭크 모두 샘에 대해 변치 않는 관심과 사랑을 갖고 있다는 사실 말이다.

정말로 아이들을 먼저 생각하기

때때로 나는 왜 내 자신이 다니엘과 프랭크 같은 부부들의 고통(agony)과 분노 가운데 개입하게 되는지 스스로에게 묻는다. 지난 25년간 가정과 이혼에 대한 과학적 연구 및 여러 활동을 해 온 심리학자이자 조정인(mediator)이요, 학문을 하는 대학 교수인 나로서는 이혼하는 부부들의 갈등과 분노 속에 뛰어드는 대신 학문적 영역에 안주하는 길을 택할 수도 있었다.

그러나 샘과 같은 아이들에게는 전혀 선택의 여지가 없다. 오늘날 미국에서만 매년 백만 명 이상의 아이들이[1] 샘과 같은 처지에 놓인다. 내가 이혼하는 두 사람 가운데 개입하는 것은 바로 샘과 같은 아이들을 그 안에서 데리고 나오려는 희망에서이다. 자녀들이 이혼하는 부모들의 분쟁에 휩쓸리지 않도록 이들을 우선적으로 고려하는 것이 얼마나 중요한 일인지에 대해 나 자신이 절대적인 확신을 갖고 있기 때문이다. 내가 수행한 모든 연구 결과와 부부나 가족을 대상으로 한 상담 결과들은 한결 같이 부모가 이혼 후에 어떻게 하는지에 따라, 즉 이들이 어떻게 자녀를 양육하고, 어떻게 자신의 감정을 다스리며, 또 서로 어떤 관계를 맺고 협력하는지에 따라 이혼에 대처하는 자녀들의 적응유연성(resilience)이 달라진다는 사실을 보여준다.

이 점에 관한 한 나를 믿어도 좋다. 나는 이혼 과정에서 세상이 얼마나 현실적일 수 있는지 (그리고 얼마나 비현실적일 수 있는지) 잘 안다. 결혼이 깨어지는 것을 보면서, 그리고 당장 눈앞에 놓인 온갖 일과 씨름하면서 느끼곤 하는 그 무기력하고 우울한 기분을 안다. 나는 지난 25년간 전문가로서 수행해 온 실무적인 경험을 통해 이 사실을 잘 알고 있다. 뿐만 아니라 처음부터 솔직히 말하자면, 나 자신의 개인적 체험을 통해서도 이혼의 고통을 잘 알고 있다.

이 글을 쓰는 지금, 나의 첫 결혼에서 얻은 딸 메기(Maggie)는 행복하고 활력이 넘치며 독립심이 강한 스물한 살의 여성이 되었다. 대학 졸업을 눈앞에 두고 있으며, 앞으로 자신이 걸어갈 인생의 항로를 설계하고 있다. (나는 그 후 재혼하여 사랑스럽고 활기찬 네 명의 아이들을 더 얻었다.) 메기의 엄마나 나에게도 나름대로 후회되는 부분이 없지는 않지만, 우리는 메기를 위해, 그리고 메기를 양육하는 과정에서 우리가 해 왔던 일에 대해 무척 뿌듯하게 여기고 있다.

사실 오늘날 미국에서는 거의 절반 정도의 아이들이 부모의 이혼을 경험하거나 혹은 결혼하지 않은 채 동거하던 부모의 별거를 경험한다. 적어도 이론상으로는 부모나 전문가 모두 자녀를 먼저 생각하기를 원한다. 하지만 내가 현실 세계에서 배운 것 중의 하나는, 특히 나 자신의 경험에 의하면 이혼으로 인해 온갖 감정이 뒤엉키는 와중에서 아이들에게 가장 유익한 것이 어떤 것일지 먼저 생각하는 것이 얼마나 어려운 일인가 하는 것이다. 여기서 사람들이 잘 깨닫지 못하고 있지만 연구나 임상적 사례들을 통해 설명할 수 있는 것은 왜 그것이 그토록 어려운지, 그리고 그 어려움을 극복하기 위해 어떤 조치를 취할 수 있겠는지에 대한 것이다. 당신이 어떤 유형의 이혼을 하게 되든지 말이다.

이 책에서 제시하는 교훈은 모든 부부에게 적용된다. 당신이 전 배우자와 으르렁거리는 관계이거나, 피차 거리를 둔 관계이거나, 아니면 협력적인 관계이거나 상관없다. 다니엘의 경우는 아들 샘에게 관심을 집중할 준비가 되어 있었음에도 불구하고 여전히 이혼하기를 원했다. 그녀는 자신을 위한 새로운 삶의 계획을 모두 세워놓고 있었다. 그러나 과연 프랭크는 자신이 받은 감정적 충격 속에서 샘의 안녕을 먼저 생각할 수 있었을까? 만약 당신이라면 할 수 있었을까? 아니, 지금 당신은 그렇게 할 수 있겠냐고 물어야 할 상황인가?

내가 이 책을 쓰는 목적은 이별이라는 심각한 위기 상황에서, 아이들이 두 부모 사이에 끼이는 일이 없도록 부모가 자녀를 먼저 생각하게끔 돕는 것이다. 이를 위해 나는 이혼에 대한 부모들의 이해를 넓히고, 이혼과 관련된 실제적 조언을 제공하며, 또 자녀들을 우선시해야만 하는 이유에 관해(희망하건대) 그들이 도저히 거부할 수 없을 만한 강력한 논증들을 제시할 것이다. 이상적으로 말하자면, 이는 이혼의 법적인, 사회적인, 실제적인, 그리고 무엇보다도 감정적인 절차를 통과하기 위해서는 적어도 별거 이전의 몇 개월 그리고 별거 후 이 년에서 삼 년 정도의 시간이 필요하다는 것을 의미한다. 나의 목표는 당신이 해야 한다고 머리로 알고 있는 일들을 마음으로 그리고 행동으로 실행할 수 있게끔 돕는 것이다. 만약 처음부터 제대로 해 오지 못했다면 지금이 제대로 시작해야 할 적기이다. 이 책에서는 이혼이라는 이 결정적인 시기를 새롭게 이해할 수 있도록 돕고, 어떻게 헤어진 배우자와(때로는 약간의 거리가 불가피할 수도 있겠지만) 서로를 존중하고 갈등이 적은 관계를 유지하며, 어떻게 자녀들의 삶에 지속적으로 개입할 수 있을 것인가에 대한 조언을 제공한다. 또한 당신의 감정적인 현실을 깨달을 수 있도록 도움으로써 실제적인 현실을 처리해 나갈 때 더 나은 선택을 할 수 있도록 해 준다. 이 책에서 앞으로 당신이 배우게 될 핵심 사항에는 다음과 같은 내용들이 포함된다.

- 분노나 다툼이 완전한 결별을 막는 이유
- 이혼과 관련된 독특하고 복잡한 슬픔의 주기 및 그것이 전 배우자와의 관계 방식에 미치는 영향
- '그'의 이혼과 '그녀'의 이혼에 관한 진실
- 힘 겨루기와 애정 겨루기(intimacy struggles)의 차이 및 그것이 매일 매일의 양육 계획에 관련하여 일을 더 복잡하게 만드는 방식
- 법률적인 사안이 이혼의 마지막 과제가 되어야 하는 이유
- 부모의 사랑과 권위가 아이를 위한 최선의 '치료'가 될 수 있는 이유

위기의 때에 진실과 희망 찾기

이혼(여기서 이 단어는 별거, 법적인 이혼 및 사실혼 관계의 종결 모두를 의미한다)을 바라보는 가장 흔한 방식은 그것을 결혼 관계의 종결로 생각하는 것이다. 법적으로 말하자면, 미국 내의 여러 주에서는 신청만 하면 얼마든지 이혼을 할 수 있다. 그러나 감정적 차원에서 말하자면 이혼은 평생이 걸리는 일이 될 수도 있다.

이혼에 관한 공개적 토의들은 대개 감정적 측면보다는 법률적, 경제적, 그리고 사회적 측면에 초점을 맞춘다. 우리가 너무도 쉽게 잊어버리는 사실은, 언제나 그렇지만 특히 이혼과 같은 위기의 시기에 있어서 부모의 가장 주된 의무는 부모가 되는 것이며 아이들의 가장 큰 권리는 아이들이 되는 것이라는 점이다. 부모들이 자신의 감정 문제를 통제하지 못할 때(그로 인해 종종 그들 간의 법적 문제를 더 복잡하게 만들거나 악화시킬 때) 자녀들은 위험에 처한다. 이혼 과정에서 부모가 부모로서의 의무를 저버릴 때, 아이들은 그들이 가진 가장 중요한 선물이자 권리 중 하나를 잃게 된다. 바로 아이가 될 수 있는 기회 말이다.

이걸 읽으면서 아마 당신은 내심 "이건 너무 당연하고 뻔한 이야기이잖아" 하고 생각할지 모른다. 사실 어떤 점에서는 그렇다. 그러나 여러 통계 수치와 나의 연구 결과, 그리고 나 자신을 포함한 수백 명의 개별적 사례를 통해 분명히 알게 된 것은 많은 사람들에게 있어 이혼할 때만큼 부모나 아이 노릇하기 힘든 때도 없다는 사실이다.

내가 확신하는 바, 나와 같은 전문가들은 이제 이혼 가정의 아이들의 앞날에 대

해 보다 현실적이고, 더 세심하며, 여러 면에서 훨씬 더 희망적인 그림을 그리고 있다. 그렇다고 해서 그 아이들이 당면한 실제적 난관이나 위험을 과소평가하려는 것은 아니다. 사실 거의 모든 아이들에게 있어 이혼은 아주 고통스럽고 어려운 전이의 과정이다. 하지만 그렇다고 해서 그것이 평생 지속되는 것은 아니다. 이혼 가정의 자녀들은 '불운한' 것도 아니고 '저주받은' 것도 아니다. 상당히 많은 아이들이 이혼이라는 상황에 유연하게 잘 적응한다. 아이들마다 차이는 있지만, 아이들은 당연히 부모의 이혼에 의해 영향을 받는다. 물론 아이들이 보기에도 이혼은 삶을 바꾸어 놓는 사건이다. 사실 대부분의 아이들은 부모가 이혼하지 않았으면 하고 소원한다. 하지만 이 모든 것에도 불구하고 대다수의 아이들은 부모의 이혼이라는 상흔을 간직하기는 하겠지만 그 경험 때문에 영구적인 상처를 입는 것은 아니다.

사실, 결혼에는 실패했지만 이혼에는 성공할 수도 있다. 모든 이혼은 나쁘다고 생각하는 사람도 있겠지만, 실제로 더 나은 이혼이 있는가 하면 더 나쁜 이혼도 있다. 이혼하는 부모가 서로 협조하여 일을 처리하고 가능한 자기들의 갈등에 자녀들을 노출시키지 않는 것이 자녀들에게 훨씬 바람직하다. 이러한 사실은 나 자신의 경우를 포함하여 열두 건이 넘는 연구에 의해 입증되었다.

아이들은 부모의 이혼을 겪으면서도 정서적으로 건강하고 적응유연성(resilience)을 갖춘 아이들이 될 수 있다. 하지만 이혼과 관련된 개인적이고 법률적인 문제를 책임감 있고 어른답게 다루기 위해서는 의식적인, 때로는 영웅적일 정도의 노력이 필요하다. 자녀를 보호하기 위해 부모는 자신의 분노나 상처, 슬픔, 공포, 갈망 등을 해결하는 일에 있어서도 자신의 필요가 아니라 자녀의 필요에 따라 계획을 세워야 한다.

이혼 과정에서의 자녀 양육

자녀를 둔 부부가 이혼하게 되면 해결해야 할 특별한 과제들이 많이 있다. 몇 가지만 예를 들어보면, 슬픔을 이겨내고, 다툼을 줄이며, 두 사람의 관계를 새롭게 협상하고, 특히 실제적인 공동 양육 관계를 형성하며, 모든 법적인 문제를 해결하고, 혼자서 어떻게 자녀를 효과적으로 양육할 수 있을지를 배우는 것 등이다. 모든 일이 순조롭게 돌아가는 상황에서라면, 이런 일들을 신속하고도 손쉽게 해치우고 필요할 때마다 아이들과 함께 있어줄 수 있을 것이다(모순이겠지만). 이처럼 이상적인 이혼에서는 모든 사건들이 간결하고도 논리적인 순서로 이루어질 것이다. 예를 들면, 양쪽 배우자 모두가 준비되었을 때, 혹은 적어도 두 사람 중 한 명이 거품을 물며 집을 나간다거나 예고도 없이 어느 한쪽이 이혼 서류를 받게 된다거나 또는 아이들이 주위의 친척이나 친구들로부터 부모의 이혼 이야기를 듣는다거나 하기 전에, 자녀들과 함께 별거에 관해 이야기를 나눌 수 있을 것이다.

그러나 실제 삶에서는 실수가 있게 마련이다. 예상도 기대도 못 했고 전혀 의도하지도 않았던 일들이 일어난다. 이혼에 있어 가장 어려운 측면 중의 하나는 부모로서 해야 할 일이 너무나도 많다는 사실보다도, 좌절과 분노, 슬픔, 혼란 그리고 불안의 감정에 젖어버려 자신이 바라는 수준만큼의 부모 노릇도 제대로 못하는 상황에서 앞에서 언급한 그 모든 과제들을 한꺼번에 수행해야 할 때가 많다는 것이다. 또한 안 그래도 부글거리는 감정의 소용돌이에 자녀들에 대한 부모의 죄의식과 두려움 및 갈등 역시 더해질 수 있다는 것이다.

감정에 휘둘리기 전에 감정을 통제하기

이 책에서 전달하는 메시지는 매우 단순하다. 실패한 결혼에 대한 (자기 자신의) 감정과 자녀의 공동 양육자로서 평생 지속되어야 할 관계에 대한 감정을 구분하지 못하는 부모의 자녀에 비해 처음부터 자녀를 우선적으로 고려한 부모의 자녀가 매우 유리한 입장에 서 있다는 것이다. 나의 상담실에 처음으로 방문하는 대부분의 커플들은 끝을 맺으려고 하는 관계에 관심을 집중하고 있는 이들이다. 만약 결혼이 지속될 수 없는 상황이라면, 나의 첫 번째 우선 순위는 부모로 하여금 그들이 이제 맺기 시작해야 할 새로운 형태의 관계에도 관심을 기울이도록 그들을 설득하는 것이다.

다니엘과 프랭크는 나의 크리스마스를 엉망으로 만들기는커녕 오히려 멋진 휴가가 되게 해 주었다. 첫날 상담의 초반에는 기업의 회계사이며 자신감 넘치고 자기주장이 강한 다니엘이 주도권을 잡았다. 빨간 머리를 가진 삼십대 중반의 다니엘은 보수적인 옷차림에 건강한 혈색을 지녔으며, 자기 자신에 대해 편안하게 느끼는 것처럼 보였다. 처음 20분 정도는 거의 그녀 혼자서 말을 했다. 그 사이 나는 거의 15년 동안이나 그녀의 남편이었던 프랭크를 곁눈질로 면밀히 관찰하였다. 프랭크는 분명 야외활동을 즐기는 남자처럼 보였고, 햇볕에 그을린 갈색 피부와 마른 몸매를 갖고 있었다. 그는 손꼽히는 조경 건축가였는데, 여러 건의 기업체 프로젝트와 최근의 지역공원 보수 사업으로 인해 전국적인 명성을 얻고 있었다. 그러나 내 사무실에 앉아 있는 그는 기가 죽어 보였다. 다니엘이 전화상으로 나에게 했던 말을 자세히 되풀이하는 동안 그는 분명 심한 혼란에 빠져 있었다. 그녀는 자신의 직장 동료와 1년여에 걸쳐 바람을 피워 왔던 일을 시인하면서 자신의 무분별함과 그로 인해 프랭크가 느낀 고통에 대해 죄책감을 느낀다고 고백했다.

나를 쳐다보며 프랭크가 조용히 말을 꺼냈다. "고등학교 때부터 다니엘을 사랑했어요. 이런 일이 우리 사이에 일어날 수 있을 거라고는 꿈에도 생각해 본 적이 없어요." 그리고 그는 샘을 낳기까지 얼마나 오래 기다렸어야 했는지, 그리고 언제나 자기보다 더 멋진 가족을 가진 사람은 어디에도 없을 거라고 얼마나 철석같이 믿고 있었는지에 대해 회상하였다. "왜죠?" 딱히 누구 한 사람을 지목해서 묻는 것 같지는 않은 질문이었다. "왜죠?"

"왜냐하면…" 뺨에 눈물을 흘리며 다니엘이 입을 열었다. "미안해요, 프랭크. 정말로 미안해요. 내가 무슨 할 말이 있겠어요? 정말 미안한 마음밖에 안 들어요."
"그렇겠지." 프랭크가 비꼬는 말투로 날카롭게 쏘아댔다. "만약 내가 당신에게 죄책감이 들도록 만든 거라면 미안하게 되었소. 분명 내 잘못이겠지."

프랭크는 상처를 입었고 그 상처를 되돌려 주고 싶어 했다. 그게 인간의 본성이다. 다니엘은 죄책감을 느꼈고 방어적인 태도를 취했는데, 그 또한 자연스런 일이다. 이런 상황에서 자연스럽게 생겨나기 어려운 것은 바로 이러한 강렬한 감정들을 옆으로 제쳐놓을 수 있는 능력이다. 나는 프랭크가 자신과 힘겨운 싸움을 벌이고 있다는 것을 알 수 있었다. 그는 다니엘에게 화를 내고 공격을 퍼붓고 싶었지만 그렇게 하면 샘이 망가질 수 있다는 사실 또한 알고 있었다. 프랭크는 다니엘이 비록 외도를 하기는 했지만 다시 돌아오기를 간절히 바라고 있었으며, 그런 사실을 인정하기를 부끄러워하지도 않았다. 그렇다고 해서 그가 다니엘이 한 행동이나 그녀가 원하는 바를 모르는 것도 아니었다. 억지로 그녀를 자기 곁에 머물게 할 수도 없으며, 그렇게 하면 할수록 오히려 그녀는 더 멀리 가버릴 것이라는 사실 또한 잘 알고 있었다.

프랭크가 유일하게 목청을 높인 순간은 양육권 문제가 제기되었을 때였다. 프랭크는 아들에 대한 단독 친권을 원했다. 그가 단독 친권을 요구하자 다니엘은 냉정함을 잃고 화난 듯이 불쑥 말을 꺼냈다. "만약 누군가 한 사람이 단독 친권을 가져야 한다면, 그건 바로 내가 되어야 해요!" 이렇게 말함으로써 다니엘은 그녀가 공동 친권을 원하고 있다는 사실을 분명히 했다. 프랭크는 자신이 그녀를 잃어버린 것처럼 다니엘 역시 어느 정도 샘과의 시간을 잃어버리기를 바라고 있었다. 날이 선 어조로 프랭크가 따지고 나왔다. "그녀가 나 몰래 바람을 피웠다고 해서 내가 일주일에 단 하루라도 내 아들을 잃어야 될 까닭이 있나요?"

다니엘은 시선을 돌렸고, 나는 숨을 멈추었다. "프랭크, 당신 말이 맞아요." 그녀가 부드럽게 말했다. "당신이 잃어야 할 이유는 없죠. 하지만 그건 샘도 마찬가지예요."

프랭크는 고개를 끄덕였다. 그리곤 슬픈 표정을 지으며 말했다. "당신이 맞아요. 나는 당신한테 무척 화가 나지만 이것이 샘의 잘못은 아니지." 그리고 그는 다니엘의 눈길을 피하기 위해 나를 쳐다보면서 말을 이었다. "샘은 자기 엄마를 사랑하고, 다니엘도 샘을 사랑해요. 내가 결코 그 둘 사이를 막을 수는 없겠죠."

"우리가 여기 온 건 우리 결혼 때문도 아니고 이혼 조건 때문은 더더욱 아니에요." 프랭크가 말없이 고개를 끄덕이는 사이 다니엘이 말을 이었다. "우리가 여기 온 이유가 샘 때문이라는 사실에 당신도 동의한다고 생각해요. 샘은 우리가 헤어지려 한다는 사실조차 모르고 있는데…".

"그 아이는 엄마하고 아빠가 싸운 적이 있다는 사실조차 몰라요." 이렇게 재빨리 덧붙이면서 프랭크는, 헤어지는 부부들이 종종 그러는 것처럼, 다니엘이 하다 만 말을 대신 이어서 말해주었다. "이 일로 샘이 마음에 큰 상처를 받을 텐데, 그 애에게 어떤 영향을 끼칠지 우리 둘 다 정말 걱정이 됩니다."

"우린 샘을 사랑해요." 다니엘이 말했다. "그리고 샘을 위해 계획을 세우고 싶어요. 내가 우리의 결혼을 망쳐 놓았지만, 그리고 우리에게는 이 결혼이 끔찍하게 끝나고 말겠지만, 우리 둘 다 샘을 위해서는 최선의 방도를 강구하고 싶어요."

자신의 감정과 샘의 필요를 분리하는 능력을 보며 나는 프랭크가 존경스러웠고, 그건 다니엘에 대해서도 마찬가지였다. 끊임없이 자신을 변호하는 대신 그녀는 자신의 잘못을 인정하고, 비록 고통스럽지만 프랭크의 분노를 받아들였다. 그녀는 귀 기울여 듣고, 곰곰이 생각하고, 사과하고, 또 타협하였다. 서로 손을 어루만지며 두 사람 모두 헤어짐을 두고 그들이 느끼는 상반된 감정을 시인하였다. 다니엘은 프랭크에게 애틋한 마음이 있기는 하지만 헤어지고 싶다는 뜻을 분명히 했다. 그럼에도 두 사람은 한 순간은 싸우다가 다음 순간에는 울고, 곧 이어서 서로를 껴안은 채 상대를 위로하곤 했다.

그들은 자신들의 뒤섞인 감정들로 인해 혼란스러움을 느꼈다. 그냥 화를 내며 자리를 박차고 나가 다시는 서로 말을 안 하는 편이, 혹은 이혼의 상처와 분노에 따르는 슬픔과 애틋함을 아예 인정하지 않는 편이 훨씬 쉬웠을 것이다. 다행히 – 특히 샘의 입장에서 볼 때 – 그들은 자신들의 감정을 절제하면서 아들을 위해 함께 협력할 수 있을 만큼 성숙한 사람들이었다.

내가 그들을 처음 만난 때부터 2년의 시간이 흐르도록 다니엘과 프랭크는 자기들이 샘을 위해 세운 약속들을 지켜오고 있다. 그들은 결혼이라는 매듭이 풀려나가는 과정에서도 부모로서 서로 협력할 수 있는 방법을 찾아냈다. 그게 쉬운 일이었을까? 결코 그렇지 않다. 그들이 완벽할 수 있었을까? 어림도 없는 노릇이다. 다니엘과 프랭크는 여러 번 실수를 했다. 하지만 전체적으로 볼 때 그들은 놀랄 만한 성과를 이루어 내었고, 처음의 몇 년이 이런 식이었다는 것은 앞으로 그들의 관계나 샘의 미래를 위해 좋은 징조임에 틀림없다.

이혼에 있어 나의 전문가적 여정

이혼에 관해 지금까지 내가 이야기해 온 내용의 거의 전부가 고작 25년 전만 해도 당시 통용되던 보편적인 전문지식과는 상반된다는 사실을 들으면 아마 독자들은 놀랄 수도 있을 것이다. 1977년 당시 나는 롱아일랜드의 스토니브룩 뉴욕주립 대학에서 임상심리학을 전공하는 대학원생이었다. 그때 나는 대학원 과정의 일부로 한 가족을 상담치료하고 있었다. 아마 나는 결코 그들을 잊을 수 없을 것이다. 그들에게는 오늘날 다니엘과 프랭크가 결심한 것과 같은 그런 결정을 내릴 수 있도록 도와줄 만한 지식도, 지원도, 그리고 전문적 지침도 없었다. 그 후 나는 자주 그들을 떠올리곤 한다.

나의 내담자는 베벌리(Beverly)라는 매력적인 삼십대 여성이었는데, 이혼을 한 지 얼마 되지 않았으며 아담(Adam)이라는 일곱 살짜리 아들과 한나(Hannah)라는 다섯 살짜리 딸이 있었다. 이혼을 하는 많은 부모가 그렇듯 베벌리도 고군분투 중이었다. 그녀는 이혼을 요구한 적도 없었고, 이혼했으면 하고 바랐던 적도 없었다. 교외 지역에 살고 있는 행복한 가정주부였던 그녀는 한순간 이혼녀가 되어, 자신의 감정과 정체감, 자녀의 감정, 갑자기 줄어든 수입, 그리고 전 남편 제이크(Jake)와의 계속되는 갈등으로 인해 힘겨워하고 있었다. 어느 날 오후 베벌리는 무척 고통스러운 얼굴로 상담 시간에 나타났다. "정말 믿을 수가 없어요." 중간 중간 그녀가 울면서 말했다. "이혼이 최종적으로 성립된 게 이제 겨우 두 달인데 제이크는 벌써 재혼을 했고, 이제 아담과 한나에 대한 단독 친권을 청구하겠다고 위협하고 있어요." 베벌리의 설명에 의하면, 제이크는 아이들에게 두 부모가 모두 있는 가정을 제공해 줄 수 있는 것은 자기라고 주장하고 있었다. — 그리고 아이들로서는 그게 어느 한쪽 부모와만 사는 것보다는 더 '나은' 것이 아닐까? 비록 그 한 부모가 지금까지 대부분의 시간 동안 아이들을 돌보아 왔던 친엄마라 할지라도 말이다.

요즘 같은 시대에는 제이크의 주장이 억지스럽게 들릴지 모르지만, 당시 베벌리에게는 그렇지 않았다. 그녀의 전 남편은 권위를 갖고 이야기했고, 그녀는 자신에 대한 회의로 가득했다. 그에게는 법정 투쟁을 할 수 있는 돈이 있었고, 그녀는 그렇지 못했다. 그는 변호사와 자주 의논했지만, 그녀가 변호사를 만날 수 있는 시간은 짧았다. 베벌리의 변호사는 법적으로는 그녀가 친권 소송에서 이기는 것이 당연하지만, 일단 법정에 가면 아무것도 확실한 것은 없다고 정직하고도 정확하게 조언해 주었다.

내가 이 사례를 회고하면서 드는 생각은 베벌리나 제이크 모두 아이들을 놓고 싸우는 입장이었지만 어느 한 사람도 아이들을 위해서, 뭔가 더 나은 것을 위해 싸울 생각은 하지 않았다는 것이다. 당시 대부분의 아동 심리학자나 다른 이혼 관련 전문가들의 견해에 따르면 한 집안에 양쪽 부모가 다 있지 않거나 적어도 결혼한 성인이 두 명 이상 있지 않은 상황은 아이들의 정서적 안녕에 대한 심각한 위협으로 작용하는 것이었다.

이혼 가정의 아이들이 겪는 정서적 문제들은 당시의 심리학 이론들, 특히 프로이트의 이론에 비추어 설명되었다. 이 이론은 아이들의 정서상 문제를 모두 그들의 머리 속에서 일어나는 것으로 간주함으로써 아이들의 삶 속에서 벌어지는 대변동을 무시하는 것처럼 보였다. 당시에는 이혼으로 인한 혼란이나 부모들의 갈등이 자녀들에게 강요하는 희생에 관한 연구는 고사하고 이런 문제에 관심을 기울이는 사람도 거의 없었다. 오늘날도 그렇지만, 베벌리와 제이크 역시 당시의 상당히 많은 수의 다른 이혼한 부모들과 마찬가지로 고지식하여 전문가와 법적 제도가 이혼의 결과에 대해 더 잘 알고 있으며 아이들을 위해 자신들보다 더 나은 결정을 해줄 수 있을 것이라 가정하였다. 하지만 이 주제에 대해 25년간 연구를 해 온 결과, 나는 다음과 같은 사실을 절대적으로 확신하게 되었다. 곧 전문가들이 도움을 줄 수 있는 것은 확실하지만, 이혼 과정에서 아이들을 도울 수 있는 최고의 전문가들은 결국 그들의 부모라는 것이다. 부모의 과제는 프로이트의 이론이나 다른 무슨 이론을 완벽하게 이해하는 것이 아니라, 자신의 감정을 다스림으로써 아이들을 먼저 고려하기 시작하는 것이다.

자신감이라고는 거의 사라져 버린, 그리고 제이크와 또 다른 법적 투쟁을 벌일 비용은 더더욱 없는 베벌리가 나에게 어떻게 했으면 좋겠냐고 물었을 때, 나는 아이들을 놓고 싸움을 벌이고 있는 부모를 보면서 아담과 한나가 직면하게 될 매우 실제적이고 당면한 문제들에 관해 생각해 보았다. 나는 베벌리에게 자신의 감정을 믿으라고 설득하였다. 그녀는 아이들이 자신을 사랑하고 있으며 자신을 필요로 한다는 것을 알고 있었다. 또한 마음속으로는 아이들에게는 아빠 역시 필요하다고 믿고 있었지만 아이들이 둘 다를 갖는 것은 불가능한 일이라고 생각하고 있었다. 모든 사람이, 제이크는 물론 베벌리의 변호사조차도 방법은 하나밖에 없다고 말했다. 이쪽 아니면 저쪽 어느 한쪽 부모일 수밖에 없다는 것이었다. 이를 두고 제이크와 싸우는 것만이 유일한 해결책일까?

베벌리는 그녀와 전 남편 사이의 다툼이 아이들에게 어떤 영향을 미치고 있는지 분명히 볼 수 있었다. 그녀는 자기가 남편과 다투는 것을 본 아담이 아빠에게 화를 내면서 "엄마를 괴롭히지 마세요." 하고 소리를 질렀다는 사실을 알려주었다. 부모들이 싸우는 동안 한나는 자신만의 껍질 속으로 숨어들었고, 상황이 감당하기 어려워지면 애처로운 목소리로, "제발 싸우지 마세요. 무서워요." 하고 말했다. 자녀들에 대한 관찰과 자신에 대한 회의가 맞물려 베벌리는 이러지도 저러지도 못하고 있었다.

나 자신의 직관을 믿기로 결심한 나는 베벌리에게 "아이들의 아버지를 이곳으로 모시고 와서 이 모든 일에 대해 서로 이야기해 보는 것은 어떨까요?" 하고 물었다. 지금에 와서 생각하면 참 간단하고 너무나도 당연해 보이는 제안이었다. 그러나 그 때는 결코 그렇지 않았다. 내가 알기에 이러한 방식을 제안하는 교재나 연구 결과, 그리고 전문가는 어디에도 없었다. 그럼에도 내게는 이것이 옳다는 느낌이 있었다. 그 당시 내가 몰랐던 사실은 대부분의 이혼 전문가들은 부모로 하여금 그들이 갖고 있는 문제를 함께 해결하도록 격려하는 것을 꺼릴 뿐 아니라 실제로 그들이 함께하는 것 자체를 꺼린다는 것이었다. 그렇게 되면 너무 많은 다툼과 갈등이 생기고 서로 비난만 하게 될 것이란 이유에서였다. 지금 와서 생각해보면 이혼하는 커플의 갈등과는 아무 상관도 없고 아무런 감정적 이해관계도 없는 성인 전문가가 한두 시간 그들과 같은 상담실에 앉아 있는 것에 두려움(분명히 말하건대 두려움이다)을 느낀다는 것이 다소 역설적이란 생각이 든다. 그 정도도 그렇게 두려운 일이라면, 그러한 갈등에 몇 날, 몇 주, 몇 년씩이나 노출되어야 하는 자녀들은 어떨 것인가?

제이크가 함께 와서 공동 상담을 시작한 뒤 얼마 지나지 않아서, 나는 그 만남이 쉽지 않을 것이라는 사실을 분명히 느낄 수 있었다. 그렇다고 나의 결정을 후회한 것은 아니지만 말이다. "한 마디 하겠습니다." 제이크는 허튼소리는 용납하지 않겠다는 투로 얘기했다. "내 변호사는 내가 여기 오는 것을 좋아하지 않았소. 절대 아니었소. 그는 내가 아이들을 맡기에 아주 좋은 조건을 갖고 있다고 말했고, 내 생각에는 그게 최선이오." 그리고는 팔짱을 낀 채 베벌리를 노려보았다.

베벌리는 처음에는 제이크를, 다음엔 나를 쳐다보다가 고개를 떨구었다. 그녀가 그처럼 불안해하는 것도 당연하다는 생각이 들었다. 제이크는 아주 위협적인 존재였다. 부부와 어느 정도 얘기를 나눈 후 나는 두 사람에게 내가 거기에 있는 이유는 어느 한쪽의 편을 들기 위해서가 아니라 그들로 하여금 강요당하는 느낌 없이 아이들에 대한 결정에 합의할 수 있도록 돕기 위해서라는 것을 분명히 했다. 고함을 많이 지르기는 했지만, 제이크는 애정 있는 아버지였다. 어쩌다 아이들 이름만 나와도 눈물을 글썽거렸고, 대기실에서 아이들을 만났을 때는 아주 오랫동안 꼭 껴안아 주었다.

긴장된 순간들이 지나자 제이크도 어느 정도 부드러워지기 시작했고, 베벌리 역시 지금과 같은 상황에서 사실 자신이 생각했던 것보다는 더 많은 힘을 갖고 있다는 것을 알게 되었다. 아이들에 관한 한 그녀가 전문가였다. 무엇보다도 중요한 것은 제이크나 베벌리 모두가 자신의 아이들을 위해 가장 좋은 결정을 원하고 있음이 분명하다는 것이다. 내 상담실이라는 중립지대에서, 아마도 헤어진 후 처음으로 그들은 개인적 다툼이나 법적인 분쟁 없이 아이들에 대한 결정을 내릴 수 있었다.

이것이 왜 그렇게 중요한가? 이혼은 크고 작은 갖가지 방식으로 아이들의 삶을 변화시킨다. 여기서 가장 즉각적이면서도 잠재적 폐해가 가장 큰 문제는 이혼 그 자체가 아니라 부모 간의 끊임없는 분쟁이다. 엄밀하게 말하자면 나의 내담자는 베벌리 한 사람뿐이다. 그러나 이혼은 가족 전체에게 영향을 미치는 사건이며, 가족은 변화되고 흔들렸을지는 몰라도 여전히 가족일 수밖에 없는 것이다. 아담과 한나가 두 부모 앞에서 마음 놓고 미소를 지으며 웃음을 터뜨리는 걸 보기까지는 베벌리와 제이크와의 여섯 번에 걸친 만남과 서너 달이라는 시간이 필요했다. 베벌리와 그 가족들과의 경험은 나의 박사학위 주제는 물론 나의 진로에도 영향을 미쳤다. 또한 그들과의 상담은 후에 나로 하여금 일련의 연구 과제를 진행하도록 했다. 이혼이 한참 진행되는 와중에서도 부모들은 서로 협력하여 일을 할 수 있고(6장 참조), 그럼으로써 자녀들의 삶을 크게 변화시킬 수 있다는 사실을 증명하는 것이었다.

더 나은 방법

베벌리와 제이크와의 사례를 맡고 난 후 오래지 않아 나는 몇몇 전문가들 역시 이혼한 가정에 대해 나와 같은 견해를 갖고 있으며, 부모 간의 갈등을 해결할 수 있는 새로운 방법들을 찾기 위해 프로그램을 개발하고 있다는 사실을 발견하였다. 전국적으로, 진보적인 정신건강 전문가들과 법률가들은 이혼하는 부모들을 법적 주도권 쟁탈의 맞상대로서가 아니라 자녀들에 대한 관심을 공유하는 두 사람으로 다루기 시작하였다. 특히 중립적인 제삼자가 조정인 역할을 하며 이혼하는 부모들이 피차 합의에 도달할 수 있도록 돕는 조정(mediation) 과정이 내게 매력적으로 다가왔다.* 조정에서는 이혼 초기 과정에 있는 부부들을 접촉하여 그들의 갈등을 저지하려고 시도하였다. 그것은 당시로서는 혁명적이라고 할 만한 전제에서 출발한 것이었다. 곧 이혼하는 부모는 자신의 아이들에 관한 한 최고의 전문가이며, 이들은 올바른 태도를 갖추고 적절한 도움이 주어진다면 아이들을 위해 무엇이 최선인지 결정하는 책임을 질 수 있다는 것이다. 베벌리와 제이크는 방법을 제대로 알기만 하면 이혼하는 부모들 역시 주어진 상황에 적절히 대처할 수 있다는 것을 나에게 보여주었다.

자녀를 먼저 생각한다는 것은 한마디로 부모의 갈등을 줄인다는 것이다. 이혼 조정은 그 중의 한 방법이다. 식탁에 마주 앉아 이야기를 나누는 것, 혹은 적대적이 아닌 협력적인 방식의 변호사를 고용하는 것도 한 방법일 수 있다. 수없이 많은 이혼한 부모들이 매일 수행하는 모든 소소한 일들 역시 무척 중요하다. 그들은 자신들의 고통이나 분노 그리고 자존심을 어느 정도 속으로 삼키면서 자녀 양육을 위해 서로 협력할 수 있는 방법을 찾는다. 여기서 방법의 문제는 시점의 문제에 비하면 사실 중요한 것도 아니다. 빠르면 빠를수록 그만큼 좋다는 것이다.

* 조정은 법적 구속력이 없는 것이며, 조정과 비슷하지만 법적 구속력이 있는 것은 중재(arbitration)라 부른다 – 역자 주

나의 개인적 이야기

1989년에 나는 첫 번째 아내 진(Jean)과 헤어졌다. 내 경험은 내가 직업적으로 오랫동안 알고 있던 사실을 개인적으로 확인시켜 주었다. 곧 이혼은 대단히 어렵다는 사실이다. 대부분의 부모들에게 이혼은 새로운 관계들을 형성하고 자신의 역할을 재정립하려는 지속적이고도 고통스러운 투쟁이다.

나는 사실 무엇을 해야 하는지 뿐만 아니라 왜 그렇게 할 필요가 있는지에 대해서 나와 같은 상황에 처한 대부분의 아버지들보다 훨씬 더 잘 아는 입장이었을 것이다. 그럼에도 불구하고 나를 고통으로부터 막아 줄 수 있는 것은 아무것도 없었다. 바른 말을 하고 옳은 행동을 하는 나의 태도가 나 자신의 비통함에 의해 얼마나 쉽게 방해받을 수 있는지 깨닫게 되리라고는 전혀 예상하지 못했다. 내 딸을 위해 나 자신의 감정을 옆으로 제쳐 놓는 일이 얼마나 힘겨운 노력을 필요로 하는 일인지 말해 주는 사람도 없었다. 그리고 아마도 매기의 엄마는 나보다 훨씬 더 힘겨운 노력을 해야만 했을 것이다. 나는 몇 년 동안이나 이혼이 아이들에게 주는 고통에 대해서 읽고, 글을 쓰고, 강의를 했음에도 실제 내 딸의 눈에서 그것을 보기 전까지는 정말 그것이 무엇을 의미하는지 진정으로 이해하지 못하고 있었다.

다행히도 내 딸 매기는 대부분의 이혼 가정의 아이들과 마찬가지로 적응유연성을 가진 아이였다. 그럼에도 나는 결코 우리의 이혼이 딸아이의 삶 속에 가져다 준 실제적인 위험을 과소평가하지도 않고 삶의 여러 순간마다 그 때문에 아이가 얼마나 많은 고통을 겪어야 했는지 그리고 그 아이가 행복하고 성숙한 아가씨로 자라 준 것이 얼마나 고마운 일인지를 잊지 못한다. 그러나 그때 이혼을 한 것은 내 개인적으로는 최선의 결정이었음을 또한 믿는다.

이혼의 교훈

이 책은 사실 아이들에 대한 것이지만 독자들은 이혼 가정의 아이들보다는 오히려 부모들에 대해 더 많은 이야기를 듣게 될 것이다. 그 이유는 간단하지만 매우 중요하다. 곧 아이들은 부모의 이혼을 잘 견뎌내고 무사히 자랄 수 있다는 사실, 그리고 이는 부모가 자녀와의 관계와 서로 간의 관계를 형성하는 올바른 방법을 찾아냈을 경우에 그렇다는 사실 때문이다. 만약 당신이 여전히 효율적이고 사랑 넘치는 부모로 남아 있을 수 있다면, 소위 이혼 가정의 아이들(내가 아주 싫어하는 표현이지만) 역시 아이답게 남아 있을 수 있다. 만약 당신이 내가 이 책에서 이혼의 현실과 감정에 관해 제안하고 있는 교훈들을 배울 수 있다면 당신의 아이들 역시 모든 아이들이 당연히 누려야 할 아이로서의 삶을 누릴 수 있을 것이다. 아이들은 너무 조숙하지도 않고, 부모 노릇을 하지도 않고, 도움이나 관심을 끌기 위해서 탈선하는 일도 없을 것이다. 아이들은 한순간은 정말 어찌해야 할지 모르겠다 싶도록 굴다가도, 다음 순간에는 당신을 흐뭇하게 하는 그런 평범한 아이들로 자랄 것이다. 만약 당신이 삶의 모든 도전과 변화에 직면해야 할 그 순간에도 부모로서의 역할을 먼저 생각할 수 있다면 아이들 또한 당신이 바라는 대로, 마땅히 그럴 권리가 있는 그대로 자유롭게 자랄 것이다. 한마디로 아이답게 자랄 수 있으리라는 것이다. 이것을 가정통신문이든 당신의 주문서나 확인서이든 아무렇게나 원하는 대로 불러도 좋다. 다만 이를 꼭 믿어야 한다.

차 례

CHAPTER 01

감정과 헤어지기:
슬픔이라는 감정의 롤러코스터를 혼자 타기

싫든지 좋든지 간에, 상황이 파국으로 치달으면서 이혼이 그 나름의 모양을 갖추어 가는 상황에서는 인간의 감정만큼이나 강력한 힘을 발휘하는 것은 없을 것이다. 아무리 잘된 합의라 해도, 아무리 유능한 변호사나 판사라 해도, 혹은 아무리 침착하고 절친한 친구라 해도 인식되지 않고 통제되지 않으며 제대로 처리되지 않은 감정을 상대하기란 역부족이다.

이혼으로 인해 야기되는 감정은 너무나도 격렬한 것이어서 침착한 성격의 부모들조차도 자신이 전에는 한 번도 한 적이 없는, 다시는 하지 않겠다고 자신과 남에게 약속했던 일들을 말하거나 실행하고 있음을 발견하곤 한다. 당신은 자녀들 앞에서 (함께 살 때는 결코 한 적이 없었던) 전 배우자의 험담을 한다거나, 그 사람이 아이들을 데리러 오게 되어 있는 주말의 시간을 '잊어버리곤 하는' 자신을 발견할 수 있을 것이다. 이혼 협상의 막바지에 이르러 당신은 그렇게 가기 싫어했던 그 곰팡내 나는 호숫가 별장의 절반을 달라거나, 혹은 시부모님이 20년 전에 주셔서 별장에 걸어 놓고는 그동안 잊고 지내던 그 그림을 가져야겠다는 억지스런 느낌에 사로잡힐 수 있다. 당신의 아들이 아버지의 새 여자친구 집이 얼마나 지저분한지에 대해 이야기하는 것을 들으며 혼자 음흉스러운 웃음을 짓고 있는 자신을 보게 될 수도 있다. 전 아내의 약혼자가 당신의 아이들에게 잘해 주는 것에 대해 설명하기 어려운 질투를 느낄 수도 있다. 당신 스스로 어쩌다 내가 이렇게까지 되었나 하고 자문할 수도 있다. 이는 모두 이혼에서 생겨나는 강렬한 감정인 것이다.

이혼 이후 자신들의 감정을 억제하면서 서로 협력하며 지내왔던 커플조차도 심리적 차원의 결별은 마치 예기치 못한 감정으로 가득 찬 판도라의 상자를 여는 것과 같을 수 있음을 알게 될 것이다. 이혼에까지 이르게 만든 불만과 실수, 그리고 실패로 인해, 때로 당신은 당신과 전 배우자의 사이나 결혼에 대한 두 사람의 생각이 세상의 저 끝에서 이 끝만큼이나 멀다는 사실을 깨닫고서 놀랄 것이다. 지금까지 오랫동안 함께 살아왔던 바로 그 사람을 바라보며 "저 사람이 누구야?" 하며 의아해할 수도 있다. 중요한 것은 당신과 전 배우자가 지금까지 함께해 왔던 삶 사이에 생겨난 갑작스러운 단절의 배후에 있는 역학 관계를 이해하는 것이다. 이는 자신의 혼란스러운 감정을 인식하고 전 배우자와의 새로운 관계를 정립해 나가기 위해 필수적인 첫걸음인 것이다.

스콧의 이야기

어느 모로 보아도 스콧(Scott)은 37세의 나이 치고는 꽤 성공한 것처럼 보였다. 크고 번창하는 건설회사의 토목기사인 그는 대학시절 유명했었던 축구선수 출신답게 편안한 자신감을 갖고 있었다. 외향적이고 친절했으며, 아일랜드계 보스턴 사람인 그의 따뜻함과 재기 있는 유머감각으로 인해 그의 주변에는 늘 친구들이 많이 있었다.

모두들 스콧을 좋아했지만, 그의 진정한 모습을 아는 사람은 드물었다. 이혼으로 망가진 가정의 삼 형제 중 장남이었던 그는 십대 초반부터 '가장' 노릇을 해야 했다. 이혼 후 과음을 일삼던 아버지가 자녀들의 삶에서 사실상 사라져 버린 후 그로 인한 감정적 진공상태를 채우기 위해 엄마는 아들들에게 기댔다. 스콧은 엄마 대신 동생들을 돌보았을 뿐만 아니라 엄마의 보호자이자 의지할 사람 노릇도 했다. 물론 힘든 일이었지만 스콧은 결코 불평한 적이 없었다. 친지나 이웃들은 스콧이 고등학교에서 대학까지 줄곧 최고 성적을 받은 우등생에다 만능 운동선수일 정도로 비범한 청년으로서 그 모든 일들을 해내는 것에 놀라워했다. 강한 의무감에 사로잡힌 스콧은 자신이 뭔가를 놓치고 있다는 생각을 하는 것조차도 스스로에게 허락하지 않았다.

스스로를 봉건주의자로 묘사하는 스콧이 진지한 관계를 가졌던 첫 애인이자 미래의 아내를 대학 시절에야 만났다는 사실은 놀라운 일이 아니다. 스콧과 마찬가지로 신디(Cindy) 역시 겉으로 보이는 것과는 달랐다. 매력적이고 활기차며 격렬한 감정의 소유자인 스콧의 여자친구는 겉으로 보이는 독립심에도 불구하고 곧 스콧에게 감정적으로 의존하게 되었다. 처음부터 그녀는 스콧에게 거의 모든 것을 믿고 맡길 수 있다는 것을 알았다. 그리고 스콧도 처음에는 그녀의 예측불가한 면을 사랑스럽고 매력적인 점이라 느꼈고, 그녀가 자신을 필요로 한다는 사실에 만족감을 느꼈다. 그들은 졸업 직후 결혼했고, 몇 년 후 직업적으로 안정되자 (그녀는 변호사가 되었다) 남부로 이주해 가족을 이루기 시작했다.

"살아오면서, 사실은 몇 년 전부터 어디선가 뭔가가 변했어요."라고 스콧이 말했다. "내가 사랑에 빠진 이유라고 생각했던 그녀의 모습이, 그러니까 날카로운 기지라든가 진솔함, 그리고 자신의 생각을 언제나 거침없이 말하는 모습 같은 것이 괴롭게 여겨지기 시작했어요. 솔직히 말해서 그때부터 나는 사랑이 식었다고 느끼기 시작했어요.

이처럼 놀라운 사실을 새로이 발견했음에도 불구하고, 스콧은 자신이 '불평꾼이 아니라는' 것에 대해 자부심을 느꼈다. 그는 자신이 이런 사실을 꾹 참고 지금까지 그래왔던 것처럼 계속해서 살아가야 한다고 믿었다. 그러다보니 신디의 요구가 아무리 집요하고 그녀의 비판이 아무리 날카로워도 말다툼을 벌이는 경우는 아주 드물었다. "그냥 이길 수 없었을 뿐이죠." 스콧이 기억을 떠올렸다. "그리고 우리가 결혼할 때 '좋을 때나, 나쁠 때나' 하고 선서했던 것을 믿었어요." 그는 '오랫동안 참아 왔지만' 헤어지는 것에 대해 생각한 것은 벌써 여러 해라는 사실을 실토했다. 일 년 전쯤에는 이젠 이혼을 피할 도리가 없겠다고 결심하기도 했지만, 언제나 그렇듯 스콧은 자신의 감정을 속으로만 간직한 채 꼭 막아서 밀쳐놓았다. 그러다가 한 달 조금 전인 어느 날 사소한 일로 말다툼을 하던 중에 스콧은 마침내 신디에게 헤어지고 싶다는 말을 꺼냈다.

처음에는 그 말을 믿지 않던 신디였지만 '100퍼센트 진심'이라는 그의 말에 아연실색했다. 며칠 후 스콧은 결혼 상담을 받아보는 것에 동의했지만, 나와의 첫 만남에서 그는 결혼을 계속 유지하는 것은 자신이 원하는 바가 아니라고 정중하게 못을 박았다. 그의 아내는 결혼을 지키려 필사적으로 노력하고 있었고, 스콧의 정신건강이 염려스럽다는 생각을 공공연히 내비쳤다. 그녀는 그가 '돌변했다'고 말했다. 겨우 몇 개월 전만 해도 그들은 세 명의 사랑스런 자녀와 함께 행복한 가정 생활을 누리고 있었다. 그런데 지금 그는 이혼 이야기를 하고 있는 것이다. 그녀에게는 전혀 납득이 가지 않는 일이었다. "스콧, 당신의 심리상태는 지금 도움이 필요해요. 당신에게 뭔가가 달라졌어요. 내 생각으론 당신이 우울증에 빠졌거나 아님

뭔가가….” 그녀의 목소리가 점차 늘어졌다.

스콧은 자신의 ‘성급함’을 인정했지만, 아이들이 이혼으로 인해 겪을 일로 걱정하는 것 말고는 우울해질 만한 일은 없다고 단언했다. 변한 것이 있다면 그가 더 이상은 ‘맥 빠지고 사랑이 없는 결혼’을 참고 싶은 생각이 없다는 것이다. 그러면서도 그는 당장 문을 박차고 나가 버리는 대신에 부부 상담을 받아 보는 데 동의하였다. 내가 나중에 관찰한 것처럼 그건 어디까지나 그렇게 하는 것이 ‘옳은 일’이라는 책임감 때문이었다.

상담을 이어가는 도중에 스콧의 점잖은 매너도 그의 끓어오르는 분노를 가리기에는 역부족이었다. 네 번째 상담 중에 그의 분노가 폭발하고 말았는데, 그는 두 사람의 결혼 생활이 ‘일방적’이었다고, 그리고 더 이상 ‘예스맨’ 노릇을 하는 데 진저리가 난다고 소리쳤다. 신디는 울면서 그가 화를 내는 것도 당연하다고 인정했다. 그러나 내가 스콧으로부터 신디가 인정한 내용을 보다 차분하게 알아보려고 시도하자 그는 과거 일을 들추면서 ‘시간을 낭비’하거나 불평을 늘어놓자고 상담을 받는 것이 아니라고 선을 그었다. 그가 정작 원하는 것은 ‘일을 해결하는 것’, 즉 재정적인 문제를 해결하고 아이들에 대한 계획을 세움으로써 그가 원하는 대로 ‘일을 끝장’ 내는 것이었다. 신디가 할 말을 잃고 어안이 벙벙하여 지켜보는 가운데 스콧은 “그래요. 난 더 이상 결혼 생활을 계속할 마음이 없어요. 월말이면 집을 나갈 테니까 그 전에 빨리 일을 해결하는 것이 좋을 겁니다.” 하고 선언했다. 신디는 뭔가 하고 싶은 말이 있는 듯 보였지만, 그 말은 그녀의 입술 언저리를 맴돌다 사라져 버렸다. 스콧의 입장에서는 그들의 결혼은 이미 끝난 것이다.

신디의 이야기

신디는 머리가 좋고 매력적이며, 격정적인 감정을 지닌 38세의 여성이었다. 그녀는 면도날처럼 날카로운 기지를 지니고 있었다. 이탈리아계 이민자의 외동딸인 신디는 노동자 계층인 부모의 자랑거리였다. 가톨릭계 학교와 대학을 전부 A학점을 받으며 졸업했고, 남자 문제는 한 번도 일으킨 적이 없었다. 그녀는 그녀의 아버지가 자랑스런 얼굴로 이야기하던 것처럼 '착한 아이'였다. 신디는 어렸을 때부터 자기 생각이 분명한 아이였지만, 근면하고 정직하고 일요일마다 성당에 갔다 와서 가족과 함께 저녁을 먹고, 주중에 두 번 정도 미사에 참석하는 등 가족이 소중하게 여기는 것을 존중할 줄도 알았다.

아이였을 때조차 신디는 '진정한 사랑'은 영화에 등장하거나 록 음악에서 들을 수 있는 것처럼 환상적인 것과는 거리가 멀다고 생각했다. 자신의 집에 있는 부모님에게서 볼 수 있는 그런 것이 진정한 사랑이었다. 그러니까 그녀가 '사소'하고 '비현실적'이라고 여겼던 (즐거운) 낭만적인 감정보다는 오히려 영속적인 결혼에 대한 진지한 약속이 더 안정적이고 '성숙'한 것이었다. 물론 그녀의 부모님들도 싸웠다. 언성을 높여 말을 주고받다가 긴 침묵의 시간을 보내기도 했다. 하지만 그들이 절대 이혼을 할 리가 없다는 사실을 알고 있던 신디는 그 때문에 겁을 먹거나 한 적은 없었다. 오랜 시간이 지나 이제는 자신이 이혼을 앞두고 있는 상황에서 신디는 자신의 부모님이 과연 서로를 진정으로 사랑한 적이 있기라도 하였는지 의문이 들기 시작했다.

대학시절 사랑하는 사람과 결혼을 준비하면서 신디는 '그 후로 평생 행복하게 살았다'는 '신데렐라의 환상'보다는 자기 상대방이 지닌 일관성(consistency)과 예측 가능성을 훨씬 중요하게 생각했다. 그녀의 아버지도 열정이란 '차 뒷자리에서 몇 분 뒹굴고 나면' 끝이라고 얘기했고, 그녀 역시 그 말을 믿었다. 신디는 친구들에게도 "부부란 결혼과 가족을 위해 함께 노력해야 하는 법"이라고 말했다. "아이들을 잘 키우고 살림을 잘 하는 것이 바로 남편에 대한 사랑을 표현하는 것이지. 뭐, 정열? 결혼은 그런 게 아니야."

신디는 이런 가치 기준에 따라 결혼 생활을 해왔고, 어떤 면에서는 성공적이었다. 무럭무럭 자라는 2녀 1남의 아이들을 둔 아주 모범적인 가정을 이루었고, 지역사회에서도 존경을 받는 위치에 있었다. 대부분의 일에 대해 분명한 자기 생각을 갖고 있었지만 정작 남편과 다투는 일은 아주 드물었다. 신디는 남편이나 아이들에게 '건설적인 의견'을 제시하는 것을 그들을 '도와야 할' 자신의 의무로 생각해 왔다고 말했다. 아주 최근까지도 그녀의 남편은 그녀의 말이 듣기 괴롭다는 이야기를 한 번도 한 적이 없었다. 그녀는 남편에게 "진실을 말해 줄 정도로 당신을 사랑하는 건 가족뿐"이라고 즐겨 말했고 남편 역시 자신과 똑같이 느끼고 있다고 생각했다.

내가 약간 밀어붙이자 신디는 남편이 아이들 양육에 조금 더 신경을 써 줬으면 하는 아쉬움이 있었다는 사실을 인정했다. 그녀는 또한 일과 엄마노릇 사이에서 무얼 하건 다른쪽 일을 제대로 못하고 있다는 죄책감에서 벗어나기 어려웠다는 것도 털어놓았다. 그럼에도 불구하고 그녀는 "그건 별게 아니었어요. 우리 결혼 생활은 아주 모범적으로 이루어져 왔어요."라고 말했다.

그러던 어느 날 정말 청천벽력처럼 신디의 남편이 이혼을 요구하고 나섰다. 처음엔 남편이 농담을 하거나 아니면 정신이 나갔다고 생각할 정도로 그의 성격과는 전혀 어울리지 않는 행동이었다. 그가 계속 이혼을 주장하며 아이들 친권 문제나 집 처분, 그리고 자녀 양육비 이야기까지 들고 나오자 신디는 당황하였다. 남편이 무슨 말을 하든지, 신디는 그가 하는 말도 그가 불행하게 느끼는 이유도 도무지 이해할 수가 없었다.

"나는 아주 훌륭하고 탄탄한 결혼 생활을 하고 있어요." 나한테 처음 전화를 걸었을 때 신디는 두 번 이상이나 이 말을 반복하였다. "그 사람이 왜 그러는지 도무지 알 수가 없어요. 왜 그럴까요? 신경쇠약? 아니면 중년의 위기? 아니면 뭘까요? 어쨌든 그는 이럴 사람이 절대 아니에요. 전혀 그답지 않아요." 하는 말에서 묻어나던 그녀의 그 믿을 수 없다는 듯한 느낌이 아직도 생생하다. 첫 번째 상담 시간에 내 사무실에 앉아 있던 신디는 충격에 빠진 듯했다. "내가 원하는 것은 결혼 생활을 지키는 거예요." 그녀는 조용히 흐느끼며 말했다. "도대체 무엇이 잘못되었는지는 모르지만 우리는 고칠 수 있을 거예요. 나는 우리가 해낼 수 있다는 걸 알아요." 몇 번의 상담 후에 그녀의 남편이 확실하게 이혼을 원하고 있음을 선언하자 신디는 대경실색하였다. 그녀는 울지도, 소리를 지르지도 않았다. 얼어붙은 듯 그냥 그 자리에 멍하니 앉아 있기만 했다.

그날 내 사무실에 앉아 있던 부부가 스콧과 신디라는 사실을 알게 되면 당신은 놀라겠는가? 이것은 두 건의 이혼에 대한 이야기가 아니라 한 건의 이혼 이야기이다.

그의 결혼과 그녀의 결혼: 그의 이혼과 그녀의 이혼

사회학자인 제스 버나드(Jesse Bernard)는 1972년 출판된 『결혼의 미래』라는 영향력 있는 책에서[2] 부부 간에는 한 가지의 결혼이 아닌 두 가지의 결혼이 있다는 생각, 즉 남자의 결혼과 여자의 결혼이 서로 다르다는 견해를 제시하였다. 버나드는 엄마가 전업주부이고 아빠가 가족을 부양하는 1960년대의 전형적 결혼에 초점을 맞추었는데, 이런 유형의 결혼은 여자보다는 남자에게 더 유리하다는 그녀의 결론은 자신들의 상황에 불만을 느끼던 여성들 사이에 큰 공감대를 형성하였다. 버나드의 일차적 관심은 결혼에 대한 여성주의적 분석에 있었고 지금 우리의 관심은 이혼의 감정적 측면에 있지만, 그녀의 관찰은 우리에게도 적용된다. 부부 간에는 한 가지의 결혼만 있는 것이 아니다. 그들에겐 두 가지의 결혼이 있다. 두 사람 사이의 인식의 차는 부부가 결별할 때 고통스러우리만치 분명해진다.

관계를 시작하면서, 우리는 실제 상황에서 그리고 그 상황의 인식에 있어서 서로의 차이를 받아들이는 법을 배운다. 가장 이상적인 결혼 관계에서조차 상대의 입장을 고려해야 할 경우가 있다. 우리가 언제나 마음속의 생각이나 느낌을 액면 그대로 말하는 것은 아니다. 감정을 상하지 않기 위해, 말다툼을 피하기 위해, 혹은 결혼 자체를 지키기 위해 배우자에게 거짓말을 하기까지 한다. 두 배우자가 한 관계 속에 살지만 그들은 두 가지의 결혼 생활 속에 살고 있다. 타협을 배우는 것이 결혼이라는 경험의 일부이긴 하지만 그것은 보다 더 큰 무언가이기도 하다. 우리는 내 앞의 배우자가 어느 정도는 내 마음에서 만들어 낸 바로 그런 사람이라고 믿는다. 아마 사람들이 '사랑은 눈이 머는 것'이라고 말할 때의 의미가 바로 이것일 것이다. 우리는 관계 그리고 배우자의 이미지를 받아들이고, 왜곡하고 그리고 창조해 낸다. 적어도 우리들이 보기에는 이 이미지가 실제의 그보다, 아니 어쩌면 이 세상의 그 누구보다도 더 훌륭하다.

이혼은 그의 결혼과 그녀의 결혼이, 그와 더불어 모든 신념과 가정, 그리고 사실이 충돌하는 지점을 나타낸다. 눈가리개가 벗겨지고 사람들은 자기 배우자의 결점을 더할 나위 없이 분명한 눈으로 보게 된다. 아마도 그들은 처음으로 실상을 보거나 아니면 또 하나의, 이번에는 부정적인 쪽으로 왜곡된 환영을 만들어 내고 있는 것이리라. 어느쪽이든 결혼에서 이혼으로 이동하는 인식의 역전은 극적일 수 있다. 많은 사람들은 자신이 배우자에 대해 갖고 있는 '진솔한' 감정을 처음으로 알게 되었다고 믿는다. 이는 우리에게 너무나도 익숙한 바로 그 말로 표현된다. "나는 결코 그(그녀)를 진심으로 사랑한 적이 없었어."

애정이 가득한 결혼 생활을 자신과 함께 나누어 왔다고 생각했던 배우자가 이제 와서 자신을 사랑한 적조차 없다고 주장하는 것을 알게 되었을 때 느끼게 되는 감정의 충격은 어떤 사람들에게는 이루 말할 수 없을 정도로[3] 심각하다. 어떤 경우에는, 상대방이 하는 이야기를 도저히 믿을 수 없다고 생각하기도 한다.

신디도 자신이 직접 들은 것이 아니었다면 스콧이 묘사하는 것이 자기들의 결혼 생활이라고는 꿈에도 눈치채지 못했을 것이다. 사실 스콧이 말을 마친 후에도, 그것도 거듭 반복해서 말한 뒤에도 신디는 그가 정신적 충격으로 혼란스러워졌다거나 헤어나기 어려운 모종의 외도에 빠져든 것이라 믿고 싶어 했다. 그녀는 스콧이 자신을 정서적으로 얼마나 지원해 주었는지, 그리고 그 오랜 세월 동안 그가 가졌을 법한 느낌에 대해 그녀가 얼마나 아는 것이 없었는지에 대해서도 알지 못했고, 또 그러한 사실을 인정하려 들지도 않았다. 그녀는 자신의 감정을 직시해야 할 필요가 있었다. 자신이 그를 필요로 한다는 사실이 마음 깊은 곳에서는 얼마나 혐오스러운 일이었는지를, 그리고 그에 대한 비판을 통해 자신의 불만을 표현해 왔다는 사실을 인식해야만 했던 것이다.

스콧 역시 그 나름의 감정적 차단막이 있었다. 그는 자신의 노력이 제대로 인정받지 못한 채 과도한 짐을 지고 있다고 느낀다는 것은 알았지만, 한창 별거가 진행되고 있는 동안에도 자신의 분노나 화를 인식하지 못하고 있었다. 자신의 부모가 이혼하는 순간부터 감정을 억눌러 왔던 스콧은 바로 그로 인해 자신의 진정한 느낌을 신디와 함께 다뤄볼 기회를 거부해 버린 것이다. 스콧과 신디의 이야기 모두 진실을 담고 있지만 이는 그들 각자에게만 진실인 것이다. 두 사람 모두에게 해당하는 하나의 혹은 절대적인 진실이란 없었다.

결혼을 했건 안했건 우리들 각자는 삶 속에 있는 여러 가지 것들을 이해하기 위해 우리 자신의 인식을 가지고 온다. 인식은 주관적이고 다른 사람으로부터 영향을 받으며 또 언제나 바뀔 가능성을 지니고 있다. 결혼 초기에는 당신의 부인이 준비한 멋진 파티에 대해 직장 동료나 상사들이 며칠 동안 칭찬을 늘어놓으면 아마 뿌듯해 했을 것이다. 하지만 10년의 시간이 흐르고 애를 넷 정도 낳고 나면 당신은 완벽한 살림 솜씨를 뽐내려고 아내가 들이는 시간과 노력이 오히려 괘씸할 것이다. 15년 전 당신은 촉망받는 예술사진 작가인 남편이 자신만의 예술 세계에 몰두하는 것을 반항적이며 낭만적이라고 생각했었다. 그러나 이제 그의 작품을 팔 수 있는 시장은 점점 줄어드는데 그는 여전히 상업적인 냄새가 나는 것은 무조건 거부하고 있고, 당신은 파산선고를 해야 할지 말아야 할지를 저울질하고 있다. 이제 당신은 경제적인 현실을 직면하지 않으려 하는, 마치 사춘기 소년한테나 어울릴 법한 그의 고집을 참을 수 없다.

상황은 변하는 법이다. 사람도 마찬가지이다. 얼마나 많은 사람들이 그저 한쪽이 또는 양쪽 배우자 모두가 상대로부터 마음이 멀어졌다는 이유로 헤어지는지 모른다. 그렇다고 이혼의 소용돌이 한가운데 있을 때 그게 그처럼 간단하기만 한 일일까? 그럴 가능성은 거의 없다. 생각을 해 보았든 안 해 보았든, 분명히 이야기를 한 적이 있든 없든 간에 우리는 배우자에 대한, 그리고 부부 관계에 대한 자기 나름의 기대를 가지고 결혼 생활에 들어선다. 부모들의 결혼을 지켜보면서 혹은 우리의 문화 속에 스며들어 있는 것들을 받아들이면서, 우리는 배우자란 어떤 것이며 또 어떻게 해야 하는지, 바람직한 결혼의 요소가 무엇이며 또 행복이란 어떤 것인지 등에 대해 매우 분명한 생각을 형성하게 된다. 이 모든 것들에 대한 우리의 생각 또한 달라질 수 있다. 운이 좋은 부부라면 종종 적절한 치료를 통해 이런 과정을 거치고 서로에 대해서 그리고 자신들에 대해서 더 잘 이해하게 되며 이로써 더 견고한 부부 관계를 유지할 수 있게 된다. 그러나 이 일이 손쉬운 경우는 거의 없다. 특별히 마음이 여린 사람들에게는 더욱 그렇다.

이혼은 당신의 지난 삶을 다시 쓴다

이혼을 한 사람들은 대부분 자신의 결혼이 깨진 이유를 알고 있다고 강력하게 주장할 것이다. 스콧은 신디가 자신을 몰아냈다고 할 것이다. 하지만 신디 말에 의하면 그들의 이혼은 스콧이 어느 날 화를 참지 못한 나머지 벌어진 일이다. 두 사람의 이야기를 모두 읽은 당신의 생각은 어떤가? 만약 당신도 대부분의 사람들과 같다면 두 사람의 시각 모두에 그 나름의 진실이 있음을 볼 수 있을 것이다.

정신적 충격을 받을 때마다 우리들은 그 이유를 알고 있다고 믿어야 할 필요가 있다. 이는 이혼이라는 충격의 경우에도 마찬가지이다. 우리가 이혼 사유라고 믿고 있는 것은 어느 정도 사실에 근거를 두긴 하지만 동시에 자기를 보호하는 방편을 제공하는 것이기도 하다. 그것은 죄의식과 수치심 그리고 궁극적으로는 책임감으로부터 우리를 지켜 준다. 이러한 효과적인 사유가 되려면, 우리가 믿는 사유 중 어떤 것들은 사실에 대한 우리 자신의 해석만을 반영하게 될 것이고, 그러다 보면 그것이 우리의 전 배우자들이 믿는 바와는 다를 수도 있는 것이다.

이혼 사유에 대해 서로 동의하지 않는 커플이 많은 것은 결코 놀라운 일이 아니다. 이혼의 전반적인 원인에 대해서는 분쟁의 여지가 없을 수도 있다. 점차 사이가 멀어졌거나, 그녀가 누군가와 사랑에 빠졌거나, 또는 그들 사이에 더 이상 사랑의 감정이 남아 있지 않을 수도 있다. 그러나 결혼을 급작스런 파국으로 이끈 직접적인 원인 혹은 그런 상황이 되도록 이끈 사건을 두고서는 종종 격렬한 논쟁이 벌어지곤 한다.

이혼은 분노와 슬픔 그리고 불확실함으로 가득 차 있다. 헤어진 커플은 자신들의 심리적 균형을 다시 회복하려 애쓰면서 결혼이 실패하게 된 이유에 대한 자신의 해석과 맞아떨어지게끔 지나간 결혼 생활에 대한 나름의 이야기를 만들어 낸다. 두 배우자 간의 서로 다른 인식에 따라 애초부터 주관적일 수밖에 없는 온갖 기억과 가족 이야기가 슬픔과 분노, 두려움, 비탄, 사랑 그리고 온갖 다른 느낌의 감정적 프리즘을 통해 무의식적으로 걸러진다. 그리고 상대방이 과연 자신을 진정 사랑하기는 했던 것인지 의심하게 된다. 이제 그는 자신의 배우자(아내)가 필요로 했던 것은 사업상의 동반자였을 뿐, 연인도 남자도 아니었다는 것을 '본다'. 그녀에게 열정이 부족하다고? 그건 바로 그에게 문제가 있기 때문이라고 그녀는 주장한다. 비록 그녀가 거기에 대해 언급한 적은 전혀 없지만, 그녀가 그토록 냉랭한 것은 그가 보여주었던 애정의 몸짓이 어설프기 짝이 없는 탓이었다는 것을 그 스스로 눈치채지 않았던가?

자신이 느낀 좌절감과 외로움을 아내가 알아채지 못한 것일까? 하고 그는 의아해한다. 만약 아내가 자신에게 그런 사실을 말해 주었더라면 그녀를 만족시키기 위해 어떤 일이라도 했을 거라는 사실을 몰랐을까? 그녀는 "내가 독심술사는 아니잖아요?" 라고 말한다. 그것은 남자도 마찬가지이다. 결과는 이렇다.

여자: 우리가 이혼을 하는 것은 남편의 외도 때문이에요.

남자: 내가 외도를 한 건 그저 내가 수년 동안 아내에게 성적으로, 감정적으로 거부당했기 때문이에요.

여자: 나는 결혼 생활을 유지하기 위해서 기꺼이 그를 용서하고, 또 내게 문제가 있다는 사실을 받아들일 용의가 있어요.

남자: 그녀는 기꺼이 바꾸겠다고 말을 하지만, 나는 그녀의 변화를 위해 몇 년 동안이나 노력해 왔어요. 그녀는 변화를 원하지 않아요. 그녀는 그냥 지금 상태를 지속시키고 싶은 거예요. 맞아요, 그녀는 '남편'을 원하긴 하지만 나를 원하지는 않아요.

이야기는 이런 식으로 계속된다. 사회적으로, 감정적으로, 그리고 아마 경제적으로도 결혼 실패라는 감정적 파국에 대한 당신 자신의 책임을 인정하는 것보다는 전 배우자의 허물을 비난하는 것이 훨씬 더 쉬울 것이다.

그와 그녀의 아이들

남편과 아내의 인식 사이에 놓인 간격은 이야기가 자녀들에 대한 서로의 관점에 이르면 더 심각해질 수 있다. 마침내 내가 신디와 스콧에게 그들의 별거가 세 아이들인 아홉 살 안젤라(Angela), 일곱 살 조이(Joey), 그리고 다섯 살 콜린(Colleen)에게 미칠 영향에 대해 말을 꺼내자 두 사람이 보여주는 관심의 방향은 극과 극이었다. 신디는 아이들 역시 지금 자기처럼 분노하고 혼란스러울 것이며, 이 상처로부터 결코 회복되지 못할 것이라고 생각했다. 스콧 역시 자신의 감정을 아이들에게 투사했다. "물론 우리가 헤어지면 아이들은 슬퍼하겠지요. 그러나 긴장이 줄어들 테니까 아이들 역시 안심하게 될 거라고 확신합니다. 한동안은 힘들겠지만 금방 평소 자기들의 생활로 돌아가게 될 겁니다."

그들 각자와 좀 더 이야기를 진행해 나가자, 신디는 나에게 아이들은 자기들이 버림받았다는 느낌을 가질 거라고 생각된다는 말을 했고, 스콧은 아이들이 엄마의 비판으로부터 멀어지면 비로소 마음이 편해질 것으로 확신한다고 말했다. 물론 신디나 스콧이 정작 말하고 있는 것은 아이들의 느낌이 아닌 자기 자신의 느낌이다. (당신은 아이들의 입에서 자기들의 생활로 '돌아가고' 싶다는 말을 얼마나 들어보았는가?)

아주 사이가 좋은 관계에서도 남편이 보는 현실과 아내가 보는 현실 사이의 (인식) 차이는 대부분의 일상적인 일들에 영향을 미칠 수 있다. 당신은 조니(Johnny)가 수학 우등반에 들어가는 것을 그에게 필요한 도전이라고 생각하는 반면, 당신의 아내는 연필을 씹어대는 그의 스트레스 행동만을 생각하면서 이를 그만두는 것을 바랄 수 있다. 당신은 열 살 된 딸 에리얼(Ariel)이 남자 아이들에 대해 너무 일찍 관심을 보인다고 보는 반면, 당신의 남편은 '요즘 아이들은 다 그렇다'고 믿으며 그냥 두라고 말한다. 분노와 슬픔, 사랑 그리고 비탄의 감정은 두 사람 사이의 간격을 더 벌려 놓는다. 그리고 종종 엄마와 아빠 자신이 아이들에 대해 갖고 있는 생각도 이 차이 속으로 빠져들고 마는 것이다.

물론 부모 간에 아이들에 관한 의견 차이는 늘 어느 정도 존재하게 마련이다. 그런데 당신은 갑자기 배우자의 행동이나 태도 때문에 별거나 이혼을 하게 되었다거나 혹은 그로 인해 서로 간에 의견차가 생겼다고 여긴다. 이혼은 감정적으로 매우 민감한 일로서, 두 사람이 함께 하는 것이면서도 동시에 철저히 홀로 감당할 수밖에 없는 것이다. 바로 이것이 배우자 간에 상황에 대한 인식이나 대응이 어쩌면 그렇게 다를 수 있는지를 잘 설명해 준다.

우리가 감정적으로 상처입기 쉬울 때 그 상처를 완화시키는 방법의 하나는 우리의 생각이나 행동이 정당하다고 느끼는 것, 즉 '정당화'하는 것이다. 부모는 아이들이 지닌 이혼에 대한 생각이 자신의 것과 같다고 믿을 때 더 정당함을 느끼기 쉽다. 따라서 부모는 각자 자기의 느낌을 아이들에게 투사하고, 일어난 사건에 대한 자기의 생각과 감정을 아이들 역시 공유하고 있다고 가정하는 경향이 있다. 그러나 사실을 말하자면, 아이들 역시 이혼과 이를 둘러싼 자기 부모의 역할에 대해 그들만의 입장을 갖고 있는 것이다.

자녀들의 관점

아이들이 없다면, 당신들 두 사람은 이혼 후 평생 절대 서로 만나거나 얘기하지도, 혹은 아예 생각하지도 않을 자유가 있을 것이다. 아이들의 존재는 이 모든 것을 바꾸어 놓는다. 나의 초창기 내담자였던 베벌리와 제이크의 예를 들자면, 그들은 다시 서로 마주 보고 이야기할 필요가 없었다면 아주 마음 편해 했을 사람들이고 사실 아이들이 없었다면 아마도 그랬을 것이다. 스콧도 만약 세 아이들만 아니었다면 아마도 몇 년 전에 말 한 마디 없이 신디를 떠났을지도 모른다.

이혼 가족들은 미국의 옛날 서부영화에 등장하는 작고 외딴 마을과 어느 정도 비슷한 면을 지니고 있다. 영화의 전형적인 줄거리를 보면, 보안관은 곧 닥쳐올 악당들과의 일전을 앞두고 자신의 뒤를 받쳐줄 수 있도록 분주하게 마을 사람들에게 이런저런 임무를 맡긴다. 당신은 전 배우자를 악당으로 여길지 모르지만 대부분의 경우에 있어 아이들은 그렇게 생각하지 않는다. 그리고 설령 그렇게 생각하는 경우라도 아이들은 여전히 그에 대해 사랑과 충성심을 느낀다. 이런 감정은 부모의 이혼을 견디어 낼 수 있게 하며, 또 그래야만 한다. 아이들에게 있어 부모의 이혼은 우리 편과 악당 편을 가를 수 있는 사안이 아니다. 아이들에게 있어 이는 오히려 두 사람의 정의로운 보안관 사이에서 어느 한쪽만을 선택하도록 강요당하는 것과 같은데, 아이들은 결코 어느 쪽으로든 편을 들라는 압력을 받아서는 안 된다.

당신은 머리로는 아이들의 입장을 잘 이해할 수도 있다. 나는 아직까지 이혼하면서 아이들을 먼저 생각하겠다는 말을 하지 않는 부모들을 만난 적이 없다. 그러나 한편으로 이해는 되지만 참으로 가슴 아픈 현실은 많은 부모들에게 있어 아이들의 입장을 이해하겠다는 의도가 감정 차원에서는 전혀 실천되지 못하고 있다는 것이다.

그러나 다니엘 부부, 특히 프랭크는 아내의 외도로 인한 배신감에 앞이 막막할 만한 상태에서도 자기들의 혼란스러운 감정을 뒤로 하고 우선 아들 샘에게 관심을 집중할 수 있었다. 그러나 스콧과 신디의 경우는 어떨까? 그들도 프랭크처럼 할 수 있었을까? 세 아이들에게는 불행한 일이지만 그들은 쉽게 그렇게 할 수가 없었다. 스콧과 신디 모두 자신들의 감정에 파묻힌 나머지, 둘 중 어느 하나도 자기 속에 그리고 상대 속에 존재하는 슬픔, 즉 파괴적이고 저항할 수 없으며 많은 경우 제대로 인식조차 되지 않는 슬픔을 이해하지 못했다.

이혼의 슬픔 이해하기

이혼의 과정을 마무리 지으려면 반드시 이혼의 슬픔을 인식하고 이를 해결해야 한다. 슬픔이라고? 아마도 당신은 이제 겨우 결혼의 굴레에서 벗어나 안도의 숨을 쉬고 있거나 아니면 결혼을 지키기 위해 지금도 투쟁하고 있을지 모른다. 그런데 이런 상황에서 결혼 생활에 대해 어떻게 슬퍼할 수 있는지 의아스럽다고 반문할 수 있다. 물론 모든 사람들이 그렇게 느끼는 것은 아니다. 그러나 당신이 결혼 생활을 끝내는, 또는 끝내도록 강요당하고 있는 상황이 어떠하건 그것이 당신에게 매우 중대한 상실의 경험임을 기억하는 것이 중요하다.

슬픔은 우리가 사랑하거나 또는 한때 사랑했던 것을 잃어버릴 때 보이게 되는 강력하면서도 지속적인 반응이다. 이 책에서 다루고자 하는 슬픔은 서로 모순되어 보일 수 있는 일련의 감정으로서, 상실에 대처하는, 그리고 보다 깊은 수준에서는 이미 잃어버린 사랑하는 이와의 재결합을 위해 노력하는 과정에서 자연스럽게 생겨나는 것들이다. 이혼과 같이 이론상으로 회복 가능한 상실에 따른 슬픔은 죽음과 같이 회복 불가능한 상실 후에 찾아오는 슬픔과는 여러 면에서 비슷하기는 하지만 훨씬 더 복잡한 면을 지니고 있다.

많은 사람들은 엘리자베스 퀴블러-로스(Dr. Elisabeth Kübler-Ross) 박사가 제안한 죽음으로 인한 슬픔과 사별의 단계 모델에 익숙할 것이다. 이는 곧 부정, 분노, 흥정, 우울, 수용의 단계이다. 이 모델이나 삶의 경험에 비춰볼 때 슬픔은 A지점에서 시작하여 연속적인 발전 과정을 거쳐 B지점에서 끝난다. 그렇다고 시간이 흐르면 슬픔의 고통을 다시는 느끼지 않는다는 말은 아니다. 분명 슬픔의 고통은 느껴진다. 하지만 많은 경우 가장 심각한 슬픔은 수용과 더불어 끝난다. 아마도 죽음의 최종성으로 인해 그에 대한 슬픔의 과정 역시 '종결'에 이를 수 있는 것이리라.

이혼을 경험하는 사람들, 당사자인 부모나 아이들 또한 모두 슬픔을 경험하며 그 슬픔에도 단계가 있지만 이는 다른 종류의 슬픔과는 질적으로 다르다. 가장 큰 차이점은 가족의 삶에 있어서 이혼은 결코 완전히 끝나는 법이 없다는 것이다. 아무리 희박하더라도 부모의 재결합 가능성은 언제나 있다. 그리고 아이들의 존재로 인해 완전한 단절은 결코 가능하지 않다. 이혼의 과정에서 해내지 않으면 안 되는 과제들, 그러니까 관계의 재정립, 새로운 테두리 안에서 서로 관계를 맺고 관계하는 것을 배우는 것, 새로운 상황에 적응하는 것, 변화하는 가족의 '틀' 안에서 자신의 위치와 정체성을 찾아가는 일들 사이에서 부모와 자녀들은 오래된 상처를 다시 끄집어내게 되거나 그들에게 다른 상처를 입힐 수 있는 새로운 상황에 맞닥뜨린다.

당신 자신도 이혼에 관하여 이러한 심각한 감정을 느껴본 적이 있을 것이다. 한 순간에는 당신의 전 배우자에게 화가 나 펄펄 뛰게 된다. 무슨 이유인지는 중요하지 않다. 그러나 일단 화를 분출하고 나면 다시 엄청난 슬픔에 잠긴다. 왜 그렇게 되는 것일까? 어쩌면 혼자 잠자리에 들면서, 지금껏 옆에서 느끼던 따뜻한 체온 또는 가정이나 잠자리를 함께 나누던 안정된 느낌을 그리워할 수도 있다. 아마도 당신이, 특히 이혼 직후의 감정적 혼란의 여파 속에서 미처 깨닫지 못했던 것은 이처럼 서로 상반되어 보이는 감정들이 사실은 연결되어 있다는 것이다. 그것들은 모두 당신이 경험하는 슬픔의 일부분인 것이다.

이혼의 슬픔 주기

이를 더욱 분명하게 설명하기 위해[4] 나는 사별에 대한 연구에서 전개된 것과는 다른 방식으로 이혼과 관련된 슬픔의 개념을 발전시켰다. 가장 핵심적인 차이는 이혼과 관련된 슬픔은 일직선을 따라 어느 한 방향으로 움직이는 것이 아니라는 것이다. 대신 사람들은 사랑과 분노 그리고 슬픔(sadness)*이라는 세 단계 과정을 순환한다. 나는 이것을 슬픔의 순환 모델이라 부른다.

관계의 상실로 인한 슬픔이 작용하는 방식은 다음과 같다. 일반적으로 처음에는 사랑과 분노 그리고 슬픔이 매우 극심하게 느껴진다. 물론 감정이 차례대로 돌아가긴 하지만 한 번에 오직 한 가지 감정만을 경험하게 된다. 스콧이 정말로 이혼하기를 원한다고 선언하던 날 신디가 바로 그 주기의 고통스런 실례를 보여 주었다. 스콧이 그렇게 선언하기 얼마 전까지만 해도 신디는 절박한 태도로 결혼 생활에서 자기가 저질렀던 많은 실수를 인정하고 있었다. 신디는 사태를 호전시키기 위해 기꺼이 자신을 바꿀 의사가 있다는 것을 분명히 했다. 그러나 스콧의 이혼 선언을 듣고서는 한동안 넋을 잃은 듯 침묵하더니 분노를 폭발하면서 이렇게 소리쳤다. "당신 아버지가 가족을 내팽개쳤다고 그렇게 말이 많더니, 이젠 자기 차례인가 보네. 그 애비에 그 자식이네!" 비록 말은 이렇게 거칠었지만, 상담을 마치기도 전에 신디는 이미 눈물을 쏟아내고 있었다. 그녀는 험난하기 짝이 없는 슬픔이라는 감정의 롤러코스터에 이제 막 올라탄 것이었다.

최근에 나의 박사과정 학생인[5] 데이빗 스바라(David Sbarra)와 함께 발표한 연구

* 여기서 슬픔은 보다 포괄적인 개념인 grief의 한 부분으로서의 슬픈 감정을 가리킨다 – 역자 주

결과를 통해 우리는 사람들이 친밀한 관계를 상실하고 슬퍼할 때 정말 사랑-분노-슬픔의 주기를 왔다 갔다 한다는 사실을 보여주었다. 슬픔에 대한 과학적 연구를 위해 우리는 심각한 상실을 경험할 수 있으면서도 연구에 참여할 수 있는, 그리고 자신들의 경험을 기꺼이 나눌 용의가 있는 커플 집단을 선정하였다. 바로 적어도 6개월에서 길게는 2년에 이르기까지 서로 교제하고 있는 대학생 커플 집단이었다.

처음에는 교제 중인 대학생 커플 모두를 이메일을 통해 정기적으로 접촉하다가, 점차 관계가 삐걱거리고 있음을 알려오는 학생들에게 초점을 맞추었다. 커플의 애정 관계가 깨어진 직후 우리는 그들에게 무선호출기와 연구 의도에 맞게 제작된 일기장을 제공하였다. 그 후 몇 달 동안 그들은 정해진 시간 없이 일과 중에 호출기가 울릴 때마다 일기장에 자신이 느끼는 감정을 기록하였다. 조심스럽게 관찰한 결과, 예상했던 바대로 젊은 커플이 느끼는 사랑과 분노 그리고 슬픔 사이의 감정의 그네 역시 슬픔의 순환 이론과 밀접하게 연결된다는 것을 알 수 있었다.

사람들은 보통 시간이 흐르면서 감정의 격렬함이 사라지고 동시에 서로 다른 감정이 뒤섞이는 것을 경험한다. 이혼의 슬픔이 초기에는 사랑이라는 감정을 강렬하게 느끼는 시기로 나타나지만, 이는 다시 마찬가지로 강한 분노의 시기로 이어지고, 그 다음에는 강렬한 슬픔을 느끼는 시기로 이어진다. 이런 시기 동안에는 보통 우리가 감정의 혼재라고 부르는 현상, 예를 들어, 슬픔이 묻어나는 사랑이나 사랑의 기억으로 인해 무디어진 분노 같은 것을 진솔하게 느끼기란 불가능하다. 시간이 흐르면서 감정의 격렬함이 무디어지기 시작하고, 각 감정의 주기가 흐릿해지면서 다른 두 감정이 섞이기 시작한다. 이처럼 겹쳐진 감정 때문에 사람들은 보다 현실적이고 감정적으로도 덜 고통스러운 시각에서 이혼을 바라볼 수 있게 되는 것이다.

감정이 섞이지 않으면 사람들은 어떤 한 가지 특정한 감정의 주기 속에 갇혀 버린다. 사랑의 감정에서 멈춰 선 사람은 이별이라는 현실을 인정하지 않은 채 재결합을 꿈꾸며 속앓이를 할 것이며, 분노에 갇힌 사람은 오로지 복수하고야 말겠다는 일념으로 모든 행동을 하게 될 것이고, 슬픔에 사로잡힌 사람은 실제 벌어진 사태에 대해 과장되고 비현실적인 책임의식에 눌리게 될 것이다.

내가 확신하는 바는 이혼하는 커플이 경험하는 격렬한 감정, 그들의 말과 결정,

그리고 감정이 이끌어 내는 행동의 대부분은 그들이 이혼의 슬픔을 제대로 다루지 못했다는 사실에까지 소급될 수 있다는 것이다.

제대로 다루어지지 못한 슬픔은 강력하고, 감당하기 어려운 힘이 될 수 있다. 이혼은 부모로 하여금 슬픔이나 분노 그리고 사랑으로 인해 바로 그 순간에 자신이 옳다고 느끼는 대로 말하고 행동할 수 있게끔 하는 기회가 되기에 충분하다. 이런 감정은 매우 표독스런 분노의 표출까지를 포함해서, 종종 더 깊은 차원의 슬픔을 드러내는 것임에 틀림없다. 사실, 갑작스런 분노의 표출은 관계를 재정립함으로써 슬픔을 해결하고자 하는 간접적이지만 절박한 신호로 볼 수 있다. 화를 내는 것 역시 당신이 아직도 전 배우자를 자극할 수 있는지, 그가 아직도 당신과 얽혀 있는지를 알아보려는 하나의 수단일 수 있는 것이다.

분노: 해소되지 않은 슬픔이 남기는 유독성 잔재

이혼 초기의 긴장된 단계에 처한 많은 사람들처럼 신디도 자신의 슬픔을 제대로 깨닫지 못하고 있었다. 마침내 남편이 자신 곁을 정말로 떠나려 한다는 사실을 깨닫게 되자 무슨 수를 써서라도 결혼 생활을 지키려던 그녀의 필사적인 열망은 분노로 변했다. 그녀는 더 이상 자신의 열망에 집중하지도 않았고 자신의 슬픔을 인정하려 들지도 않았다. 대신 그녀의 감정적 에너지는 이제 자기와 아이들 그리고 결혼 서약을 저버리는 스콧에 대한 신랄하고도 정당화된 분개로 집중되었다. 상담을 끝내기 전 화가 치밀어 오른 신디는 이렇게 쏘아붙였다. "만약 당신이 이런 식으로 나간다면 반드시 대가를 치르게 하고 말 거야. 얼마나 큰 대가를 치르게 될지 당신은 모를걸!"

신디는 자신의 말을 실천에 옮겼다. 그녀가 구할 수 있는 최고의 이혼소송 전문 변호사를 선임하고서는 모든 면에서 이의를 제기하고 나왔다. 그녀가 분노하는 이유가 스콧 때문만이 아니라 결혼의 상실에 대한 그녀의 절망적인 감정 때문이기도 하다는 사실만 제외하고서 말이다.

휴가 기간 동안 내 사무실에서 상담하면서 자신이 느끼는 가장 고통스러운 감정과 별로 고상하지 못한 충동까지도 드러내어 솔직하게 표현했던 다니엘과 프랭크 부부와는 달리 신디와 스콧에게는 자신의 감정 문제를 해소하기 위한 긴 과정을 시작할 만한 여유도, 참고할 만한 주위의 도움도 없었다. 다니엘은 자신이 프랭크의 분노를 받아들이고 끌어안아야만 한다는 사실을 알았던 것에 반해 스콧은 신디의 격렬한 감정은 물론 자신의 감정조차도 제대로 인식하지 못하고 있었다. 프랭크는 자신이 받은 상처와 실제로는 절대 실천에 옮기지 못할 일련의 계획(샘을 엄마로부터 떼어 놓는 것)을 그대로 드러냈던 것에 반해 신디는 자신이 분노 외에는 다른 감정들을 가졌다는 사실을 인정하는 것조차 거부했다.

스콧은 신디가 보이는 반응이 그녀가 지닌 슬픔의 일부분이라는 사실을 인식하지 못했다. 대신 그녀의 격렬한 분노가 지금까지 보여 왔던 분노와 신랄함의 연장이라고 생각했다. 더 중요한 것은 그가 자신이 오랫동안 굳게 지녀왔던 신념, 즉 언제나 자기 자신보다는 다른 사람의 요구를 우선시해야 한다는 신념을 제대로 다루지 못했다는 것이다. 그것은 결국 헤어지겠다고 한 자신의 '이기적'인 결정에서 야기된 감정, 곧 감당하기 힘겨울 정도의 패배감과 죄의식을 끌어안아야 한다는 것을 의미했다. 역설적이지만, 신디와 마찬가지로 스콧 또한 자신의 슬픔을 감추기 위해 분노에 자신을 맡겼다. 그에 따른 즉각적인 결과는 두 사람 모두에게 슬프고도 뻔한 것이었다. 더 안타까운 사실은 그것이 그들의 아이들인 안젤라, 조이 그리고 콜린에게 엄청난 충격을 가져다주었다는 것이다.

분노의 다양한 기능

이혼 상황에서의 분노는 헤어지는 배우자들이 이해하거나 다루기에 가장 복잡한 감정이라 할 수 있다. 또한 아이들에게는 의심의 여지 없이 가장 파괴적인 감정이기도 하다. 분노가 이처럼 강력한 이유는 무엇인가? 분노가 자리 잡는 것에는 분명하고도 실질적인 이유들이 있다. 이는 배우자의 외도라는 배신감, 자녀를 빼앗길지도 모른다는 위기감, 꿈을 갖고 열심히 노력해 왔던 삶에 대한 상실감과 같은 것이다.

그러나 자녀 양육을 위한 방안을 반드시 함께 강구해야만 하는 전 배우자와의 관계 전면에 분노가 자꾸 나서는 데는 여러 가지 감정상의 이유들이 있다. 분노는 다음과 같은 네 가지의 보다 복잡한 감정적 과정의 일부이다. 이는 슬퍼함, 상처 어루만지기, 위협에 대응하기, 그리고 역설적이지만 사랑하는 사람에게 매달리기이다.

우리는 보통 분노를 좋지 않게 생각하지만, 이혼 과정에 있어 분노는 때때로 다른 것보다 덜 고통스럽고, 덜 두려우며, 덜 위협적인 것으로 간주된다. 분노는 또한 전 배우자나 다른 사람들 앞에서 우리의 체면을 살려 주기도 한다. 이혼 상황에서 감정의 룰렛 바퀴를 돌리다 보면 공이 계속해서 분노라고 표시된 칸에서 멈추곤 하는 이유가 바로 여기에 있다. 감정적인 면으로 볼 때 분노에 빠져 있는 것이 슬픔이나 상처, 두려움 그리고 열망 같은 느낌을 진솔하게 느끼는 것보다 덜 고통스러울 수 있다.

감정적 은폐 수단으로서의 분노

스콧이 집을 나간 후 신디는 우울증에 빠졌다. 몸무게도 9킬로그램이나 줄었고 불면증으로 고통스러워했으며, 자신과 아이들의 장래에 대해 암울한 생각이 든다고 말했다. 이 모든 것이 우울증의 기본 증상이지만 신디에게는 아주 중요한 증상 하나가 빠져 있었다. 바로 슬픔이었다. 예측한 대로, 우리가 얘기하는 동안 신디는 종종 슬프게 보이거나 그렇게 말을 했다. 몇 번은 내 앞에서 잠깐 울기도 했다. 그러나 내가 상담을 마치면서 또는 전화 통화를 하면서 그녀가 슬픔을 표출할 수 있도록 권장했음에도 불구하고 신디는 자신의 감정적 에너지를 언제나 슬픔이 아닌 스콧에 대한 깊은 분노에 집중하였다.

신디 역시 사람이다. 그녀도 슬퍼하였고, 분노와 슬픔 그리고 사랑 사이를 돌고 돌았다. (나와 연락이 닿을 때마다 간접적인 신호를 통해 그녀는 아직도 재결합을 위해 노력할 의사가 있다는 생각을 표현했다. 계속해서 말이다.) 그러나 그녀가 늘 멈추게 되는 곳은 슬픔의 주기 중 가장 편안하게 느껴지는 분노였다. 분노는 그녀가 일생 동안 부인해 왔던 감정인 슬픔으로부터 그녀를 지켜 주었다. 분노는 스콧과 맞선 싸움에서 그녀의 가족과 오랜 친구 여럿을 그녀 편이 되게 해 주었다. 분노는 재결합을 암시하는 의사를 스콧이 무시했을 때 그녀의 체면을 세우도록 하는 데 도움이 되었다. 신디의 분노는 아이들을 황폐하게 만들었겠지만 그녀의 목적을 달성하는 데는 도움이 되었다.

분노와 고통

분노는 상실로 인한 슬픔에 대처하는 데 도움이[6] 될 뿐만 아니라 어떤 면에서는 감정의 일회용 밴드 역할을 한다. 분노의 가장 기본적인 역할 중 하나는 고통을 감추는 것이다. (우리가 발가락을 부딪쳤을 때 가구를 향해 소리를 지르는 이유이다.) 신디와 스콧 모두가 의도적으로 상대에게 상처를 되돌려 주려고 한 것은 자기 자신이 상처를 받았기 때문이다. 즉, 그들은 자신의 깊은 감정과 연결되지 못한 채 그런 행동을 하게 되는 것이다. 예를 들면, 재결합을 시도해 보자는 신디의 암시를 스콧이 무시했을 때, 그녀는 빈정거리며 그의 약점을 건드렸다. "그래, 당신은 정말 책임감이 대단하죠. 어린 시절을 다시 누려 보자고 아이들까지 기꺼이 내동댕이칠 정도니까."

스콧은 말싸움에서는 결코 신디의 상대가 되지 못했지만 그게 중요한 것은 아니다. 중요한 것은 우리는 상처를 받았을 때 자연스럽게 분노로 반응한다는 것이다. 우리는 받은 상처를 되갚아주고 싶어 한다. 하지만 분노라는 임시적 처방을 넘어 제대로 된 해결을 원한다면 상처라고 하는 보다 근본적이고, 보다 진실된 감정을 인식할 필요가 있다.

분노와 두려움

분노라는 전략의 가방 속에는 다른 것들도 들어 있다. 분노는 두려움을 감추는 데도 도움이 된다. 잘 알려진 대로 위협적인 상황은 싸우거나 또는 달아나거나 하는 반응을 촉발[7]한다. (인간의)진화 과정에서 분노는 위협에 적절하게 대응하는 데 도움을 주는 것이었다. 문제는 생명의 위협이 느껴지지 않는 상황에서 싸우거나 달아나거나 하는 식의 반응은 상황에 적응하는 데 더 이상 아무런 가치가 없다는 것이다. 현대 사회에서 분노는 일종의 지나친 잉여에 가깝다.

이혼을 하는 대부분의 사람들은 (가령 아내가 단독 친권을 갖기 위해 소송을 걸지 않을까 혹은 남편이 자녀 양육비를 내지 않으면 어떻게 할까 하는) 구체적인 문제뿐 아니라 일상적인 생활과 미래의 일에 대해서도 위협을 느낀다. 이러한 위협은 싸우거나 아니면 도망가거나 하는 반응을 유발한다. 신디가 침대에 누워 잠을 청하면서 문제가 될 만한 일들의 목록을 추리다 보면 두려움에 사로잡힐 수 있다. 그러다가 피곤한 상태에서 다음 날 스콧을 만나면 싸움 또는 도망의 다른 선택사항인 공격이 폭발하는 것이다. 그리고 스콧도 도망가지 않고 맞서 싸우는 것이다. 그리고 이런 일이 계속해서 반복된다.

어떻게 사랑이 아닌, 분노가 서로를 함께 엮을 수 있나

마지막으로, 분노는 보다 전략적인 감정적 기능을 발휘할 수 있다. 아마 우리는 이 점을 제대로 깨닫지 못하거나 또 부인할지도 모른다. 곧 분노는 이혼한 사람들이 그들의 전 배우자와 접촉을 유지하거나 재결합하기 위한 수단이 될 수도 있다는 사실이다. 어떻게 그럴 수 있을까? 다음 이야기를 생각해 보라.

영국의 심리학자이자 애착 이론 전문가인 존 볼비(John Bowlby) 박사[8]는 아이와 엄마의 유대에 관해 연구하면서 폭넓은 저술 활동을 하였다. 볼비의 관찰에 의하면 엄마로부터 원하지 않는데도 떨어지게 된 어린아이들은 격렬하게 저항을 한다. 만약 엄마가 있었다면, 걸음마장이 아이들의 성난 울음은 엄마로 하여금 달려와서 아이를 달래고 보호하도록 했을 것이다. 우리 모두는 실제 삶에서 걸음마장이 아이들과 그들의 부모들 사이에서 일어나는 이런 광경들을 본 적이 있을 것이다. 이 경우 우리는 분노가 재결합을 이루게끔 '작용'했다는 것을 안다.

이혼에 있어서도 분노가 같은 방법으로 작용할까? 물론이다. 이혼에 있어서 분노는 전 배우자의 관심을 끌고 반응을 유발하며, 무엇보다도 전 배우자와 보다 더 친밀하고 감정적인 관계를 유지함으로 그들 사이를 가깝게 할 수 있다.

이것이 말이 되는 이야기인가? 아마 매우 혼란스럽게 들릴 수 있을 것이다. 결국 미움이라는 것은 사랑의 반대가 아닌가? 그러나 그렇지 않다. 유행가 가사에서처럼, 그리고 실제로 많은 사람들이 그렇게 말하는 것처럼 사랑과 미움 사이는 사실 종이 한 장 차이에 지나지 않는다. 사랑의 진짜 반대는 미움과는 전혀 다른 무엇,

곧 무관심이다. 당신의 극심한 분노는 당신의 이혼이 끝났다는 표시가 아니다. 오히려 그 반대인 것이다.

만약 내 말을 믿지 못하겠다면 다음 경우를 한번 생각해 보라. 여자 아이들이 너무 '싫어서' 하루 종일 그 애들을 쫓아다니는 4학년 남자아이들 말이다. 혹은 이래라저래라 한다고 부모를 '증오하며' 자신의 독립성을 확보하려고 애쓰는 방황하는 십대들은 어떤가? 당신이 전 배우자를 '미워하는 데' 들이고 있는 시간과 감정의 에너지는? 아니면 어느 날 전 배우자가 전화를 했는데 그 목소리를 듣자마자 바로 화가 치미는 대신 몇 초가 흘러서야 누구 목소리인지 알아챌 수 있었다면 어떤 느낌이 들었을까? 사랑의 반대는 무관심인 것이다.

이혼을 하려는 상대에게 무슨 이유에서든 달라붙으려고 하는 자신의 모습을 인정하는 것이 대부분의 사람들에게 어려운 일이라는 점은 충분히 이해가 간다. 지금까지 당신이 전 배우자에게 했던 말이나 행동이 있는데, 어떻게 당신의 어머니나 절친한 친구에게 당신의 마음속 어딘가에서는 아직도 전 배우자와 함께 살기 원한다는 말을 할 수 있겠는가? 대부분의 사람들은 그렇게 하지 못한다. 그러나 당신은 당신 자신의 분노, 그리고 전 배우자의 분노 밑바닥에 가라앉아 있는 감정들을 인식해야만 한다.

중간에 낀 아이들

이혼으로 인해 야기되는 문제는 많이 있지만 그 중에서 가장 심각한 것은 부모의 감정적인 분노이다. 왜일까? 감정적인 분노는 당신의 생활과 아이들의 정서적 안녕에 직접적인 혼란을 가져올 뿐만 아니라 다른 면에 있어서도 문제를 일으킬 수 있기 때문이다. 친권 분쟁에 휘말린 커플들을 대상으로 연구하면서 나는 많은 사람들이 친권을 두고 다투는 것이 아이들과 보다 많은 시간을 갖기 위해서라기보다는 그저 상대에게 반발하기 위해, 그리고 묘하게도 그들 사이의 결혼이 끝나는 것을 유보하기 위해서라는 사실을 발견하였다.

얼핏 보기에는 비논리적인 것처럼 보이지만, 전 배우자에게 시비를 걸려는 의도로 시작된 것처럼 보이는 논쟁이라도 사실 그 핵심에는 그저 다시 그 사람에게로,

결혼 생활로, 그리고 이혼으로 인해 날아가 버리기 이전의 삶의 방식과 그때 가졌던 확실함으로 되돌아가려는 욕구가 자리 잡고 있을 수 있다. 사실 이혼의 모든 감정을 다 거치기 이전에는 많은 경우 분노가 원래 자연스럽게 의도된 대로 은폐하는 역할을 맡을 것이다. 비이성적인 분노조차도 감정적으로는 충분히 말이 된다. 그리고 '감정적으로 말이 되는 것'이 정말로 말이 된다고 하는 사람은 아무도 없다.

아주 좋은 의도를 가지고 있는 부모조차도 자신의 감정적 분노가 아이들과 관련된 문제들에 집중되어 있음을 발견한다. 왜냐하면 아이들이야말로 양쪽 부모 모두가 매우 소중하게 여기는 것 중의 하나이며, 헤어진 후에도 전 배우자들을 묶는 중요한 요소이고, 이혼 후에도 법정 소송과 논쟁의 초점이 될 수 있기 때문이다. 한쪽 부모는 다른쪽 부모가 아이를 방문하는 것을 막거나 지체시킴으로써 골탕을 먹일 수도 있다. 다니엘이 이혼을 결심했을 때 프랭크가 생각했고, 스콧이 정말 이혼하고 싶어 한다는 사실을 깨달은 후 신디가 실행에 옮겼던 것처럼 전 배우자에 맞서기 위해 친권 소송을 시작할 수도 있다. 여기서 반드시 알아야 할 것은 아이들에 대한 진정한 관심이 이런 법정 투쟁의 일부인 것은 사실이지만, 이러한 행동을 하게 만드는 보다 깊은 저변의 동력은 종종 해소되지 않은 슬픔 아니면 초기의 강렬한 단계에서 고착된 슬픔인 경우가 많다는 것이다.

이혼의 슬픔 속에서 살아가기

요즘 아이들은 복잡한 감정이나 상황에 직면하면 "그냥 넘어가 버려" 하고 가볍게 말을 던지곤 한다. 그러나 우리가 절대로 완전히 넘길 수 없는 경험들도 있다. 이혼도 바로 그 중 하나이다. 사실 이를 그저 넘겨서는 안 된다. 우리는 슬픔을 감당하는 법을 배우고 앞으로 계속 나아가는 법을 배우겠지만, 그렇다고 해서 우리가 슬픔으로부터 완전히 회복됐다고 말하는 것은 사실을 오도하는 것이다. 우리의 마음이 그 사랑을 기억하고 심장이 그것을 느낄 수 있는 한, 수년 또는 수십 년 동안 슬픔이 지속될 가능성도 있다. 완전한 회복이란 당신이 사랑하는 무언가를 잃었을 때 파괴되어 버린 안정감과 행복에 대한 갈망을 포기한다는 것을 의미할 수도 있다. 완전한 회복은 나쁜 일뿐만 아니라 좋은 일 또한 잊어야 한다는 것을 의미할 수도 있다.

이혼이 흔해지긴 했지만 당신이나 당신의 아이들을 진정 아끼는 사람들조차도 의도만 좋았지 정작 슬픔에 잠긴 당신에게 무슨 말을 해야 할지, 어떻게 도와야 할지 감을 못 잡을 수도 있다. 불행하게도, 이혼한 가족들이 주변 사람들로부터 받은 '지원'은 대부분 가족이나 친구들이 한쪽 부모 편에 서서 다른쪽 부모를 비방하는 것이다. 깊은 상실감과 비통함이 공감되는 경우는 아주 드물다. 우리가 우리 자신이나 아이들의 슬픔을 있는 그대로 인식하는 경우도 아주 드물다. 슬픔에 대해 인식하고 그것을 헤치고 나가려고 의식적으로 노력함으로써 우리는 그 슬픔을 처리하고 앞으로 나아갈 수 있는 능력을 얻는다. 그저 시간이 흘러간다고 해서 일이 순조롭게 진행되는 것은 아니다. 슬픔을 회피했던 사람들은 종종 자신은 물론 아이들 또한 그 자리에 그대로 멈추어 있다는 사실을 발견한다. 이는 마침내 제풀에 지나가 버리는 폭풍우와는 다르다. 강렬한 감정을 건드리고 해결하는 것은 어렵지만 반드시 해야만 하는 일인 것이다.

혼자 슬퍼하기

이혼을 하면 잃는 것도 많고, 화를 내는 것이 당연한 상황도 많이 겪게 된다. 사실, 당신의 결혼이 깨어지고, 아이들이 부모 사이를 오고가며, 경제적으로 휘청거리고, 장래 계획이 무너질 때 화를 낼 수 없다면 과연 언제 화를 낼 수 있겠는가? 가족들이 살아왔던 집을 잃은 것에 대해, 자녀들과 보내는 시간이 줄어든 것에 대해, 당신들 모두의 삶의 수준이 낮아진 것에 대해, 장래에 대한 안정성을 상실한 것에 대해 한탄할 수 없다면, 과연 언제 그럴 수 있겠는가?

사실 이런 것들은 그저 표면에서 일어나고 있는 문제일 뿐이다. 상대의 배신과 거부로 인해 저 깊은 곳에서 느껴지는 개인적 고통은 어떤가? 한때는 온갖 약속과 희망으로 빛났지만 이제는 잃어버린 관계로 인한 슬픔은 어떻게 해야 할까? 또 이혼에 자주 동반되는 극심한 자기 회의는 어떻게 할 것인가? 모든 것이 바뀌어 다시는 아무것도 예전과 같지 않을 것처럼 느껴진다면, 비록 그 변화가 '긍정적'인 것일지라도 스트레스를 느낄 수밖에 없다.

슬픔과 분노는 강렬하고 복잡한 감정들이다. 이 두 감정은 이혼 무렵 최고조에 달하지만 시간이 지나도 끈질기게 지속될 수 있고 다시 불쑥 나타날 수도 있다. 슬픔이나 분노 모두 이혼에 대한 자연스럽고도 합당한 반응이다. 이 감정을 다루는데 있어 문제가 될 수 있는 것은 가족 구성원마다 이혼에 대한 자기 나름의 관점을 갖고 있다는 것이다. 즉, 식구들마다 각자 자신이 소중하게 여기는 것을 잃은 것에 대해 슬퍼하며, 따라서 모두가 서로 다른 방식으로, 서로 다른 것에 대해, 그리고 서로 다른 때에 슬퍼한다는 것이다.

다니엘은 자신이 놓쳐 버린 희망과 꿈을 그리워하며 비탄에 잠길 수도 있다. 어쩌면 한때 프랭크와 같이 누렸던 행복을 갈망할 수도 있을 것이다. 그러나 다니엘이 복잡한 심정으로 과거를 반추하는 동안 프랭크는 자신의 감정과 싸우고 있다. 그는 휘몰아치는 배반의 분노나 상실한 결혼 생활로 인해 바닥을 알 수 없는 절망에 빠지지 않기 위해, 또는 다니엘이 사랑하는 것 못지않게 그가 사랑해 마지않는 한 사람, 바로 자신의 아들을 잃을지 모른다는 공포의 무게에 짓눌리지 않으려고 발버둥치고 있다. 우리는 모두 나 자신에게 의미 있는 것에 대해 슬퍼하게 마련이므로 때로는 슬픔에 빠진 다른 사람을 이해하고 도와주는 일에 어려움을 느낀다. 반대로 다른 사람으로부터 우리가 그토록 간절히 원하는 도움을 얻는 것 또한 쉽지 않은 것이다.

떠나는 이와 남겨진 이

(타인으로부터) 도움을 얻는 것이 그토록 어렵다면[9]서도, 슬픔에 처한 전 배우자끼리 서로 도움을 주고받을 수 없는 것은 무엇 때문일까? 그 답은 두 사람의 슬픔이 서로 다른 데 대한 상실에 관한 것일 수 있기 때문이다. 다니엘과 프랭크의 경우를 생각해 보라. 프랭크의 슬픔이 감정적으로 몹시 격했던 데 반해 다니엘의 슬픔이 상대적으로 차분했던 이유가 무엇일까? 단순한 성격 차이에 기인한 것인가? 아마도 각자의 성격이 그 차이를 어느 정도 설명할 수 있을지 모르지만, 내가 경험한 바에 의하면 각자의 성격은 결별 과정에서 그들에게 나타나는 슬픔의 차이를 제대로 설명해 주지 못한다. 젊은 사람들이 흔히 쓰는 표현을 빌리자면, 누가 '차였느냐'가 색다른 반응을 야기하는 훨씬 큰 요인이다.

스콧과 신디의 경우 두 사람의 슬픔을 다르게 만든 것은 확실히 누가 버림을 받았느냐 하는 것이었다. 스콧 역시 슬퍼했고, 인식하지 못한 죄의식 때문에 만신창이인 건 분명했지만, 적어도 그는 결별에 대해 몇 해 동안 생각해 왔고 어떤 면에서는 준비를 해 왔다. 비록 법적인 이혼은 향후 1~2년 후가 될지도 모르지만 감정적으로는 몇 년 전에 이미 신디와 이혼한 상태였던 것이다.

어쩌면 신디도 미리 눈치를 챘어야 했겠지만, 실제로는 그렇지 못했다. 자신의 결혼이 매우 취약한 기반 위에 서 있음을 알고 놀라는 다른 많은 배우자들처럼 신디 역시 자신의 감정의 레이더에 이혼이 포착될 것이라고는 예상하지 못했다. 신디의 입장에서는 당연히 스콧의 결정이 아무런 사전 경고 없이 내려진 것이었다. 신디의 분노 이면에 혼란스러움이 자리하고 있으리라는 점에는 의심의 여지가 없다. 만약 이혼 결정에 있어서 배우자 간의 역할이 서로 뒤바뀐다면 그들이 느끼는 감정 또한 많은 경우 서로 뒤바뀔 것이다.

슬픔의 주기를 통해 본 당신의 관점

이혼에 대한 당신의 생각은 슬픔의 주기에서 당신이 서 있는 위치 그리고 이혼 결정에 있어 당신이 담당한 역할과 큰 연관이 있다. 물론 합의 하에 헤어지는 커플들도 있다(비록 내가 상담하는 동안 그런 커플들은 겨우 몇 쌍에 지나지 않았지만). 훨씬 더 일반적인 것은 일방적인 이혼으로, 외도 때문에 프랭크를 떠난 다니엘이나 아니면 몇 년 동안의 억눌러 왔던 분노 끝에 이혼이 '유일한 선택'이라 선언하며 신디를 떠났던 스콧과 같은 경우이다.

다니엘이나 스콧은 내가 '떠나는 이'라고 부르는 사람들의 전형적인 예이다. 떠나는 이는 남편일 수도 있고 아내일 수도 있고(물론 통계적으로 미국에서 이혼하는 사례의 약 60퍼센트가[10] 여자에 의해 제기된 것이다), 충실한 배우자일 수도 있고 아닐 수도 있고, 사랑하는 상대일 수도 있고 아닐 수도 있고, '좋은' 배우자일 수도 있고 아닐 수도 있다. 떠나는 이가 감정적으로 우위를 점할 수 있는 이유는 오랜 세월 동안 그 효과가 검증된 감정, 곧 놀라움이라는 요소 때문이다.

이것이 무슨 의미일까? 그들이 의도적으로 우위를 점하기 위해 노력했다거나 상대 배우자를 놀라게 하려고 했던 것은 아니다. 그보다는 떠나는 이인 스콧이나 다니엘이 상대방보다 먼저 슬픔의 주기를 시작했다는 의미이다. 스콧은 자신이 이혼을 원하는 이유가 무엇인지, 마음속으로 왜 자신의 결정이 옳은지에 대한 생각을 분명히 정리했고, 아마도 조심스레 아이들이 살 곳에 대해서도 생각해 보고, 재산 분배 방법이나 이혼 후 자신의 삶에 대해서도 생각해 보았을 것이다. 만약 외도를 한 경우라면, 떠나는 이의 마음은 벌써 현재의 배우자가 없는, 필시 매우 가슴 벅차게 느껴지는 그런 미래로 내달았을 것이다.

떠나는 이는 상대 배우자가 확보하자면 매우 긴 시간이 소요될 수도 있는 무언가를, 지금의 결혼 생활이 배제된 미래와 그 미래에 대한 계획을 이미 갖고 있을 것이다. 떠나는 이는 편안한 속도로 이미 사랑-분노-슬픔이라는 이혼의 슬픔 주기를 시작하였고, 자신의 감정이 최고조로 올라갔다 내려갔다 하는 시점을 이미 지나왔을 수 있다. 그렇게 하는 데 몇 년이 걸렸을 수도 또는 고작 몇 개월이 걸렸을 수도 있지만 그는 이미 결혼으로부터 멀어지기 시작한 것이다. 그러니까 이미 결혼을 현재 존재하거나 미래에 존재하게 될 무언가가 아니라 과거 한때 있었던 어떤 것으로 생각하기 시작한 것이다. 다니엘의 경우처럼 떠나는 이는 뒤에 남겨지는 것들에 대해 어느 정도 슬픔과 연민을 느낄 수 있을 만큼 감정적인 거리를 가질 수조차 있다.

다른 배우자를 나는 '남겨진 이'라고 부른다. 여러 면에서 남겨진 이는 떠나는 이와 마찬가지이다. 남편일 수도 있고 아내일 수도 있으며, 외도라고는 몰랐을 수도 있고 그렇지 않았을 수도 있으며, 사랑했을 수도 있고 그렇지 않았을 수도 있고, 좋은 배우자였을 수도 있고 그렇지 않았을 수도 있다. 그들 사이의 중요한 차이점은, 남겨진 이들은 슬픔이라는 이혼의 주기에서 아직 첫 걸음도 떼지 않았다는 것이다. 어쩌면 이혼에 대해 생각해 봤을지는 모르지만, 그들은 떠나는 이가 그런 것처럼 결혼을 떠나보낼 준비도 되지 않았고 자발적이지도 않다. 프랭크의 경우에서 보듯, 그리고 신디의 경우도 마찬가지로 헤어지자는 상대 배우자의 결정이 주는 큰 충격은 그들을 감정의 급류 속으로 빠져들게 한다. 떠나는 이로서 다니엘과 스콧은 물속의 냉기에 익숙해지면서 차츰 앞으로 나아가며, 조금씩 조금씩 격랑의 물살을 헤치고 빠져나왔다. 반면에 프랭크나 신디는 마치 뒤에서 떠밀려 깊은 물에 빠진 것처럼 느꼈던 것이다.

남겨진 이는 숨을 쉬기 위해 수면 위로 떠올랐다가, 저 멀리 하류 어딘가에서 떠나는 이를 어렴풋이 볼 수도 있다. 어쩌면 떠나는 이도 급류 속에서 힘겹게 헤엄치고 있을지 모르지만, 숨이 막힐 정도는 아니다. 그는 강의 이쪽 물살을 잘 알고 있을 뿐 아니라, 하류 쪽으로 몇 번 여유 있게 팔을 지치면서 앞으로 어떤 새로운 삶이 펼쳐질지 흘깃 보았을 수도 있다. 떠나는 이는 자신을 하류 쪽으로, 결혼으로부터 멀리 휩쓸어 가려는 물살과 싸울 필요를 느끼지 않는다. 이는 어차피 자기가 가려고 하는 방향이기 때문이다.

반대로, 남겨진 배우자는 격랑 속에서도 결혼을 지키기 위해 상류 쪽으로 돌아가기 위해 몸부림을 친다. 그러면서도 충격과 거부 그리고 부정(denial)의 물살에 의해 자꾸만 아래로 떠내려간다. 하류 쪽을 쳐다볼 때 눈에 보이는 것이라고는 급류와 굴곡뿐이고, 그 뒤에는 무엇이 도사리고 있을지 몰라 두려움에 사로잡힌다. 이런 상황에 처한 배우자들은 프랭크나 신디가 그랬듯이, 처음에는 결혼을 지키기 위해서라면 무엇이라도 할 수 있다고 느낄 수도 있다.

떠나는 이와 남겨진 이는 말 그대로 슬픔에 있어서도 서로 다른 지점에 서 있다. 그들 모두가 사랑, 분노 그리고 슬픔이라는 동일한 감정을 순환하지만 주기 상으로 결코 같은 시간에 같은 위치에 있지는 않을 것이다. 필연적으로 한쪽은 보다 쉽게 떠나보내려 하고 다른쪽은 문제를 해결하는 데 더 적극적이다. 한쪽이 분노에 사로잡혀 있는 동안 다른쪽은 슬픔에 압도당할 것이다.

배우자의 위치가 뒤바뀔 때는 오직 떠나는 이가 자신의 이별 결정이 실수였음을 깨닫고 결혼을 지속하기를 원할 때뿐이다. 얼마나 자주 이런 일이 생기는지에 대한 통계치를 본 적은 아직 없지만 내 경험에 의하면 그런 일은 흔히 일어난다. 또한 이제는 남겨진 쪽에서 결혼 생활에 종지부를 찍기 원하는 경우도 역시 흔하다. 이처럼 서로의 역할이 뒤바뀌었을 때의 유일한 이점이라면 남겨진 이가 마침내는 감정적인 우위를 점한 데서 오는 작은 위로이다.

묶여 있는 줄

부모들 간의 이혼은 그들 사이의 결혼은 끝낼지 몰라도 관계를 끝내지는 못한다. 상대 배우자가 그 사실을 알건 모르건 상관없이, 떠나는 배우자가 이혼을 생각하는 그 순간부터 두 사람의 관계는 변한다. 커플들은 헤어진 후에도 자신들이 여전히 이전과는 다른 방식으로, 즉 내가 이야기한 슬픔의 밀고 당김을 통해 묶여 있다는 사실을 발견한다. 나는 슬픔의 주기에서 헤어진 배우자들이 상대방의 행동에 지대한 영향을 끼칠 수 있다는 사실을 언급했다. 대개 한쪽 배우자가 움직이는 감정의 파동은 다른 파동을 따라 움직이고 있는 상대 배우자를 밀거나 당기거나 한다. 언제나 한쪽 배우자는 최소한 한 단계 앞서 있고 다른 배우자는 한 단계 뒤처져 있다. 그리고 불행히도 이는 분쟁이 일어나기에 아주 적절한 설정이다.

예를 들자면 이런 식이다. 위에서 언급한 밀고 당기는 관계는 주기의 모든 단계에서 나타나는 것이므로 그 중간 지점을 선택해 보자. 여기서 우리는 남겨진 배우자인 프랭크를 만나게 되는데, 그는 지금 깊은 슬픔에 잠겨 있다. 다니엘이 몇 주

전에 이혼 얘기를 꺼냈던 것이다. 이처럼 감정적으로 미리 출발을 한 덕분에 다니엘은 프랭크와의 결혼 생활에서 좋았던 부분에 대해 편안하게 그리워하며 회상할 수 있을 만큼 자신의 감정과 결혼 사이에 충분한 거리를 둘 수 있었다. 샘을 방문하는 일정을 조정하기 위해 프랭크와 자주 만나 이야기를 나누면서 다니엘은 그가 얼마나 상심에 잠겨 있는지를 알게 되고 그 때문에 죄의식과 책임감을 느끼게 된다 ("사실, 내가 이혼하자고 하지만 않았어도…"). 그녀는 자신의 죄책감을 누그러뜨리기 위해 이전보다 더 자상하게 행동한다. 다니엘은 마음을 바꿀 것도 아니고 결혼 생활을 회복할 생각이 있는 것도 아니지만 그 후 프랭크와 이야기할 기회가 있을 때 마음먹고 친절한 말을 건넨다. 샘을 아버지 집으로 데려다 주면서, 프랭크에게 어떻게 지내냐고 묻고 다정하게 그의 팔을 두드려 줄지도 모르는 일이다.

다니엘은 참 잘했다는 느낌을 갖고 운전을 해서 떠난다. 그런데 프랭크는 전혀 다른, 그리고 잘못된 인상을 받고 집안으로 들어간다. 그는 희망으로 부풀어 오른다. 아직도 그녀가 자신에게 자상한 것을 보면 아마도 결혼이 정말로 끝난 것은 아닐지도 모른다고 생각한다. 어쩌면 그녀가 다른 사람과 맺었던 관계가 끝장났거나 아니면 그녀가 생각했던 것과는 전혀 다르다는 사실을 마침내 알게 된 것이라고 내심 생각한다. 자기만의 생각과 착각에 사로잡힌 프랭크는 다니엘에게 점차 더 친밀한 제안을 하기 시작한다. "잠시 얘기 좀 하지. 들어와서 놀다가 샘하고 나하고 저녁식사 같이 합시다." 그러다가 마침내 재결합을 제안하고 나설 수도 있다.

본의 아니게 잘못된 인상을 심어 준 다니엘은 프랭크가 자신의 태도를 오해할 수도 있었다는 사실을 깨닫지 못한 채, 단순히 그가 현실을 받아들이길 거부하고 부인하기 때문에 그렇게 행동한다고 생각한다. 그가 이혼을 방해하고 있다고 생각한 다니엘은 자신의 결정에 대해 예전보다 더 분명한 입장을 보이며 앞으로 나아가기를 주저하는 프랭크에게 더 큰 실망을 느끼고 화를 내기까지 한다. 갑자기 프랭크와 얘기할 때 그녀가 보여주던 인내심이 없어진다. 그가 어떻게 지내고 있는지 묻기조차 하지 않는다. 다음부터 샘을 그의 집에 데려다 줄 때는 차 안에 앉아 샘이 무사히 집 안으로 걸어 들어가는지 지켜보면서 프랭크와의 대화를 의도적으로 회피한다.

이제 프랭크는 단순히 거부당한다는 느낌뿐 아니라 분노에다 배신감마저 느낀다. 사실, 관심이 있는 듯 행동한 것은 다니엘이 아니던가? 다음 번 다니엘과 얘기할 때 프랭크는 자신이 얼마나 상처를 받았고 화가 났는지를 그녀에게 분명히 알려 준다. 다니엘의 죄의식이 다시 고개를 들고, 그녀는 더 위축되면서 두 사람이 원만하게 지낼 방법을 찾을 길이 없다는 사실에 좌절과 슬픔을 느낀다. 프랭크는 자신과 다니엘 사이의 간격이 점차 벌어지는 것으로 인해 이전보다 더 큰 거부와 슬픔을 느낀다. 그리고는 다시 새로운 주기가 시작된다.

다른 모든 것과 마찬가지로, 슬픔도 그의 것과 그녀의 것의 두 유형으로 나뉘진다.

슬픔 시작하기

어떻게 하면 부모들이 자신만의 상자 밖으로 나와서 자신들의 상실에 대해 솔직하게 슬퍼할 수 있을까? 내 처방전은 이렇다. "약간의 현실 인식에 엄청난 책임감을 더할 것. 필요에 따라 이를 반복할 것."

결혼 생활을 접으면서 모든 부모들은 반드시 이혼으로 인해 잃는 것이 무엇인지, 그리고 이혼에 있어 자신의 역할이 어떤 것이었는지 인식해야 한다. 이혼은 책임감을 벗어버리도록 유혹하는 많은 기회들을 제공한다. 전 배우자를 비난하는 것, 아이들을 위해 '최선의 것'을 하는 것, '아이들로 하여금 결정하게 하는 것', 그리고 피해자 행세를 하는 것 등은 몇 가지의 예에 불과하다. 이처럼 빠지기 쉬운 함정들을 조심하고 멀리 떨어지라. 만약 결혼 생활을 끝내는 것이 당신의 결정이었다면, 그 사실을 인정하라. 설령 당신에게 전 배우자에게 불리한 증거들로 가득 찬 서류상자가 있거나 끊임없이 늘어놓을 수 있는 불평거리가 있다 하더라도, 아무도 그리고 그 어느 것도 당신으로 하여금 이혼을 결정하도록 만들지는 않았다.

결혼 생활을 끝내는 것이 당신 배우자의 선택이었다 할지라도 모든 결혼에는 두 사람이 연관되어 있고 어느 한 사람도 둘 사이의 문제에 대해 백 퍼센트 비난받을 수 없음을 기억하라. 전 배우자가 실수한 부분이 있겠지만 그건 당신도 마찬가지이다. 당신의 단점을 인정하고 그것으로부터 교훈을 얻도록 노력하라. 책임을 시인하는 것은 슬픔을 받아들이는 데 결정적으로 중요한 첫걸음이자 앞으로 다가올 여러 주, 여러 달, 여러 해 동안 부모로서 책임감 있게 행동하는 의미있는 첫걸음이기도 하다.

이혼은 또한 상당 부분 당신이 스스로 고생하면서 헤치고 나가야 할 그 무엇이라는 사실을 이해해야만 한다. 아마 전 배우자가 당신이 겪는 상실에 대해 둔감하거나 조금도 흔들림이 없는 감정이 없는 사람이어서 그런 것은 아닐 것이다. 그보다는 오히려 전 배우자가 자신의 슬픔에 있어 당신과는 전혀 다른 위치에 서 있기 때문일 것이다. 그런 사람으로 하여금 당신이 느끼는 것과 똑같은 것을 느끼도록 하려는 시도는 무의미할 것이다.

당신의 아이들 역시 이혼에 대한 매우 확실한 느낌을 가지고 있을 터인데, 그들의 느낌은 당신이나 당신의 배우자, 또는 다른 형제자매의 것과도 다를 것이다. 아이들이 자신의 감정에 대처하는 것을 도와줄 때 기억할 것은 이것이다. 아이들이 부모의 이혼에 대해 생각하고 대처하며 이혼이라는 경험과 더불어 살아가는 데 있어 그들 자신만의 방법을 발견하도록 이해하고 용납하고 지원하는 것이 당신의 역할이며, 그들의 대처 방식은 당신 자신의 것과는 매우 다를 수도 있다는 것이다. 아이들은 부모인 당신의 돌봄을 필요로 한다. 당신을 보살피는 일은 아이들의 몫이 아니다. 만약 당신에게 도움이 필요하다면 가족이나 친구, 상담자나 변호사를 찾도록 하라. 전 배우자를 호출해서는 안 되며, 당신의 아이들에게 도움을 구하는 것은 더군다나 절대로 안 된다.

마지막 생각

만약 이혼이 간단한 처방만으로 해결된다면, 당신은 책(또는 변호사, 상담자, 가장 친한 친구)은 필요 없다고 생각할 수도 있다. 물론 이혼은 그렇게 간단하지 않다. 나의 '처방전'대로 약을 받고, 복용하고, 또다시 약을 받는 것은 단순히 올바른 방식으로 일을 해결하려는 의도보다는 훨씬 더 많은 것을 요구한다. 이혼은 감정적인 혼란과 모든 이들을 본 궤도에서 벗어나게 만드는 계기들로 가득 차 있다. 당신이 인간이라는 사실을 받아들이라. 실수를 할 수도 있다. 이혼에는 올바른 이혼이나 완벽한 이혼, 또는 어떤 사람들이 마음속에 품고 있는 좋은 이혼이란 것도 없다. 당신의 이혼이 어떻게 전개될지는 당신에게 달려 있다. 더 나은 이혼을 만들기 위한 능력 그리고 자녀들의 행복을 위해서라는 분명한 동기를 가진 것은 바로 부모 자신뿐이다.

CHAPTER 02

분리된 영역들:
이혼이 감정에 좌우되는 것을 막는 법

당신은 결별과 이혼이라는 현실에 대처하면서(아직 그 다리들을 건너기 전에 이 글을 읽는 독자들도 있겠지만) 고함치고 울부짖으며, 당신이 상처받았다는 사실을 온 세상에 알리고 싶을 수도 있다. 그러나 당신에게 자녀가 있다면 이혼의 모양새가 달라질 수밖에 없고, 따라서 그 규칙도 달라질 것이다. 자녀가 있는 경우의 헤어짐은 여태까지 당신이 경험해 보았을지도 모르는 다른 이별들의 전철을 따르지 않을 것이다. 당신은 자녀가 없는 커플들처럼 슬픔이나 분노에 빠져 지낼 기회를 가지지 못할 것이다. 당신은 전 배우자와 서로 만나거나 말하는 것을 거부한 채 한 주, 한 달, 일 년 또는 영원히 지낼 수 없다. 전화번호를 바꿀 수도, 동네에서 이사를 갈 수도, 또는 미혼인 척 행세할 수도 없다. 당신이 떠나는 입장이건 남겨진 입장이건, 당신이 감정적으로 굳건하건 기가 죽어 있건, 당신을 엄마 또는 아빠라고 부르는 누군가가 있는 한, 당신에게는 수행해야 할 임무가 있다.

다른 종류의 이별

결혼 관계를 끝내면서 아이를 키우는 양육자로서의 관계 또한 끝낼 수 있다면, 혹은 아이들에게 다른 엄마나 아빠가 있었다면 하고 바라는 것은 자연스러운 것이다. 당신에게는 전 배우자가 실제로는 함께 있지 않은 순간에도 심리적으로는 존재한다는 사실이 싫을 수도 있다. 아이들에게 아빠나 엄마와 함께 보낸 시간이 어땠는지 물어보려고 조심스레 말을 고르면서 이런 일 때문에 왜 이렇게 신경을 써야 하는 건지 짜증이 날 수도 있다.

인정하기 어려울 수 있겠지만, 이혼한 가족도 여전히 가족이라는 사실을 기억하는 것은 중요하다. 비록 우리는 이혼에 따르는 과제를 주거 상황이나 경제적 환경 그리고 부모와의 만남(특히 함께 살지 않는 어느 한쪽 부모와의 만남)에 적응하는 것으로 생각하는 경향이 있지만, 모든 가족 구성원이 당면하는 가장 중요한 도전은 관계를 끝내는 것이 아니라 관계를 재협상하고 새롭게 정의하는 것이다. 여기에는 전 배우자와의 공동 양육 관계에 대한 재협상도 포함된다. 설사 당신으로서는 전 배우자와의 관계를 아주 끝내고 싶을지라도 말이다.

전 배우자와 새로운 관계를 정립하는 것에 대해 읽으며, "물론 맞는 말이긴 하지만……", 또는 "결혼 생활을 지켜내려고, 더 잘 지내 보려고 노력해 봤지만 잘 안됐어. 당연한 일이지만." 하고 생각할 수도 있다. "그렇지만 우리에겐 아이들이 살 곳을 결정해야 하는 등 당장 해결해야 할 더 중요한 일들이 있어. 친구가 되고 싶은 생각도 없고, 시간도 없어. 아직은 아니야." 라고 말하거나 또는 "그 사람이 얼마나 형편없는데. 그 남자하고는 상관하고 싶지도 않아!" 라고 말할지도 모르겠다.

당신이 이렇듯 주저하는 모습을 보이는 것이 이해가 되지 않는 건 아니지만, 그럼에도 불구하고 나는 '그러나'라는 말을 여기에 덧붙이고 싶다. '그러나' 당신의 아이들이 두 사람 사이에 있다는 것이다. 그 아이들에겐 다른 선택의 여지도, 설 만한 다른 자리도 없다. 당신이 아이들을 위해 지금의 자리를 아주 편안하게 만들 수는 없을지 몰라도, 조금은 덜 힘든 자리로 만들 수는 있다.

당신과 당장 마주치기엔 껄끄러울 수 있는 당신의 전 배우자의 머릿속에는 성공적인 공동 양육을 위한 관계는 두 사람이 친구 사이일 경우에만 가능하다는 생각이 있을 수도 있다. 사실 지금 당장은 두 사람이 친구가 되기는 어려울 것이다. 당신과 전 배우자와의 관계는 모호한 것에서부터 대놓고 적대적인 것 사이의 어떤 것일텐데, 어쩌면 당신은 지금의 그 관계가 아이들을 실망시키는 여러 가지 일 가운데 하나라고 생각할 수도 있다. 그런 생각들일랑 그만 두라. 이혼한 배우자들이 친구가 되어야 할 필요는 없다. 사실 부모들은 서로 원하지 않는다면, 친구가 되지 않고서도 함께 협력할 수 있는 그런 관계의 방식을 찾으면 되는 것이다.

가장 먼저 해야 할 일은, 당신의 전 배우자와 협력을 위한 관계를 협상하거나 적어도 이를 위한 최소한의 토대라도 마련하는 것이다. 당신 자녀의 다른 쪽 부모와의 새로운 관계가 실패한 결혼이라는 불안정한 기반 위에 세워졌다고 해서 효과적인 협력 관계가 되지 말라는 법은 없다. 견고한 공동 양육 관계를 이룩하기 위한 세 가지 중요 요소는 다음과 같다.

• 자신의 사적인 감정을 이해하기
• 부모로서의 분노를 조절하기
• 경계를 설정하기

자신의 사적인 감정을 이해하기

우리는 이미 이혼한 커플들 대부분이 상대편이 왜 그런 식으로 느끼고, 말하고, 행동하는지 전혀 이해하지 못한다는 사실과 그 이유에 관해 살펴보았다. 헤어진 커플들 간에 의견이 안 맞을 때 서로의 행동은 쉽게 잘못 해석될 수 있다. 우리가 앞에서 살펴본 것처럼, 다니엘이 프랭크에게 유난히 친절하게 대하자 프랭크는 이를 그들의 관계에 희망이 있다는 신호로 받아들였다. 하지만 다니엘은 도대체 왜 그가 자신이 재결합을 고려하고 있을 거라고 생각하게 되었는지 전혀 상상할 수 없었다. 그녀는 결단코 재결합을 할 생각이 없다. 프랭크는 왜 그렇게도 현실을 받아들이기를 거부할까? 그는 왜 그렇게도 비이성적일까?

프랭크의 입장에서 보면, 다니엘이 여전히 그를 사랑하지 않고서는 그렇게도 유난히 자상할 이유가 없다. 프랭크는 자신의 슬픔 때문에 다니엘이 느끼는 죄의식을 깨닫지 못하고, 다니엘은 프랭크가 얼마나 쉽게 상처받는지를 이해하지 못할 뿐 아니라 그가 자신의 행동을 다른 쪽으로 해석할 능력이 부족하다는 사실도 인식하지 못하고 있다. 그 두 사람은 자기가 보는 것만을 알 뿐이다. 다니엘이 보기에 프랭크는 무작정 달라붙어서 떨어지지 않고 다니엘이 이미 느끼는 것보다 더 큰 죄책감을 느끼게 만들려고 시도하는 중이다. 프랭크가 보기에 다니엘은 교묘히 사람을 속이고 밀어내며 잔인하기까지 하다. 다음 봄방학 동안 누가 샘과 지낼지를 의논하면서 두 사람이 대화 내내 전혀 의견의 일치를 보지 못하게 되는 것도 전혀 이상한 일은 아니다.

감정의 역학 관계

이혼에 있어 감정의 어긋남은 피하기 어렵다. 당신이나 전 배우자 모두 감정에 압도당할 때가 있을 것이다. 한 가지 분명한 것은 당신의 감정이 전 배우자의 감정과는 연결되지 않을 것이란 사실이다. 이런 혼란의 한가운데에서 부모들은 어떻게 부모로서의 역할을 계속 감당할 수 있을까? 그냥 부모 노릇을 그만두어야 하나? 아니면 초인이 되어야 하나?

그렇지 않다. 부모의 목적이 감정적으로 기계 인간이 되어야 하는 것은 아니다. 오히려, 정반대에 가깝다. 이혼한 부모는 자신의 감정을 인식할 필요가 있다. 또 전 배우자 역시 이혼에 대한 분명한 감정이 있으며, 이 감정은 자기의 것과 매우 다를 수 있다는 사실을 받아들여야 한다. 부모들이 자신의 감정과 전 배우자와의 관계의 역학을 이해하게 되면, 훨씬 나은 입장에서 아이들을 위해 꼭 해야만 할 일, 즉 감정의 실재와 복잡함을 기꺼이 받아들이면서 동시에 감정적 욕구에 따라 행동하려는 충동을 억제하는 모습을 보일 수 있다.

다시 한 번 다니엘과 프랭크의 경우를 생각해 보라. 프랭크는 다니엘에게 상처를 주고 싶은 나머지 처음엔 엄마에게서 샘을 떼어놓겠다는 충동적인 말을 할 정도로 본인이나 다니엘에게 솔직하였다. 그러나 프랭크는 감정적 동기에 따라 행동하는 것이 샘을 위한 최선이 아닐 수 있다는 것을 깨달을 만큼 성숙하고 책임감이 있으며 부모다웠다. 자신의 분노를 인식하고 통제하였기 때문에 그는 한 걸음 뒤로 물러설 수 있었다.

이것을 스캇에 대한 신디의 반응과 대조해 보라. 어느 순간에는 스캇에게 돌아오라고 매달리다가 다음 순간 자신을 떠난 것에 대해 대가를 치르게 하겠다고 협박한다. 신디의 감정이 잘못된 건 아니다. 사실, 이는 스캇의 경우와 아주 비슷하다. 감정이 상했을 때 우리가 보이는 자연스런 반응은 상대의 기분을 나쁘게 만들려고 하는 것이다. 신디의 (그리고 스캇의) 잘못은 자신의 감정을 이해하는 데 실패한 것이고, 감정을 이해하지 못한 상태에서 감정을 조절하는 대신에 감정에 조절당한 것이다. 신디와 스캇의 억제되지 않은 분노의 진정한 피해자는 그들 각자가 아닌 아이들이었다. 당신은 적응할 만한 것이라고 느낄지 모르지만, 아이들에게 있어 부모의 분노는 전혀 적응할 수 있는 것이 아니다.

분노 조절하기

당신이 분노 이면에 놓인 감정을 다루는 동안, 분노는 반드시 통제되어야만 한다. 분노는 결코 그냥 없어지지 않는다. 1장에서 그 이유가 논의되었지만, 사실 당신의 분노는 슬픔에 대한 완충물 역할을 지나치게 잘 하고 있는 것이다. 불행히도 이러한 당신의 분노는 아이들에게는 별 도움이 되지 않는다. 내가 상담을 하면서 분노 조절을 위한 지침으로 사용하는 조언은 다음과 같다:

- 상대편의 게임에 말려들지 않겠다는 결의를 확실히 하라. 어떤 것이 미끼임을 알아챌 수 있다는 사실을 자랑스럽게 생각하라. 이것이 일단 물고 갈고리에 꿰인 후 후회하는 것보다 훨씬 낫다.
- 전 배우자와의 싸움에 말려들지 말라. 싸움이란 두 사람이 개입해야 생기는 법이어서 당신이 침착함을 유지한다면 상대도 조만간 시들해질 것이다. 사실, 상대편의 분노는 많은 경우 당신의 반응을 끌어내기 위한 것이다. 당신이 반응을 보이지 않으면 어떨까? 아마 더 심하게 밀어붙이며 옛날 일들을 들춰낼지도 모른다. 그러나 끝까지 대응하지 않는다면 조만간 상대도 포기하고 말 것이다. 보통은 절대 포기하지 않을 것 같아 보이는 순간에 포기하는 수가 많다.
- 물리적으로 그리고 감정적으로 거리를 유지하라. 필요한 경우 최소한으로 접촉을 제한하고, 대화를 정중하고 사무적인 것으로 만들라. 미리 약속한 시간에 전화로, 그것도 짧게, 자녀들에 대해서만 얘기하라. 이메일이나 다른 문서를 통한 의사소통도 네 문장을 넘기지 말고, 결코 감정을 분출하기 위해 이메일이나 편지를 이용하지 말라. 당신의 전 배우자는 그것들을 읽고 또 읽고 며칠간을 곰곰이 생각할 것이며, 당신의 우편함은 악의에 가득 찬 답장들로 넘쳐날 것이다.
- 싸움을 피하도록 노력하라. 당신은 항복하는 것이 아니라 단지 싸움을 거부하는 것뿐이다. 만약 정말 중요한 일이라면 대화를 하고 타협도 하고, 주장을 내세우기도 해야겠지만, 싸우지는 말라. 싸우지 않는 것이 바로 당신이 이기는

방법이다. 그러나 보다 더 중요한 것은, 싸우지 않는 것이야말로 당신의 아이들에게 정말 큰 승리라는 사실이다.

• 좋은 말을 해 줄 수 있는 상황이 아니라면 아이들이 보는 데서는 말을 아끼라. 애매모호하고 이해하기 곤란한 모나리자의 미소를 연습하라. 정말 가까운 몇 사람을 제외한 주변의 친지나 친구들에게도 그와 같은 표정을 유지하라. 다른 사람들 역시 당신을 자극하려고 시도할 것이다. 사람들은 자신들이 직접 관계되지 않는 한 재미있는 싸움거리나 흥미로운 이야깃거리를 찾을 것이다. '그 미소'를 지으면서 사람들로 하여금 이야깃거리는 다른 곳에서 찾아보도록 하라.

• 당신의 상처와 두려움, 그리고 슬픔을 직면하라. 그리고 받아들이라. 함께 얽혀 한 팀을 이루고 있는 여러 감정 중에서 분노는 만능 플레이어와 같다. 분노는 자신의 위치를 잘 소화할 뿐 아니라 의견 표현에 망설이는 소극적인 팀원들의 입장 또한 대신 행동으로 옮겨 준다. 하지만 분노가 아닌 다른 감정에도 관심을 기울여야 한다. 당신의 전 배우자에게 당신이 슬퍼하는지, 외로워하는지, 또는 두려워하는지 말할 필요는 없다. 그러나 스스로는 어떻게 느끼고 있는지 사실을 말할 수 있어야 한다. 또는 정말 가까운 친구나 상담자에게 말할 수도 있을 것이다. 아니면 내면의 감정을 일기로 적을 수도 있다. 감정을 인식하는 일은 고통스럽지만, 이 경우에는 아픔을 느끼는 것이 바로 치료의 첫 단계이다.

• 어느 정도 시간을 갖고 내면을 들여다보면서, 당신이 얼마나 부당한 대우를 받았는지에 대해서 뿐 아니라 그 모든 고통들로부터 어떤 교훈을 배울 수 있는지를 살펴보라. 한 해 또는 두 해가 흐른 후에도 여전히 '그 배신자' 또는 '그 여우 같은' 것에 얽매여 있을 필요는 없다. 당신의 잘못이나 실수들, 그리고 당신이 고칠 수 있는 것이 무엇인지를 배우라.

• 당신의 마음속에 좋은 것들을 간직하기 위한 자리를 찾거나 만들도록 노력하라. 함께 낳아 기른 자녀들을 포함한 행복했던 기억들, 잃어버린 것들, 함께할 수 있었지만 이제는 할 수 없는 것들에 대한 슬픔 역시 간직할 수 있도록 말이다. 슬픔은 기분 좋은 느낌이라 할 수는 없지만 엄연히 존재하는 감정이며, 그런 점에서 그것 또한 좋은 것이라 할 수 있다.

경계 설정의 중요성

전 배우자와의 긴장된 관계를 조절하는 데 있어 중요한 단계의 하나는 새로운 경계를 설정하는 일이다. 경계란 관계의 규칙을 말한다. 국경선이 국가들 간의 지리적 경계를 정의하듯, 감정적 경계는 개인의 심리적인 영역의 한계를 설정한다.

우리는 시간의 흐름과 함께 반복되는 일련의 상호작용 과정을 통해 대인 관계에서의 경계를 설정[11)]한다. 어떤 것들은 아주 구체적으로 정의될 수도 있지만("우리 아버지의 죽음에 대해서는 언급하기 싫어요." 또는 "나한테 그런 거 묻지 마요!"), 다른 사람들이 우리의 경계를 아는 일반적인 방법은 말이 아니라 우리의 행동을 통해서이다. 아무도 말해 준 적이 없어도 우리 대부분은 자기 비밀을 형제나 친구 또는 배우자와 나누는 것은 상관없지만 우편배달부나, 직장동료, 또는 상사와 나누는 것은 아니라고 알고 있다.

커플들은 물론 자신이 개별적으로(배우자, 엄마 또는 아빠) 또는 두 사람이 함께(결혼한 부부로, 엄마와 아빠로) 맡고 있는 다양한 역할에 있어서 훨씬 더 복잡하고 미묘하며, 의미 있는 경계를 협상해 간다. 이러한 규칙은 어느 정도는 직접적인 대화를 통해 협상되기도 하지만, 서로의 관계와 더불어 이러한 경계가 형성되는 것이 훨씬 빈번하다.

서로 말하지 않고서도 커플은 상대편이 자신의 육체적 애정 표현에 반가이 응해 줄 것인지 아니면 거부할 것인지, 최근 직장에서 겪는 어려움을 나누는 것이 옳을 때인지 아닌지, 상대에 대한 불평이 긍정적으로 받아들여질 때인지 비판으로 들릴 때인지를 안다. 서로를 잘 알게 된 커플은 간단한 눈짓이나 목소리의 톤만으로도 상대편이 자신만의 공간이나 침묵을 원하는지 아니면 안아 주기를 바라는지 알게 된다. 이 모든 작은 규칙들이 함께 모여 커플로서 당신들이 맺는 관계의 경계뿐만 아니라 그 관계 속에 있는 개인으로서 당신 자신의 경계를 정의한다.

그 다음 단계에서는, 두 사람이 하나가 되어 주변과의 경계를 형성한다. 이러한 경계는 두 사람이 다른 사람들과 어떻게 관계를 맺을지 정의하는 데 도움이 된다. 예를 들면, 한 커플로서 당신들은 어떤 공휴일에는 집안의 웃어른들과 함께 지내고 어떤 공휴일에는 당신 가족끼리만 지낼 것인지에 관한 경계를 설정할 수 있다. 당신은 또한 친구나 직장 동료들과의 경계도 갖고 있는데, 이는 언제, 어떻게 그들과 시간을 보내며 무엇을 공유하느냐 하는 것들로 표현된다. 친구들이 근처에 왔다가 아무 때나 예고 없이 찾아와도 환영을 받는가? 직장 동료들이 회사일 때문에 밤 10시에 전화해도 괜찮은가? 당신은 남편이 직장에서 해고를 당할 만한 큰 잘못을 저질렀을 때 동네 미용사한테 그 사실을 모두 말하는가? 아마 그렇지 않을 것이다.

훌륭한 부모는 자신들 주위에 공동 양육자로서의 경계를 설정한다. 예를 들자면, 당신은 훈육에 있어서 배우자와 다른 의견을 가질 수 있지만, 당신들 부부 관계의 경계는 자녀들이 그러한 논의에 관여되지 않을 것을 요구한다. 비록 둘 중의 하나가 전적으로 동의하지 않는 사항이라도 두 사람은 함께 공동전선을 펼쳐야 한다.

경계에 관해 알아두어야 할 중요한 점은, 이 경계라는 것이 스스로 움직이는 것처럼 보인다는 것이다. 커플이 헤어지게 되면 경계들은 이동하거나 때론 아주 허물어져 버린다. 커플 두 사람 사이의 내밀한 사실들이 친구, 가족, 변호사, 상담자, 조정인과 그 외의 여러 사람들에게 드러난다. 하룻밤 사이에 당신이나 전 배우자 또는 두 사람 모두 부모로서의 경계심을 내리게 되고, 자녀들은 당신에 대해 당신이 원하는 것보다 훨씬 더 많은 것을 보고 듣게 된다.

우리는 직장 상사와 부하들 그리고 집주인과 세 들어 사는 사람, 선생님과 학생의 관계에 매우 상세하고 치밀한 경계를 긋는다. 그렇지만 개인적인 경계를 어디에 그을지 또는 왜 그어야 하는지에 대해서 의식적으로 많은 생각을 하지는 않는다. 경계들은 그냥 생겨난 것처럼 느껴진다. 때문에 우리는 우리들 사이에, 그리고 예전에는 가장 경계가 적었던 누군가와의 사이에, 새로이 의식적인 경계를 그어야만 한다는 사실에 놀라게 된다.

경계는 혼란을 방지한다

경계는 사람들로 하여금 어떤 관계에 있어 자신들이 서 있는 위치가 어디인지 그리고 상대의 삶에서 그들이 관여해도 되는 곳과 그렇지 않은 곳이 어디인지를 알 수 있게 해 준다. 별거나 이혼 가정들이 당면하는 심각한 문제 중 하나는 어느 누구도, 부모나 아이들 모두 새로운 경계가 어디서 시작되고 어디서 끝나는지를 모른다는 것이다. 헤어진 커플들은 이 점에 있어 특별히 큰 어려움을 겪는다. 그들은 더 이상 연인 사이는 아닐 것이다. 그렇지만 이것이 재결합을 위해 노력할 수도 없는 사이라는 것을 의미하는가? 친구가 되는 것은 가능할까? 아니면 원수가 되는 것인가? 알 수 없는 노릇이다.

이러한 딜레마는 응당 어른이 고민해야 할 영역에 속하는 것이긴 하지만, 부모의 관계가 일관성이 없고 경계가 불확실하게 되면 이는 아이들에게 좌절과 혼란을 야기한다. 만약 당신과 전 배우자가 상황에 맞게, 그리고 분명하고도 일관성 있게 행동한다면 이는 자녀들의 스트레스를 줄이는 데 큰 역할을 하게 되며, 그들이 새로운 상황에 적응하는 데도 도움이 된다.

보다 사무적인 관계

전 배우자와의 관계에서 어떻게 새로운 경계를 설정할 것인가? 새로운 경계들은 과연 어떤 모습이어야 할까? 이제 헤어진 커플이 된 상황에서 가장 현실적인 대안은 처음으로 돌아가서 보다 사무적인 동료 관계를 맺는 것이다.

일반적으로 관계를 맺을 때는 먼저 사람들이 공식적이고 사무적인 아는 사이에서 보다 유연하고 상관이 있는 친분 관계로 변하고, 거기에서 다시 친밀한 애정 관계로 발전한다. 그러나 관계를 끝낼 때의 과정은 마치 일방통행로의 오르막을 운전하는 것과 같다는 사실을 반드시 인식할 필요가 있다. 친밀한 애정 관계가 끝났다고 해서 당신은 U턴을 할 수도 없고, 그렇다고 다시 친구 관계나 예의를 갖춘 아는 사이로 빨리 후진할 수도 없다. 일단 길이 끝나는 지점까지 올라가서, 한 번 우회전을 한 뒤, 그 지역을 빙 돌아 언덕길이 시작되는 곳까지 가야 한다. 그리고 거기서 새로이 서로 예의를 지키는 지인들이 되어야 한다.

이제 당신과 전 배우자를 연결하는 고리는 당신들의 공동 사업인 아이들이다. 아이들은 당신들의 '사업'이고 두 사람은 '동업자들'이다. 따라서 당신들의 관계 또한 사무적이어야 한다. 이는 두 사람의 관계가 협력적이고 공식적이며, 예의 바르고 체계적이며, 제한적이고, 또한 어느 정도 객관적이며, 적어도 예전보다는 훨씬 덜 사적이어야 한다는 것을 의미한다. 이러한 관계는 어떤 사람들에게는 서글프고 어떤 사람들에게는 화나는 것일 수 있지만, 궁극적으로는 이것이 아이들을 위해서나 부모를 위해서나 자신의 감정을 다스리는 데 필요한 개인적 거리를 확보하기 위한 최선의 방안이다. 헤어진 커플은 사랑하는 사이도 아니고, 혹시 앞으로는 그럴 수 있을지 몰라도 아직은 친구 사이도 아니다. 지금은 새로이 맺게 된 공동 양육 관계의 동반자이고, 그 관계의 조건들은 언젠가 당신들이 정하게 될 것이다.

특히 이혼 초기에는 두 사람 모두 새로운 경계를 설정하는 데 어려움을 겪을 것이다. 그 과정에서 누구라도 상대방이 새로이 정한 규칙을 어길 수 있다는 가능성을 염두에 두라. 그런 일은 일어나게 마련이다. 과도기에 대한 이러한 사전 인식은 규칙을 위반하게 될 때 그에 대한 오해에서 비롯될 수 있는 갈등을 어느 정도 피할 수 있게 해 준다. 불행히도 너무나 많은 커플이 새로운 경계선의 필요성을 인식하지 못하거나 또는 인정하기를 거부하는 것을 보게 된다. 물론 한때는 한집에서 한 가족으로 가장 은밀한 생각들과 꿈을 공유해 왔던 사람에게 이제는 더 이상 직장으로 전화를 걸어서도 안 되고, 사전에 연락 없이 새로 이사간 집에 찾아가서도 안 되고, 원래 살던 집으로 여전히 배달되는 우편물을 열어 봐서도 안 된다고 말하는 것이 곤란할 수 있다는 것을 나도 인정한다. 그러나 그렇게 하지 않으면 안 되는 것이다.

분명하고 공식적인 경계의 유익

가장 협력적인 공동 양육 관계는 매우 분명한 규칙이 있는 관계이다. 그리고 이와 같은 협력적인 관계가 유지되기 위해서는 양육 동반자들이 규칙과 상대방의 경계를 존중해야만 한다. 일단 규칙이 제자리를 잡고 일이 원만하게 진행되면 보다 융통성을 발휘할 수 있겠지만, 그 전에는 절대 서로간의 규칙을 지켜주어야 한다. 그리고 보다 긴장된 어떤 관계에서는 그런 기회가 결코 오지 않을 수도 있다. 당신과 전 배우자가 여전히 아이들을 공유하고 있지만, 결코 삶을 공유하고 있는 건 아니라는 사실을 기억하라. 한때는 당신의 일이었던 것들, 그 사람의 업무 스케줄 혹은 아이들 없이 지낸 지난 주말에 그녀가 무엇을 했는지 등은 더 이상 당신이 상관할 바가 아닌 것이다.

별거에 들어가면서부터 아들 샘의 필요에 초점을 맞추어 왔던 다니엘과 프랭크조차도 경계를 설정하는 작업이 필요했다. 샘을 돌보는 것 외에도 다니엘과 프랭크는 서로를 걱정하는 것이 분명했다. 하지만 불행히도 서로의 방법은 달랐다. 어느 정도는 죄의식 때문에, 그러나 또한 진심어린 애정으로 다니엘은 프랭크가 어떻게 지내는지에 관심을 보였다. 프랭크 역시 자신과는 관계없는 별개의 사람으로서 다니엘에 대한 진정한 관심을 보였지만, 동시에 그녀와의 결혼 생활을 되찾을 수 있기를 간절히 바랐다.

다니엘과 프랭크는 한편으로는 그들의 좋은 의도로 인해, 그리고 한편으로는 다니엘의 죄의식과 프랭크의 절박감으로 인해, 자신들의 감정에 대해 이야기하는 데 많은 시간을 보냈다. 처음에는 어느 정도 슬픔을 함께 나누는 것이 서로에게 유익했지만 시간이 흐르면서 상대방에 대한 관심이 혼동되기 시작했다. 그들은 함께 울다가 애정이 담긴 포옹을 하기도 했는데, 프랭크는 그것을 성적인 것으로 해석한 반면에 다니엘은 전혀 그런 의도로 한 행동이 아니었다. 자신의 해석에 따라 행동하려던 프랭크의 시도들은 당연히 다니엘의 생각과 충돌했다. 그로 인해 새로운 상처와 분노, 거부 그리고 죄의식이 유발된 것은 놀라운 일이 아니다.

그들을 위한 해결책은 내가 앞에서 제시한 계획을 따르는 것이었다. 원점으로 돌아가서 분명하고 보다 냉정한 경계를 가진, 좀 더 사무적인 양육 동반자 관계를 형성할 수밖에 없다는 것이다. 다니엘도 자신이 원하던 우정을 얻지 못했고, 프랭크 역시 자신이 원하던 친밀함을 얻지 못했다. 대신 그들은 두 사람과 샘 모두에게 적합한 형태의 관계, 곧 분명한 규칙들과 기대 및 경계가 정해진 협력적 양육 동반자 관계로 돌아갔다.

두 가지 기본적인 형태의 경계를 이해하기

우리는 많은 것의 주위에 경계를 친다. 우리가 입는 의복, 친구 관계, 신체, 돈, 욕실 사용 습관, 우리의 사고 등 표면적으로는 어떻게 보일지 몰라도 이 모든 경계를 통해 우리가 지키려 하는 것은 단 두 가지, 곧 사랑 아니면 권력[12]이다 (혹은 둘 다일 수도 있다). 우리는 우리가 통제하기 원하는 것들에 대해 규칙을 정하고(수표책, 사회 생활, 서랍 속의 옷을 정리하는 방법), 우리가 아끼는 사람들 주위에 경계를 설정한다. 이러한 경계는 모든 사람들로 하여금 어느 정도의 신체적 접촉이 허용되는지, 얘기를 나눌 수 있는 개인적 주제들은 어떤 것들인지, 누가 우리의 시간과 애정을 더 혹은 덜 받는지 알도록 한다. 사람들이 경계에 대한 갈등에 처하는 경우를 보면 때로는 사랑이, 때로는 권력이, 때로는 둘 다가 연관되어 있다. 깊이 파내려가 보면, 경계에 대한 갈등은 힘 겨루기거나 또는 애정과 연관된 갈등이다.

전형적인 애정 갈등(intimacy struggle)은 이런 식이다. 아내가 남편에게 직장에서 늦게 퇴근할 때마다 전화해 주기를 바라는 이유는 그에 대한 걱정 때문이 아니라 그가 전화를 걸어줄 정도로 자신에게 애정을 갖고 있는지를 확인하고 싶기 때문이다. 그런가 하면 전형적인 힘겨루기는 이렇다. 남편이 전화하기를 잊거나 또는 전화할 시간이 없는 이유는 아내에 의해 통제된다는 느낌이 싫어서이다. 아내에게는 전화가 사랑에 관한 것인 반면, 남편에게는 권력에 대한 것이다. 이러한 경계에 대한 갈등을 이해하기 위한 열쇠는 당신을 화나게 하는 전 배우자의 행동 그 자체를 살펴보기 보다는 그 갈등의 실제 원인, 그러니까 그 갈등이 권력에 관한 것인지 사랑에 관한 것인지를 살필 때 찾아진다.

불행하게도 이혼은 해묵거나 혹은 새로운 권력과 애정의 투쟁이 뿌리 내리기에 더할 나위 없이 좋은 토양을 제공한다. 아이들의 아버지는 일정표를 따르기보다는 아무런 예고 없이 들러 아이들을 볼 수 있기를 원한다. 이것은 분명 권력에 대한 것이다. 자신이 언제 아이들을 볼 것인지를 결정할 수 있는 힘을 원한다. 그리고 아이들 엄마는 그가 함께 마련한 일정에 따르기를 원한다. 더 이상 부부 사이도 아닌데 그는 그녀의 공간을 침범하고 있다. 다음은 전형적인 애정 싸움의 경우이다. 아이들의 아버지는 때때로 두 사람이 아이들과 함께 뭔가를 하면서 가족으로서의 소소한 즐거움들을 여전히 누릴 수 있기를 원한다. 그러나 아이들의 엄마는 그가 혼자서 책임감을 갖고 아이들을 즐겁게 할 만한 방법을 찾아내기를 원한다.

이러한 유형의 경계 갈등을 해결하는 방책으로 보통은 내가 처방한 조언들을 따르는 것, 즉 보다 사무적인 관계를 맺는 것이다. 모두가 규칙들을 존중할 때 이러한 문제들을 피할 수 있다. 만약 그가 사전 연락 없이 불쑥 나타나는 일을 멈춘다면 그녀에게는 자신의 사생활이 그에 의해 침범당한다고 느낄 만한 기회가 한 건 줄어드는 것이다. 이것으로 이혼의 모든 문제들이 해결되는가? 그렇지 않다. 하지만 이것은 또 다른 갈등이 생기거나 사태가 더 복잡해지는 것을 막는 데는 매우 효과적인 방식이다.

보다 격렬하고 골치 아픈 갈등을 해결하기 위해서는 보다 자세한 분석이 필요할 수도 있다. 만약 둘 중 한 사람 또는 두 사람 모두 보다 공식적이고 체계적인 협의를 계속해서 무시하고, 그래서 계속 갈등이 이어진다면 무엇이 그러한 행동을 일으키고 있는지 살펴볼 필요가 있다. 사랑을 얻기 위한 것인지, 권력을 원하는 것인지, 아니면 둘 다인지 말이다.

이혼에 대한 이해: 관계의 재협상

사람들은 온갖 종류의 관계를 협상하고 또 재협상한다. 모든 이혼이 다르다. 그러나 나의 연구와 경험에 의하면 모든 이혼은 적대적(angry) 이혼, 냉담한(distant) 이혼, 또는 협력적(cooperative) 이혼의 세 범주 중의 하나에 속하는 경향이 있다. 당신의 이혼이 어느 한 범주의 이혼과 모든 항목에서 일치하지는 않겠지만 다른 두 범주보다 분명하게 더 많이 일치하는 범주가 하나 있을 것이다.

협력적 이혼

협력적 이혼이 이상적이지만, 불행히도 이는 아주 드물다. 적어도 이혼 초기에는 더욱 그렇다. 협력적 이혼은 보통 다니엘이나 프랭크처럼 아이들을 이해하고 그들의 감정에 공감하며 부모로서의 책임감을 받아들이는 커플들에게서 찾아볼 수 있다. 그들은 결혼 생활의 갈등으로부터 자녀들을 잘 보호해 왔다. 이 부모들은 자녀들이 잠자리에 들거나 밖으로 나갈 때까지 자신들의 분노를 억제하고 논쟁을 미루는 법을 배웠다.

협력적 이혼을 하는 부모들이 감정이 없다거나 열정이 부족한 것은 아니다. 이들이 다른 점이라면, 이혼을 하기 전 먼저 자기 감정의 많은 부분을 해소하고, 열정을 가라앉히며, 따로 혹은 함께 자신들의 슬픔을 절반 이상 해결하는 것이다. 협력적 이혼을 하기 전에, 커플들은 결혼 생활을 지키기 위해서 또는 원만한 이혼을 하기 위해서 종종 전문가의 도움을 받아 자신들의 문제들을 해결하려고 노력한다. 협력적 이혼을 하는 부모들은 그들이 놓쳐버린 결혼 생활을 슬퍼하며 자신들의 감정들을 있는 그대로 이해한다. 그들은 슬프다고 해서 전 배우자와 과거의 추억을 나누기 위해 울며 전화기를 집어들지도 않고, 화가 났다고 해서 언어적 폭력을 휘두르지도 않는다.

만약 당신이 협력적 이혼을 했다면, 당신과 전 배우자는 서로의 차이를 옆으로 제쳐두고 아이들의 생일이나 발표회, 휴가, 그리고 여러 가족 중심의 행사에 함께 있어 주려고 많은 노력을 기울여 왔을 것이다. 많은 이혼 커플들이 스트레스를 느끼는 상황들 속에서조차 당신과 전 배우자가 개인적으로 행복을 느낄 수 있다면 이는 두 사람이 언제고 공유하게 될 한 가지, 바로 자녀들에 대한 사랑을 소중하게 여기기 때문이다. 두 사람이 친구가 될 수 있는지 없는지 상관없이 언제나 원만하게 의사소통을 하며 중요한 양육 문제들에 있어서 연합전선을 펼칠 수 있는 것이 바로 그 때문이다.

냉담한 이혼

냉담한 이혼을 하는 부모들은 부부 사이의 갈등을 자녀들에게 아주 잘 숨긴다. 하지만 종종 더 많은 것을 숨기지 않으면 안 된다. 냉담한 이혼을 한 많은 부모들은 극도로 상처받고 분노하며 또는 좌절하거나 분개하지만, 두 사람 사이에 놓인 거리가 끓고 있는 두 사람의 화산이 폭발하는 것을 막아 준다. 협력적 이혼과 마찬가지로, 냉담한 이혼을 하는 커플들 역시 자녀 중심적이며 유능한 부모들이다. 사실, 그들이 한바탕 전쟁을 벌이지 않는 것은 자녀들에 대한 책임감 때문일 수 있다. 외도로 인한 고통, 볼썽사나운 별거, 또는 결혼하여 어떻게 서로 사랑하는 사람들이 될 수는 있었지만 결코 친구가 될 수 없었던 두 사람들 사이의 단순한 어긋남 이후에도 두 사람 사이의 공동 양육이 가능한 것은 그들 사이에 거리가 있었기 때문이다.

냉담한 이혼자들은 결코 친구는 아니지만 적이 되는 것도 피한다. 어쩌면 이들은 거리를 유지하는 것이 싸우는 것보다는 낫다는 고통스런 교훈을 배웠을 수도 있다. 어떤 사례들을 보면 냉담한 이혼자들은 통제된 분노보다는 점진적으로 낮아지는 관심과 상대방에 대한 증대되는 무관심 때문이라는 흥미로운 사실도 있다.

협력적 이혼을 하는 커플들과 마찬가지로 냉담한 이혼자들도 고통을 느끼고 자신들의 분노를 통제하지만, 그 이유들은 다르다. 결별하기 전, 냉담한 이혼을 하는 부모들의 경우 협력적 이혼을 하는 이들에 비해 감정 문제를 다루는 시간이 적은 경우가 많다. 그러다보니 슬픔보다는 씁쓸함으로 지난 시간을 회상한다. 그 상황에 아쉬움을 느끼기보다는 그냥 그것을 받아들이는 편이다. 이러한 커플들에게는 긴밀한 협력이 어쩌면 비현실적인 목표로 느껴질 수 있고, 또 실제로도 그럴 수 있다. 대신 그들은 상대방을 해치고자 하는 유혹을 무시하고 자녀들의 필요에 집중한다.

냉담한 이혼을 하는 부모들은 이혼을 앞두고 가장 중요한 일들이 무엇인지를 반드시 파악한 뒤 (예를 들면, 아이들에게 이야기하기, 친권 협상, 이혼 후 전 배우자의 자녀 방문 등) 만약 다른 일들은 절대 못하는 경우가 발생하더라도 그 중요한 일들에 대해서만은 분명히 협력할 수 있도록 많은 노력을 기울여야 한다. 서로 마음에 드는 것은 아니지만 한 방에서 지내는 법을 익힌 룸메이트 친구들처럼, 냉담한 이혼자들도 서로의 길을 방해하지 않는다. 그리 큰 분노나 온정 없이 꼭 필요한 정도로만 상대하고, 자신들의 목표에 초점을 맞춘다. 냉담한 이혼자들은 선택에 의해서가 아니라 필요나 이성의 힘에 의해 함께 묶여진 것처럼 느낀다. 하지만 그들이 자녀들을 위해 원만하게 일을 처리할 수 있게끔 서로에게 충분한 여유를 주는 방법을 찾을 수 있었다는 것은 인정해줄 만하다.

적대적 이혼

신디나 스콧처럼 적대적 이혼을 하는 커플들은 뼈저린 분노나 고통을 느끼며, (이상하게 들릴지 모르지만) 결혼 생활을 끝내는 데 어려움을 겪고, 너무 깊은 갈등에 빠진 나머지 마치 이혼하기 전처럼 감정적으로 서로의 삶에 얽혀 있다. 많은 적대적 이혼에서 부모들이 그처럼 혼란에 빠질 수밖에 없는 당연한 이유들을 보게 된다. 적대적 이혼에서는 모든 것이 새롭고 낯설다. 어떤 적대적 이혼은 배우자의 외도가 발각되었거나 폭력 문제 때문에 최근에서야 일어난 것일 수도 있다. 적대적 이혼을 하는 어떤 커플은 결혼 기간 내내 한 번도 자신들의 감정에 대해 진지하게 다루어보지 않고 회피하기만 하다가, 이혼이라는 아주 확실한 회피의 길을 택하는 것일 수도 있다. 또는 어느 한쪽 또는 양쪽의 배우자 모두가 자기도취, 속임수, 만성 우울, 또는 정서적 공황과 같은 심각한 정서적 또는 성격상의 문제를 가지고 있을 수도 있다.

적대적 이혼을 하는 부모들의 관계는 가장 변덕스럽고 또 자녀들에게도 잠재적으로 가장 해로운 경우이다. 그래서 이런 부모들은 다른 어느 경우보다도 더 큰 어려움을 겪을 것이다. 자녀들을 위해서 자신들의 감정을 옆으로 밀어놓거나 아니면 그런 양육의 동반자를 갖는 대신, 어떤 이들은 동반자들에게 그리고 최악의 경우에는 자녀들에게 자기가 얼마나 화가 났는지, 얼마나 큰 상처를 받았는지, 이 일이 자기에게 얼마나 낭패스러운지 잊지 못하도록 만든다.

만약 당신의 이혼이 적대적 이혼에 속한다면, 당신은 감정적으로는 여전히 전 배우자와 결혼한 상태이다. 당신의 지금 감정이 여전히 전 배우자의 잘못 때문이라고 느끼거나 혹은 당신 전 배우자의 감정이 당신의 책임이라고 생각한다. 당신의 감정은 아마도 전 배우자에 의해 심각하게 영향을 받을 것이다. 왜냐하면 분노는 사람들을 한 곳으로 끌어들이며 갈등 또한 무시하기 어렵기 때문이다.

만약 당신이 적대적 이혼의 범주에 해당한다면, 냉담한 이혼을 목표로 삼아 사태를 개선해 나가도록 하라. 감정의 얽힘에서 벗어나 감정의 게임에 참여하기를 거부하고, 전 배우자의 악한 감정을 좀 더 받아주며, 되받아치고 싶은 욕구를 거절하는 것에서부터 시작하라. 이런 유형의 관계에 있는 많은 부모들에게 있어 가장 어려운 것은 전 배우자의 잘못된 행동을 자신의 잘못된 행동을 정당화하는 데 이용하기를 거부하는 것일 수 있다. 두 개의 실수가 더해진다고 해서 하나의 정답이 되지는 않는 것처럼, 부모의 두 번째 잘못된 행동은 오히려 당신과 아이들의 어려움을 두 배로 가중시킬 뿐이라는 것을 기억하라. 전 배우자의 잘못된 행동을 따라하기를 거부하는 것만으로도 당신은 그로 인한 영향을 최소화시킬 수 있다.

완벽한 이혼은 없다

누구나 협력적 이혼을 할 수 있다면 아이들에게는 참 좋을 것이라는 데는 의심의 여지가 없다. 그렇다고 냉담하거나 적대적 이혼을 하는 부모의 자녀들에게 재앙이 기다리고 있다는 말은 아니다. 그런 일은 없다. 이혼 과정의 일부는 자녀들과 가족, 그리고 우리에게 가장 유익한 것이 무엇인지를 결정하기 위해 노력하고 애를 쓰는 것이라 할 수 있다. 당신의 자매와 그녀의 전 남편 또는 이웃이나 당신의 이혼한 부모에게 효과가 있었던 것이 당신에게는 해결책이 아닐 수도 있다.

만약 이혼한 사람들에게 이혼을 통해 배운 교훈을 하나 꼽으라면, 대부분이 어느 누구도 억지로 변화시킬 수는 없다는 깨달음을 들 것이다. 만약 결혼 생활 동안 전 배우자를 변화시킬 수 없었다면 이혼 후에도 변화시킬 수 없을 것이라는 사실을 굳이 상기시켜 줄 필요는 없을 것이다. 그리고 당신이 협력적 이혼을 할지, 냉담한 이혼을 할지, 아니면 적대적 이혼을 할지를 결정짓는 특정 요인들은 아마도 당신의 통제 범위를 완전히 벗어난 것일 수 있다. 당신의 전 배우자는 천성이 매우 호전적이고 화를 쉽게 내는 사람일 수도 있다. 당신이 그와의 거리를 유지하는 것은 그렇게 함으로 감정적으로 더 안전하게 느끼고 자녀들과도 더 잘 협력하며 그들을 도울 수 있기 때문일 수도 있다. 아니면 당신과의 관계가 정말로 끝났다는 사실을 받아들이지 않고 당신의 짤막한 인사를 다시 가까워지자는 초대로 오해하는 전 배우자로부터 거리를 두는 것일 수도 있다.

당신의 목표는 (대부분의 사람들에게 불가능한) '완벽한' 이혼이 아니라, 당신과 전 배우자가 이 새로운 과업에 활용할 수 있는 자원들 및 제한점들을 살펴보고 실질적으로 어떤 유형의 이혼이 당신의 이혼을 가장 잘 설명해 주는지를 결정하는 것이다. 이혼은 당신에게 해야 할 일이 잔뜩 적혀 있는 긴 목록을 던져 준다. 당신의 이혼을 이해하는 것은 실제적이고 실현 가능한 선택사항들을 살피고 이를 결정하는 일에 에너지를 집중할 수 있도록 도와줄 것이다.

앞을 바라보기

당신의 슬픔이나 분노는 내일이면 해결되는 그런 것이 아니다. 아마도 당신의 적대적 또는 냉담한 이혼은 가까운 장래에도 여전히 그렇게 남아 있을 것이다. 그렇다면 자녀들도 도울 수 없다는 뜻인가? 절대 그렇지는 않다. 이혼은 시간이 걸린다는 사실을 기억하라. 슬픔의 자연적인 흐름은 일 년, 이 년 때로는 그 이상 지속될 수도 있다. 당신에게는 해결해야 할 감정적이고 실제적인 문제들이 산적해 있다. 이혼의 장점 중 하나는 더 이상 참아야 할 필요가 없는 것이라고 생각할 수도 있겠지만, 당신은 스스로에게는 물론 전 배우자에게도 여전히 인내심을 발휘해야 한다.

그 이유가 무엇일까? 바로 아이들 때문이다. 끊임없이 상담을 받으면서 당신의 모든 감정을 해결하거나, 혹은 어디 벽장 속에 아주 숨겨놓을 필요는 없다. 사실, 당신은 둘 중의 어느 것도 하고 싶지 않을 수 있다. 당신에게 필요한 것은 전 배우자로서는 이해해 줄 수 있을 법한 그런 부정적 감정들이 한 사람의 부모로서의 당신의 행동과 책임들을 망치지 못하도록 최선을 다하는 일이다. 첫 번째 단계는 이러한 감정을 해결하고 전 배우자와의 관계를 호전시키는 것이라기보다는, 새로운 공동 양육의 동반자 관계에서 당신의 감정이 어떤 역할을 하게 되는지 인지하고, 당신이나 전 배우자의 입장에서 새로운 동반자 관계를 현실적으로 바라보는 것이다.

CHAPTER 03

아동들의 현실: 아동과 이혼에 대한 진실

이혼은 관계된 거의 모든 이들에게 하나의 상실로 다가온다. 부모에게도 물론 이혼이 어려운 것이기는 하나 최소한 그들은 무슨 일이 벌어지고 있는지 이해는 할 수 있다. 사실 그들은 자녀들보다 더 오래 살아온 사람들이 아닌가. 그들은 예전에 이미 좌절과 상실을 견디어 낸 적이 있으며, 많은 사람들이 어려움을 이겨낼 수 있는 자신의 능력에 어느 정도의 자신감을 가지고 이혼에 임한다.

그러나 아이들의 경우는 그렇지 않다. 사실, 많은 아이들에게 있어 이혼은 살아오면서 최초로 겪는 중대 위기일 수 있다. 그리고 마치 그것만으로는 충분하지 않은 듯 이혼은 아이들의 삶을 거꾸로 뒤집어놓는 동시에, 양쪽 부모와의 관계를 파괴하며 최소한 그 중 어느 한 명과는 접촉마저도 줄어들게 할 수 있다.

이런 일이 어떻게, 또 어느 정도로 일어날지는 가족에 따라 달라진다. 부모는 두 집 사이의 전이를 쉽게 만들기 위해 부지런히 아이들을 실어 나르겠지만, 그럼에도 불구하고 대부분의 아이들은 여전히 두 가정에서의 삶에 적응해야만 한다. 그리고 많은 아이들은 두 부모 모두와 함께 있기를 바란다.

아이들은 이혼을, 혹은 이혼이 함축하는 의미를 완전히 이해하기에는 아직 어릴 수 있다. 그러나 모든 아이들은 아무리 많은 것이 변한다 하더라도 한 가지는 변하지 않는다는 느낌을 가질 필요가 있다. 어디에 있든 엄마와 아빠가 늘 자신과 함께 있을 것이라고 믿을 수 있어야 한다. 일단 아이들이 그 점에서 안심하게 되면, 자신들의 일상 생활의 초점을 원래 있어야 할 곳으로 옮겨 간다. 아이 노릇, 자신의 활동, 친구들, 그리고 매일의 일상 같은 데로 말이다.

이혼한 부모들도 자녀들에게 아동기를 누리게 할 수 있다 (아니면 빼앗아갈 수도 있다)

다행히도, 자녀를 사랑하고 감정적으로 통찰력이 있는 부모는 이혼을 한 후에도 아이를 아이답게 키울 수 있다. 실제 대부분이 그렇듯, 이혼 가정의 아이는 만약 부모가 자녀의 입장을 충분히 이해하고 진심으로 자녀의 유익을 생각하며 행동한다면 상황에 대한 적응유연성을 갖출 것이다. 적응유연성이 있는 아이는 이혼의 어려움에서 곧 회복하여 학교 생활도 잘 하고, 친구도 사귀며, 아이라면 하는 모든 것들을 할 것이다. 물론 적응유연성이 있는 아이들에게조차도 이혼은 고통스럽다. 어떤 부모는 자신의 아이가 잘 적응하고 있는 것처럼 보일 뿐, 사실 태연한 겉모습 이면에서는 갈팡질팡하면서 혼란스러워한다는 사실을 눈치 채지 못하는 것도 사실이다. 그럼에도 불구하고 만약 부모가 자신들의 역할만 제대로 수행한다면, 이혼가정의 아이들 역시 원래 그들만의 모습대로, 아이답게 자랄 수 있는 것이다.

다니엘과 프랭크는 이혼 과정의 모든 단계마다 자신들의 감정을 옆으로 제쳐놓으면서 샘의 필요를 먼저 고려하는 데 성공했다. 처음에 샘에게 자신들의 결별에 관해 말을 꺼내던 무척 고통스러웠던 순간부터, 이사를 나가는 어려운 상황과, 샘을 위한 일과표를 작성하고, 각자 혼자서 생활하며, 부모 노릇하는 것을 배우는 데 이르기까지 말이다. 부모가 자신들의 감정을 직면하고 해결했기 때문에, 샘이 어떻게 느낄지 그리고 그들로부터 필요로 하는 것이 무엇일지에 대해서 대부분의 경우 상당히 분명한 통찰력을 지닐 수 있었다. 샘을 위해 최선을 다하겠다는 다짐만으로는 충분하지 않았다. 두 사람 모두 자신들의 감정으로부터 샘의 감정을 분리해 내기 위한 어렵고도 때로는 고통스러운 작업을 해야만 했다. 엄마와 아빠가 함께 있어 주어야 할 상황에서는, 다니엘과 프랭크의 개인적인 감정들은 그들의 우선순위에서 밀려났다.

협력적 이혼을 일구어 낸 부모의 자녀들이 대부분 그러하듯, 샘은 다니엘과 프랭크가 놀랄 정도로 빠르게 부모의 이혼 및 서로 다른 두 가정에서 살아야 한다는 사실에 적응하였다. 여전히 슬픔과 죄책감, 그리고 실패의식을 느끼는 와중에 다니엘과 프랭크는 그들이 이루어 낸 성과에 아직 뿌듯함을 느낄 수는 없었다. 여러 감정이 교차하기는 했지만, 나는 그들 세 사람 모두를 자랑스럽게 여기며 언젠가는 그들 또한 자신들의 노력에 대해 당연히 자랑스럽게 느낄 것이라 여긴다.

불행히도 신디와 스콧의 자녀 양육은 다니엘과 프랭크의 경우와 극명하게 대비된다. 그들은 스콧이 집을 나가기 전 아이들 앞에서 끊임없이 싸웠다. 다니엘과 프랭크의 경우는 샘에게 이혼 소식을 전하기 위한 특별한 시간을 조심스럽게 계획하고 따로 정해서 부드럽게 이야기를 꺼낸 반면, 신디나 스콧의 경우는 아이들과 함께하는 자리를 마련하여 왜 부모가 헤어지며, 그 이후에는 어떤 일이 일어날 것인지에 대해 말하도록 둘 중 어느 누구도 설득할 수 없었다. 그들 두 사람은 헤어지는 이유는 물론이고 잠정적이거나 장기적인 양육 일정에 이르기까지 어느 것 하나를 두고도 아이들에게 무슨 말을 해 주어야 할지 의견이 일치하지 않았다.

그 결과 갈등과 불확실성이 아이들의 삶을 지배했다. 몇 달 동안이나 아이들은 언제 아빠를 볼 수 있을지 알 수 없었고, 그나마 몇 번의 불규칙적인 만남도 패스트푸드 음식과 순간적인 재미들로 채워졌다. 그런가하면 한창 진행 중인 법정 투쟁과 또한 자신의 감정에 몰두해 있는 엄마와 지낼 때의 생활 역시 혼란스럽기는 마찬가지였다. 아이들이 어디에 있든지 간에, 부모 중의 한 명과 있을 때나 또는 잠깐이나마 두 사람과 함께 있을 때이거나 부모들의 적의가 아이들의 삶에 스며들었다.

신디와 스콧의 행동이 세 자녀들에게 끼친 해로움을 생각해 보면, 이혼이 왜 그리고 어떻게 아이들의 정서적 건강에 위험으로 작용할 수 있는지를 잘 알 수 있다. 오직 부모만이 아이들을 이런 상황으로부터 보호할 수 있다. 그저 자녀들을 먼저 고려함으로, 즉 아이들의 질문, 느낌, 필요를 우선시함으로써 말이다. 때때로 전 배우자에 대해 아이들 앞에서 무슨 말을 한다거나, 상대방을 벌 주기 위해 아이들 만나는 것을 제한한다거나 다른 합의 사항을 깨뜨린다거나 하는 식의 행동을 하고 싶다면, 그런 행동이 아이들에게는 어떤 영향을 미치게 될지를 신중하게 재어보아야 한다. 그러한 줄다리기에서는 언제나 당신의 자녀들이 승리자가 되어야 한다.

아동과 이혼에 대한 진실

이혼 관련 전문가들은 대개 서로 다른 두 진영 중 하나에 속한다. 한쪽 편의 전문가들은 이혼이란 불가피하게 그리고 상황과 관계없이 아이를 파괴시키며 일생에 걸친 정서적 문제를 야기할 수밖에 없다고 주장한다. 다른 쪽의 전문가들은 이혼은 살아가면서 직면하게 되는 도전으로, 대부분의 아이들에게는 그 궁극적인 정서적 영향이 별로 크지 않은 그런 도전 중의 하나라고 주장한다. 하지만 현실은 훨씬 더 복잡하며[13], 위의 두 극단보다는 더 미묘한 색채를 띤다.

이처럼 이혼을 둘러싼 큰 논쟁에서 양쪽의 주장은 둘 다 완전히 옳으면서 또 둘 다 완전히 잘못되었다. 많은 아이들이 이혼에 의해 큰 고통을 받지만, 동시에 그 아이들 대부분에게는 적응유연성이 있다. 소위 말하는 이혼 가정 아동들은 '이혼의' 자녀가 아니라 부모의 자녀이고, 한 가정의 자녀이며, 지역사회의 자녀들이다. 그들은 무엇보다도 먼저 아이이고, 다른 어떠한 생활의 스트레스나 정신적 외상의 자녀가 아닌 것처럼 이혼의 자녀도 아니다.

이혼이 아이들을 손상시킬 잠재력을 지니고 있다는 데는 의문의 여지가 없다. 하지만 깊이 우려하는 점은 이혼에 대한 우리의 접근 방식이 아이들에게 세 번씩이나 상처를 입힐 수 있다는 사실이다.

첫째로, 아이들이 부모의 이혼이라는 고통과 혼란의 와중에서 고생하도록 할 때이다.

둘째로, 일반적으로 흥미 본위의 대중매체나 또는 우리들 자신의 히스테리를 통해, 아이들이 잘 지내고 있는 듯이 보임에도 불구하고 이혼 때문에 그 아이들이 반드시 불운하거나 손상을 입었을 것이라고 부정확하게 떠들어댐으로써 아이들에게 시한폭탄을 지고 다니는 부담을 지워줄 때이다.

셋째로, 가족의 혼란을 직면하는 아이들의 용기와 힘을 북돋아 주는 데 실패할 때이다.

만약 부모가 이혼하지 않았더라면 아이들은 지금과 달랐을까? 물론이다. 그렇다면 아이들의 운이 다한 것인가? 절대 그렇지는 않다.

아이들마다 모두 다르듯이, 부모가 갖고 있는 능력이나 자원에 있어서도 역시 개인차가 있다. 아이들 각자가 부모의 이혼에 어떻게 대처할지는 정확히 예측할 수 없는데, 그들의 경험은 오랜 시간에 걸쳐 아주 다양한 요소에 의해 다듬어지기 때문이다. 그러나 어떤 결정을 내릴 때 그들 대부분에게 적합하다고 우리가 알고 있는 것에 근거함으로써 아이들을 도울 수 있다. 다음은 아동과 이혼에 대해 우리가 알고 있는 중요한 점이다.

이혼은 대부분의 아동들의 삶에 커다란 변화를 가져온다. 부모의 갈등에 직접적으로 연루되는 것, 경제적인 어려움, 사는 곳이나 학교의 이동, 부모와의 접촉이나 애정 상실, 그리고 부모 권위의 상실로 인한 부모자녀 관계의 손상 등이다.

이혼은 대부분의 아동에게 커다란 손실이다. 그들에게는 세상의 중심인 가족이 산산조각이 난다. 그 결과, 아동들은 단지 슬퍼하기만 할 것이 아니라 한때 그들의 삶 속에서 누렸던 안정의 상실을 부여잡으려 하면서 새로운 발판 또한 찾아야만 한다.

이혼은 아동들에게서 심리적 혹은 사회적 문제나 학업 문제가 야기될 위험을 증가시킨다. 이러한 위험이 커진다는 사실은 마땅히 아동이나 부모, 그리고 지역사회 모두의 주의를 요하는 사안이다.

이혼은 고통스럽다. 자녀를 보호하기 위한 당신의 애타는 마음에도 불구하고 아이들이 이혼의 고통을 느끼는 것을 막을 수는 없다. 아무리 당신이 힘들게 노력해도, 얼마를 희생하든지 간에, 당신이 원하는 것이 무엇이건, 기꺼이 무엇이든 하려고 하든 간에 말이다. 이혼은 당신의 자녀를 힘들게 한다.

부모가 결혼 생활을 지속하고 있는 아이들과 비교했을 때 이혼한 가정의 아이들은[14]:

정신건강 관련 전문가를 찾아갈 확률이 2배로 높고
행동 조절에 문제가 생길 확률이 2배까지 높고
우울 증상 관련 문제를 약 1.25 ~ 1.5배 정도 많이 가지고 있고
졸업 전에 고등학교를 중퇴할 확률이 2배 높고
후에 자신이 이혼할 가능성도 1.25 ~ 1.5배 정도 높다.

물어볼 필요도 없이 대다수의 아이들에게 이혼은 나쁜 소식이다. 그러나 이혼에 대한 이러한 진술이 전체를 모두 설명해 주는 것은 아니다. 통계는 다만 당신의 자녀가 어떻게 지내게 될 것인지에 대한 중요한 사실을 약간만 알려줄 뿐이다. 부모들은 스트레스와 슬픔, 그리고 고통에 직면했을 때조차 다음 사실에서 눈을 떼어서

는 안 된다.

> 이혼 가정의 아이들 대부분은 위험에 처하지 않는다.
>
> 이혼 가정의 아이들 대부분은 적응유연성이 있다. 하지만 이혼은 적응유연성이 있는 아이들에게도 역시 엄청나게 고통스럽다.
>
> 헤어진 이후에조차도 당신의 아이가 위험에 처할지 잘 적응할지를 결정하는 가장 중요한 관건은 당신이 어떻게 행동하느냐 하는 것이다. 당신은 여전히 부모이다. 당신과 당신의 아이들은 여전히 가족이다. 당신과 당신의 전 배우자는 그들의 삶 속에서 여전히 가장 중요한 영향력을 행사한다.

이혼 전이나 이혼 절차를 밟는 도중, 그리고 이혼 후에도 당신은 아이들의 스트레스를 줄이고, 위험 요소를 줄이며, 그들의 적응유연성을 키울 수 있도록 결정을 내리고, 행동을 취하며, 정서적 환경을 조성할 수 있다. 이것은 지난 25년 동안 연구자로, 임상심리학자로, 그리고 (이혼 과정의) 조정인이자 이혼을 한 부모로, 내가 일하고 경험해 온 것을 토대로 하여 내린 포괄적인 결론이다. 나의 결론을 뒷받침할 만한 과학적 증거들을 제시할 수 있는 것은 물론이다.

이혼의 위험성은 실제이지만, 그렇다고 전부는 아니다

'이혼은 아이들의 심리적 문제들을 증가시킨다'는 섬뜩한 주장을 이해하려면 몇 가지 중요한 사항들을 염두에 두어야 한다. 반드시 고려해야 할 사항 중 하나는, 증가된 위험에도 불구하고 이혼한 가정의 아이들 상당수는 심리적인 문제로 인해 고생하지 않는다는 것이다. 둘째는 상관관계가 인과관계를 의미하지는 않는다는 것이다. 이혼이 아이들에게서 보다 많은 심리적인 문제들이 나타나는 것과 상관관계가 있기는 하지만, 이혼이 그 모든 문제의 원인이라는 의미는 아니다. 사실, 과학적인 증거들에 따르면 적어도 아이들의 특정한 정서적 문제는 이혼이 그 원인이 될 수 없다. 마지막으로, 아마도 가장 중요한 조건은 이혼 후에 부모가 어떻게 하느냐가 위험을 없애고 적응유연성을 증진시킬 수 있다는 것이다.

오분의 일은 비어 있고, 오분의 사는 채워 있다

여러 연구들을 통해 일관되게 나타나는 결과는, 대부분의 이혼 가정 아동이 심리적인 문제를 가지고 있지 않다는 것이다. 예를 들어, 닉 질(Nick Zill), 돈나 모리슨(Donna Morrison), 그리고 메리 조 카이로(Mary Jo Cairo)가 미국 전역에서 12세에서 21세에 이르는 아동을 대상으로 실시한 주요 연구[15)]를 살펴보면, 이혼 가정 아동의 21퍼센트 정도가 심리적인 도움을 받았다. 상대적으로, 이혼하지 않은 가정의 아동은 11퍼센트가 심리적인 도움을 받았다. 두 집단 사이에는 거의 100퍼센트에 달하는 증가가 나타났다. 이처럼 맥락을 고려하지 않은 통계치는 오해를 불러일으킬 만한 여러 가지 요소를 지니고 있는데, 그 사실을 깨닫기 전에는 당신도 놀랄 수 있을 것이다.

그 이유는 첫째로, 상담자의 도움을 받는 것이 반드시 나쁜 것만은 아니다. 사실, 좋은 것일 수도 있다(나는 분명히 그렇다고 생각한다). 둘째로, 양육권 결정 절차상의 한 부분으로 또는 부모들 중의 한 사람이 심리적으로 문제가 있어서, 실제로 이혼 가정 아동의 상당수가 상담자에게 보내지기도 한다는 사실을 기억하라. 다시 말하자면, 이 아동들이 정신건강 전문가들을 만난다고 해서 그것이 그들에게 심각한 문제가 있다는 의미는 아니다. 그들이 정신건강 전문가들을 만난 이유는 개인적으로는 아무 상관이 없는 것일 수도 있고, 또는 사소한 문제가 보다 심각한 것으로 발전되지 않도록 막기 위해서 보살핌을 받는 것일 수도 있다. 미국 공중위생국장에 의하면 심각한 정서장애를 겪는 아동들과 청소년들 중에 전문가의 도움을 받아본 적이 있는 경우가 채 절반이 되지 않는다고 한다. 이런 국가 상황에서는 정신건강 치료에 사람들이 연관시키는 낙인을 제거해 버리고, 이러한 치료에 대해 그 자체를 문제로 보지 말고, 취급되고 있는 상황에 대한 징후로 볼 필요가 있다.

우리는 또한 단지 숫자들을 뒤집어봄으로써 더 다양한 관점을 얻을 수도 있다.

만약 부모들이 결혼을 지속하고 있는 가정의 아이들이 상담자를 만날 확률이 11퍼센트라면, 만나지 않을 확률은 89퍼센트이다. 상담자를 만날 가능성이 21퍼센트인 이혼 가정의 아이들은 그들을 만나지 않을 확률이 79퍼센트이다. 이것은 단지 컵이 반만 비어 있다거나, 혹은 반만 차 있다는 경우와는 다르다. 우리는 통계치를 두 가지 방법 모두로 볼 수 있고, 또 그렇게 해야만 한다. 그렇게 할 때 우리는 컵이 20퍼센트는 비어 있고 80퍼센트는 채워져 있음을 볼 수 있다.

이러한 숫자들은 아동과 이혼에 대한 전형적인 연구에서 비롯된 것이다. 후속 연구들에서도, 내가 아동과 이혼에 대한 두 권의 학술적인 저서와 수많은 논문들에서 제시해 온 바와 같이 상당히 유사한 유형의 결과를 보여주고 있다. 가장 학술적인 증거도 동일한 결과를 일관되게 제시하고 있다. 비록 이혼은 아동의 심리적, 학업적, 그리고 사회적 문제의 위험을 증가시키기는 하나, 상당히 많은 수의 이혼 가정 자녀들은 결혼을 지속하고 있는 가정의 자녀들과 같은 수준의 능력으로 기능한다.

이혼은 관계된 거의 모든 아동의 삶을 방해한다. 그럼에도 대다수의 아동은 자신들이 처한 여러 도전을 성공적으로 헤쳐나간다. 아이들이 겪는 갈등을 인식할 필요도 있으나, 동시에 우리는 그들을 격려하며 그들의 강점을 기반으로 삼아야만 한다.

이혼이 정서적 문제들의 원인인가?

많은 사람들에게 있어 '상관관계가 인과관계를 의미하는 것은 아니다'라는 표현은 익숙하지만, 그 표어 뒤에 있는 논리는 잊혀지기 쉽다. 그것이 의미하는 바는 두 가지 요인들이 함께 일어나는 경향이 있다 할지라도 (그들은 상관관계이다), 어느 한 가지가 다른 것의 원인이 될 필요는 없다는 것이다. 이러한 경고는 한 가지 사실이 다른 것을 유발시켰음이 분명한 때조차도, 사실 그런 때일수록 더 지켜져야 한다. 이혼 가정의 아이들이 심리적인 도움을 더 필요로 한다는 사실이 연구 결과 밝혀졌다는 머리기사를 읽을 때, 우리는 이혼으로 인해서 아동들이 정서적인 면에서 전문가의 도움을 필요로 하게 되었다는 결론에 이르고자 한다.

그러나 우리의 성급한 판단은 논리적으로 그리고 사실상 부정확하다. 실제로, 학자들은 이혼 후 아동들에게서 발견되는 많은 심리적인 문제들 가운데 약 50퍼센트 정도는 사실상 그들의 부모들이 헤어지기도 전에 시작된 것이라고 단정한다.[16] 아동들의 정서적 갈등이 부모들이 별거에 들어가기 이전에 시작되었기 때문에 아동들의 심리적 문제들을 이혼의 결과라 할 수 없다.

이러한 연구들을 어떻게 수행하는가? 학자들은 먼저 결혼을 유지하고 있는 가정의 아주 어린 아동들을 대상으로 그들의 정신건강을 평가한 뒤, 오랜 기간 동안 아동들의 성장에 맞추어 반복적으로 조사한다. 이러한 연구의 진행 과정에서 상당수 아동의 부모들이 이혼을 하게 된다. 이러한 불행한 상황은 학자들에게는 독특한 기회를 제공한다. 이혼 후 아동들의 심리적인 상태를 그들의 부모들이 이혼하기 이전의 정서적인 상태와 비교할 수 있는 것이다. 연구자들이 일반적으로 발견한 것은 이혼 후 확인되는 문제들의 약 절반 정도는 실제로 그들의 부모들이 아직은 함께 지내던 때에 시작되었다는 것이다.

이혼이 아동들에게 문제를 일으키는 이유는?

이혼을 생각할 때 우리는 이혼으로 인해 야기될 법한 효과, 곧 그 결과나 여파에 집착하는 경향이 있다. 그것도 물론 당연히 해야 할 일이긴 하지만, 그렇다고 해서 많은 부부들, 어쩌면 대부분의 부부들이 결혼 생활에서 겪는 심각한 문제로 인해 이혼한다는 사실과 그 과정을 간과해서는 곤란하다. 결혼 생활 중의 문제는 부부가 헤어지기로 결정한 순간 갑자기 생겨난 것이 아니다. 그러한 문제들로 인해 이혼까지 가게 되는 경우가 많은 것이다. 부모가 이혼한 가정의 아동들은 사실 부모의 이혼을 겪은 아이들이라기보다는 결국 부모가 이혼까지 이르게 된 그 수많은 상황을 겪은 아이들이다. 불행히도, 이혼 이전에도, 종종 이혼 수년 전부터 가정 내의 정서적 환경이 유해할 수 있는 것이다.

예전에 내가 다니엘 쇼(Daniel Shaw)와 미셸 투어 마틴(Michelle Tuer Martin) 등의

대학원 학생들과 함께 수행한 연구는 바로 이런 사실을 여실히 보여주었다. 이는 결혼을 유지하고 있는 동안에 아동과 가족들이 어떻게 기능[17]하는지를 살펴봄으로써 이혼 후 그들에게 나타나는 현상을 보다 잘 이해하기 위한 새로운 연구들 중 하나였다. 확실히, 이혼 가정의 경우 부모들이 헤어지기 훨씬 이전부터 자녀 양육이나 결혼 생활 그리고 가족 관계에 있어서 문제점을 가지고 있는 것이 일반적이었다. 부모가 헤어지기 이전과 헤어지고 난 이후의 문제 있는 가족 관계가 아동들의 정서적 문제에 많은 경우 책임이 있었다.

여러 학자들이 밝힌 사실은[18], 아동들의 심리적인 문제에 대한 가장 중요한 예측요소는 부모자녀 관계의 질, 그리고 이혼 여부와 상관없이 두 부모 사이의 갈등 여부이다. 이러한 사실은 결혼을 유지하고 있는 가족이나 이혼 가정 모두에 해당된다. 이는 부모자녀 관계에 있어서의 지속적인 문제[19]나 부모 사이의 계속되는 갈등은 부모가 헤어진 이후에 많은 아동들의 심리적인 문제들이 더 악화되거나 혹은 새로 발생한다는 사실에 대한 설명을 제공해 준다. 다시 말하지만, 그렇다고 해서 이혼이 그런 문제를 야기했다고 말하는 것은 정확하지 않다.

당신은 전 배우자와의 갈등 정도를 어느 정도는 통제할 수 있다. 그리고 당신은 화를 내거나 견해를 주장하는 것이 당연하다고 느낄 수도 있을 것이다. 논쟁의 어떤 특정 부분에서는 당신이 옳을 수도 있다. 그러나 모든 부모들이 당연히 그러해야 하듯이 당신이 아이들을 고려하기 시작하는 그 순간, 그 갈등은 조절되어야만 한다. 그리고 그것은 당신의 자녀도 아니고, 당신의 전 배우자도 아닌 바로 당신 자신, 즉 당신의 감정, 말, 그리고 행동을 통제해야 함을 의미한다.

부모들 간의 갈등의 대가

애석한 일이지만 스콧과 신디가 이러한 교훈을 깨우치기까지는 오랜 시간이 걸렸다. 그들은 헤어진 후 일 년 반의 시간을 계속되는 싸움 속에 파묻혀 지냈다. 이런 싸움은 겉으로는 아이들을 위한 것이라고는 하지만 실제로는 그들 자신 속에 있는 그리고 서로를 향한 해결되지 않은 감정의 표출이었다.

헤어지기 전에 신디와 스콧은 각자 상당히 공격적인 변호사들을 고용하였다. 그들 모두 자신들의 변호사들에 대한 평판을 알고 있었음에도, 둘 다 모두 '보호'가 필요했었다고 말했다. 그럼에도 실상은 자신들을 변호하기보다는 상대방을 공격하는 데 변호사들을 훨씬 더 많이 이용하였다. 변호사들이 안 그래도 터질 듯한 상황에 불을 지피는 데 일조를 했지만, 그들의 공격적인 전술은 스콧과 신디가 갖고 있는 문제의 원인이 아니라 둘 사이에 계속된 적대감의 결과적인 증상이었다.

아무리 골치 아프게 얽힌 법률적인 상황이라고 해도 부모들이 자신의 감정 및 둘 사이의 공동 양육 관계를 다루는 일에 비하면 아무것도 아니다. 부모들은 정당한 법률적 논쟁을 할 때조차도 아이들이 이러한 어른들 사이에 벌어지는 갈등의 중간에 끼지 않도록 할 의무가 여전히 그들에게 있으며, 이것이 아이들의 정서적 건강을 위해 필수적임을 인식해야만 한다.

스콧과 신디가 직면한 진정한 의미에서의 법률상의 분규는 아주 적었다. 그들의 이혼은 법적인 전쟁터가 될 이유가 없었다. 그들은 경제적으로 안정된 상태였다. 두 사람 중 누구도 멀리 이사를 가버리겠다고 위협하지도 않았고, 누군가가 외도를 한 것도 아니었다. 만약 두 사람 중에 한 명만이라도 아이들을 먼저 고려해야 한다는 분명한 생각을 하고 있었더라면, 양쪽 집에서 아이들을 양육하는 일에 있어서 두 사람이 실행할 수 있는 여러 가지 가능성들이 있었다는 사실을 깨달았을 것이다.

불행히도 스콧과 신디는 그런 생각을 하지 못했다. 그들은 자신들의 분쟁으로부터 아이들을 안전하게 보호하려는 노력을 거의 하지 않았다. 두 사람은 아이들이 보는 앞에서 공공연히 그리고 자주 다투었다. 보통 신디는 감정적이고 공격적이며 날카로운 말로 공격을 퍼붓는 식이었다. 반면 스콧은 소극적인 공세 전략으로 맞섰다. 그 역시 분노로 가득하기는 했지만, 신디에 대해 부루퉁하고 협조하기를 거부하고 양보를 하지 않음으로써 간접적으로 자신의 화를 표출하였다. 어느 면에서는 미미하다고 할 수 있지만 어느 면에서는 전혀 그렇다고 할 수 없는 것이, 스콧과 신디는 자녀들을 모든 것을 밑으로 잡아당겨버리는 감정의 급류 속으로 끌어들였다.

스콧과 신디는 전화를 끊는다거나 혹은 직접 만나는 대신 변호사를 보내 연락을 취하는 방법을 사용함으로써 아이들을 위해 서로가 부딪치는 것을 중지할 수 있는 힘을 가졌지만, 상대방을 향한 그들의 빗발치는 증오는 멈추지 않았다. 서로에게서 멀리 떨어져 아이들하고만 있는 순간에조차도 그들은 아이들을 자기 편으로 만들기 위한 경쟁을 계속했다.

아이들에게 "아빠하고는 즐거운 시간을 보냈니?"하고 물어서 만약 아이들이 그렇다고 대답하면, 신디는 가까스로 분노를 가리거나 많이 상심한 표정으로 반응하였다. "엄마가 보고 싶니?" 만약 아이들이 외로워한다 싶으면, 스콧은 아이들을 쇼핑몰이나 '재미'를 찾을 수 있을 만한 곳으로 데리고 갔다. 스콧이 자녀들과 함께 보내는 시간들은 자신을 엄마보다 더 인기 있는 부모로 만들기 위해 짜여졌다.

신디의 문제는 단지 그녀가 아이들에게 아빠와 즐거운 시간을 보내서 기쁘다는 말을 할 수 없다는 데 있지 않다. 그녀가 자신의 감정에 파묻혀서 아이들에게는 아빠가 여전히 얼마나 중요한 존재인지를 철저히 눈감고 있다는 사실이다.

갈피를 잡지 못한 것은 스콧도 마찬가지였다. 그는 아이들이 엄마를 보고 싶어하는 것이 정상이라는 점, 아이들이 엄마를 그리워한다는 사실이 아빠로서 그리고 남편으로서 자신이 실격이라고 말하는 것이 아니라는 점, 엄마가 보고 싶을 때 아이들이 엄마와 전화 통화를 해서 마음이 편해지도록 도와주는 것이 옳은 일일 수 있다는 사실을 정서적으로 이해할 수 없었다.

아이들이 어떻게 대응했을까? 물론 아이들의 반응은 매우 좋지 않았다. 끊임없이 지속되는 부모들 간의 분노에 대해 아이들마다 각기 자신만의 특이한 방식으로 반응하였다.

부모 모두가 보기에 유연하게 적응하는 것처럼 보였던 아홉 살짜리 안젤라(Angela)는 겉으로는 크게 감정을 내비치지 않았다. 그녀의 성격에 맞게, 도움을 주려고 애씀으로써 혼란스러움을 해결했다. 부모들의 다툼이 격해지면, 안젤라는 동생들을 자신의 방이나 또는 안전한 곳을 찾아 데리고 감으로써 그 자리를 벗어났다. 엄마나 아빠의 인내심이 한계에 도달한다 싶으면 안젤라는 동생들과 널려 있는 옷을 치우거나, 먹을 것을 챙겨 주거나, 아니면 자신이 도움이 될 만한 것이라면 무엇이든지 찾아서 하였다.

안젤라는 자신의 부모 또한 보살폈다. 안젤라는 부모의 격노한 다툼에 끼어들지 않고 거기에 대해 언급하지도 않을 만큼 현명했지만, 엄마가 자신의 처참한 기분을 토로할 때는 곁에서 들어주고, 아빠가 슬프거나 멍해 보이면 집안일을 돕는 등 그때 그때 자기가 함께 지내는 부모가 누구든지 간에 그들을 위로해 주었다.

일곱 살 난 조이(Joey)가 보여준 반응에 얼굴을 얻어맞은 것 같은 충격을 받았음에 틀림이 없는데도, 신디와 스콧은 그를 두고 격렬하게 대립할 뿐이었다. 조이는 부모들이 헤어지기 일 년 전 주의력결핍 과잉행동장애(ADHD: attention-deficit hyperactivity disorder) 진단을 받은 뒤 ADHD 아동의 문제 행동을 조절하는 데 도움이 되는 흥분성 약물인 리탈린(Ritalin)을 복용하고 있었으며, 가정과 학교에서 행동 조절 훈련을 받아오고 있었다.

내가 신디와 스콧 두 사람을 처음으로 함께 상담하는 자리에서, 그들은 약물 복용과 가정에서의 생활을 구조화하는 것이 조이에게 도움이 된다고 말하였다. 그러나 그들의 결혼 생활이 무너지면서 조이에 대한 그들의 의견 차이도 점차 커지게 되었다. 스콧은 조이에게서 보이는 문제의 대부분은 신디의 적개심이 진짜 원인이라고 주장하였다. 그의 주장에 어느 정도 일리가 있는 것이 부모의 싸움은 조이를 더 통제하기 어렵게 만들었다.

혼자서 조이를 통제하려고 고생하다가 자주 실패를 경험한 신디는 격렬하게 반론을 펼쳤다. 그녀 생각에는 스콧의 엄격하지 않은 태도가 조이의 상태를 더 악화시킨다는 것이다. 스콧은 조이가 자기와 있을 때에는 문제가 없기 때문에 번번이 조이에게 약을 복용시키는 것을 '잊는'다고 말했다. 그는 조이가 자신의 집에 있을 때는 약물이 필요없다고 했다. 신디는 양육권 다툼에서 유리한 위치를 점하려고 스콧이 조이를 교묘히 조정하고 있다고 비난하였다. 스콧은 자신의 유일한 관심은 조이를 위해 최선을 다하는 것이라고 반박하였다. 두 사람 사이의 다툼은 계속 이런 식으로 이어졌다.

부모들이 가장 이해하기 어려웠던 아이는 다섯 살 콜린(Colleen)이었다. 가족 중에서도 조용한 편에 속했던 콜린은 부모들의 다툼이 계속됨에 따라 점차 말수가 없어지고 위축되었다. 엄마나 아빠가 화를 내거나 두 사람이 서로 싸우면 그녀는 얼어

버렸다. 부모 중 한 사람이 괜찮으냐고 물으면 그녀는 조그맣게 "난 괜찮아요"하고 웅얼거린 후 조개처럼 입을 꼭 다물어 버렸다. 안젤라만이 혼자서 자신의 방에서 울고 있는 콜린을 보았는데, 그녀조차도 콜린의 마음의 문을 열 수가 없었다.

스캇과 신디는 콜린이 겁에 질리고 슬픔에 잠겼으며, 혼란에 빠진 작은 여자 아이로서 어쩌면 우울증이 진행되고 있을지도 모른다는 사실을 어떻게 알아차리지 못할 수 있었을까? 어떻게 그들은 주의력결핍 과잉행동장애를 가진 남자 아이, 아니 기질적으로 까다롭거나 또는 지나치게 예민한 아이라면 누구에게나 가장 바람직하지 않은 것이 분노와 불일치에 둘러싸이는 것이라는 사실을 모를 수 있었을까? 답은 아주 간단하다. 두 사람은 자신들만의 감정에 눈이 멀었던 것이다. 스캇이나 신디 어느 한 사람도 자신이 아이들에게 무슨 일을 하고 있는지 알아챌 수 있을 만큼 자신의 감정으로부터 충분히 자유롭지 못했다.

부모를 돌보는 아이들: 적응유연성이 의미하는 바가 아니다

신디와 스캇의 아이들 한 명 한 명에 대해 할 말이 많다. 그러나 지금 여기에서는 아이들에게 그렇게 분명하게 드러나지는 않을 수 있지만, 심각할 정도로 중요한 어떤 것에 초점을 맞추고자 한다. 바로 안젤라의 '적응유연성'이다. 안젤라가 보여주는 행동들은 내가 적응유연성에 대해 얘기할 때 말하고자 하는 그런 것이 아니다. 이런 종류의 극단적인 감정적 돌봄은 발달적으로도 부적합하고 아이들의 정신적 건강에도 장기적인 영향을 미칠 수 있다.

이혼 상황에서의 적응유연성에는 아이를 아이답게 하는 것이 수반된다. 적응유연성은 안젤라에게 일어났던 것처럼 아이를 가족의 도우미로 바꾸는 것, 특히 아이로 하여금 부모의 갈등을 처리하거나 그들의 혼란스러운 감정을 돌보는 사람으로 만드는 것을 의미하지 않는다. 돌보는 역할을 감당하는 아이[20]는 유능해 보일 수도 있겠지만, 그것이 적응유연성은 아니다. 절대 아니다. 돌보는 역할을 하는 아이는 늘어난 집안일과는 비교도 되지 않는, 부모의 통제되지 않은 감정을 보살펴야 한다는 발달적으로 적합하지 않은 책임감 때문에 과중한 짐을 진다.

이혼과 같은 스트레스는 부모를 돌보는 책임을 비롯하여 자신들의 나이를 훨씬 뛰어넘는 책임을 감당할 뿐 아니라 이를 성공적으로 해내기까지 하는, 지나치게 조숙한 아이들을 만들어 낸다. 이러한 아이들은 실제로는 포착하기가 더 까다로운 정서상의 문제에 처할 위험이 있고, 특히 나이가 들면서 더욱 그러기가 쉬운데, 그럴 때에도 오히려 더 잘 대처하고 있는 것처럼 보일 수 있다.

우리들은 안젤라처럼 가족을 돌보는 아이들을 방관하는 경향이 있는데, 그 아이들이 그 일을 '아주 잘' 해내기 때문이다. 그 아이들은 아빠를 찾으며 매일 밤 울지도 않고, 성적은 평소처럼 계속 높은 수준을 유지하거나 아니면 더 오르기도 하고, 엄마나 아빠가 자신들의 기분이 내키는 대로 화를 내거나 울 때 기꺼이 들어준다. 때로는 부모의 자녀라기보다는 동료처럼 보이기도 한다. 하지만 사실 이처럼 나이를 뛰어넘는 능력은 경고의 깃발로 인식되어야 한다. 이는 부모가 자신의 어른으로서 책임의 많은 부분을 감당하지 않으며, 아이로서 마땅히 해야 할 아이 노릇을 할 수 있도록 허락하지 않는다는 표식이다.

적응유연성은 돌보는 것과는 아주 다르다[21].

적응유연성이 있는 아동은 다음과 같다

여전히 아이이다.
기본적으로 행복하다.
일반적으로 친구나 선생님, 그리고 부모나 형제들과 잘 지낸다.
학교 안이나 밖에서 자신이 해야 될 일을 한다.
합당하며, 나이에 적합한 심부름을 약간의 불평과 함께 수행한다.
때때로 문제에 휩쓸린다.
같은 연령대의 아이들이 겪는 정상적인 성장기의 갈등을 경험한다.

적응유연성이 있는 아동은 다음과 같지 않다

슬퍼하지 않는다.
모든 고통으로부터 자유롭다.

부모의 영역인 집안일이나 아이 돌보기의 책임을 진다.
양쪽 부모나 어느 한쪽 부모의 우울, 분노, 외로움 또는 자기 의심을 고쳐 줄 책임을 진다.
이혼이나 다른 어른들의 문제에 있어서 어느 한쪽 부모의 고민을 들어주거나, 편을 들어주거나, 가장 친한 친구 노릇을 한다.
어느 한쪽이나 양쪽 부모 또는 다른 중요한 사람들의 감정을 보호하기 위해 자신의 감정을 표현하지 않는다.
결과에 대한 두려움 때문에 자신의 감정을 표현하지 못한다.
부모를 곤란하게 할까 봐 걱정이 돼서 실수를 저지르지 못한다.
"너무 자랐다."

만약 안젤라가 다른 사람들을 돌보는 자신의 역할 속에 갇혀 버린다면 어떤 일이 벌어질까? 나에게 미래를 내다볼 수 있는 수정구슬이 있는 것도 아니고, 솔직히 돌보는 역할을 하는 아이들에 대한 연구는 그리 많지 않다. 그 이유는 많은 부모들과 마찬가지로, 심리학자들도 돌보는 역할에 종종 수반되는 부담을 인식하는 데 실패하기 때문이다.

그럼에도 수많은 안젤라가 젊은 청년들이 되어서 나를 찾아와 자신들이 어렸을 때 짊어졌고 또 상당히 많은 경우에 여전히 짊어지고 있는 부담을 내려놓는다. (안젤라의 분노 쌓인 아버지, 스콧 역시 어렸을 때 가족을 돌보는 아이였다는 사실을 기억하라.) 이 젊은 청년들은, 어린 안젤라가 스스로는 분명하게 표현할 수도 진정으로 이해할 수도 없었던 부담감과 걱정스러움에 대한 목소리를 제공하고, 또한 그것들에 대해 굉장히 중요한 경고를 우리에게 제공한다.

책임감 있는 아이: 부모를 돌보던 아이가 성인이 될 경우

똑똑하고 매력적이며 사람을 잡아당기는 힘이 있는 스물한 살의 대학생인 스잔나(Susannah)가 아동과 이혼에 대한 나의 강의를 들은 기숙사 동료의 말을 듣고 내게 상담 약속을 위한 전화를 걸어왔다. 스잔나의 부모는 외동딸인 그녀가 다섯 살 때 헤어졌다. 그 후 13년 동안을 스잔나는 서로에 대한 끈질긴 적대감에도 불구하고 물리적으로 공동양육권을 행사해 온 부모들 사이에서 자라났다. 자신의 경험을 분명하고 체계적이며 조리 있게 설명하던 스잔나는 우리의 상담이 시작되고 채 15분도 안 되어서 울음을 터트렸다.

"제가 바로 선생님이 강의시간에 얘기하셨던 적응유연성 있는 아이라는 것을 저도 알아요." "사실, 엄마나 아빠 모두 바로 그 말로 나를 묘사하고는 했어요. '적응유연성 있는 네 모습을 유지해라' 하고 말하곤 했지요." 내가 "왜 내게는 네가 어쩌면 조금은 지나치게 적응유연성을 발휘한 건 아닌가 싶은 생각이 들까?" 하고 묻자 그녀는 멈칫했다. 곧 스잔나의 눈에서는 눈물이 강물처럼 흘러내렸다.

몇 분 후에 울음을 멈춘 스잔나는 자신의 눈물에 대해 사과했다. 눈가를 훔치며 "선생님 말씀이 전적으로 옳아요." 하고 말했다. "저는 지나치게 적응유연성을 발휘했고, 사실은 지금도 그래요." 그녀는 조금 더 울고 난 후 이렇게 덧붙였다. "저는 부모님을 두 분 다 정말로 사랑해요. 그렇지만 그분들에 대해 다른 많은 복잡한 감정을 지니고 있는 것도 사실이에요." 그녀는 잠시 숨을 골랐다. "제가 선생님을 뵈러 온 이유가 바로 그거예요. 마침내 누군가에게 좋은 인상을 남겨야 한다는 걱정을 하거나 그 사람이 어떻게 느낄지를 생각하지 않은 채로 말하는 거요."

스잔나의 부모는 두 사람 모두 회사의 중역이었다. 사실, 이혼할 당시 같은 회사에서 한창 뻗어나가고 있는 임원이었던 두 사람은 이혼 후에도 어느 한 사람 회사를 그만두려 하지 않았다. 1년 정도 지난 후, 스잔나의 엄마가 아빠보다 먼저 승진을 했는데 아직까지도 그녀의 엄마는 그에 관한 이야기를 한다. 어쨌든 승리를 거머쥠으로 복수를 한 스잔나의 엄마는 자유롭게 떠날 수 있겠다고 느껴 동종업계의 다른 큰 회사로 옮겨갔다. 자신의 입장을 확실하게 관철한 것이다.

다행히도 그리고 불행히도, 스잔나는 부모 경쟁의 또 다른 목표였다. 자신의 관심을 얻기 위한 부모 사이의 끊임없는 경쟁 때문에 그들이 자신을 열렬히 사랑한다는 사실을 의심하지 않는다고 말하였다. 그럼에도 부모의 경쟁심이 스잔나의 마음을 언제나 편안하게 하는 것만은 아니었다.

그녀가 기억하는 한, 스잔나는 한 주는 아빠와 그 다음 주는 엄마와 지냈어야 했다. 만약 어느 한쪽 부모와 보내는 시간을 놓치면 부모는 논쟁을 벌였고, 두 사람이 정확하게 똑같은 시간을 스잔나와 보낼 수 있을 때까지 시간표를 재조정하였다. "우리 아빠는 실제로 표를 작성해서, 내가 아빠와 함께 지내는 기간이 얼마인지 시간 단위까지 계산해서 엄마와 보내는 시간과 비교하셨어요. 정신 나간 일 아니에요?"하고 그녀가 질문했다.

스잔나는 자신이 중간에 끼는 것을 싫어했다. 우리가 처음에 가진 여러 번의 상담을 통해 그녀는 말을 하면 할수록 자신을 괴롭혔던 사건들을 점차 더 많이 기억해 내었다. 이쪽 저쪽으로 나눠진 세계들은 그녀의 삶에서는 기정된 것이었다. 예를 들자면, 스잔나는 엄마나 아빠에게 다른 쪽 부모에 대해서는 아무것도 말하지 않는 것이 일상화되었는데, 어떠한 말도 곧 질문이나 비교로 이어지기 때문이었다.

나누어진 두 세계가 함께 만날 때 정말로 큰 문제가 일어났는데, 바로 양쪽 부모가 동시에 같은 주말에 재혼을 하게 된 것처럼 절대로 우연의 일치라고 볼 수 없는 경우가 그에 해당된다. "어휴, 아직도 믿을 수가 없어요." "제가 일곱 살 때, 금요일 저녁에는 아빠의 결혼식에서, 그리고 다음 날인 토요일 오후에는 엄마의 결혼식에서 다시 꽃바구니를 들고 입장했어요." "그걸 생각하면, 몇 달 후로 다가온 내 대학 졸업식 때는 어떤 일이 벌어질지 걱정이에요. 내가 할 수 있는 일이라고는 그것에 대해 생각할 때마다 가슴이 답답하고, 걱정하고 두려워하는 게 전부예요. 내 뜻은, 이건 내 대학 졸업식이라는 말이에요. 4년 동안 열심히 공부했고, 좋은 친구들도 사귀었어요. 충분히 축하할 만한 거 맞잖아요? 어디까지나 나의 중요한 날이어야 하는 거잖아요. 그렇지만 내게는 졸업식도 쌓여 있는 걱정거리와 부모님을 모두 만족시킬 만한 또 하나의 일정을 짜야만 하는 날일 뿐이에요."

스잔나는 이처럼 다양한 사례들을 얘기하면서도 부모의 행동이 그녀에게 정확히 어떠한 영향을 미쳤는지 확신할 수 없다고 말하였다. 그녀는 자신이 상심했던 일들에 대해 꽤 편하게 얘기하였고 쉽게 울음을 터트리는 때도 많았다. 그렇다고 그녀가 우울증에 걸린 것은 분명히 아니었다. 오히려 그 반대였다. 스잔나는 슬픈 감정들에도 불구하고 낙관적이며, 긍정적이고, 활기찼다.

그녀의 또 다른 걱정거리는 자신이 자라온 방식 때문에 너무 딱딱하고, 지나친 책임감을 가지게 되었다는 것이다. 그녀는 책임감 있는 사람이 되는 것을 좋아하긴 했지만 자신의 친구들에게, 특히 아주 가까운 여자친구들이나 남자친구들에게 조차도 자신의 약한 면을 보이는 것을 두려워했다. 스잔나는 다른 사람들을 돌보는 데는 뛰어났지만, 다른 사람들이 그녀를 돌보게 하지는 않았다.

분노는 스잔나의 또 다른 문제점이었다. 그녀는 부모를 비롯한 그 누구에게도 화를 느껴본 적이 있었다는 사실을 부인했다. 자신이 화가 났음이 틀림없다고 알고 있던 그녀는 이 때문에 괴로워했다. 그녀가 화를 내지 않는다는 사실, 그리고 어떤 면에서 그 사실과 관련 있어 보이는 열정의 부족은 그녀의 친구들까지도 걱정하게 만들었다. 예전에 사귀던 남자친구가 자신을 '얼음 여왕'이라고 묘사하는 것을 우연히 들은 적이 있는 스잔나는 2년이 지난 지금까지도 자신의 성격을 그렇게 묘사한 것에 대해 분개하고 있다.

나는 스잔나가 묘사한 그녀의 성격에 대해 대부분 동의한다. 그녀에게는 화를 내고 슬퍼할 만한 이유들이 충분했다. 책임감도 지나쳤다. 상담을 받을 때조차도 자신을 어느 정도 억제하고 있는 것처럼 보였다. 그리고 그녀는 강했다. 지나칠 정도로 강했다.

그러나 동시에, 나는 스잔나가 그동안 너무도 잘 숨겨온 고통, 슬픔, 그리고 분노를 포함한 자신의 깊이에 대해 자랑스럽게 느껴야만 한다고도 생각했다. 나는 그녀에게 다양한 그녀의 감정들을 모두 감싸안을 장기적인 목표를 세우도록 격려했다. '진정한' 스잔나를 보는 것은 나로 하여금 그녀를 더 싫어하게 하는 것이 아니라 오히려 더 좋아하게 만든다고 솔직하게 말하였다.

안젤라도 스잔나와 비슷한 길을 따르고 있던 것일까? 걱정스럽게도 그렇다. 사실 돌보는 아이들은 훨씬 더 나쁜 길로 나갈 수도 있다. 책임감은 결코 나쁜 자질이라고 말하기는 어려우며, 많은 돌보는 아이들이 성공적인 직업을 갖고 행복한 가정을 이루는 것을 보아왔다. 그러나 나는 그들의 강점과 깊이에 감탄하면서도 돌보는 아이들의 상실된 아동기, 실종된 자발성, 그리고 잃어버린 정서적 자유를 한탄한다. 스잔나는 이혼 가정의 자녀이긴 했지만 얼마든지 아이다움을 누릴 수 있었다. 그녀에게 필요한 것이 있었다면 부모들이 부모 노릇을 조금 더 잘하고, 공동 양육자로서의 역할을 조금 더 잘하고, 그들의 얽히고 설킨 감정들을 보다 잘 처리했어야 하는 것이다. 물론 안젤라가 신디와 스콧으로부터 필요로 하는 것도 바로 그것이다.

적응유연성의 숲 속에 있는 고통의 나무들

무엇이든 객관적인 시각에 대해 생각하노라면 나무를 보느라 숲을 보지 못하는 것에 대한 옛 격언이 떠오른다. 하지만 한 사람의 부모로서, 당신의 관심은 당연 수백만의 아이들이 함께 모여서 이루는 이혼의 '숲'이 아니라, 한 그루의 '나무'인 바로 당신의 자녀이다. 상당수의 아동들에게 있어 어느 정도의 적응유연성은 정상인 것이 사실이다. 그러나 우리는 이러한 적응유연성의 숲 속에조차도 고통의 나무들이 있다는 사실을 기억할 필요가 있다.

진정한 적응유연성은 아이들로 하여금 아이들일 수 있게 하는 것이지만, 진짜 적응유연성 있는 아동들조차도 이혼의 고통으로부터 보호될 수는 없다. 나의 딸인 매기의 경험은 나로 하여금 가장 적응유연성 있는 아동들에게조차도, 이혼의 고통은 결코 완전히 끝나지 않는다는 것을 가르쳐 주었다.

매기의 이야기

나의 별거와 이혼 그리고 나중에 내가 재혼을 하고 나서 몇 달 그리고 몇 년이 흐른 후에도 딸 매기는 여전히 그녀의 엄마와 나 사이의 이별에 대해서 뿐만 아니라 나의 재혼과 새로이 생긴 이복동생들 사이에서 그녀의 자리가 어디인지, 그리고 내 사랑이 어디를 향할지에 대해서 계속되는 의문들과 걱정을 지니고 있었다. 사춘기 이전부터 매기가 기록해 온 일기장에는 친구들 사이의 삼각관계나 누가 누구에게 딱지를 맞았는지에 대한 전형적인 걱정거리뿐만 아니라 양쪽 부모들과, 두 집안, 두 가족 사이에서 그녀의 마음을 어떻게 분배하고 균형을 잡을지에 대한 나름대로의 생각과 함께 아빠인 나의 사랑을 새로운 가족들에게 빼앗길 것에 대한 두려움 역시 나타났다.

우리 가족의 삶에서 일어나는 새로운 변화들이 매기에게는 좋은 일과 나쁜 일이 뒤섞인 도전으로 다가왔다. 예를 들자면, 네 명의 동생들이 태어날 때마다, 비록 잠깐이기는 해도 그녀에게 부모가 이혼할 당시의 고통을 다시 상기시켰다. 우리 삶 가운데서 일어나는 각각의 변화들과 함께 매기는 더 희미해지기는 했지만 그렇다고 혼란스러움이 덜하다고는 할 수 없는 원래의 고통을 새로이 반복하는 경험을 했다. 자신을 고통스럽게 하는 상황이 아빠에게는 행복한 것이라는 사실이 매기로 하여금 자신의 감정에 대해 더 어려움을 느끼게 했을 것임에 틀림없다.

사실 매기는 이혼과 관련한 자신의 경험을 대학 지원할 때 작성하는 에세이의 주제로 삼았다. 에세이에서 그녀는 자신이 고등학교 2학년이던 어느 날, 엄마와 함께 주로 지내겠다고 말을 해서 우리 두 사람 모두를 비통스럽게 만들었던 것에 대해 회상하고 있었다. 그 일이 있기 전, 매기의 엄마와 나는 공동 신체적 친권을 가지고 있었기 때문에 매기는 수요일 방과후부터 토요일 저녁까지는 나와 지내고, 토요일 저녁부터 수요일 오전까지는 엄마와 지냈었다. 몇 년 동안 그와 같은 시간표에 따라 문제없이 지냈다. 하지만 이제 매기의 일과도 갈수록 복잡해질 뿐 아니라, 자기 물건이 그냥 어느 한 곳에 같이 모여 있기를 바랐고, 전화번호를 묻는 남자친구한테도 한 집의 번호만을 줘도 되기를 바랐다. 그 일이 있은 지 2년 후, 매기는 에세이에서 그 날을 이렇게 묘사하였다.

> 나는 교실에서 수학 수업을 듣고, 운동장에서 하키 공을 굴리며, 차를 운전하고, 매일 매일 하게 되는 온갖 일상적인 일들을 하고 있을 것이다. 그리고 아빠나

이혼, 그리고 내가 아빠에게 더 이상은 같이 살고 싶지 않다고 얘기한 그 날에 대해 생각하고 있지는 않을 것이다. 그렇지만 … 나는 여전히 그 날을 생생하게 기억한다. 내 뺨을 스치던 바람의 감촉, 잔디밭에서 공놀이 하는 어린 동생을 지켜보던 것, 그리고 내가 태어나서 처음으로 아빠의 우는 모습을 본 것, 그리고 죄책감. 아빠를 울게 한 것이 나란 걸 알았으니까. 그건 내가 반드시 해야 할 일이었다. 내가 제정신을 지키기 위해서라면 실행에 옮겨야 할 일, 나 자신의 행복을 위해 필요한 무엇이었다 … 나는 엄마와 함께 사는 것이 내 자신에게 필요한 일이라는 걸 알았지만, 그러면서도 동시에 그 무엇보다도 다시 아빠의 딸이 되고 싶기도 했다.

비록 우리 가족들이 이혼을 통해 성숙해졌고, 매기가 적응유연성이 있다는 사실이 증명되기는 했지만, 나는 그 당시의 사건들이나 대화들 그리고 가슴이 찢어지는 듯했던 슬픔을 생각할 때면 여전히 딸 아이나 내 자신 때문에 마음이 아프다. 고등학교에 다니는 동안, 매기는 일주일에 서너 차례 우리 집에서 저녁을 먹기는 했지만 보통 잠은 엄마 집에서 잤다. 매기는 한 곳에서 대부분의 시간을 지내기 위한 어려운 결정을 내렸지만, 그녀에게는 언제나 두 개의 '진정한' 가정이 있었다. 엄마의 집과 아빠의 집. 그녀는 언제나 그랬던 것처럼, 여전히 두 부모를 가지고 있다.

그리고 그녀가 자신의 에세이에서 아주 유려하게 표현한 것처럼, 매기는 자신이 사랑하는 누군가에게는 고통스러울 수 있지만 자신에게는 최선이라고 생각하는 결정을 내리기 위해 씨름했었다. 바로 그 순간, 그녀는 이혼의 피할 수 없는 진실 가운데 하나인 죄책감과 깊은 관계가 있는 슬픔을 경험했다.

어쩌면 그녀는 너무 일찍 우리를 고통에 쉽게 상처받게 하는 사랑의 힘에 대한 냉혹한 교훈을 배웠다. 만약 내가 그녀를 사랑하지 않았더라면 상처받을 일도 없었을 것이다. 만약 그녀가 나를 사랑하지 않았더라면 더 쉽게 결정을 내릴 수도 있었을 것이다. 뒤돌아보면, 매기가 올바른 결정을 내렸다는 사실이 내게도 분명하고, (물론 어려운 대화를 나눈 후의 일이지만) 내가 그것을 받아들인 것도 잘한 일이었다. 그러나 이혼 가족들이 금방 알게 되는 것처럼, 옳은 것이 반드시 쉬운 것은 아닌 법이다.

아동들의 고통: 적응유연성을 가졌지만 여전히 상처는 받는다

매기의 눈 속에 있는 고통들을 보기 이전에는, 나의 학술적 연구는 적응유연성의 제자리로 다시 돌아오는 부분에 초점이 맞추어져 있었지, 돌아오는 그 자체로 인해 야기되는 고통에 있지 않았던 것이 사실이다.

나의 맹점을 인식한 후, 나는 과학자로서 매기나 다른 아동들이 부모의 이혼 때문에 느끼는 고통을 설명하고, 계량화하며, 측정할 수 있는 객관적인 방법을 찾고자 했다. 나는 대학원생인 리사 로만-빌링스(Lisa Laumann-Billings, 그녀 역시 부모들의 이혼을 겪음)와 함께 이혼에 대한 고통스런 감정 척도(Painful Feelings About Divorce Scale)라는 다중 응답 유형의 새로운 도구를 개발하였다. 응답자들은 '내 친구들은 더 행복하게 생활하는 것 같다', '나는 부모의 문제를 내 자신의 관계에서도 반복할 운명이라고 느낀다', 그리고 '나는 때때로 부모의 이혼 때문에 사람들이 나를 무시한다고 느낀다.' 등의 41개 문항에 대해 '매우 동의하지 않는다'에서 '매우 동의한다' 또는 '해당하지 않는다' 등의 여섯 개 응답들 중에서 하나를 선택하는 것이다.

우리가 연구한 어느 집단에는 미국에서 상위권에 속하는 대학에서 성공적으로 수학하고 있는 99명의 대학생이 포함되어 있었는데, 그들의 부모들은 모두 오래 전에 이혼한 상태였다. 우리는 학문적으로 큰 노력을 요하는 환경에서 그들이 현재 보여주는 높은 수준의 성취는 그들의 적응유연성에 대한 강력한 지표라고 느꼈다. 우리는 또한 참여자들을 대상으로 정신건강 문제들에 대해 일반적으로 사용되는 척도를 사용하여 조사하였는데 그들의 우울이나 불안은 낮은 수준인 것으로 나타났다. 그러나 연구 결과를 분석하였을 때, 적응유연성이 높은 학생들조차도[22] 부모의 이혼 때문에 고통을 느끼는 정도가 상당한 것을 발견하였다. 우리가 발견한 결과에는 다음 사항들이 포함된다.

73%의 청년들이 만약 그들의 부모가 이혼하지 않았다면 그들은 지금과는 다른 사람이 되었을 것이라고 믿었다.

49%가 졸업식이나 결혼처럼 양쪽 부모 모두가 참석할 만한 큰 행사에 대해 걱

정이 된다고 말하였다.

48%가 자신들은 대부분의 사람들보다 더 힘든 아동기를 보냈다고 느꼈다.

44%가 부모의 이혼은 아직도 그들에게 갈등의 원인이 된다고 대답하였다.

28%가 과연 그들의 아버지는 자신들을 사랑하기는 했는지 의문시된다고 했다.

다섯 아이의 아버지로서, 나는 특별히 위의 마지막 결과 때문에 괴로웠다. 자기 아버지의 사랑을 의심하는 것은 어떤 심리적인 장애의 증상도 아니고 정신건강 목록에 항목으로 올라 있지도 않다. 하지만 부모의 사랑은 아이가 받을 수 있는 가장 가치 있고 영속적인 선물이다. 물론 많은 사람들이 한쪽 부모의 사랑이 주는 안전함 속에서, 또는 부모를 대신하는 사람들의 사랑 안에서 아무 이상 없이 자라고, 혹은 삶 속에서 성인의 사랑을 거의 받지 못하면서도 성공적으로 성장한다. 그러나 부모, 이상적으로는 두 부모에게서 사랑을 받는 것은 그 자체가 이미 하나의 중요한 목적이 된다. 여러 면에서 삶은 사랑하고 사랑받는 것에 대한 것이다. 나만 해도 만약 아이들이 그들에 대한 나의 헌신적 사랑을 의심한다면 아버지로서 실패했다고 느낄 것이다. 아이들이 내가 너무 참견을 많이 한다고 하는 것은 괜찮지만, 나는 그들이 결코 나를 애정 없는 아빠라고 느끼지 않기를 바란다.

리사와 나는 이러한 고통스런 감정들이 대부분의 사람들이 청년 시기에 접어들어 독립적이 되면서 자신의 가족들에 대해 자연스레 갖게 되는 의문이나 비하적 태도와는 다르다는 사실을 분명히 하고자 했다. 그를 위해 생물학적 부모가 아직 결혼을 유지하고 있는 학생들 94명을 대상으로 (이혼과 직접적으로 관련된 것들을 제외하고) 이혼 가정의 청년들이 응답한 것과 거의 같은 질문을 하였다.

그 결과, 학생들 중에 14%는 자신은 다른 사람들보다 더 힘든 아동기를 보냈다고 믿고 있었으며(이혼 집단은 48%), 10%는 아버지가 자신을 사랑하는지 의심스럽다고 했다(이혼 집단은 28%). 물론 우리는 이 학생들이 보고하는 고통의 원인이 무엇인지 궁금했다. 그러나 학생들의 응답이 말해주는 바는 다름 아닌 이것이었다. 곧 부모들의 이혼 여부와 상관없이, 상당수의 청년들에게 있어서 정서적인 고통은 삶의 일부라는 것이다. 하지만 이 결과는 우리의 예측이 옳았다는 사실을 확인시켜 주었다. 고통스런 기억, 감정 그리고 근심은 이혼하지 않은 가정보다는 이혼한 가정의 청년들에게서 훨씬 더 보편적이라는 사실이다.

우리 연구에서 젊은이들이 보고하는 의심이나 근심, 고통스런 기억 그리고 불안감은 리사나 내가 임상적 사례나 개인적인 경험을 통해 관찰해 온 것들을 확증한다. 사실 고통은 병리적 현상이 아니다. 슬픔은 정신 장애가 아니다. 그러나 적응유연성이 상처에 대한 면역성이 아니라는 것 역시 사실이다. 고통은 현실이며 오래 지속된다. 아이들의 적응유연성은 고통이 없는 곳에서가 아니라 그 주위에서 자라는 것이다.

사실 우리 짐작에는, 그리고 많은 사회과학자들이 지금은 우리에게 동의하는 바로는 적응유연성과 고통 사이의 차이점[23]이 이혼과 관련한 거대 논쟁을 상당 부분 설명하고 그것을 해결하는 데 도움이 될 것이다. 나와 같은 과학적 연구자들은 일반적으로 다수의 아이들을 대상으로 정신건강 문제에 대한 객관적인 평가를 실시하고, 이러한 평가는 연구자들이 이혼 가정 아이들의 전반적인 정신건강을 강조하도록 이끈다. 대조적으로, 임상 연구자들은 이혼 가정의 개별 아동과의 면담에 의존하여 고통스런 느낌에 대한 보고를 들으며, 이는 그들이 아동의 괴로움을 강조하도록 한다. 더 나아가, 이러한 연구자들의 결과는 어느 한쪽으로 편향되게 마련인데, 적응에 있어 심각한 문제를 가지고 있는 아이들이 연구 대상에 지나치게 많이 포함되기 때문이다. 동시에, 비교적 잘 적응하고 있는 아이들은 이러한 연구자들이 자료를 수집하는 사무실이나 상담실 그리고 프로그램에 잘 나타나지 않는 경향이 있다. 그러나 다시 말하지만, 그런 이유 때문에 그들의 결론이 특정 개인에게는 적용되지 않는다거나 우리가 그들이 발견한 사실에 신경 쓰지 않아도 된다는 말은 아니다. 우리 모두 숲과 나무를 동시에 바라볼 필요가 있는 것이다.

이혼에 있어서 아동의 권리헌장

이혼한 부모는 여전히 자녀에 대한 책무를 반드시 지켜야만 하고, 내 관점에는 아동은 이혼한 가족 내에서 자신의 권리를 지녀야만 한다. 내가 제시하는 이혼에 있어서 아동의 권리헌장은 다음과 같다. 만약 당신의 아이들에게 이러한 자유를 줄 수 있다면, 당신은 부모로서의 책임을 다하겠다는 목표에 벌써 아주 가까이 다가서 있는 셈이다.

부모가 이혼한 모든 아이는:

1. 죄책감이나 비난을 느끼지 않으면서 양쪽 부모 모두를 사랑하고 사랑받을 권리가 있다.
2. 부모의 상대방에 대한 분노로부터 보호받을 권리가 있다.
3. 부모의 갈등에서 멀리 떨어져 있을 권리가 있다. 이는 부모 중 어느 한쪽의 편을 들거나, 메시지를 전달하거나, 또는 어느 한쪽 부모에 대한 불평을 듣지 않을 권리를 포함한다.
4. 부모 둘 중에 한 명을 제치고 다른 한 명만을 선택하지 않을 권리가 있다.
5. 부모 중 어느 한 사람의 정서적 문제에 대해서도 책임감을 느끼지 않을 권리가 있다.
6. 부모 중 어느 한 명의 이사나 재혼 등 아동의 삶에 영향을 미칠 만한 중요한 변화에 대해 충분한 시간 여유를 두고 미리 알 권리가 있다.
7. 아동기 동안, 그리고 대학 재학 중에 필요한 합당한 재정적 지원을 받을 권리가 있다.
8. 감정을 갖고, 표현하며, 양쪽 부모가 자신이 어떻게 느끼는지를 알도록 하는 권리가 있다.
9. 만약 부모가 이혼을 하지 않고 함께 살았더라면 누렸을 삶에 가능한 근접하게 살 권리가 있다.
10. 아이다울 권리가 있다.

위의 권리들은 법으로 규정된 것도 아니며 부모 아닌 누군가에 의해 보호되거나 강제될 수 있는 것도 아니다. 이혼에 있어서 당신 자녀의 권리헌장을 제대로 집행하고 보호하기 위해서는 늘 당신의 말이나 행동을 단속하기 위해 주의를 기울이며, 기꺼이 부담을 감수하고, 설사 어렵더라도 이혼이라는 어른의 문제로부터 당신의 자녀를 보호하기 위한 길을 선택하겠다는 노력이 필요하다. 물론 쉽지 않은 주문이다. 하지만 당신의 자녀들은 마땅히 그런 대우를 받을 가치가 있다.

CHAPTER 04

변화의 계절들: 이혼의 과제들

아마 지금쯤은 당신도 이 책을 통해 혹은 자신의 경험을 통해서 이혼은 정말로 감정의 롤러코스터라는 것을 알 수 있게 되었을 것이다. 이 사실은 당신은 물론, 헤어진 부부이자 아이들의 부모인 당신과 전 배우자에게도, 당신의 아이들에게도, 그리고 전체로서의 당신들 모두에게 해당된다. 감정은 실제적이고, 강렬하며, 때로는 압도적이기까지 하다. 그럼에도 불구하고, 당신은 결코 감정에 완전히 압도당해서는 안 된다. 당신에게는 부모로서 감당해야 할 일이 있고, 이혼의 한 부분으로 당신이 직시해야만 하는 과제들이 있다. 그 과제들은 유쾌하지 않다. 그리고 앞으로 이어질 장들에서 살펴보게 되겠지만, 이는 까다로운 일이기도 할 것이다.

앞으로 우리가 이혼의 과제를 살펴보게 될 때 명심해야 할 것이 있다. 이혼의 사회적, 실질적, 그리고 법적인 측면을 다룰 때에도 당신은 감정을 통제하는 데 초점을 맞추어야 할 필요가 있다는 것이다. 감정을 얼마나 잘 조절하는지 혹은 실패하는지의 여부가 이혼의 가장 중요한 관건인 것이다. 당신이 감정 조절에 성공한다면 이혼의 다른 모든 과제도 당신이 현재 느끼는 것보다 훨씬 더 쉬워지겠지만, 만약 실패한다면 더욱 복잡하게 얽혀버릴 것이다.

공개하기

이혼이라는 거친 감정이 어느 지점까지 질주했든, 절대 안전벨트를 느슨하게 해서는 안 된다. 왜냐하면 이혼에는 전혀 다른 또 하나의 측면, 곧 공개적 측면이 있기 때문이다. 이혼에 있어 공개적 측면이란 이혼과 관계된 법적, 실제적, 그리고 사회적 측면에 직면해야 한다는 것을 말한다. 자녀들에게 무슨 일이 일어나는지에 대해 얘기해야 하고, 친구들이나 가족들에게 뭐라고 말할지를 생각해야 한다. 변호사들이나 골치 아픈 법률적 문제들을 다루어야 하며, 아이들과 보내는 시간을 위해 시간표를 작성해야 하고, 돈에 대한 어려운 결정들을 내려야 한다. 아마도 새로 살 곳을 찾아야 하며, 어쩌면 새로운 직장을 구해야 할 수도 있다. 이 모든 일을 하는 동안에 전 배우자와 당신 자신의 감정들을 처리하면서 말이다.

지금까지는 당신의 감정이나 결혼 생활의 문제를 상당 부분 당신 자신이나 두 사람 사이에만 국한시켜 왔을 수 있지만, 더 이상은 모든 것을 숨길 수 없을 것이다. 당신의 사생활이 이제 사람들 앞에 드러나게 될 것이다. 당신은 '뉴스'의 주제가 됨과 동시에 그 뉴스의 기사를 작성하는 사람이 되는 것이다.

사실, 당신 자신이 본인의 대변인이라 생각하면 도움이 될 것이다. 어쩌면 당신은 (전 배우자가 잘못 제기한) 거짓 주장과 당신이 한때는 친구라고 생각했지만 이제는 당신의 비참한 이야기에 신이 난 듯 보이는 사람들, 즉 참견하기 좋아하는 '기자들'의 날이 선 질문에 답해야만 할지도 모른다. 대변인 비유가 적절할 수 있는데, 정말로 신뢰하는 소수의 사람들에게만 솔직히 말하고, 이혼의 공식적인 과정에서 당신과 자녀들의 사생활을 보호하는 것이 당신이 해야 하는 일 중의 하나이다. 당신의 사생활에 대한 공적인 설명이나 대답을 제공할 필요는 있겠지만, 발표는 어디까지나 사려 깊은 정보나 간단한 이야기 정도를 넘지 않는 수준, 곧 다른 사람들의 알 필요를 충족시키지만 쓸데없는 소문거리를 만들어 내지는 않을 수준이어야 한다.

설사 당신이 어떤 것은 밝히고 어떤 것은 숨기는 일에 성공한다 하더라도, 모든 사람들이 언제나 규칙대로 행동하는 것은 아니다. 법적인 문서에서 가혹한 개인적 비난 내용을 발견하거나 누군가 법정에서 당신에 대해 노골적으로 말하거나 아니면 사실이 아닌 것을 말하는 것을 듣더라도 놀라서는 안 된다. 법정에서 선서를 한 상태에서 당신의 전 배우자가 어쩌면 친구나 가족마저도 한패가 되어서 당신의 가장 개인적인 감상이나 행동에 대해 믿기 어려운 증언을 할 수도 있다.

만약 당신이 그러한 극단적인 공개적 망신은 모면했다 하더라도, 다른 '일상적인' 그러나 정말로 어려운 다른 과제들은 피할 수 없을 것이다. 아이들의 눈을 쳐다보며 당신의 결별 사실을 털어놓는 것이나, 아이들이 자고 있거나 혹은 전 배우자에게 가 있는 밤에 당신 혼자 깨어 앉아 있는 것 같은 일 말이다. 앞으로 도대체 어떻게 해야 할지 걱정하는 것이나, 오래전에 다 끝났다고 생각했던 당신 삶의 어느 시점으로 다시 돌아가는 것, 그러니까 누군가와 다시 데이트를 하는 것 같은 일은 피할 수 없을지도 모른다.

이것도 전부가 아닐 수 있다. 사실 이 모든 문제를 거의 동시에 대처하는 상황 때문에 아마도 당신이 탄 감정의 롤러코스터는 양 옆으로, 위로 아래로 정신없이 흔들리게 될 것이다.

아기 걸음마

해결해야 할 과제들이 너무 거대하고, 많고, 또 너무 다양해서 위압적으로 느낄 수도 있을 것이다. 하지만 이 사실을 명심하라. 이혼은 정해진 일정을 따라가거나 혹은 사려 깊고 순차적인 과정을 밟아가는 사건이 아니라는 것이다. 예를 들어, 만약 당신이 법원의 최종 판결을 신속하게 받아 내는 것에 정력을 쏟는다면, 자녀나 당신 자신의 정서적 필요를 못 보고 지나칠 수도 있다. 어느 한 과제를 단번에 성취하기 위해 큰 걸음을 떼기보다는, 여러 과제들에 동시에 접근하되 아기 걸음마 속도로 해결하겠다는 태도를 가져야 한다.

이는 실제로 무엇을 의미하는가? 곧 다가올 당신의 이혼을 아이들에게 알리기 위해서는 여러 모로 철저한 준비를 해야 한다. 아이들이 이해할 수 있는 세심한 설명을 준비하고, 아이들이 엄마나 아빠와 각기 시간을 보낼 수 있는 적당하면서도 잠정적인 시간표를 만들어 합의하여야 한다. 부모 둘 중 한 사람이 이사 나갈 제2의 장소를 구하고, 재정에 관한 단기적인 협의를 마쳐야 한다. 이러한 각 과제마다 그 속에 나름의 하위 과제들이 포함되어 있고, 또 그에 따라 필요한 준비사항들이 있다. 과연 어디서부터 시작해야 할까? 또 무엇을 해야 할까? 앞으로의 장에서 이런 사항을 상세히 설명하도록 하겠다.

할 필요가 없는 것, 그리고 절대로 시도하지 말라고 권하고 싶은 것은 이혼의 어느 한 과제에서 파생한 모든 어려움을 성급히 해결하려고 하는 것이다. 모든 법적인 세부사항이나, 아이들이 보일 수 있는 모든 정서적 반응, 당신의 헤어짐으로 빚어지는 모든 사회적 결과, 모든 재정적 문제, 그리고 당연히 모든 감정들이 거기에 해당된다. 그 이유가 무엇일까? 첫째, 불가능하기 때문이다. 둘째, 이혼의 어느 한 과제를 완전히 성취하기 위해서는 어느 정도의 시간(1년, 2년, 어쩌면 그보다 더 긴 시간)이 필요하기 때문이다. (요가수행자 베라의 경고처럼, 끝이 나야 끝나는 것이고, 어쩌면 그것 또한 끝이 아닐 수 있다.) 지금은 올바른 방향을 찾아 그쪽으로 작은 걸음을 내딛는 데 집중함으로써, 앞으로 다가올 몇 달 동안 당신이나 가족을 위한 최선의 길을 더 큰 걸음으로 걸을 수 있도록 하는 것이 필요하다.

이 책에서는 당신이 취해야 할 조치를 설명하고 있지만, 반드시 여기 제시된 순서대로 따를 필요는 없다는 것을 기억하도록 하라. 이혼은 동적이고, 진화하며, 대단히 개인적인 과정이다. 자신들의 이혼을 회상하면서, 정확히 언제 '시작' 되었는지에 관해 서로 의견이 일치하는 커플은 그리 많지 않을 것이다. 남편이 떠나겠다는 의사를 밝힌 그 날인가? 아니면 그보다 몇 년 전 아내가 남편 없는 삶을 상상하기 시작했던 그 순간인가? 두 사람이 마지막으로 상담을 받던 바로 그때인가? 이혼이 언제 시작된 것인지, 또 언제 어떤 식으로 끝날지는 아무도 모른다. 이미 당신의 자녀들과 이혼에 대해 이야기를 나누었을 수도 있고, 자녀들은 아직 아무것도 모르고 있을 수도 있다. 당신과 전 배우자 간에 자녀들과 보내는 시간에 대한 일정표를 이미 작성했을 수도 있고, 아직도 한창 분쟁 중일 수도 있다. 당신은 가능한 변호사의 개입을 최소화하기로 결정했을 수도 있고, 방금 전 배우자의 변호사가 보낸 첫 번째 편지를 뜯었을 수도 있다. 또한 2년 전에 합의한 아이들 방문 스케줄에 대해 이제 아이들의 성장에 맞추어 재작성해야 할 때가 되었다고 느낄 수도 있다. 당신이 이혼의 과정에서 어느 지점에 서 있건, 이 책의 나머지 부분에서 당신에게 필요한 지침을 찾을 수 있을 것이다.

지도 확인하기

나는 이 책에서 이혼의 가장 복잡하고, 또 가장 일반적인 과제의 윤곽을 보여 주는 지도를 그려 보려고 노력했다. 그러나 명심할 것은 이것은 지도이지 결코 상세한 약도가 아니라는 점이다. 전혀 기대하지 않았던 곳에서 우회로나 노상 장애물이 나타날 수도 있으며, 평탄한 길이나 지름길을 만날 수도 있다. 나는 당신에게 정확히 어떤 길로 가야 한다고 말할 수 없다. 한마디로 이것은 당신의 이혼이기 때문이다. 따라서 내가 당신의 이혼이 가야할 길의 방향을 제시해 줄 수는 없다. 내가 할 수 있는 것은 사람들이 가장 많이 여행하는 '노선들', 즉 협력적 이혼, 냉담한 이혼, 그리고 적대적 이혼에 대한 개요를 제공하는 일이다. 어떤 길로 갈지는 당신 자신이 선택할 수도 있고, 아니면 상황이나 당신의 전 배우자에 의해 선택되는 것일 수도 있다.

일반적으로 말하자면, 대부분의 사람들에게는 속도가 느리고 구부러진 길, 가장 협력적인 길을 가는 것이 나을 것이다. 그 여행길은 경치는 빼어나지 않더라도(이것은 직업상의 여행이지 휴가가 아니다), 시야도 좋고, 도로의 굽어지는 구간도 넓다. 옆길로 빠져나가야 할 중요한 일이 생길 때, 즉 당신이나 아이들의 감정에로의 짧은 여행을 위해 멈출 수도 있다.

지금 당장은 고속도로를 타고 싶은 것이 솔직한 심정일 수 있다. 모든 일을 서둘러 처리하거나 변호사에게 다 맡겨 버리고 싶을 수도 있다. 그러나 만약 당신이 그 길을 택한다면, 그곳은 시야도 좁고, 나쁜 날씨에는 미끄러운 곳들도 여기저기 있으며, 출구도 많지 않고, 모퉁이를 도는 순간 교통정체가 있다는 것을 알게 될 것이다. 어쩌면 당신은 전 배우자와 정 반대로 가고 싶은 충동 때문에, 양육 분담이라는 공동의 목적지를 향한 여행에 별로 관심이 없을 수도 있다. 하지만 당신이 어떤 길을 갈지 계획하기에 앞서 먼저 지도를 숙지할 것을, 그리고 필요하다면 가장 절친한 친구나 상담자, (이혼)조정인이나 변호사, 그리고 물론 당신의 전 배우자에게라도 가야 할 방향에 대한 의견을 구해 볼 것을 간곡히 바란다. 다른 과제에 대해 읽어 보기도 하고, 다른 가족들이 이혼이라는 여정에 어떻게 대처해 가는지 살피기도 하고, 새로운 가능성을 생각해 보면서 될 수 있는 대로 천천히 그리고 차근차근 움직이라. 그리고 어떤 경우라도 당신의 감정에 운전대를 맡기는 일이 없도록 하라. 감정은 같은 자리를 빙빙 돌기만 하는 경향이 있기 때문이다.

여정의 끝에 도달하는 것과 관련하여 한 가지 경고할 것은, 어쩌면 거기 도달하지 못할 수도 있다는 것이다. 많은 이들, 어쩌면 대부분 사람들에게 있어 이혼에 수반되는 감정이나 책임 및 영향력은 마지막 판결문에 서명을 한 이후에도 여전히 오랫동안 그들의 삶 속에 존재한다. 감정적으로는 다급함을 피할 수 없을 만큼 혼란스러운 것이 사실이지만, 그럼에도 불구하고 이혼은 위기의 와중에서 마주치게 되는 피할 수 없는 중대한 실제적 장애물 및 어려움, 그리고 제일 어린 자녀가 결혼하여 자기 가정을 꾸리기 전에는 완전히 해결되지 않을 그런 과제를 던져 준다.

당신의 감정 다스리기

당신은 앞으로 많은 과제에 직면하게 될 것이다. 그리고 이혼의 사회적, 실질적, 그리고 법적 측면에 마주치면서 무엇보다도 당신의 감정을 통제하는 일에 계속 초점을 맞추어야 한다. 감정을 조절하느냐 아니면 조절에 실패하느냐가 이혼의 가장 중요한 관건이다. 당신이 감정 조절에 성공한다면 이혼의 다른 모든 과제도 지금 현재 느끼는 것보다 훨씬 더 쉬워지겠지만, 만약 실패한다면 훨씬 더 복잡하게 얽힐 것이다.

"좋아요" 하고 당신은 말할지 모른다. "나는 내 감정을 더 잘 이해하게 됐어요. 이제는 내가 슬퍼하고 있다는 것도, 슬퍼해야만 한다는 것도 깨달았어요. 나의 분노가 실상은 그 바닥에 깔려 있는 비탄이나 상처, 슬픔, 또는 두려움 때문에 야기되는 때가 언제인지 알아요. 늘 바로 알게 되는 건 아니지만 점점 더 빨리 알게 돼요." 나는 당신이 이제는 전 배우자가 어떻게 느낄지에 대해서도 이해할 수 있고 (당신이 관심이 가든 말든) 아이들의 감정에 대해서, 그리고 이혼에 대한 아이들의 관점이 당신이나 전 배우자의 관점과 어떻게 다른지에 대해서 더 폭넓은 이해를 하게 되기를 바란다. 그리고 이제는 당신과 전 배우자 사이의 갈등이 어떻게, 왜 당신의 아이들에게 해로운 것인지에 대해 보다 완전히 이해하기를 바란다.

당신은 "내 감정을 이해하고, 갈등을 조절하는 것의 중요성을 아는 것과 실제로 그것을 실천하는 것은 다르다."고 말할지 모른다. 어떻게 이것을 실천할 수 있을까? 좋은 질문이다. 어떻게 하면 이 이혼이라는 물, 곧 당신의 아이들이 헤엄치고 있는 그 물을 오염시키지 못하게 막을 수 있을까? 어떻게 하면 당신과 전 배우자와의 관계가 폭발하지 않도록 할 수 있을 것인가? 다음의 두 가지 기본 규칙을 따르라.

> 당신의 감정에 다가가라. 당신의 모든 감정을 느껴 보라. 모든 정신 나간 느낌을 정말로 신뢰하는 친구나 상담자와 나누어라. 만약 아무것도 여의치 않으면, 당신의 다양하며 공존할 수 없어 보이는 감정을 일기장에 적으라. 적으면서, 고쳐야 한다는 걱정은 잠시도 하지 말라.
>
> 당신의 전 배우자에게서 벗어나라. 전 배우자와 거리를 두고, 보다 분명하고 공식적인 경계를 설정하라. 비록 이런 규칙들이 우습고, 인위적이며, 불편하거나 혹은 바람직스럽지 않게 보이더라도 말이다. 당신의 자녀를 위해 사무적인 관계를 만드는 데 노력하라. 당신의 공동 양육이 더 따뜻하게 변해갈지 또는 냉담한 채로 있을지는 미래의 일로 남겨 두고, 지금 효율적이고 실속 있는 관계가 되도록 하라.

다음은 전쟁을 치르는 대신에, 냉담하고 사무적인 관계를 발전시키는 데 성공한 한 커플의 예이다.

냉담한 이혼:
안전하고 실행할 수 있는 방안에 대한 계획을 세밀하게 세우라

이혼이 거의 막바지에 다다랐을 무렵에, 카를로스(Carlos)와 타라(Tara)는 조정이나 가족치료 혹은 그 비슷한 무언가를 바라면서 나를 찾아왔다. 당시 그들은 별거에 들어간 지 이미 3개월 정도가 지난 후였는데, 그들에게나, 열다섯 살 된 아들 카를로스 2세(Carlos Junior)나 열한 살 된 딸 이사벨라(Isabella) 모두에게 상황이 좋지 않게 돌아가고 있었다. 부모는 서로의 변호사를 통해 아이들이 매주 목요일 저녁과 격주 주말을 아버지와 함께 지내는 것에 합의했지만 그 스케줄은 두 부모 누구에게도 만족스럽지 못했다. 카를로스는 건장한 체격을 지닌 잘생긴 외과의사로서 권위 있는 분위기를 풍겼다. 그는 아이들과 지내는 시간이 타라만큼은 되어야 한다고 주장했다. 매력적인 여인으로, 시간제 스페인어 교사를 하고 있는 타라가 비꼬는 말투로 받아쳤다. "당신은 아이들과 보내도록 이미 주어진 시간조차 제대로 쓰지 않잖아요. 늘 스케줄을 바꾸기나 하고. 당신이 아이들과 시간을 보낼 수 없을 정도로 바쁜 게 내 잘못이에요?" 카를로스는 잠시 타라를 차갑게 응시하다가, 절제되긴 했지만 억눌린 분노를 제대로 감추지 못한 그런 말투로 대답하였다. "내가 만약 당신의 호화로운 생활을 위해 매달 지불하는 3,000달러의 융자금을 내지 않아도 된다면 보다 많은 시간을 낼 수 있겠지."

타라는 미끼를 물었고 폭발하였다. "아니야! 나를 나쁜 사람으로 만들지 말아요. 내가 당연히 누릴 권리가 있는 것을 뺏어갈 수는 없어요. 우리가 같이 지낸 18년 동안 당신 마음대로 해왔어요. 당신은 나를 조종했고, 아이들도 통제해왔어요. 지금까진 당신이 마음대로 이래라저래라 했었지만, 이제 더 이상은 당신 장단에 춤추지 않아요!"

카를로스는 나를 향해 살짝 웃어 보이며, 쾌활하지만 깔보는 어조로 타라에게 말했다. "만약 당신이 계속 이런 식으로 이야기한다면 결코 우리 문제를 해결할 수 없을 거요." 그의 말이 타라를 진정시키지 못한 것은 놀라운 일이 아니다. 대신 타라는 잠시 후 분명 카를로스를 매우 당혹스럽게 만들 수 있는 무언가를 밝히겠다고 그를 은근히 협박함으로써 그의 화를 돋우는 데 성공하였다. 카를로스는 폭발하지는 않았지만, "나한테 계속 이런 식으로 말하면 곤란해. 이런 식으로 나와 에모리 박사님을 모욕하지 마."라고 언성을 높이면서도 자제력을 잃지 않으려고 애쓰는 것이 느껴졌다.

결코 쉬운 사례가 될 것 같지 않았다. 도무지 쉬워 보이는 구석이 없었다. 비록 나에게 모든 것을 털어놓으려 하지는 않았지만, 타라와 카를로스에게는 상처받고 화낼 만한 많은 이유가 있었다. 카를로스는 한 6개월 동안 타라와 격렬한 다툼을 벌인 후에 집을 나갔는데, 두 사람 모두 조심스럽게 그 얘기를 피하기는 했지만 내 짐작에는 카를로스의 외도 때문에 벌어진 소동이었던 듯하다. 사실 두 사람 모두 자신들의 사생활을 필사적으로 보호하려 했지만 별 소용이 없었다. 더 큰 문제가 바로 내 앞에 드러나 있었기 때문이다. 결별하기 전과 마찬가지로 헤어진 이후에도 그들은 서로에 대해 분개했고, 비교적 차분한 상태에 있을 때조차 그저 씩씩거리기만 할 뿐이었다. 카를로스는 자신이 '좌절감을 느낀다'고만 인정했고, 타라는 마침내 자신의 '의견을 펼칠' 뿐이라고 주장했다. 그만큼 두 사람 모두 자신의 분노를 인식할 만한 통찰력이나 겸손함이 부족했다. 하지만 아이들이 그들의 논쟁 사이에 끼어 있다는 것을 인정했다. 카를로스 2세는 엄마 편에 서서 그녀의 충실한 보호자가 되었다. 아버지가 집을 나간 데 대해서 무척 화를 내었고, 그와는 거의 말을 하지 않았다. 언제나 엄마에게 더 가까웠던 이사벨라는 양쪽 부모 모두와 좋은 관계를 유지하려고 노력하는 모습이 역력했다. 잘한 일인지는 모르겠지만 어쨌든 타라는 이사벨라의 일기를 읽게 되었다. 이사벨라는 일기장에 부모에 대한 자신의 분노를 기록하면서 동시에 지금 자신의 삶에 가득한 갈등으로 인한 슬픔과 불안도 드러냈다.

법률적 갈등은 안그래도 들끓는 타라와 카를로스의 관계에 기름을 붓는 격이었다. 양측의 변호사가 자녀들에 대한 단기적인 스케줄에 대해서는 협상을 하였지만 완전하고 최종적인 협상안에 도달하는 데는 실패하고 있었다. 사태를 진전시키기 위해서 타라의 변호사가 공판 날짜를 잡아 놓은 상태이지만, 심리는 아무리 빨라도 6개월은 지나야 열릴 수 있었다. 일의 진행 속도가 느린 것에 대해 카를로스가 불만을 늘어놓자, 그 변호사가 나를 만나 볼 것을 제안하였다. 카를로스에게는 뜻밖이었는데, 타라 역시 나와 상담하러 오는 것에 동의하였다. 타라 입장에서는 상담 일정을 잡자는 자신의 제안을 카를로스가 끝까지 실행에 옮긴 것이 놀라울 따름이었다.

당신의 자녀가 아니라 전 배우자로부터 멀어지라

카를로스와 타라 같은 커플은 우리 주위에서 어렵지 않게 만날 수 있다. 사실 그들의 사례는 전형적이라 할 수 있다. 50년 전과 비교하면, 오늘날에는 이혼이 가족생활의 일상사처럼 되긴 했지만, 이혼에 수반되는 감정은 여전히 평범함과는 거리가 멀다. 우리가 살펴본 것처럼, 사람들이 이혼으로 인해 상처 받고 화를 내며 정서적으로 황폐해지는 것은 당연하다. 카를로스와 타라 같은 부모가 협력적인 이혼에 이르는 것이 가능할까? 아마 당장은 어려울 것이고, 어쩌면 아예 불가능할 수도 있다. 그렇다면 카를로스와 타라 같은 부모들이 적대적 이혼이 아닌 보다 냉담한 이혼으로 발전할 수는 있을까? 물론 이것은 가능하다.

그걸 어떻게 아느냐고 반문하고 싶을지도 모르겠는데, 나의 대답은 연구의 결과를 바탕으로 한 것이다. 이 연구를 위해 나는 적대적 이혼을 하는 커플들, 즉 카를로스와 타라처럼 법정 심리를 신청해 놓은 부모들을 무작위로 선정하였다. 그리고 나는 그들에게 법정 공방을 계속하거나 또는 일단 조정을 시도해 보도록, 그러니까 법정 밖에서 그들의 문제를 스스로 해결하기 위해 한 번 더 노력해 보도록 권했다. 이혼하는 커플들은 동전 던지기를 통해 두 개의 집단, 곧 먼저 법정에서 문제 해결을 하거나 아니면 먼저 조정을 시도하는 두 집단으로 나뉘었다. 그리고 정말 정해진 그대로 실행에 옮겼다. 여기서 내가 발견한 것이 무엇일까? 12년이 지난 후[24] 동전 뒷면이 나와 조정을 받았던 부모를 조사했을 때, 이들은 두 사람 모두가 자녀들의 삶에 훨씬 더 깊이 들어가 있었다. 12년이 지난 후, 조정을 받은 집단에서는 비동거 부모(부모 중 대부분의 시간을 자녀들과 함께 살고 있지 않은 사람)의 26퍼센트가 일주일에 한 번 이상 자녀들을 만나는 것으로 나타난 반면, 법정 소송을 제기했던 부모들은 9퍼센트로 나타났다(9퍼센트가 매우 낮아 보일 수 있지만, 실제 전국 평균도 이 정도이다). 장성한 자녀들을 실제로 만나는 것이 어려울 수 있기 때문에, 나는 부모와의 전화연락에 대해서도 물었다. 조정을 받았던 부모 중 현재 같이 살지 않는 비동거 아버지나 어머니의 52퍼센트가 자녀들과 매주 또는 그보다 더 자주 전화통화를 하는 데 반해, 법정으로 갔던 이들의 경우 14퍼센트가 그렇다고 응답하였다(이 역시 전국 평균치이다). 마지막으로 그리고 가장 인상적이었던 점은, 법정에서 문제를 해결했던 부모들과 비교했을 때, 조정을 받았던 동거 부모들(자녀들이 대부분의 시간을 살고 있는, 자녀들의 주된 거주지를 제공하는 아버지나 어머니)의 응답에서 자녀들의 비동거 부모가 동거 부모들과 지난 12년 동안 자녀들의 삶에 있어서 중요한 거의 모든 영역에 있어 보다 긴밀한 관계를 맺어 오고 있다는 사실이 나타났다는 것이다.

이러한 결과는 내가 타라와 카를로스처럼 서로 적대적인 상황에 처한 부모를 상담하면서 염두에 두는 가장 근본적인 목표가 정말 맞는 것이라는 사실을 뒷받침해 준다. 전 배우자와의 갈등을 피하기 위해 서로의 삶 속에서 멀어지고 그 때문에 아이들의 삶 속에서 한쪽 부모가 사라져 버리는 것을 막아 보자는 목표이다. 당신이 갈등을 피하기 위해 화가 난 상대방을 피하는 것은 괜찮은 방법일지 모르지만, 이혼한 부모에게 있어서는 서로를 피한다는 것은 있을 수 없는 일이다.

그렇다면 후퇴하지 않으면서 갈등을 피할 수 있는 방법은 무엇인가? 갈등을 겪거나 상대를 회피하는 것과 다른 대안은 상대방으로부터 벗어나는 것, 곧 서로 간에 보다 사무적인 관계를 형성하기 위해 노력하는 것이다. 카를로스와 타라와 함께 상담을 하면서 나는 사무적 관계에서 친구 관계로 그리고 연인 관계로 발전하는, 그리고 다시 사무적인 관계로 돌아가는 것을 보여 주는 그림을 그렸었다. 이는 내가 책의 앞부분에서 묘사했던 것과 유사하다. 친밀한 관계로 가는 막힘이 없는 내리막길을 달린 뒤, 구역을 돌아 다시 언덕을 올라간 다음 한 번 더 오른쪽으로 돈다. 그리고는 다시 보다 공식적이고 사무적인 관계를 시작하는 것이다. 나는 카를로스 2세와 이사벨라에게 부모인 그들이 얼마나 중요한지, 그리고 그들의 가족 관계에 보다 분명한 경계를 설정하는 것이 얼마나 중요한지에 관해 이야기한 다음, 그들의 관계에서는 그 개념을 어떻게 적용할 것인지에 대한 지침을 제공하였다.

여기서 가장 중요한 규칙은 무엇일까? 그 대답은 정말 간단하다. 만약 카를로스가 아이들과 더 많은 시간을 보내기를 원한다면, 먼저 그는 현재의 스케줄을 잘 지킬 수 있다는 것을 보여 주어야 한다. 카를로스는 자신의 직업에서 분명한 규칙과 역할이 필수적임을 인식하고 있었고, 그것은 타라와 자녀들의 분명한 경계에 대한 필요를 이해하는 데 도움이 되었다. 스케줄의 핵심은 철저한 준수에 있다. 만약 카를로스가 스케줄을 변경할 필요가 생기면, 최소한 일주일 전에 타라에게 미리 알리고, 타라가 변경된 일정에 따라 편의를 봐줄 수 없는 경우에는 카를로스가 알아서 대신 아이들을 돌볼 사람을 찾아야 한다. 가끔은 갑작스레 바꾸지 않을 수 없는 경우가 생기겠지만, 가급적 두세 달에 한 번 일어날까 말까 하는 긴급한 응급상황, 즉 예정에 없던 응급수술 같은 일에 국한하라.

우리는 타라가 보다 사무적인 경계를 설정하는 데 도움이 될 만한 규칙도 또한 몇 가지 만들었다. 예를 들면, 아이들을 데려다 줄 때 타라는 이혼 협상 등과 같은 중대 안건들에 대해 카를로스에게 말하지 않기로 했다. 대신 아이들이 무슨 물건들을 챙겼는지, 다가오는 행사에는 무엇이 있으며, 아픈 곳이 있는지, 아니면 날씨에 대해 말하면 했지 그 이상의 심각한 사안에 대해서는 말하지 않기로 한 것이다. 타라는 또한 매주 일요일 저녁 8시에 시간을 정해 거는 전화 외에는 카를로스의 집으로 전화하기를 그만두겠다는 데 동의했다. 그 전화 또한 5분이 넘지 않도록, 아이들이 지내는 형편 혹은 일정들이나 다른 일상적인 사항을 확인하고 마치는 것으로 했다. 그 외의 학교 연극발표회 날짜, 축구경기 결과, 아이들에 관한 그녀의 걱정거리 등은 짤막한 이메일로 연락하기로 했다.

이처럼 간단한 규칙을 따르는 것이 처음에는 어색해 보였다. 하지만 곧 카를로스와 타라는 그렇게 함으로써 두 사람에게 절대 필요했던 완충장치와 안정감을 확보할 수 있다는 것을 인정했다. 그들의 대응방식이 꼭 우호적인 것만은 아니었겠지만, 어차피 그것이 목표는 아니었다. 목표는 두 사람 중의 누구도 전화를 받거나 만남을 앞두고, 그리고 이메일을 열면서 이번에는 무슨 일이 생겨 까무러치게 될지 걱정할 필요가 없는 그런 환경을 조성하는 것이었다. 앞으로 이어질 장들에서 살펴보겠지만, 우리들의 초기 협상은 그들로 하여금 예전보다 거리를 두면서, 사무적인 관계를 향한 여정을 시작하도록 하였다. 그들의 새로운, 냉담한 이혼에 그 나름대로의 문제들이 없는 것은 아니지만, 아무런 지침도 없었다면 지속되었을 것이 분명한 적대적 이혼보다는 훨씬 낫다. 타라와 카를로스가 발견한 것, 그러니까 당신이 알게 되었으면 하고 내가 바라는 것은 이혼에 있어서 부모가 문제를 어떻게 해결해 가느냐 하는 것이 적어도 그 해결책이 무엇이냐 하는 것만큼 중요하다는 것이다.

형식이 곧 메시지이다

앞으로 이어질 장에서는 이혼의 가장 보편적인 전환점 혹은 과제에서 발생하는 구체적 어려움 및 기회에 관심을 기울이게 될 것이다. 내가 과제라고 부르는 이유는 그것들을 표현하기에 가장 적합하기 때문일 것이다. 각자 나름대로의 특정한 '입문서' 명단과 마감 시한들, 그리고 점검항목을 지닌 중대한 책무들을 포함하고 있기 때문이다. 아마 당신은 내가 '기회'라는 용어를 사용했다는 사실 역시 알아챘을 것이다. 그 이유는 각 과제가 일종의 장애물이기도 하지만 동시에 당신의 아이들이 당신과 가족 그리고 미래에 대한 안정감이나 확신 그리고 신뢰를 유지하거나 회복하기 시작하는 데 도움을 줄 수 있는 기회이기도 하기 때문이다.

내가 카를로스와 타라에게 이야기했듯이, 각각의 과제에 접근할 때 갈등과 불확실함을 어떻게 직면하고 해결할지에 대해 세심한 주의를 기울일 필요가 있다. "형식이 곧 메시지다"*라는 말이 있다. 이는 당신이 무엇인가를 결정하는 방식이 결정하는 내용 자체만큼이나 혹은 어쩌면 그 이상으로 중요하다는 뜻이다. 예를 들자면, 곧 닥쳐올 헤어짐에 대해 당신이 무엇을 말하는지, 그리고 자녀들에게 어떤 방식으로 이야기를 하는가는 단순히 그들의 삶에 무슨 일이 일어날지에 대해서만 말해 주는 것이 아니다. 그것은 당신, 전 배우자, 형제, 자매들, 그리고 비록 둘로 나누어지긴 했지만 그들에겐 여전히 가족인 이들과 맺고 있는 관계에 무슨 일이 일어날지 말하는 것이기도 하다는 사실을 기억하라. 남편이 돌연히 집을 나가면서 의도한 바는, "나는 이제 당신에게 질렸고, 그래서 여기서 나간다."는 메시지를 아내에게 보내는 것이겠지만, 이렇게 함으로써 그는 전혀 의도하지 않은 채 아이들에게도 강력하고도 깊은 상처를 남기는 메시지를 보내는 것이다. "아빠는 언제 만날 수 있을 거라는 말도 안 하고, 아무런 설명도 안 해주고, 작별인사도 없이 떠나 버렸어. 아빠는 나도 버리고 떠난 거야."[3)]

아이들의 마음 속에서 부모 두 사람의 관계 방식은 두 사람이 그들의 엄마와 아빠라는 사실과 연결되어 인식된다. 이는 아이들의 정서적인 경험과 그들의 사랑, 관계, 안전, 그리고 신뢰에 대한 이해에 있어서 특히 그렇다. 위기에 처한 아이들은 정말 중요한 것들에 대해서는 레이저처럼 날카로운 집중력을 발휘할 수 있다. 아이들이 당신의 말이나 행동들을 판단할 때 자주 기준으로 삼는 것은 "만약 나를 사랑

* 사회학자 마샬 맥루한의 말로, 어떤 문화의 형식 혹은 수단 자체가 나름의 메시지로 다가온다는 의미임. - 역자 주

한다면…"이다. 부모 중 한 사람이 전 배우자에게 뭔가를 말하거나 행하면 우리는 그 전 배우자에게 메시지를 보내는 것으로 이해할 것이다. 그렇지만 아이들은 부모 중 한 사람의 행동을 단순히 그들의 다른 한 부모에 대해서 뿐만 아니라 자녀인 그들에 대한 태도 또한 반영하는 것으로 여긴다. 부모들의 불평거리나 고통에 대해 어느 정도 이해할 만한 큰 아이들조차 자녀에 대한 부모의 사랑이 그들 주위에 보호선을 쳐 준다고 믿고 싶고 또 그렇게 되기를 기대한다. 불행한 일이지만, 너무 많은 아이들이 이혼의 열기 속에서 이러한 경계들이 너무도 쉽게 짓밟힌다는 사실을 배운다. "만약 부모님이 우리를 정말로 사랑했다면, 몇 년씩이나 그렇게 싸우지는 않았을 거야.", "만약 애들을 사랑한다면, 어떻게 그런 식으로 그냥 집을 나가 버릴 수가 있어요?", "자녀 양육비를 지급할 만큼의 신경도 쓰지 않았어요.", "엄마는 내 감정보다는 자신의 새 남자친구가 어떻게 생각하는지에 훨씬 더 신경을 썼어요." 이와 같은 주제에 관한 너무나도 보편적인 예들은 얼마든지 있는 것이다.

앞으로 이어질 장에서 나는 아이들에게 말하는 것, 기본적인 법적 협상 전략, 친권과 면접교섭(visitation), 공동 양육, 그리고 새로운 관계에 초점을 맞출 것이다. 왜냐하면 이들은 여전히 부모로 남을 수밖에 없는 헤어진 커플들의 관계에서 보편적으로 존재하는 과제들이자 갈등을 촉발할 가능성이 다분한 사안들이기 때문이다. 이들 하나하나는 이혼에 있어서 새롭고 도전적인 과제를 제시하기도 하고, 이혼으로 인한 감정의 절차를 밟아갈 진로를 형성하거나 재형성할 수 있는 새로운 기회를 제공하기도 한다. 특별히 아이들에게 있어서 이러한 과제들은, 그들과 그들의 부모들 그리고 가족에게 '이혼' 자체가 아니라 이혼이 함축하고 있는 의미를 정의해 줄 수 있는 요긴한 것들이다.

대부분의 아이들에게 이러한 전환점들은 그들이 경험하는 이혼이 어떤 것인지 표시해 주고 정의해 주는 표지들로 작용한다. 이는 꼭 아이들이 과제의 해결에 참여해서라기보다는, 부모의 해결 방식이나 결정한 사항의 결과를 그들이 경험하기 때문이다. 일단 이혼이 당신 삶의 일부가 되면, 아이들에게 그로 인한 어려움을 보상해 주기 위해 당신이 할 수 있는 것이라곤 아무것도 없다. 그러나 매 전환점을 지날 때마다 자녀의 적응유연성이 확실히 증대될 수 있도록 하기 위해 당신이 할 수 있는 것은 많다. 이를 위해 당신 감정을 조절하고 자녀를 위한 최선의 결정을 내릴 뿐만 아니라, 이러한 순간들이 자녀에게 의미하는 바가 무엇인지 고려하는 것 역시 필요하다. 단순히 귀를 통해서 뿐만 아니라 가슴으로도 들어야 하며, 자녀의 상처나 고통뿐만 아니라 자녀가 당신에 대해 느낄 수 있는 분노나 전 배우자를 향해 언제나 그리고 여전히 지니고 있을 사랑 또한 감당하는 데도 전념해야만 한다. 이것이 엄청난 요구라는 것을 인정한다. 그리고 이것을 지키기 위해서 당신이나 자녀가 건너야만 할 모든 다리들을 건너기 훨씬 전에 미리 정찰을 해 둘 필요가 있다. 뒤에 이어지는 장들은 다리를 어떻게 떨어지지 않고 건널 수 있는지, 그리고 어떻게 하면 다른 쪽으로 건너간 후에 불태우고 싶은 마음이 들지 않도록 할 수 있는지에 관한 것이다. 앞으로 이어질 장들의 목표는 각 다리를 살피되, 그것이 표상하고 있는 위험이라는 측면에서 뿐 아니라 자녀들의 성장, 안전, 그리고 적응유연성을 증대시키는 방식으로든지 그렇지 못한 방식으로든지 건너야만 하는, 그리고 건널 수 있는 그런 지점들로 생각하는 법을 배우는 것이다.

그러므로 안전대를 꼭 잡고 심호흡을 몇 번 하라. 앞으로 나오는 장들에서 우리는 이혼의 과제를 하나씩 차례대로 다룰 것이며, 그것들을 해결하기 위해 당신이 밟아야 할 단계의 개요를 제시할 것이다.

CHAPTER 05

결별에 대해 아이들에게 이야기하기

부모가 곧 헤어질 것이라는 사실을 어떤 식으로 자녀들에게 말할 것인가? 여전히 엄마도 있고 아빠도 있지만 더 이상 '엄마 아빠'는 없다고 말해야 할까? 그들이 알고 있고 믿고 있는 삶이며, 지금껏 안전하고 확실한 것으로 느껴 왔던 가족이 이제 아주 달라져버릴 것이라는 사실을 어떻게 이야기할 것인가?

어떤 부모나 아이들에게는 부부의 결별이 가정 내의 갈등, 혼란, 그리고 어쩌면 폭력으로부터의 구출 내지는 휴식으로 여겨질 수도 있다. 그러나 헤어지려 한다는 사실을 아이들에게 말하게 될 때 대부분의 부모는 후회와 죄책감, 불안과 두려움으로 가득차게 마련이다. 나의 딸 매기에게 그 아이의 엄마와 내가 헤어지려 한다는 사실을 말하던 어느 저녁시간. 나의 느낌이 바로 그런 것이었다.

매기의 문학에 대한 사랑

지금 이 순간까지도, 1989년의 그날 저녁은 내 생애에서 가장 고통스러운 기억 중 하나로 남아 있다. 그날에 대한 기억은 사소한 것 하나까지도 생각날 만큼 아직도 생생하다. 매기는 당시 일곱 살이었다. 그 아이의 방은 우리가 살던 2층짜리 벽돌집 위층에 있었고, 그 아이를 데리러 내가 그리로 올라갔었다. 그리고 너무 슬프지만 중요한 일이 있어서 엄마하고 아빠가 할 말이 있으니까 함께 거실로 내려가자고 말했다.

매기의 엄마 진(Jean)과 나는 같이 앉아 매기에게 우리가 헤어질 거라는 이야기를 꺼냈다. 실제로 이야기는 대부분 내가 했다. 나는 우리들이 부모로서 매기를 정말 너무 사랑하지만, 남편과 아내로서는 행복하지 않았다고 말했다. 우리는 매우 오랫동안 행복하지 못했고 상황을 더 호전시켜 보려고 노력해 왔지만 결국 성공하지 못했다고 말했다. 엄마는 그러길 원하지 않았지만, 아빠는 당분간 다른 곳에서 살기로 결정했다는 사실을 말해 주었다. 아빠가 아파트를 하나 얻었는데 며칠 안으로 보여 주겠다고 했다. 엄마와 아빠는 매기가 두 사람을 거의 매일 볼 수 있도록 시간표를 정했고, 매기가 누구 집에 있든 그녀의 물건들도 거기 있을 거라고 했다.

친구나 학교 생활에는 아무것도 변하는 것이 없을 거라고 안심시켜 주었다. 그리고 우리 두 사람 다 무엇보다도 더 그녀를 사랑하고, 우리 두 사람으로선 그건 결코 변하지 않는 사실이라는 것을 말해 주었다.

내가 매기에게 엄마와 같이 사는 것이 더 이상 행복하지 않다고 말했던 것을 기억한다. 매기에게 엄마를 더 이상 사랑하지 않는다는 식으로 말하지 않으려고 조심했었다. 매기가 자신에 대한 아빠의 사랑도 변할 수 있을 것으로 생각할까 염려스러웠던 것이다.

진과 나는 우리가, 아니 주로 내가 겪곤 하는 나쁜 일들을 아이가 알지 못하도록 아이를 철저히 보호하는 그런 부모들이었다. 우리 두 사람 모두 딸을 깊이 사랑했고, 의무감이나 죄책감 때문이 아니라 기쁨으로 매기를 함께 키워 왔었다. 그렇게 보호하며 아이를 길러온 탓에, 우리의 결별 이야기가 매기에게는 청천벽력이었고, 그녀의 삶을 송두리째 흔들어 놓고 말았다.

매기에게 말을 꺼낸다는 사실도 믿기 어려울 만큼 힘든 일이었지만, 사실 그날 밤의 가장 고통스러운 기억은 그 대목이 아니다. 가장 고통스러운 기억은 오히려 매기가 우리의 말을 듣고 난 후 보여준 반응에 대한 것이다. 결별 소식을 들은 매기는 눈물을 글썽이기는 했지만 아주 울음을 터뜨리지는 않았다. 질문을 해도 좋다고 했지만 아무것도 묻지 않았다. 화를 낸 것도 아니었다. 대신 매기는 자기 방에 가도 되냐고 물었고, 허락을 받고서 이층 자기 방으로 올라갔다.

몇 분 후 얘기를 나누어 보려고 그 아이 방으로 갔을 때, 매기는 책을 읽고 있었다. 이혼 이야기를 꺼내기 전 한동안, 나는 매기에게 텔레비전 보는 시간을 좀 줄이고 책을 더 읽으라고 계속 이야기했었다. 이 착하고 애교 많은 어린 딸은 부모에게서 청천벽력 같은 이야기를 듣고서 무얼 어떻게 해야 할지 몰라 당황하다가 자기가 해야 될 일이라고 느껴지는 바로 그 일을 하고 있었다. 바로 책을 읽은 것이다.

그날 저녁, 매기는 책 속으로 빠져들었다. 고분고분하게 말을 잘 듣는, 착한 아이가 되려고 노력했던 것이다. 어쩌면 그 아이는 그렇게 하면 자기의 삶이 바로 몇 시간 전의 시점으로 되돌아갈 수 있지 않을까 하고 바랐을 것이다. 그날 이후 매기는 한 번도 책 읽는 것을 멈추지 않았다. 그녀는 4학년 무렵 『아이들이 심판한 나라』(To Kill a Mockingbird)를 읽고선 그 이야기를 좋아하게 되었다. 중학교 2학년 때에는 새엄마 킴벌리(Kimberly)와 함께 문학에 관해 이야기를 나누곤 했는데, 그럴 때면 나는 마치 난생 처음으로 미식축구를 보고 있는 외국인이 된 느낌이었다. 고등학교 시절 매기는 영어 선생님들을 제일 좋아했고, 그 선생님들도 매기를 가장 사랑하는 제자로 여겼다.

나는 문학에 대한 매기의 열정과 지식이 놀랍다. 하지만 지금까지도 나는 책을 좋아하는 그녀의 열정에 죄책감이 느껴지는 것을 어쩔 수가 없다. 매기의 열정은 그날 저녁 내가 가져다 준 아픔으로 인해 생겨났던 것은 아닐까?

내심 나는 필시 그럴 것이라고 생각하고 있다.

실수가 포함된 각본

지금까지도 나는 오래 전 그때 보다 나은 방법으로 매기에게 얘기를 꺼낼 수 있지 않았을까 생각해 보곤 한다. 확신하건대 분명 그럴 수 있었을 것이다. 진과 내가 어떻게든 결혼을 깨지 않으려고 힘겨운 노력을 하고 있었을 때 그렇게까지 숨기려 들지 않았다거나 좀 덜 미안해했더라면 차라리 낫지 않았을까? 매기에게 미리, 그리고 조금 더 자주, 우리의 상황을 눈치 챌 여지를 남겨 줄 수도 있었을 것이다. 고통스러웠던 그날 저녁보다 훨씬 이전에, 매기에게 우리의 결혼 생활에 문제가 있지만 해결하려고 노력하고 있다는 말을 해줄 수도 있었다. 우리가 매기에게 말을 꺼낸 그 저녁에, 나 말고 진이 더 많이 이야기할 수도 있었다. 내가 늘 그랬던 것처럼 지나치게 강한 모습을 보이려고 노력하는 대신, 나의 감정을 더 많이 드러낼 수도 있었다.

나는 셀 수 없이 많은 방식으로 각본을 다시 쓸 수도 있었고, 마음속으로는 수도 없이 그렇게 했다. 그러나 어떤 원고에도 문제는 늘 있게 마련이다. 따라서 아이들에게 당신의 이혼에 대해 말을 꺼내는 문제에 있어서 분명히 못 박아 두고 싶은 점이 있다. 근거 없는 기대를 갖지 말라는 것이다. 이런 일을 백 퍼센트 올바르게 할 수 있는 방법은 없다. 당신은 아이들에게 정확히 어떤 말을 할지, 그리고 어떻게 하면 그 말들을 제대로 전달할 수 있을지 방법을 찾기 위해 시간과 생각 그리고 감정적 에너지를 투자해야 한다. 그러나 당신이 어떠한 각본을 쓰든, 거기에는 오류가 있을 것이다. 당신이 정말 해주고 싶은 말, 당신 자녀의 고통을 없애 줄 그런 말은 없다. 그럼에도 불구하고, 당신이 아이들에게 말하는 내용 그리고 그것을 말하는 방법은 앞으로 몇 날, 몇 주 동안 당신의 아이들이 겪을 두려움과 혼란, 그리고 분노를 줄이는 데 도움이 될 수 있다.

자녀들에게 말하기

부모의 결별 사실을 자녀들에게 알리는 일은 이혼의 과제 중 가장 먼저 해야 할, 그리고 가장 고통스러운 것 중 하나이다. 많은 부모들은 이런 말 하는 것 자체를 두고, 자신들이 아이들에게 무엇보다 큰 실망을 안겨 주었다는 자기들의 실패를 자인하는 것으로 생각한다. "네 아버지와 나는 서로 헤어지기로 했다."는 말 속에는 여러 겹의 실망이 깔려 있다. 이는 당신의 결혼, 당신의 전 배우자, 혹은 당신 자신에 대한 실망일 뿐 아니라 부모로서 당신의 능력에 대한 실망이기도 하다. 곧 모든 아이의 기본적 권리라고 대부분의 부모들이 믿고 있는 능력, 즉 행복한 어린 시절을 보낼 수 있도록 해 주어야 할 당신의 능력에 대한 실망인 것이다. 헤어지겠다고 선언함으로써 당신은 순수한 의지나 사랑만으로는 당신 자녀를 보호할 수 없다는 사실을 처음으로 확인하게 되는 것일 수도 있다.

걱정이 된 나머지 당신은 아이들에게 말 꺼내기를 무서워하며, 뿐만 아니라 그런 말을 하지 않아도 되는 방법을 찾을 수도 있다. 그렇지만 당신은 분명 그 이야기를 할 수 있고, 또 해야만 한다. 실제로 이 과제는 대단히 중요하다. 왜냐하면 이는 당신의 자녀가 그 후 일어나게 될 일들을 바라보는 관점을 형성하는 일에 큰 영향을 끼칠 것이기 때문이다. 당신이 말하는 방식에 따라, 당신의 자녀가 이혼 자체뿐 아니라 당신 자신, 전 배우자, 그리고 앞으로 결정될 다른 많은 일들 및 삶의 변화들을 생각하고 느끼는 방식은 크게 달라지는 것이다.

이제 본 장에서 다루게 되겠지만, 자녀에게 결별 이야기를 꺼내는 방식을 결정하는 요인은 여러 가지이다. 예를 들면, 자녀들의 연령, 결별하는 정황, 당신과 전 배우자 사이의 전반적 관계, 아이들을 안심시키기 위해 구체적으로 밝힐 수 있을 만한 사항들(가령, 그들이 살 곳, 엄마와 아빠를 만날 수 있는 시기 등)과 같은 것들이다. 만약 당신과 전 배우자 두 사람 모두 서로 일관성 있는 이야기를 하고, 정서적으로 함께 있어 주며, 결별이 그들의 삶, 특히 각 부모와의 관계에 어떤 영향을 미칠지를 가능한 한 구체적으로 말해 준다면 그들에게는 큰 도움이 될 것이다.

너무 벅차 보이는가? 물론 벅찬 과제이다. 분명한 답은 보이지 않고, 온갖 잘못된 길들이 여기저기로 갈라지는 상황에서, 가장 보편적이고도 잠재적으로 가장 파괴적인 결과를 야기할 수 있는 그런 실수를 피하는 데는 상당한 수준의 감정적 절제와 자기인식이 요구된다.

아이들에게 헤어짐에 대해 말을 꺼내는 것은 우리가 앞 장에서 얘기한 내용들을 실제 적용해 보는 첫 번째 경험이 될 수도 있다. 당신 자신의 감정들을 인식하고 조절하는 법을 배우고, 아이의 관점에서 상황을 바라보고, 2년, 10년, 또는 20년 후에 그러길 정말 잘했다고 생각할 수 있을 만한 행동을 취하라. 그리고 이 말을 명심하라. 이혼을 잘 감당해 나가는 일도 다른 일들과 마찬가지로 학습이 가능한 기술이다. 이혼에는 연습하면 완벽해진다는 말이 적용되기 어려울 것이다. 하지만 당신이 합리적인 확신과 냉정함으로 이 첫 번째 과제를 완수할 수 있다면, 장래의 문제들 역시 미리 예측할 수 있는 것이든 아니든 모두 어느 정도의 확신과 자신감을 갖고 대처할 수 있을 것이며, 이는 당신에게 뿐 아니라 당신 아이들에게도 매우 유익한 결과를 가져다 줄 것이다.

사전에 어느 정도 경고 신호를 주라

부모의 결별이 불가피한 일이 되기 전 자녀들은 부모가 결혼 생활에서 겪는 문제점에 대해 어느 정도 아는 것이 좋을까? 이혼 후 부모의 갈등이 아이에게 해를 끼치는 것이라면 가족 내 부부로서의 갈등 역시 아이에게 해가 되기는 마찬가지이기 때문에, 이에 대해 너무 많은 것을 아는 것은 바람직하지 않을 수도 있다. 그럼에도 불구하고, 부부 사이의 문제점을 너무 숨기다 보면 그것이 오히려 부작용을 일으킬 수 있다는 사실을 알면 아마 놀랄 것이다. 사실 어떤 부모는 자신들의 문제로부터 자녀를 너무 철저히 보호한 나머지, 아이는 부모가 헤어진다는 사실을 처음 듣는 잊지 못할 바로 그 순간까지도 부모 사이에 어떤 문제가 있었을 것이라고는 꿈에도 생각지 못했을 수도 있다. 아이들이 충격을 받고 크게 낙담하는 것도 전혀 놀랄 일이 아니다. 이런 경우 아이들은 종종 이 세상 그 누구보다도 잘 알고 있다고 생각했던 두 사람과의 삶이 자기들이 믿었던 것과는 다르다는 사실을 발견하고 배신감을 느낀다.

모르는 것이 약일 수도 있다. 그러나 많은 성인들은 어린 시절, 행복해 보이던 부모의 결혼 생활이 실상 껍데기뿐인 눈속임이었다는 사실을 깨달았던 순간의 엄청난 충격을 생생하게 기억하고 있고, 이들과 많은 이야기를 나누어 본 결과 나는 전혀 다른 결론을 얻게 되었다. 만약 부모들이 적어도 어느 정도만이라도 자녀들로 하여금 마음의 준비를 할 수 있도록 해 주었더라면, 부모 사이에 아직 잘 통제되고는 있지만 일련의 문제들이 있구나 하는 것을 미리 알기만 했더라도 자녀들이 그처럼 힘들어 하지는 않았을 것이라는 것이다.

이것은 나의 분명한 입장이며, 연구결과 또한 이를 뒷받침해 준다. 사회과학자들은 만약 두 부모가 다 있는 가정에 심각한 수준의 갈등이 존재할 경우, 부모가 함께 지낼 때보다 오히려 헤어지고 난 후가 아이들에게 더 낫다[25]는 것을 보여주었다. 이는 부모 간의 갈등이 자녀에게 미치는 파괴적인 영향에 대한 증거이면서, 또한 결별이 갈등을 감소시킬 것이라는 낙관적이면서도 현실적인 가능성을 제시한다.

그러나 최근의 연구들은 두 부모가 있는 가족 내에서 갈등이 차지하는 역할에 관한 기존의 입장에 새로운 반전을 제시한다. 학자들은 부모의 이혼 전 갈등이 낮은 수준인 경우, 두 부모가 같이 있었을 때에 비해 이혼 후에 아이들이 더 많은 문제를 가지고 있다[26]는 사실을 밝혀 낸 것이다.

그렇다고 해서 이혼하는 것이 오히려 마음이 놓일 정도로 부모가 함께 지내는 동안 미친 듯이 싸워야만 한다는 것은 결코 아니다. 하지만 이들 연구는 다음과 같은 사실을 분명히 말해 준다. 곧 행복하지 못한 결혼 생활이라 하더라도 아이들의 입장에서 볼 때는 충분히 괜찮은 것일 수 있으며, 그런 가정이라면 부모가 함께 지내는 것이 아이들에게는 더 나으리라는 것이다. 이것이 당신의 직관과는 맞지 않는 것처럼 보일지 모르지만, 아이들이 부모의 결혼을 바라보는 방식은 부모들의 관점과는 다르다는 사실을 기억해야 할 것이다.

연구결과에 따르면, 부모 사이에 문제가 있다는 사실을 어느 정도 아는 것은 아이들에게 일종의 예방접종 같은 역할을 한다. 이처럼 부모 사이의 문제에 대해 약간이라도 인식을 하고 있던 아이들은 그저 부모의 결별에 적응하는 과정에서 스트레스는 겪겠지만, 많은 사람들이 묘사하듯 자신들의 세계에서 가장 중요한 두 사람에 대한 자기 생각과 믿음이 잘못된 것임을 발견하고서 이루 말할 수 없는 충격을 받거나 혼란스러워하지는 않는다. 만약 부모가 결혼 생활의 심각한 문제들에 대해 아예 대놓고 싸운다거나 부적절한 사실을 폭로한다거나 하지 않으면서 아이들에게 상황을 잘 설명해 줄 수 있다면, 아이들을 최악의 상황에 대비해 미리 준비시키는 데 도움이 된다. 그리고 설령 그 최악의 상황이 결코 일어나지 않는다고 해도, 혹시라도 부모가 문제들을 해결하고 계속 함께 지내게 된다면, 아이들로서는 귀중한 교훈 하나를 배우는 셈이다. 결혼이란 결코 완벽한 것이 아니며, 좋은 관계에 있어 가장 중요한 것 중의 하나는 문제점을 인식하고 최선을 다해서 그것을 해결할 방법을 찾는 것이다.

중요한 교훈은 아이들에게 있어서 좋은 삶, 곧 행복한 아동기가 반드시 동화 속의 삶과 같을 필요는 없다는 것이다. 삶의 유쾌하지 못한 측면으로부터 아이들을 보호하려는 우리의 노력은 바람직한 것이지만, 어려운 순간 또한 우리 모두가 배워야 할 삶의 교훈을 가르쳐 주는 것이라는 사실을 깨달아야 한다. 아이들은 대부분 삶이 완벽하지 않다는 생각을 어느 정도 갖고 있다. 따라서 부모는 자신들이 갖고 있는 문제들을 서로 간에 시인해야만 할 뿐 아니라, 자녀들에게도 그렇게 해야 한다. 결별이라는 어려운 시기에 아이들을 위해 얼굴 가득 환한 미소를 지어 보이고 싶은 유혹이 들겠지만, 거기에 저항하라. 자녀의 삶이 달라지거나 곧 아주 달라질 것이라는 사실로부터 벗어나거나, 이를 무시하거나, 피하거나, 혹은 자녀의 주의를 딴 곳으로 돌릴 수 있는 방법은 어디에도 없다. 상황을 달콤하게 포장함으로써 당장 약간의 시간은 벌 수 있겠지만 결국에는 자녀들의 신뢰를 잃고 마는 값비싼 대가를 치르게 될 것이다.

죄책감은 슬퍼할 여지를 남기지 않는다

헤어지기로 결심한 아니타(Anita)와 멜빈(Melvin)은 그 전에 약간의 조언을 듣고 싶어 나를 찾아왔다. 아니타는 이미 아파트를 얻어 놓았고, 며칠 내로 이사를 나갈 예정이었다. 그들은 두 딸인 14살 난 리지(Lizzie)와 9살 난 제니(Jenny)에게 자신들의 결별에 대해 어떻게 말해야 할지를 알고 싶어 했다.

아니타와 멜빈이 아는 한, 아이들은 자신들의 가정에는 아무런 문제가 없다고 생각하고 있었으며, 아니타는 무슨 일이 있어도 지금과 같은 상황이 계속 유지되어야 한다고 생각하고 있었다. 자신들이 결별했다고 해서 아이들의 생활이 조금이라도 방해받는 일이 결코 일어나지 않도록 하려고 애썼다. 아니타는 심지어 아이들이 통학버스에서 내릴 때 기다렸다가 원래 살던 집에서 매일 오후시간을 함께 보낼 생각까지 했는데, 그러한 상황은 (멜빈이 그 집에서 아이들과 살고 있는 것을 고려하면) 불편하기도 하고 또한 (아니타가 곧 밖에서 취업할 것을 고려한다면) 현실적이지도 않은 것이었다. 또한 아니타는 이전처럼 다른 여러 가지 가족 활동들도 계속 멜빈과 아이들과 함께 하려고 계획하고 있었다. 명절이나 특별한 행사가 있는 날들은 그렇다고 쳐도, 아니타는 평소 주말이나 다른 시간에조차도 네 사람이 함께 편안한 가족의 시간으로 함께 보내게 되기를 기대하고 있었다.

아니타는 모든 것이 그대로 유지되기를 원했고, 따라서 아이들에게 예정된 결별에 대해 알려야 한다는 생각을 두려워했다. 물론 아이들에게 결별 사실을 말해야만 한다는 것을 알고 있었지만, '별 것 아닌 것처럼 다루기를' 원했고, 멜빈도 그녀의 의견에 동의했다고 말했다. 그들의 계획은, 글자 그대로 아이들을 앉혀 놓고선 엄마가 집을 나갈 거라고 말해 준 다음, 다함께 저녁을 먹으러 나가 온 식구가 멜빈의 말처럼, '마음 편하게 즐기고 오자'는 것이었다.

자신들의 문제를 놓고 오랫동안 고민해 왔고, 또한 죄책감과 수치심에 젖어 있는 아니타와 멜빈에게는 아마 이 계획이 통했을는지 모른다. 두 집안을 통틀어 이혼은 전례가 없는 일이었고, 전형적인 전업주부였던 아니타는 결혼 생활을 끝내고 집을 나가기로 한 것이 자신이라는 사실에 대해 상당히 혼란스런 감정을 갖고 있었다.

멜빈의 입장에서는, 아니타가 집을 나가는 것을 두고 그의 가족이나 친구들이 어떻게 생각할까 하는 것이 걱정이었다. 나가서 살 집을 구해야 할 쪽은 오히려 자신이 아닌지 가끔 생각해 보기도 했지만, 그는 자신의 집에서 느끼는 편안함을 잃고 싶지 않았다. 그는 또한 아니타가 딸들로부터 떨어져서 사는 것을 무척 편하게 받아들이는 것처럼 보인다는 데 충격을 받았다. 그는 여러 번 딸들에게는, 특히 나이 든 여자아이들에게는 결국 엄마가 필요한 것이 아니냐고 주장했다. 아니타가 자기 마음이 내키는 한에서는 아이들 주위에 있겠지만, 결국에는 소규모 광고업을 운영하느라 안 그래도 바쁜 자기가 두 부모 노릇을 모두 도맡아야 할지도 모른다는 생각에 멜빈은 겁이 났다. 하지만 실제로 거기 대해서는 아무 말도 할 수 없었다. 한 집안의 가장이며 두 딸의 아버지로서 그는 아이들의 엄마에 의해 버림받았다는 생각을 어떻게도 피할 수 없었다. 아무리 그들이 이야기를 아름답게 포장하려고 시도했어도 말이다.

멜빈과 아니타는 어쩌다가 그런 비현실적인 계획에 사로잡히게 되었을까? 이유는 간단하다. 그들의 생각대로 만일 아이들이 부모의 결별에 대해 아무 문제의식을 느끼지 않는 것처럼 보인다면, 멜빈과 아니타가 그렇게 두려워하거나 죄책감에 사로잡힐 필요는 없었을 것이다. 게다가 멜빈과 아니타는 비록 아이들을 무척 사랑하긴 했지만, 마치 부모의 결별이 아무것도 아니라는 듯 말하는 것이 어쩌면 그리 좋은 계획은 아니었다는 사실을 의식하지 못하는 듯했다. 두 사람이 이런 결정을 내리기까지는 여러 해가 소요되었고, 그들의 계획을 논의하는 데조차 몇 달이 걸렸다. 하지만 두 사람 중 어느 하나도 부모의 부부 관계에 문제가 있다는 사실을 전혀 눈치 채지 못하는 딸들에게 결별 이틀 전에야 그 사실을 말해 주는 것이 너무도 갑작스런 통보라는 사실을 의식하지 못하는 것처럼 보였다.

나는 멜빈과 아니타에게 직접 대응하는 대신, 만약 둘 중의 한 사람이 죽게 된다면 아이들이 어떤 반응을 보일 것 같은지 물어보았다. 만약 둘 중 한 사람이 6개월밖에 살지 못한다는 사실을 알게 된다면 아이들에게는 언제 말할 것인가? 두 사람 모두 아이들이 적응할 수 있도록 충분한 시간을 주어야 한다는 데 생각이 일치하였고, 적어도 몇 달 전에는 그 사실을 말해 줘야 한다고 말했다. 아이들이 어떻게 반응할까? 라는 물음에는 아마도 끔찍해할 것이라고 대답했다. 그들은 분명 아이들이 망연자실할 것을 알았고, 또 그들은 아이들의 슬픔이 자연스러운 것일 뿐 아니라 어쩌면 건강한 것이라고도 할 수 있는 반응이라는 사실을 인정했다. 아니타와 멜빈은 가능한 한 빨리 아이들이 슬픔을 뒤로 하고 다시금 정상적인 자신들의 삶을 즐길 수 있기를 바라겠지만 한동안은 아마 정신을 차리지 못할 것이 분명해 보인다고 말했다.

부모의 결별에 관한 이야기를 아이들에게 꺼낼 때도 그와 동일한 원칙들은 적용된다. 사실 그것은 매우 힘든 일이다. 그것은 아이들에게 고통과 슬픔을 일으킬 수 있다. 그렇기 때문에 아이들에게 말할 때 충분한 시간 여유를 남겨 주어야 한다. 아니타와 멜빈은 자기들이 결혼 생활에서 겪고 있는 문제들에 대해 아이들에게 무슨 얘기를 할 수 있었을까? 아마 다음과 같이 간단한 것일 수도 있겠다.

> 엄마하고 아빠가 함께 지내기에 좀 어려운 문제들이 있다는 것을 너희들이 알았으면 한다. 결혼 생활을 하면서 정말 행복하지 않을 때가 자주 있단다. 사실 이 문제들은 우리에게도 힘들고 두려운 것이라서, 지금 듣고 있는 너희들에게도 고통스럽고 두려울 거라는 걸 우리도 알아. 앞으로 일이 어떻게 될지 확실하지는 않지만, 우리가 헤어지는 것에 대해서도 생각하고 있다는 사실을 너희도 꼭 알아야만 할 거 같구나. 아직 아무것도 결정된 것은 없지만, 만약 헤어지는 것밖에는 방법이 없다고 결정하게 되면, 곧바로 너희들에게 말해 줄게.
>
> 무슨 일이 생기더라도, 우리 둘 다 너희를 사랑한다는 걸 알았으면 한다. 너희들은 우리 아이들이고, 우리는 언제나 너희들을 보살필 거란다. 너희들이 또 알아

야 할 것은 우린 어른들이고 우리 자신들을 보살필 수 있다는 거야. 우리들이 힘들어도 그건 어디까지나 어른들의 문제이고, 우리들은 거기에 대한 해결책을 찾을 거야. 그렇지만, 이건 무척이나 중요한 문제이고, 우리의 문제가 우리뿐만 아니라 너희들에게도 영향을 미친다는 걸 알고 있어. 너희들이 어떻게 느끼는지를 우리에게 말해 주렴. 언제든지 엄마나 아빠 누구하고나 얘기할 수 있어. 너희가 무엇을 묻더라도 최선을 다해서 답해 줄게.

이런 말을 해야만 돼서 미안하다. 지금 우리가 너하고 이야기를 나누고 싶어 했던 이유가 바로 이것이었단다. 그러나 어떤 일이 일어나도, 우리는 언제나 너희들의 엄마이고 아빠라는 사실을 알아야만 해. 그건 결코 변하지 않을 거야.

위의 대화는, 특히 어린 자녀들과 나눌 때는 한 시간에 걸친 긴 상담이 될 필요는 없다. 부모들이 이야기하는 데는 한 십 분 정도면 충분할 텐데, 그 후에는 아이들이 부모들의 말을 충분히 이해한 후 부모 중 누구에게라도 개별적으로 질문할 수 있는 시간을 주도록 하라. 이미 헤어지는 것은 확정이 되고 이를 위해 준비하고 있는 중에 아이들에게 이야기를 꺼낼 때에도 마찬가지로 기본적이고 간단한 계획이 적용된다.

아이들에게 말을 꺼낼 시점

일단 두 사람의 결별이 기정사실이 되면 그 다음엔 어떻게 해야 할까? 아이들에게는 뭐라고 해야 할까? 그리고 언제 얘기를 꺼내야 할까? 본 장에서 잠시 후 우리는 다양한 연령대의 아이들에게 무슨 말을 해야 할지에 관해 자세한 제안을 제시할 것이다. 여기에서는 어리거나 혹은 더 나이가 든 자녀들에게 어떻게 말을 꺼낼지, 그리고 언제 말해야 할지에 대한 문제들도 고려될 것이다. 우리가 조금 전에 살펴본 바와 같이, 아이들에게 당신이 결혼 생활에서 겪고 있는 문제들에 대해 어느 정도는 사전에 암시를 해주어야 한다. 만약 아이들이 별거나 이혼을 할 거냐고 질문하면 (그렇지 않을 거라고 당신이 알고 있지 않는 한) 솔직하게 "그럴 수도 있겠지" 혹은 "잘 모르겠구나" 하고 대답해 주어야 한다. 그리고 만약 헤어지는 쪽으로 결정하게 되면 자녀들에게 말해 주겠다고 약속하는 것이 좋다. 그렇다고 해서 당신들이 헤어지기로 결정을 하자마자 아이들이 곧바로 알아야 할 필요가 있을까?

그럴 필요는 없다. 여러 가지 이유 중의 한 가지는, 당신 자신에게 그 결정에 대해 감정을 다스리고 전 배우자와 함께 아이들에게 무엇을 어떻게 말할지 계획할 시간이 필요하기 때문이다. 또한 그것이 정말 당신이 내리고자 했던 결정인지 분명히 할 필요가 있다. 헤어짐에 대해 사람들은 많은 경우 양가감정을 지니며, 실제로 많은 부모들이 끊임없이 마음을 바꾼다.

아이들에게 말하기 전에 가장 중요한 것은 당신이 살 곳은 어디인지, 그리고 아이들이 부모 각 사람과 보낼 시간은 언제가 될지 등에 대해 실제적인 합의에 도달해야 한다는 사실이다. 이러한 결정을 내리는 데는 대개 시간이 필요하고, 종종 애초에 예상했던 것보다 훨씬 더 많은 시간이 소요되기도 한다. 끝으로, 시간에 대한 아이의 관념은 어른과는 사뭇 다르다는 사실을 기억할 필요가 있다. 우리가 어렸을 때는 여름 한 철인 두 달 반이 거의 영원과 맞먹는 시간이었다. 그리고 그것은 당신의 자녀에게도 여전히 그러하며, 특히 자녀가 어릴수록 더 말할 것도 없다. 만약 실제로 헤어질 시점보다 훨씬 전에 자녀에게 말을 해 주면 아이는 아주 불편한 상황에 너무 오랫동안 갇혀 있는 것처럼 느낄 수도 있고, 아니면 부모의 결별 같은 일은 결코 일어나지 않을 것으로 믿게 될 수도 있다.

이러한 이유 때문에 어느 연령대의 자녀에게나 헤어지기 한 달 내지 두 달 이전에 알려 주는 것이 시기상으로 적당하다. 사실, 사춘기 이전의 자녀에게는 어쩌면 너무 빨리 알려 주는 것이 될 수도 있다. 학령기 아동에게는 새로운 사실을 받아들이고, 양쪽 부모와 현재의 상황들에 대해 이야기를 나누고, 닥쳐올 현실적인 변화에 대해 준비하는 데 몇 주면 충분할 수 있다. 취학 전 아동에게는 헤어지기 1, 2주 전에 알리는 것이 적당하다. 이 연령대의 아이는 시간 개념을 제대로 이해하기 위한 인지적 능력은 부족하지만 자신의 삶 속에서 일어나는 일에 대해 알고자 하는 정서적 필요를 가지고 있다. 따라서 그들에게는 너무 미리 알리는 쪽보다는 있다가 알리는 편이 아마 더 나을 것이다.

아이들에게 뭐라고 말할까

부모는 일단 용기를 내어 자녀에게 헤어진다는 사실을 밝히기로 한다. 그런데 아이에게는 물론 자신들에게도 여전히 고통스럽고, 불확실하며, 슬픈 현재의 상황에 대해 과연 어떤 말을 해 주어야 할까? 어른들의 문제 그리고 잠재적으로 상당히 현실적인 어른들의 다툼에 대해 솔직하면서도 또 아이가 이해할 수 있게끔 표현할 방법이 있을까? 무슨 말을 해 주어야 할까? 그리고 무엇을 감추어야 할까? 오늘? 내일? 영원히?

부모는 자녀 앞에서 될 수 있는 대로 일치된 입장을 보여 주어야 한다. 특히 이야기가 딴 곳으로 흘러가게 될 때는 더욱 그러하다. 기분 같아서야 얼마든지 그렇게 말할 수 있겠지만, 프랭크는 아들에게 "우리가 헤어지는 건 네 엄마가 바람을 피운다는 사실을 막 알게 되었기 때문이야."라고 말하는 것이 옳지 않다는 것을 알고 있었다. 그렇다고 다니엘이 원하는 대로 말하는 것이 옳을까? "엄마하고 아빠는 함께 사는 것이 더 이상 행복하지 않기 때문에 따로 살기로 했어." 이건 분명 정직한 설명이 아니다. 아니, 정직한 설명이라고 보는 것이 옳을까? 다니엘을 외도로 이끈, 결혼 생활의 드러나지 않은 온갖 문제들은 어떤가? 샘이 이 모든 문제에 대해서도 알아야만 하는가? 만약 아직 미성년자인 자녀에게 적합하지 않은 사실은 모두 생략하는 것이 최선이라는 데 부모가 동의한다고 해도, 헤어지기를 원하는 쪽은 엄마만이라는 사실, 그러니까 엄마를 나쁜 사람으로 만들 가능성이 농후한 그런 사실을 샘에게 말해야만 할까? 어쨌든 그것이 사실인 것은 분명하지 않은가? 그러나 더 중요한 질문은, 그런 말을 하는 것이 아이에게 공평한 일인가 하는 것이다. 프랭크에게는? 그리고 다니엘에게는?

그리고 다니엘과 프랭크는 상당히 협력적인 방식으로 헤어졌다는 사실을 기억하라. 신디와 스콧이 자녀들에게 이혼 이야기를 꺼내면서 겪게 되었을 갈등을 상상해 보라. 그들이 헤어지는 것은 정확히 무슨 이유 때문이었나? 스콧이 남편과 아버지로서의 책임을 유기했기 때문이었나? 신디가 몇 해 동안이나 냉담하고 날카롭게 굴며 스콧을 전혀 이해하려 들지 않았기 때문인가? 당연히 이러한 설명은 5, 7, 9세의 아이들에게 하기에는 적합하지 않다. 그렇지만 이들은 보편적이면서도 골치 아픈 한 가지 사실을 예증해 준다. 만약 부모 간에 자신들이 결별하는 이유를 두고 서로 의견이 다르다면, 자녀에게 무엇을 말할지에 대해서는 어떻게 서로 의견 일치를 볼 수 있겠는가 하는 것이다.

이것 말고도 다른 복잡한 일이 여전히 산적해 있다. 부모 간에 의견이 일치하지 않는 것은 감정이나 슬픔, 그리고 이혼의 이유에만 국한되는 것이 아닐 수도 있다. 그들은 앞으로 어떻게 할지, 특히 아이들이 어디에서 살고, 어떤 식으로 각 부모와 시간을 보내게 될지에 대해서도 생각을 달리할 수 있다. 3장에서 본 것처럼, 신디와 스콧 간에는 세 자녀인 안젤라, 조이, 그리고 콜린과 함께 시간을 보내는 일정의 조정과 관련하여 격렬한 의견대립이 있었다. 그 결과 아이들은 불확실성의 바다 속에 던져지고 말았다. 부모의 결별에 충격을 받고 망연자실한 아이들은 매일매일 아빠를 다시 보게 될 것인지 그리고 언제 다시 볼 수 있을지를 아는 것조차 기대할 수 없었다. 신디와 스콧이 자녀들을 위한 계획을 미리 세우고 기본적인 일정을 제공하는 등의 상대적으로 간단한 의무조차 지키는 데 실패했기 때문에, 어느 아이도 속하지 않은 부모들의 갈등이라는 혼돈스런 영역 속으로 아이들을 끌어들이고 만 것이다.

이야기는 간단하게 마쳐라

어떻게 이야기할지를 생각하고, 계획하고, 실제로 이를 실행에 옮기는 것은 복잡한 일이다. 그러나 실제로 자녀에게 말을 할 때 명심해야 할 것은 이야기는 간단해야 한다는 것이다. 아이들은 나이가 많건 적건 간에 여전히 아이들이다. 따라서 그들에게 하는 설명은 간단해야 한다. 아이들은 때로 어른의 지도를 거부하는 듯 보일 때가 있는데 그때 사실은 더욱 지도를 필요로 하고 또 원한다. 특별히 이혼과 같은 위기의 순간에는 더욱 그러하다. 당신의 설명은 당신이 아닌 아이들에게 초점을 맞추어야 한다.

당신이 명심해야 할 기본적인 요점은 다음과 같다.

충격과 불확실성의 시간 속에서 아이들이 가장 절실하게 필요로 하는 것은 양쪽 부모 모두가 자신들을 사랑하고 있다는 사실을 재확인하는 것이다. 특히 이혼과 같은 어려운 이야기를 나누는 일에 있어서 이는 대단히 중요한 사항이다.

부모가 헤어지는 이유는 무엇이고, 그에 대한 당신의 감정은 어떠한지를 아이들에게 설명할 필요가 있다. 또한 그들의 느낌이 어떠할지, 보다 분명히 말하자면, 그들이 어떻게 느껴도 되는지(지금 시점에서 무엇이든 그들이 원하는 대로의 느낌)에 대해 제안해 보라.

정직하고 정확하게 말하되 당신 자녀들의 연령에 맞도록 표현을 신중하게 다듬으라. 아이들을 모두 모아놓고 얘기할 때, 특별히 처음의 결정적인 대화에서는 모든 아이들에게 적합한, 가장 어린 자녀도 이해할 수 있는 한 가지 설명을 제공하라.

나이 든 자녀들과는 조용히 따로 시간을 내어 보다 상세한 설명을 해주라. 그럴 경우 개별적인 대화는 사적인 비밀로 유지되어야 한다는 사실을 아이들에게 상기시켜 주라. 어린 자녀들에게 더 간단한 설명을 해주는 데에는 이유가 있다. 만약 나이 든 자녀가 참지 못하고 보다 어른스러운 내용을 동생들에게 말해 버릴 것 같다면 아예 얘기해 주지 말라. 그 문제에 관해 이야기를 나눌 기회는 나중에도 얼마든지 있을 것이다.

아이들에게 어떻게 말을 할 것인지는 무슨 말을 할 것인지만큼 중요하다는 사실을 명심하라. 당신이 말할 때의 몸짓과 목소리 억양을 조심하고, 당신이 말하지 않는 동안, 예를 들어 아이들과 모여 앉아 있을 때 전 배우자가 이야기를 하는 동안이라거나, 아이들이 질문을 하거나 감정적으로 반응하는 상황에서 특별히 당신이 무엇을 하고 있으며 어떤 종류의 의사전달을 하고 있는지 조심하라.

아이들의 나이에 상관없이 설명은 간단하고 솔직하게 하라. 젊은 청년을 포함한 나이 든 자녀들이라 해도 개인적인 사항은 최소 수준으로 제한하도록 하라.

당신이 말한 것을 이해하는 데는 시간이 걸릴 것을 예상하라. 당신 자녀의 경우에도 머리로 이해하는 것과 이를 정서적으로 받아들이는 것은 서로 다르다는 사실을 기억하라. 정서적 이해는 지적 이해에 비해 시간이 더 많이 걸리지만, 궁극적으로는 훨씬 더 중요한 것이다.

자녀들이 아무 때나 질문할 수 있게끔 격려하라. 그러나 당장 질문하라고 압력을 가하거나 미처 제기하지도 않은 많은 질문에 대해 답변을 제공하려고 시도하지도 말라.

헤어지기로 한 당신의 결정으로 인해 아이들에게 어떤 변화가 일어날 것인지에 대해 될 수 있으면 구체적으로 이야기해 주라. 이혼이 당신 아이들의 삶에 미칠 실제적인 영향에 대해 육하원칙에 따라 자세히 설명해 주라.

당신이 무엇을 얘기하고, 어떻게 말하느냐에 상관없이, 아이들의 반응을 완전히 통제할 수 없다는 사실을 인정하라.

결별에 관해 다시 이야기를 꺼내야 할 때가 생길 것임을 예상하라. 자녀가 나이 들고, 인지적, 사회적, 그리고 정서적으로 발달함에 따라 그 수준에 맞는 설명이 필요할 것이라는 사실을 명심하라. 그리고 그에 대비한 계획을 세우라.

이것으로 중요한 첫 발자국을 내딛긴 했지만, 장기적으로 보면 더 중요한 것은 무엇을 말하느냐가 아니라 어떻게 행동하느냐라는 사실을 기억하라. 그러니까 당신이 부모로서 행동하는 방식과 앞으로 다가올 며칠, 몇 주, 그리고 몇 년 동안 아이들에게 보여 주게 될 모범이 훨씬 더 중요하다는 것이다.

참고가 될 만한 경험: 아기는 어떻게 태어나요?

아이들은 부모의 삶에 대해 얼마나 자세히 알고 싶어 할까? 사춘기 시절 부모님이 성 관계를 갖는다는 생각만으로도 '끔찍해!' 했던 것을 떠올려 보라. 그때 당신은 아마 구체적인 모습을 상상하기는커녕 반사적으로 그런 생각을 머리에서 몰아내었을 것이다. 그건 한편 역겨운 일이기도 하고, 부모의 이야기이지 당신이 신경 쓸 일이 아니며, 또 당신이 원하는 건 부모지 현실적인 인간들이 아니기 때문이었다.

당신의 결별 역시 이와 마찬가지이다. 일부 나이 든 자녀, 사춘기 자녀는 달리 생각할 수도 있겠지만, 부모의 삶에 일어나는 은밀하고도 소소한 이야기에 관한 한 아이는 부모가 그런 것들에 대해 전혀 알 필요가 없다는 듯이 대해 주기를 바란다. 이것은 결혼에서 생기는 문제 혹은 이혼 배후에 놓인 이유에 대해서도 그대로 적용된다.

부모의 결별에 대해 자녀에게 말할 때는, 아이에게 성교육을 시킬 때 설명하는 정도로 수준을 맞추는 것이 적당하고도 일반적인 지침이다. 당신은 다섯 살 된 여자아이에게 생식의 원리를 가르치려 들지 않을 것이다. 열 살의 남자아이에게 성적 압박이나 쾌감 혹은 열정에 대한 자세한 설명을 하지는 않는다. 열다섯 살의 자녀에게는 생식에 대해서 뿐만 아니라 사랑과 성, 의사결정 및 피임 등에 관한 보다 총체적인 정보를 제공해 주기 위해 애쓸 수도 있다. 그럼에도 불구하고 자녀와 나누는 대화는 추상적이고 어느 정도 피상적인 수준에 머물러야 한다. 열다섯 살의 자녀에게, 아니 나이에 상관없이 어떤 자녀에게라도 당신의 과거와 현재의 성생활에 대해 자세한 이야기를 해서는 안 된다는 것이다.

상당수의 부모들은 위의 지침이 기초적인 상식이라고 생각할 것이다. 불행한 일이지만, 이혼과 관련하여 미처 해결되지 않은 개인적 감정과 얽힌 온갖 이유로 인해 상당히 많은 부모들이 부적절한 내용을 아이들에게 발설한다. 더 나쁜 것은 이런 일이 아이들에게 결별과 이혼에 대해 말하는 상황에서 일어난다는 것이다. 물론 어느 정도의 예외는 있겠지만, 결별 이전에 아이들과 상관없는 사항이었다면 아마 지금도 그에 대한 구체적인 내용은 아이들과 아무 상관이 없을 것이다. 어떤 부모는 정직해야 한다는 일종의 강박관념에 사로잡힌다. 물론 정직한 것은 좋다. 그렇지만 항상 문제는 어떻게 정직할 것인가 하는 것이다. 만약 당신이 아이와 말을 하는 도중 그 전에는 결코 함께 얘기해 본 적이 없는 영역으로 벗어난다면 이를 정지 신호로 받아들이고 멈추라. 그리고 당신이 말하려는 것이 무엇인지, 그리고 왜 말하려는지를 다시 생각하라.

자녀들에게 무슨 말을 어떻게 할지는 자녀들의 수, 자녀들이 이미 알고 있는 정도, 그리고 자녀들의 독특한 개성 등 여러 가지 조건에 따라 달라진다. 그러나 어느 경우에나 중요하게 고려해야 할 두 가지 요소가 있는데 바로 자녀의 연령과 당신이 결별하는 상황이다.

자녀의 연령대를 고려하여 말하기

결별하는 이유에 대해 자녀에게 정확히 뭐라고[27] 말해야 할지, 그리고 언제, 어떻게 이야기를 나눠야 할지는 아이의 나이와 성숙도에 따라 크게 달라진다. 어떤 경우에는 열두 살의 아이가 열여섯 살 아이보다 정서적으로 더 성숙한 경우도 있다. 당신의 자녀에 대해서는 당신이 가장 잘 알 것이다.

앞으로 나오는 예들에서는 자녀에게 무엇을 말해야 할지를 연령대에 따라 제시한다. 각각의 각본이 제시하는 바는 나의 전문가적 경험에 기초하여 작성된 이상적인 내용들이다. 물론 나는 유난히 더 까다로운 결별 혹은 이혼을 겪는 경우에 있어서는 부모 간에 일치된 입장을 보이기 어려울 수 있다는 사실을 알고 있다. 뒤에 가서는 보다 더 어려운 상황에서 이야기하면서도 여전히 자녀의 관점에 민감하게 반응할 수 있는 방안에 대해 생각해 볼 것이다.

당신의 상황에 따라 여기 제시된 표현을 바꾸어야 할 경우도 있겠지만, 어떤 말을 하게 되더라도 이 각본에 비추어 검토해 보아야 한다. 헤어지는 상황과 상관없이 당신 자신이 아니라 아이들의 문제와 관심사에 초점을 맞추어야 한다. 당신이 말하고 싶은 것이 아니라 아이들이 들어야 하는 것을 말해야 한다는 것이다. 그리고 다시 말하지만, 만약 선을 넘는다 싶거나 혹은 넘을 것 같은 말을 하고 싶은 충동이 들면 일단 멈추라. 그리고 다시 생각하라. 오직 한 가지 목적, 즉 당신의 말이 아이에게 도움이 되는 것이라는 확신이 들 때까지는 계속 말하려 들지 말라.

영아기와 걸음마기

세 살 이전의 아이에게는 헤어짐의 의미를 이해할 만한 (혹은 신뢰할 만한 발달론적 기준을 참고로 하자면, 아기들이 어떻게 생겨나는지를 이해할 만한) 인지적 능력이 없다. 세 살 이전의 아이가 받아들일 수 있는 것이라곤 "엄마하고 아빠하고 다른 집에서 살게 될 거야."와 같은 아주 간단한 설명뿐이다(이는 "아기는 엄마 뱃속에서 나오는 거야." 정도에 해당하는 대답이다).

아주 어린 자녀에게는 간단한 설명조차 반복해서 말해 주어야 한다. 아주 어린 자녀가 오해하거나 질문을 하는 것은 결코 심각한 심리적 문제의 징후가 아니다. 질문을 한다는 것은 그저 아이가 아직 이해를 하지 못하고 있다는 사실을 말해 줄 뿐이다. 만약 세 살 된 자녀가 계속해서 "아빠는 왜 집 나갔어?" 하고 묻는다면 아마 당신은 이를 오해하고 걱정하게 될지 모른다. 그러나 이 질문은 객관적으로 받아들일 필요가 있다. 당신 자녀에게는 이번의 '왜' 질문도 지금껏 해 왔던 수백 개의 다른 '왜' 질문과 다를 것이 없다. 물론 당신에게야 이 질문이 훨씬 더 힘든 것이겠지만, 이러한 대화는 당신을 위한 것이 아니라 당신의 세 살짜리 아이를 위한 것임을 기억해야 한다.

세 살 이전의 아이는 부모의 결별이 자기 삶에 가져다 줄 결과 역시 이해하지 못한다. 아주 어린 아이는 실제로 변화를 겪어 보아야 비로소 그것을 이해하기 시작한다. 7장에서 다루겠지만, 영아기의 자녀들은 인지적, 정서적 능력의 한계로 인해 두 집 사이를 옮겨 다니는 데 있어서도 특별한 일정이 요구된다. 더 나이 든 자녀들과는 달리 영아기 자녀들에게는 보다 안정적인 주 거주가정(primary home)이 필요하다. 또한 함께 살지 않는 부모들과는 더 짧으면서도 보다 빈번한 접촉을 필요로 한다. 두 부모 모두와 애착을 유지하면서도 (혹은 형성하면서도) 어느 한 부모로부터 떨어져 있는 기간을 상대적으로 짧게 만들기 위해서이다.

유아기(3~5살)

취학 전 아이에게는 부모가 헤어지는 이유 및 그로 인한 삶의 변화에 대해 매우 구체적인 방식으로 설명을 해 주어야 한다. 하지만 취학 전 아이 또한 어느 정도는 설명을 이해하기 시작하고, 결별이 기본적으로 의미하는 바를 어느 정도 파악할 수 있다. 그런 이유로 취학 전 아이에게는 보다 자세한 설명이 필요하지만, 아직은 상당히 제한적이어야 하고 앞으로의 변화에 대해 아이를 안심시키는 데 도움이 되는 정보에 국한되어야 한다. 예를 들면 이런 식이 될 것이다.

> 엄마하고 아빠가 너무 많이 싸워 왔기 때문에 서로 다른 집에서 살기로 결정했어. 엄마는 이 집에서 살 거고, 아빠는 다른 곳으로 이사할 거야. 다음 주에 아빠

가 새집에 데리고 가서 네가 쓸 방도 보여 주실 거야. 너는 한 주의 대부분을 엄마와 이곳에서 지내게 되겠지만, 아빠 집에서도 어느 정도는 살게 될 거야. 네가 엄마나 아빠 둘 중의 한 명을 보지 못한 채 보내는 날이 너무 길지 않도록 계획을 세웠단다.

엄마와 아빠가 따로 사는 것이 네가 잘못해서 그러는 것은 아니라는 사실을 분명히 알기를 바란다. 이렇게 된 건 네 잘못이 아니야. 엄마와 아빠 사이의 어른들 문제란다. 엄마와 아빠도 이 일 때문에 슬프긴 하지만 우리는 우리가 알아서 해결할 수 있단다. 그러니 네가 어른들 문제를 해결하려고 하지 않아도 된다. 그건 우리 일이거든. 그리고 무엇보다도, 우리 둘 다 너를 무척 사랑한다는 사실을 알기를 바란다.

위와 같은 설명은 취학 전 아이에게 엄마 뱃속에 있던 아기가 병원에서 태어날 것이고, 거기서 형 혹은 누나는 처음으로 그 아기를 보게 될 것이라고 말해 주는 것과 비슷하다. 동생의 탄생을 경험하는 취학 전 아이에게는, 가족 구성의 변화 때문에 자신에 대한 사랑이 없어지지도 않을 것이고, 사랑은 나누어질 필요가 없는 것이라고 안심시켜 주는 것이 중요하다. 취학 전 아이를 대상으로 한 설명은 실질적으로 변화가 일어나는 부분에 초점을 맞추어야 한다. 동생과 함께 방을 쓰게 된다거나 엄마와 아빠가 새로 태어난 아기와 놀기 위해 시간을 보낼 것이라는 등의 사전 경고를 해주어야 한다.

예는 구체적이고 간단해야 하는데 그런 설명조차도 세 살이나 네 살 정도의 아이에게는 지나친 것일 수 있다. 취학 전 아이의 연령이나 능력 그리고 성격에 맞게 표현을 달리할 필요가 있다.

또한 취학 전 자녀가 당신의 말을 이해하고 있는지를 확인하기 위해 혹은 너무 자세하게 말해 주는 것은 아닌지 판단하기 위해 아이를 '살필' 필요가 있다. 아이가 멍한 표정을 짓고 있지는 않은지, 계속 꼼지락거리는지, 아니면 "이제 밖으로 나가도 돼요?"와 같이 내용과 관계없는 질문을 하지 않는지 살펴보라. 다시 말하지만, 이것들은 아이에게 심각한 정서상의 문제가 있다는 징조가 아니라, 아이가 당신의 말을 이해하지 못하고 있다거나 혹은 그 정도면 들을 만큼 들었다는 신호이다.

끝으로, 당신의 헤어짐이 아이의 잘못 때문이 아니라는 것을 설명해 줌으로써, 취학 전 자녀가 보일 수 있는 정서적 반응에 미리 대처할 수도 있다. 3~5살의 아이는 (그리고 많은 경우 더 나이 든 아이도) 자기중심적 사고를 하기 때문에 종종 부모의 헤어짐이나 이혼을 자기 탓으로 돌리는 경향이 있다. 세상이 자기를 중심으로 돌아간다고 생각한다. 불행히도 바로 이런 이유 때문에 부모가 헤어지는 것에 책임을 느끼기도 한다. 특히 자기 혹은 자기의 행동 때문에 부모가 대놓고 싸워 온 경우라면 더욱 그렇다.

당신의 취학 전 자녀가 자책을 하고 있을 가능성을 두고 지금 이야기를 꺼낼 수도 있고 아니면 시간을 두고 어떻게 반응하는지를 지켜 볼 수도 있다. 물론 자책이 일반적이긴 하지만 모든 취학 전 아이들이 그런 결론에 도달하지는 않는다. 따라서 당신의 아이에게 그러한 생각을 표현하지 않을 수도 있다. 당신이 무엇을 해야 할지 결정하는 데, '아기는 어떻게 태어나나'에서 사용한 유추가 다시 한 번 도움이 될 수도 있다. 취학 전 자녀가 새로 태어나는 동생을 질투하지 않게끔 미연에 방지하려는 노력을 할 것인가? 아니면 그러한 문제가 생긴다면 그때 가서 해결할 가능성이 큰가?

지금 어떻게 하기로 결정하건 간에, 자책은 취학 전 아이에게서 신경써서 살펴야만 할 중요한 반응이다. 아이의 반응은 쉽게 알아챌 수 있다. 울음을 터트리면서 "다 내 잘못이야"하고 고함을 지를 수도 있다. 그러나 부모가 헤어지려는 이유에 대해 어떻게 믿고 있는지를 알기 위해서는 위협적이지 않은 방식으로 아이가 이해하는 바를 물어볼 필요가 있다.

초등학교 저학년 아이들(6~8살)

저학년 아이는 취학 전 아이에 비해 보다 자세한 설명을 이해할 수 있는 인지적 능력을 갖고 있다. 대부분의 6~8살의 아이는 '이혼'이라는 말의 의미를 이해하고 아마 이혼 가정의 아이도 몇 명은 알고 있을 것이다. 그때문에 저학년 아이는 별거에 따르는 실제적인 또는 상상되는 결과에 대해 훨씬 더 잘 알고 있고, 어쩌면 그래서 더 두려워할 수도 있다.

현실적으로 6~8살의 아이는 별거가 종종 이혼으로 이어진다는 사실을 알고 있을 가능성이 많다. 따라서 설사 당신 스스로도 입에 올리고 싶지 않을지 모르지만 이혼이라는 말을 언급해야 할 필요가 생긴다. 아직 이혼이 확정적이지 않은 경우에는 이혼에 대해서는 아주 간략하게만 언급하라. "우리는 헤어져 사는 것이 문제를 해결하는 데 도움이 되어서, 다시 함께 살 수 있게 되기를 바란다. 그러나 우리가 이혼에 대해서도 생각했었다는 걸 너도 알아야만 하겠구나. 이혼이 뭔지 알고 있지?"

비록 이혼의 의미를 머리로는 이해했다고 해도, 저학년 아이는 상상 속에서 이혼이 자신에게 가져다 줄 끔찍한 결과를 두고 이상한 믿음을 키우고 있을 수 있다. 아이는 별거란 부모 중 한 명 또는 두 사람 모두가 자신을 버리는 것이라고 여겨 두려워할 수도 있다. 어쩌면 그런 일이 친구에게 일어났을 수도 있고, 책에서 읽거나 영화에서 보았을 수도 있고, 아니면 그저 그 무렵에 으레 생기는 정상적인 걱정을 반영하는 것일 수도 있다. 예를 들자면, 이 나이의 아이가 부모의 죽음에 대해 걱정하는 것은 매우 자연스럽다. 이런 식으로 저학년 시기의 아이는 죽음에 대한 새롭고도 보다 복잡한 이해를 자신이 지니고 있는 세계에 대한 지적, 정서적 이해와 통합시키려 한다.

당신의 자녀가 이혼의 의미나 결과에 대해 갖는 지나친 두려움의 이유가 무엇이건 간에, 그러한 걱정거리를 다루면서 이혼에 대한 어른의 추상적 관념을 적용하려고 해서는 안 될 것이다. 그 대신 6~8살의 저학년 자녀에게는 이혼이 그들의 일상생활과 엄마나 아빠와의 관계에 실제적으로 미칠 영향에 대해 분명히 설명해 줄 필요가 있다. 이혼을 설명할 때는 아이들의 지적인 수준이 아니라 정서적인 수준에 맞추어라. 저학년 자녀를 위해서는 당신의 사랑을 확신시켜야 한다. 아이의 생활을 불안정하게 만드는 새로운 상황을 잘 조절하여, 안심할 수 있고 편안하고 행복하게 지낼 수 있는 방법을 찾아낼 것이라고 안심을 시켜 주는 것이다.

별거와 이혼에 따른 현실적인 영향과는 별개로, 다른 모든 연령대의 아이에게도 해당되지만 특히 저학년 시기의 자녀가 당면하게 되는 문제는 바로 충성심의 충돌이다. 6~8살의 아이는 부모 중 어느 한쪽과 더 가깝다 하더라도 일반적으로 양쪽 부모 모두에게 강한 충성심을 느낀다. 부모의 별거는 아이로 하여금 원하지 않아도 어느 한쪽 편을 들어야만 한다는 느낌을 갖게 할 수도 있다.

그러한 불행한 상황을 피하기 위해, 저학년 아이는 어느 쪽의 편도 들지 않도록 매우 열심히 노력하는 과잉보상을 함으로써 자신의 두려움을 해결할 수도 있다. 예를 들면, 아이는 당신과 전 배우자 모두와 완벽하게 균형 잡힌 관계를 유지하려고 고생할 수 있다. 이는 아이가 당신이나 전 배우자를 위해 언제나 변명을 해주거나, 두 사람 모두를 (따로 따로) 위해 언제나 무언가를 해야 할 필요를 느끼거나, 아니면 모든 학령기 자녀들이 부모에 대해 갖는 정상적인 불평이나 불만조차 표현하지 못하는 형태로 나타날 수도 있다.

이러한 사실을 염두에 둔다면, 이 연령대의 아이에게 별거에 대한 설명을 할 때는 다음과 같은 내용이 들어갈 수 있을 것이다:

> 엄마하고 아빠하고 함께 지내는 데 많은 어려움이 있다고 말했던 것 알고 있지? 사실, 슬픈 소식을 전하게 됐다. 엄마하고 아빠는 둘 사이의 결혼 생활이 더 이상 행복하지 않다는 결론을 내렸단다. 그래서 결혼을 계속 유지하지 않기로 결정을 했어. 너한테 이런 얘기를 하게 돼서 미안하지만, 이혼을 할 생각이야. 이혼이 뭔지는 너도 알고 있지, 응? 마치 결혼을 안 한 것처럼 되는 거야. 우리 둘 다 슬프긴 하지만, 어떤 면에서는 잘한 결정이라고 여길 거라는 생각도 한단다.
>
> 이 말을 듣고 네가 무척 슬프고 두려워할 거라는 걸 안단다. 우리한테 화가 날 수도 있겠지. 네가 어떻게 느끼든지 간에, 우리한테 말해 줬으면 좋겠구나.
>
> 어쨌든 지금 당장 알아야 할 것은 네 아빠가 2주 안에 집을 나갈 거라는 사실이야. 아빠가 사실 곳은 지금 집보다 네 학교에서 더 가깝단다. 며칠 후에 아빠가 그 집을 보여 주실 거야. 엄마는 최소한 학년말까지는 지금 이 집에서 살 계획이야. 그 후에는 네 학교에서 더 가까운 곳에 새로이 집을 얻을 수도 있어. 그러니까 너는 계속 같은 학교에 다닐 거고, 네 친구들과 헤어지는 일도 없을 거야. 게다가 엄마하고 아빠도 거의 매일 볼 수 있을 거고. 네가 학교에 가는 주중에는 대부분 지금 집에서 잠은 자겠지만, 방과 후에는 매일 아빠한테 가도록 일정을 세웠단다. 주말에는, 한 번은 아빠와 그리고 한 번은 엄마와 번갈아 가며 지내게 될 거야.
>
> 이처럼 바뀌는 것도 많고, 우리가 너한테 너무 많은 말을 하고 있는 것도 안단다. 조금 있다가 엄마나 아빠와 따로따로 더 많은 이야기를 나눌 시간을 가질 거야. 그리고 아빠가 새로운 집으로 이사 가시기 전에 한 2주 동안 훨씬 더 많은 이

야기를 나눌 수 있을 거야. 그런데 우리 두 사람 모두 네가 지금 당장 알아줬으면 하는 게 하나 있어. 엄마와 아빠 모두 너를 정말로 많이 사랑한다. 그리고 우리가 서로 다른 집에서 살게 되겠지만 네가 언제나 그래 왔듯이 엄마와 아빠를 계속해서 사랑하기를 우리 둘 다 바라고 있다는 사실을 네가 알기를 바래.

저학년 자녀에게는 취학 전 자녀에게보다 길고 자세하게 설명할 수는 있겠지만 어느 연령대를 막론하고 아이에게 연설을 하지는 말라. 아이와 대화를 나누어라. 자주 말을 멈춤으로써 당신의 말이 충분히 이해될 수 있는 시간을 주라. 당신이 한 말을 되풀이하거나 전 배우자와 차례대로 돌아가면서 아이에게 말을 해야 할 필요도 있을 것이다. 자녀에게 질문을 하도록 격려하거나 허락하라. '말로' 설명해 주어야 하지만, 진솔한 감정, 특히 슬픔을 어느 정도 내보이는 것 역시 괜찮다. 그러나 감정을 통제할 수는 있어야 한다. 당신이 전달해야 할 메시지는 이것이다. "슬퍼해도 돼. 나도 역시 슬프단다. 그러나 나는 나를 돌볼 수 있고, 할 수 있는 한 최선을 다해 너도 보살펴 줄 거야."

초등학교 고학년 아이들(9~12살)

고학년 자녀라고 해서 저학년 자녀에게 해준 것보다 더 자세한 이야기를 할 필요는 없다. 보통은 앞에서 제시한 예와 상당히 유사한 정도의 설명이면 충분한데, 다만 한 가지 꼭 중요하게 덧붙여야 할 것이 있다. 9~12살의 아이들은 별거에 대한 책임이 누구에게 있는지를 알려고 하거나 추측할 수 있다. 이 연령대의 아이에게는 옳고 그름에 대한 강하고 완고한 의식이 일반적으로 발달되어 있다. 이 연령대는 다른 사람을, 특히 부모를 기꺼이 정죄한다. 저학년 자녀처럼 부모 사이에서 충성심이 갈리는 것을 느끼기보다는 종종 자신이 보기에 피해자라고 여겨지는 쪽의 편을 들 만반의 준비가 되어 있다.

이런 이유로, 만일 부부 관계를 끝내기로 결정한 쪽이 당신이라면 난처한 상황에 처하게 된다. 만약 그런 상황에 처했다면, 자녀에게 이야기하는 책임을 당신이 가질 것을 권한다. 악역을 맡는 것, 특히 자녀의 눈에 그렇게 비춰진다는 것은 당연히 어려운 일이다. 그러나 그걸 피하려다 보면 당신과 배우자 간에 이혼에 대한 책임을 서로에게 전가하려는 비난 게임을 벌이는 것이 되고 말 것이다. 불화를 조장하는, 격렬한 감정의 혼돈 속으로 아이를 끌어들여서는 안 된다.

더군다나 9~12살의 아이들은 아주 영악하다. 조만간 누가 헤어지자는 결정을 내렸는지, 그리고 누구의 행동 때문에 그런 결정에까지 이르게 되었는지 알아낼 것이다. 그런 결정을 내린 사람이 당신이라는 사실을 빠르게 인정할수록 나중에 아이와 그 문제를 해결하는 일 역시 훨씬 더 수월해질 것이다.

책임을 인정한다고 해서 자녀에게 당신의 사적인 일을 많이 알려야만 하는 것은 아니다. 책임을 인정한다는 것은 단지 별거를 원하는 사람이 배우자가 아니라 당신이라고 분명히 얘기하는 것만을 의미할 수도 있다. "네 아빠는 원하지 않았지만, 나는 결혼에 대한 희망을 버렸단다. 어떤 관계에서나 문제를 일으킨 책임은 두 사람이 모두 져야겠지만, 너한테 솔직하게 말할게. 헤어지자는 결정은 내가 내렸단다."

분명한 태도 때문에 당장은 어려운 입장에 처하겠지만, 최소한 당신은 그 자리에 정직하게 선 것이다. 비록 그렇다고 얘기할 가능성은 적지만 전 배우자도 당신의 정직함을 높이 평가할 것이다. 아니면 결혼 생활에 종지부를 찍자고 한 것은 당신이라는 사실을 자녀에게 말해야 한다고 전 배우자가 주장할 수도 있다. 당신이 기대할 수 있는 것은 비록 자녀가 당신의 결정을 맘에 들어 하지 않더라도 당신의 솔직함은 인정해 주리라는 것이다.

우리가 이 연령대의 아이에게 기대하는 바도 결국 동일한 바람이다. 아이가 우리에게 솔직해서 우리가 그 아이를 믿고 존중할 수 있기를 바란다. 우리는 아이에게 정직함 때문에 곤경에 처하게 되더라도 (사실은 그럴 때일수록) 정직하기를 바란다고 말한다. 우리는 보통 지금 솔직하지 않은 것이 결국은 도덕적으로 더 비싼 값을 치르게 된다는 사실을 아이에게 설득시키려 할 때 이런 말을 한다. 우리는 아이가 지금 당장보단 그 이후를 생각할 수 있기를 바란다.

나는 당신 또한 그렇게 행동할 것을 제안한다. "별거는 네 아빠가 아니라 내가 결정한 일이야. 내가 이런 결정을 내린 데는 많은 이유가 있지만, 대부분이 네가 알 필요가 없는 어른들의 문제란다. 그러나 너한테 이 사실을 말해 주고 싶었어. 또 말하고 싶은 것이 있는데, 네 아빠하고 나하고 생각이 완전히 일치하는 것이 하나 있다면 우리 둘 다 너를 무척 사랑한다는 사실이야."

청소년기(13~18살)

13~18살에 해당하는 청소년기 자녀 역시 부모의 별거 이유와 누가 그 결정에 대한 책임이 있는지에 대한 분명한 설명을 요구한다. 그러나 말이나 전반적인 태도를 통해 보여 주는 것과는 상반되게, 상당히 구체적인 내용으로 청소년기 자녀를 부담스럽게 할 필요가 없다. 그것을 원하지도 않으며, 또 그래서도 안 된다. 그리고 아주 드문 경우이지만 아이가 추한 사실을 모두 알고 싶어 하더라도 부모로서 그에 대한 대답을 해 주어서는 안 될 책임이 있다. 성숙한 십대는 이런 사실을 다룰 만한 능력을 가진 것처럼 보이기도 하지만, 어떤 사실을 인지적 수준에서 처리하는 것과 (아마도 지금쯤 당신의 자녀가 성에 대해 알고 있는 것과 같은) 실제로 무언가를 경험하는 것 사이에는 큰 차이가 있다. 이는 청소년기 자녀에게 하는 설명이 조금 더 세련된 언어를 사용하는 것 외에는 열 살 된 자녀에게 하는 것과 크게 차이가 날 필요는 없음을 의미한다. 자녀가 조숙한 청소년일지라도 부모는 아이와 사이에 경계를 유지할 필요가 있다.

당신의 별거 소식을 듣고 십대의 자녀가 보일 만한 여러 가지 반응에 대해 미리 대비해야 한다. 어떤 청소년은 거의 반응을 보이지 않는다. 어떤 자녀는 직접적으로 안도감을 표현한다. 보다 일반적인 십대의 반응은 그 소식에 대해 당혹해하고, 불쾌해하며, 분개하는 것이다. 당신의 청소년 자녀는 분개하는 모습 이면에서 자신뿐 아니라 부모 중의 한쪽 혹은 둘 모두를 위해서, 그리고 어쩌면 나이 어린 동생들을 위해서도 슬퍼하며 걱정할 수 있다. 그럼에도 십대 자녀가 보여 주는 반응의 주된 초점은 다음과 같을 것이다. "어떻게 나에게 이럴 수가 있어요?"

그런 식의 반응은 무척 자기중심적이고 역겨워 보일 수 있지만 사실 그것은 모든 연령대의 자녀가 당연히 보일 수 있는 반응에 속한다. 아이가 과연 그것 외에 무슨 말을 하거나 또는 생각할 수 있겠는가? 만약 이 연령대의 아이들이 투표를 한다면 이혼은 압도적인 차이로 패배할 것이라는 사실을 알 필요가 있다. 아이는 부모가 갈라서는 이유가 아무리 정당하다 할지라도 이혼은 여러 방식으로 자신들의 삶을 혼란시킬 것임을 안다. 그리고 청소년에게는 잠재적인 혼란이 더 클 수 있는데, 십대들에게도 나름의 생활이 있기 때문이다. 이혼은 단지 자녀들의 가족 생활만을 바꾸는 것이 아니라 방과 후 활동, 일, 친구 관계, 이성교제 그리고 어쩌면 대학진학 계획에까지도 영향을 미칠 수 있다.

청소년 자녀도 나름대로의 생활이 있기 때문에 이야기할 때는 단순히 당신이 말하고자 하는 것을 전달하는 데 그쳐서는 안 된다. 자녀의 말도 귀담아 들을 필요가 있다. 당신의 별거가 가져올 변화에 대한 십대 자녀의 생각과 느낌을 알아보고, 또 당신 나름으로 상상해 볼 필요가 있다. 구체적으로, 당신의 청소년 자녀가 어떤 일정에 따라 어디에서 살게 될지에 대해 자신의 의견을 분명히 밝힐 수 있도록 해야 한다.

이 주제에 대해서는 7장에서 보다 자세히 다루겠지만 두 가지만은 지금 분명히 하고 넘어갈 필요가 있을 것 같다. 첫째로, 어떤 일을 결정하는 데 있어 청소년 자녀의 의견을 묻는 것과 그 결정을 내리는 데 필요한 권한과 책임을 넘겨 주는 것은 다르다. 권한과 책임은 언제나 부모인 당신에게 속한다. 이는 당신이 십대 자녀의 선호사항을 받아들여 그에 따라 일을 진행하기로 결정한 경우에도 마찬가지이다. 둘째로, 청소년 자녀에게도 그들 나름의 생활이 있으므로 별거를 하기 전 충분한 시간적 여유를 두고 알려 줄 필요가 있다. 청소년 자녀는 당신의 이혼이 야기할 현실적인 문제에 대비하기 위해 한두 주가 아닌 한두 달 전에 준비를 시작할 필요가 있다. 물론 감정을 해결하는 데는 훨씬 더 오랜 시간이 필요할 것이다.

이혼의 유형에 따라 달라지는 각본

부모가 어떤 모양으로 결별하는가 하는 것 역시 다양한 연령대의 자녀들에게 어떻게, 무엇을 말할지에 중대한 영향을 미친다. 당신의 이혼이 협력적 이혼인지, 냉담한 이혼인지, 적대적 이혼인지에 따라 참고해야 할 각본도 다를 것이다. 앞으로 다룰 부분에서는 당신의 자녀에게 무엇을 말할 것인가 하는 문제를 이 세 가지 기본적인 상황에 맞추어 살펴볼 것이다.

아이들에게 말하기: 협력적 이혼

협력적 이혼을 하는 부모는 대개가 결혼 생활의 갈등이나 불행으로부터 자녀를 잘 보호해 온 그런 유형의 부모이다. 많은 경우 자녀 앞에서는 언제나 화를 꾹 눌렀을 것이다. 다툼은 늘 아이가 잠자리에 들고 난 이후로 미뤄졌을 것이며, 어쩌면 결혼 상담자의 사무실에 들어가는 순간까지 미뤄 왔을 수도 있다. 당신과 전 배우자는 자녀의 생일은 물론 다른 명절이나 특별한 기념일 등에는 자신의 분노와 절망의 심연에서 벗어났을 것이다. 아마 그런 시간에는 행복을 느끼는 것이 쉬웠을 것이다. 당신이 아내나 남편과 함께 공유하고 있는, 어쩌면 몇 안 되는 것 중의 하나는 바로 아이에 대한 사랑과 거기서 느끼는 기쁨일 것이기 때문이다.

만약 다니엘과 프랭크의 경우처럼, 이것이 당신이 처한 상황이라면 아이에게 헤어진다는 사실을 말해야 한다는 생각만으로도 끔찍할 수 있다. 아마 그 생각만으로도 욕지기를 느낄 수 있다. 말 그대로 당신 속에 있는 것을 모두 게워 내거나 털썩 주저앉아 버리고 싶을 수도 있다. 당신의 아이들에게 상처를 주고 싶지 않을 것이다. 어쩌면 아이에게 말해야 한다는 생각 자체가 너무 고통스러워서 두 사람 모두 다시 한 번 잘해 보려고 시도할 수도 있다. 당신 자신의 고통은 받아들일 수 있지만 자녀의 고통은 차마 바라볼 수 없기 때문이다.

만약 결혼을 유지하기 위한 문제 해결에 성공했다면, 물론 대단히 좋은 일이다. 그러나 만약 당신과 전 배우자가 노력하고 또 노력했는데도 실패했다면 어떻게 할 것인가? 자녀에게 말하는 것을 더 이상은 지체할 수 없다. 무엇을 어떻게 할 것인가? 뭐라고 말할 것인가?

앞에서 살펴보았듯이, 첫 번째로 해야 할 일은 우선 당장 자녀에게 어느 정도의 사전 경고를 하는 것이다. 자녀에게 부모의 결혼 생활에 심각한 문제가 있다는 사실을 말해 줄 필요가 있다. 만약 당신이 협력적 이혼을 하는 경우라면 아마도 지금까지 자녀를 성공적으로, 어쩌면 너무도 잘 보호해 왔을 것이다. 앞으로도 다시 자녀를 보호해야겠지만, 지금 당장은 아이에게 고통스러운 진실을 알릴 필요가 있다.

자녀에게 부모의 결별에 대해 말하기 전에 당신과 전 배우자는 무엇을 말할지에 대한 계획을 미리 갖고 있어야 한다. 두 사람이 함께 자녀와 이야기를 해야 하고, 아마도 앞에서 제시하였던 각본 중 하나를 따르면 될 것이다. 이 장 앞부분에서 제시하였던 모든 예들은 당신이 그런대로 협력적인 이혼을 하는 경우를 가정한 것이다. 당신이 어떤 말을 사용하건 간에 두 사람이 공유하고 있는 자녀에 대한 사랑을 확신시켜 주어야 한다. 말에 있어서나 그 어조에 있어서나 두 사람이 여전히 부모로서 함께 일하고 있다는 사실을 보여 주어야 한다.

협력적 이혼을 하는 경우라면, 자녀에게 두 사람이 부모로서 협력하고 함께 일할 수 있다는 사실을 보여 줄 뿐만 아니라 불행한 감정도 느끼고 있다는 것을 어느 정도는 편안하게 보일 수 있어야만 한다. 아마 지금까지는 당신 감정의 상당 부분을 자녀에게 숨겼을 것이다. 결별 이후에도 여전히 감정을 자제해야겠지만, 당신도 인간이다. 강렬한 감정을 지니고 있다. 지금과 같은 시기에는 어느 정도는 당신의 감정을 내보여도 되고, 사실 또 그럴 수밖에 없을 것이다.

당신의 슬픔은 진솔한 것이다. 당신이 슬퍼한다는 사실을 자녀도 알아야만 한다. 당신이 여전히 자신을 제어할 수 있고, 감정을 조절할 수 있으며, 자녀의 돌봄을 필요로 하지 않는다는 사실을 분명히 하는 한, 자녀 앞에서 눈물을 흘릴 수도 있다. 감정을 표현하되 자제력을 잃지 않음으로써, 자녀에게 당신이 비록 혼란스럽기는 하지만 당신 자신은 물론 자녀 또한 돌볼 수 있으며 또 돌볼 것이라는 사실을 보여줄 수 있다.

감정을 사려 깊게 표현함으로써 당신이 어떻게 느끼는지를 자녀에게 보여 줄 뿐만 아니라 자녀가 어떻게 느껴야만 하는지도 보여 줄 수 있다. 당신 자신의 슬픔을 어느 정도 드러냄으로써 자녀에게도 감정을 경험할 수 있는 (그리고 어쩌면 드러낼 수 있는) 여지를 마련한다. 당신이 그래왔듯이 어쩌면 자녀 역시 감정을 숨겨왔을 수 있다. 어쩌면 자녀도 자신의 슬픔, 분노 그리고 두려움으로부터 당신이나 또는 자신을 보호하려는 노력을 해왔을 수 있다.

만약 협력적 이혼을 한다면, 두 사람이 함께 자녀와 이야기를 나누면서 부모로서의 일치된 입장을 보여야 하며, 그 후에는 두 사람 각자가 아이와 이야기를 나눌 수 있는 시간 역시 가질 수 있어야 한다. 이는 헤어지겠다는 생각을 밝힌 직후는 물론이고 그 뒤의 몇 날, 몇 주 후에도 마찬가지이다. 당신의 행동을 통해 전달하는 메시지는 당신과 전 배우자가 함께 일하기는 하지만, 그리고 비록 슬프지만 헤어진다는 것이다.

아이들에게 말하기: 냉담한 이혼

냉담한 이혼의 경우, 아마 당신은 지금까지 자녀가 결혼 생활의 갈등에 휩쓸리지 않도록 잘 지켜 왔을 것이다. 그럼에도 당신은 종종 혼자 속으로 그리고 자녀 주위에서 당신의 상처나 슬픔, 분노를 억누르기 위해서 힘겹게 싸워 왔을 수 있다. 혹은 아이가 중간에 끼는 일이 없도록 하기 위해 냉담한 이혼 안에 당신의 감정을 꾹꾹 채워 왔을 수도 있다. 아니면 지금까지 늘 그래 왔던 것처럼 당신의 분노를 속으로 삼켜 왔을 수도 있다. 아마 이런 식의 논리를 펼쳐 왔을 것이다. '그렇게 해야 해. 다툰다고 해서 되는 일은 아무것도 없어. 혀를 깨문다고 무슨 문제가 해결되는 건 아니지만, 적어도 새로운 문제를 일으키지는 않아.'

만약 당신의 경우가 여기에 해당된다면, 당신의 자녀는 그 내용이나 정도를 자세히 알지는 못할지라도 당신의 결혼 생활에 문제가 있다는 사실은 확실히 알고 있을 가능성이 아주 크다. 아마 오랫동안, 분명히 당신이 느끼는 것보다 더 오랫동안 이를 알고 있었을 가능성이 크다. 침묵의 대응은 쉽게 눈에 띈다. 두 사람이 거의 싸우지 않았더라도 아이는 두 사람 사이의 분노나 불행을 감지할 수 있는 것이다.

자녀가 5~6살 이하가 아닌 한, 부모가 이혼할 수도 있다고 생각하며 걱정해 왔을 것임이 거의 틀림없다. 그러나 자녀가 당신의 문제에 대해 당연히 알고 있으리라고 추측해서는 안 된다. 결혼 생활에서 어려움을 겪고 있다는 사실에 대해 여전히 직접적으로 경고해 줄 필요가 있다. 그렇지만 당신이 행복하지 않다고 말했을 때 자녀에게는 전적으로 놀라운 소식이 아닐 수도 있을 가능성을 예상해야 한다. 부모의 별거하겠다는 말이 자녀에게 놀라움보다는 오히려 가장 두려워하던 일에 대한 확증으로 받아들여질 수도 있다.

냉담한 이혼을 하면서, 자녀에게는 뭐라고 말해야 할지 분명 걱정이 될 것이다. 당신의 전 배우자가 자녀에게 무슨 말을 할지에 대해서도 역시 걱정이 될 수 있다. 어떻게 당신과 전 배우자가 한자리에서 아이에게 얘기할 수 있을까? 충돌하지는 않을까? 만약 최악의 경우 당신의 전 배우자가 뭔가 오해할 만한 사실을 아이에게 말한다면 당신은 어떻게 할까? 자녀에게 당신의 결별을 알릴 때조차도 감정을 속으로만 삼켜야 할 것인가? 대부분의 경우, 당신과 전 배우자 모두 감정을, 특히 분노를 자제해야만 한다. 당신의 슬픔을 살짝 내비치거나 상처나 분노에 대해 어느 정도 이야기하는 것은 괜찮다. 이처럼 중요한 순간에 자녀와 이야기하는 일로부터 물러서거나 피해서는 안 된다. 하지만 이런 어려운 상황에서 두 사람 사이에 분쟁을 유발시키는 언행 또한 해서는 안 된다.

만약 두 사람이 냉담한 이혼을 하면서 함께 일하는 데 어려움을 겪고 있는 상황이라면, 이처럼 극단적으로 어려운 국면을 어떻게 함께 대처해 나갈 수 있겠는가? 내가 줄 수 있는 최선의 답은 당신과 전 배우자가 함께 아이에게 말하기 위한 아주 분명하고 구체적인 계획을 세우라는 것이다. 두 사람은 아이에게 어떤 것은 말하고 어떤 것은 비밀로 남겨둘지 합의해야 한다. 두 사람이 함께 누가 무엇을 그리고 어떻게 말할지에 대해 미리 결정함으로써 아이 앞에서 서로를 반박하지 않아야 한다. 그리고 나중에 아이하고 각자 이야기를 나눌 때 무엇을 말할지에 대해서도 일반적인 합의가 이루어져야 한다. 전 배우자가 아이하고만 나눈 얘기가 무엇인지는 조만간 알게 된다. 지금 충분한 시간이 있을 때 미리 그 문제를 해결하라. 그렇게 함으로써 실질적으로 일이 진행되는 동안에 생길 수 있는 심각한 마찰을 어느 정도는 예방할 수 있게 된다. 더 중요한 것은 자녀가 부모 양쪽으로부터 일관된 하나의 이야기를 들을 수 있다는 사실이다.

만약 두 사람이 어떤 하나의 계획에 합의하게 되면, 함께 앉아 아이에게 결별에 대해 말하는 것이 최선이다. 만약 두 사람이 하나의 계획에 동의할 수 없다면 자녀에게 말하기 이전에 상담자나 이혼 조정인을 함께 만나보는 것이 좋다. 자녀와 나누는 대화는 짧아야 하고, 두 사람이 사전에 합의한 각본을 충실히 따라야만 한다.

내가 앞에서 부모의 결별을 자녀의 연령대에 따라 어떻게 말할지에 관한 예들을 제시하였는데, 당신이 이혼하는 맥락에 따라서는 현실에 맞지 않을 정도로 긍정적인 것으로 느껴질 수도 있다. 아니면 그냥 진심으로 와 닿지 않을 수도 있다. 보다 편안하고 솔직하게 부모 사이에 존재하는 거리와 의견 차이에 대해 자녀에게 어느 정도는 말해 줄 수도 있다. 그렇게 할 때는 언제나처럼 말로 하라. 당신의 분노와 의견 차이를 행동으로 드러내기보다는 그에 대해 말하라.

자녀와 대화를 할 때 로큰롤 노래를 생각하며 접근하라. 당신의 말이 가사가 되고 감정은 반주를 맡는다. 자녀가 가사를 들을 수 있도록 드럼과 전자기타를 나직이 연주하라. 당신이 말할 때의 감정이 아닌 당신이 하고 있는 말에 집중할 수 있게 하라. 예를 들어, 아이와 함께 보내는 시간에 대한 분명한 일정에 합의할 수 없다면, 당신의 아홉 살 자녀에게 다음과 같이 말할 수 있을 것이다:

> 지금 현재 우리의 계획은 네가 학교에 다니는 주중에는 여기서 아빠와 함께 지내고 주말에는 엄마의 새 집으로 가는 거야. 그러나 우리 둘 다 이 계획이 썩 마음에 들지는 않는다는 것을 너도 알았으면 해. 둘 다 대부분의 시간을 너와 함께 보낼 수 있기를 바라거든.
>
> 지금 어떤 분의 도움을 받으면서 이 문제를 해결하려는 중인데, 새로운 계획이 마련되는 대로 곧 네게도 알려 줄게. 지금으로서는 이것이 우리가 시도해 보려고 하는 타협안이야. 우리의 말을 듣고 생각해 본 후에 네 생각을 말해 주면 좋겠다. 그렇다고 네게 부담을 주려는 것은 아니야. 일정이 어떻게 되건 간에 그건 우리의 결정이지 네가 내릴 것은 아니란다. 네가 바라는 것이 무엇인지를 잘 생각해서 말해 주면 들어두었다가 우리가 의논할 때 고려할게. 만일 우리가 알아서 그냥 결정하기를 바란다면 그것도 괜찮아. 우리는 네가 가운데 끼게 되는 걸 바라지 않아. 비록 지금 당장은 일정에 대해 합의를 못하고 있지만 우리 둘 다 너를 얼마나 사랑하는지, 그리고 네가 얼마나 대단한 아이인지에 대해서는 전적으로 동의한단다.

당연히 위에서와 같이 부모의 의견 차이에 대해 말할 때에는 매우 자유로운 분위기여야 한다. 그렇지 않으면 아이는 당연히 자신이 원하는 것이 무엇인지를 말해야 한다는 압력을 느낄 수밖에 없을 것이다. 당신의 말 또한 사전에 주의 깊게 준비되어야 한다. 구체적인 부분에서 합의가 되지 않으면 일치된 입장을 제시하려는 당신의 시도는 역효과를 낼 것이다. '나' 대신에 일관되게 '우리'를 사용하는 것처럼 간단한 것조차도 당신의 자녀와 전 배우자에게는 아주 결정적으로 중요한 것일 수도 있다. 비록 냉담한 이혼을 하더라도 이것처럼 중요한 사항에 있어서는 서로 협력할 수 있어야 한다.

그럼에도 냉담한 이혼에 있어서는 협력이 당신의 주된 목표는 아니다. 물론 협력할 수 있다면 더 좋겠지만 지금 당장에는 협력을 성취하기 어려워 보인다. 따라서 대부분의 경우 목표는 보다 소박하다. 당신의 전 배우자에게 피해를 주거나 혹은 반대로 피해 받는 것을 피하는 것이다. 냉담한 이혼에서는, 정말 중요한 사항에 대해서만 함께 일할 수 있는 길을 찾으면 된다. 자녀에게 당신의 결별을 알리는 것은 당연히 그러한 사항 중에 하나이다. 함께 일하는 것이 어려울 때, 함께 일하기 위한 방법은 매우 구체적인 계획을 미리 정해 놓고 그것에 따르는 것이다.

아이들에게 말하기: 적대적 이혼

만약 당신과 남편 혹은 아내가 한자리에 있을 때마다 서로를 향한 분노가 폭발하는 것을 피하기 어려운 상황이라면 어떻게 할 것인가? 만약 당신의 전 배우자에 대해 느껴지는 감정이라고는 참을 수 없는 분노와 상처가 전부라면 어떻게 할 것인가? 만약 당신과 전 배우자가 긴박하고 강력한 온갖 감정에 사로잡혀 슬픔이 무엇인지조차 모른다면 어떻게 할 것인가? 왜냐하면 슬픔은 어느 정도의 받아들임과 내려놓음을 필요로 하는데, 당신은 그 근처에도 가지 못했기 때문이다. 만약 당신이 싸움에 너무 휩쓸린 나머지 앞으로 움직여 나간다는 생각이 낯설거나 혹은 불가능해 보이기까지 하면 어떻게 할 것인가? 만약 당신과 전 배우자가 이러한 상태에 처해있더라도 자녀에게 결별에 대해 함께 말하기 위한 시도를 해야만 할 것인가?

아마도 아직은 때가 아닐 것이다. 만약 적대적 이혼을 하는 경우라면, 자녀와 말하기 이전에 반드시 해야만 할 첫 번째 숙제는 먼저 자신의 내면을 살피는 것이다. 그리고 다시, 또 다시 살피라. 이 책의 처음 네 장을 다시 읽고 거기서 제시하는 대로 당신의 분노와 연결되어 있을 만한 일련의 상처, 고통, 슬픔, 그리고 두려움에 다가가려고 시도하라. 상담을 받으라. 당신의 모든 상처, 고통, 그리고 격분의 독에 대한 해독제를 찾기 위해 노력하라. 전 배우자가 건네는 독에 상처 입지 않으면서 이를 더 삼킬 수 있는 방법을 찾도록 노력하라. 무엇보다 중요한 것은, 이 모든 혼란의 와중에서 자녀의 입장을 진심으로 고려할 수 있도록 노력하는 것이다. 어쩌면 당신의 자녀는 무엇을 느끼는지 말하지 못할 수도 있다. 혹 스콧과 신디의 경우에서처럼 자녀가 말할 수 있다 하더라도 당신이 그것을 듣지 못할 수도 있다. 어쩌면 상담자나 아주 가까운 가족의 친구나 친척들이 자녀를 대신하여 의견을 말할 수도 있다. 만약 그들이 말하려 한다면 들으라. 만약 아이가 자기 자신의 입장을 제대로 말할 수 없다거나 또는 그렇게 하는 것을 몹시 두려워하더라도 그 의견에 귀를 기울이라.

만약 당신이 한 걸음 물러서서 상황을 바라보는 여유를 가질 수 있다면, 비록 아주 작은 여유라고 하더라도 당신과 자녀에게는 훨씬 좋을 것이다. 당신의 전 배우자 역시 여유를 가져야할 필요가 있겠지만, 당신은 자신이 통제할 수 있는 것, 즉 당신 자신과 자녀에게 집중하라. 적대적 이혼을 하는 와중에 모든 것이 너무도 엉망으로 느껴질 때조차도 당신은 뭔가를 제대로 해낼 수 있는 능력을 가지고 있기 때문이다.

외도에 대해 말하기

정말 어려운 주제이다. 만약 당신의 남편이나 아내가 외도를 했다면 자녀에게 뭐라고 말할 것인가? 만약 외도를 한 사람이 당신이라면 뭐라고 말할 것인가? 외도는 종종 별거의 직접적인 요인이 되고, 또 적대적 이혼의 점화제가 되곤 한다. 이는 다니엘과 프랭크가 그랬던 것처럼 외도가 결혼 생활에 문제를 일으킨 유일한 원인인지, 아니면 여러 해 동안에 진행되어 온 문제의 단순한 표출인지를 두고 당신과 전 배우자 사이에 의견이 일치하지 않는 경우에도 역시 마찬가지이다.

만약 당신이 프랭크와 같은 입장에 처해 있다면, 자녀에게 "엄마하고 아빠는 결혼 생활이 행복하지 않아서" 헤어진다고 말하기를 꺼릴 수 있다는 것이 이해가 간다. 이런 설명이 안고 있는 문제의 하나는 솔직해 보이지 않는다는 것이다. 물론 지금까지 결혼 생활의 내력 전체를 고려해 본다면 이야기가 달라질 수도 있겠지만, 이는 여섯 살 난 샘이 알 필요가 있거나, 알기를 원하거나 혹은 알 수 있는 범위를 훨씬 넘어서는 것이다. 또 하나의 문제는, 만약 혼외 관계가 계속된다면 어떻게 할 것인가 하는 것이다. 만약에 어느 날 다니엘이 애인을 자신의 친구나 남자친구 또는 결혼할 사람이라면서 샘에게 소개시킨다면 어떻게 할 것인가?

다니엘은 샘에게 뭐라고 말할지와 프랭크가 어떤 사실을 말하는 것에 동의할지를 고민하느라 딜레마에 봉착했었다. 그러나 그들이 상당히 협력적인 이혼을 했으며, 외도에도 불구하고 결국 결혼을 지킬 수도 있지 않을까 하는 약간의 희망을 각자 품고 있었다는 사실을 기억하라. 그 결과 샘에게 자신들이 헤어지는 이유에 대해 "남편과 아내로서 함께 지내는 데 어려움이 있다"고 말하기로 동의했으며, 다니엘은 헤어지자고 한 사람이 자신임을 분명히 했다. (이것은 프랭크에게 아주 중요했다.) 그들이 그렇게 하기로 동의한 이유가 재결합의 희망 때문이기는 했지만, 만약 헤어지는 것이 돌이킬 수 없는 사실이 된다면 다니엘이 샘에게 자신이 다른 사람과 사랑에 빠졌다는 사실 역시 말하기로 합의했다. 샘의 나이에 이런 일을 이해하리라고는 둘 다 기대하지는 않았다. 그러나 그렇게 하는 것이 샘에게 자세한 정황을 시시콜콜 얘기하지 않으면서도 다니엘이 자신의 행동에 대한 책임을 인정하는 정직한 설명이기 때문이었다.

샘에게 무엇을 얘기할지에 대한 프랭크와 다니엘의 결정은 불완전할지는 몰라도 합리적인 타협안으로 보인다. 완벽한 각본은 없지만 나쁜 혹은 더 나쁜 각본들은 있다는 사실을 기억하라. 만약 그들이 신디와 스콧처럼 대단히 적대적인 이혼을 했다면 어땠을까? 자녀가 부모 사이에서 끊임없이 오고 가는 비난이나 혹은 부모 중의 한 명과 있을 때면 듣게 되었던 일방적이고 반박하는 대화를 통해 모든 것을 알게 되었던 것처럼 부모의 외도에 대해서도 알게 되었을 것이다. (그들의 경우에는 해당되지 않지만). 지금까지 살펴본 것처럼 이혼이 자녀에게 미치는 어떤 영향은 미묘한 것이지만, 자신의 혼란한 감정을 만족시키기 위해 부모가 사용하는 이런저런 조작 방법들은 전혀 그렇지 않다.

자녀에게 부모의 외도에 대해 뭐라고 말할지를 아는 것도 어렵지만, 특별히 무엇을 말할 것인지에 대해 의견 일치를 보는 것은 지극히 어렵다. 이는 부모에게 있어 끊임없는 감정상의 논쟁거리일 뿐만 아니라 다른 질문들 또한 불러일으킨다. 아이가 알아야 할 것은 무엇인가? 아이가 굳이 이 사실에 대해 알아야 할까? 만약 외도가 끝났다면 알 필요가 없기도 하겠지만 혹 관계가 지속될 것 같으면 당연히 알아야 한다.

만일 자녀에게 말해야 한다면, 어떤 말을 하기로 서로 합의할 수 있을까? 솔직하고 두 사람 다 받아들일 수 있는 것이면서도 아이가 알기에 적합하지 않은 구체적인 내용은 언급하지 않는 방식으로 말이다. 사실 다니엘과 프랭크는 합당한 계획을 세웠다. 아마도 앞으로 외도를 하게 될 부모는 자녀에게 다음과 같은 말을 하게 될 수도 있다.

> 우리가 헤어지려는 중요한 이유는 내가 다른 누군가하고 사랑에 빠졌고, 아직도 그 사람을 사랑하기 때문이란다. 네게 이런 말 하는 것이 참 어렵구나. 이런 일이 일어난 것에 대해 절대 자랑스럽게 여기지는 않지만, 이 일에 대해서는 내가 직접 말하고 싶구나. 그리고 네 엄마가 있는 데서 너에게 역시 솔직하고 싶다. 네 엄마도 이 모든 일을 알게 되는 과정에서 무척 힘들어했고, 우리가 그렇게 많이 다투었던 것도 어느 정도는 이 일 때문이었다. 그 외에도 다른 이유 역시 많이 있다고 생각하지만 지금 구체적으로 다룰 필요는 없겠지. 네가 원하면 나나 네 엄마에게 이 일은 물론 다른 일에 대해서도 따로 얼마든지 질문하렴. 그렇지만 네 엄마도 나도 네가 구체적인 사실을 많이 알 필요는 없다고 생각한다는 걸 알았으면 한다. 이건 사실 어른들의 문제거든. 그리고 네가 이런 어려움을 겪게 만들어서 정말 미안하다.

위와 같은 고백이 적대적 이혼에 나타나는 많은 문제점을 해결하기에는 역부족이겠지만 내가 보기에는 올바른 방향을 향해 내딛는 작은 발걸음이 될 수 있다. 어떤 적대적 이혼에서는 양쪽 부모가 함께 이런 말을 자녀하고 나누는 것 자체가 너무도 힘들고 또 불가능할 수도 있다. 그럴 경우에는 외도를 한 배우자가 자녀에게 따로 이야기를 하는 것이 나을 수 있다. 하지만 설령 그게 고통스럽기는 하더라도 외도를 하지 않은 부모도 그 자리에 함께 하여 자녀에게 말하겠다고 자기와 약속한 내용을 실제로 전달하는지 확인할 수도 있다. 그리고 외도에 대한 고백을 듣는 것 자체가 이미 충분한 자극이 되어 상처를 받는 쪽 부모가 외도에 대해서는 더 이상 이야기를 하지 않은 채 대화를 이어나갈 수도 있다. 사실 그것이 최선의 방법이다. 결혼 생활의 다른 문제도 그렇지만 외도는 정말로 어른들의 문제이기 때문이다.

부모에게서 외도를 했다는 고백을 듣는 것은 상당히 어려울 수 있으며, 자녀가 그 부모에 대해 골을 내고 화를 내는 것도 당연하다. 그 결과 아이는 외도를 하지 않은 부모의 편을 들 가능성이 크다. 네 살이나 다섯 살 정도의 어린 아이조차도 부모 중 한 명이 다른 한 명의 부모에게 상처가 될 만한 뭔가 나쁜 짓을 했다는 것을 이해할 수 있으며, 외도가 무엇인지 더 잘 알 만한 나이든 아이는 쉽게 용서하지 않을 수도 있다.

그렇다면 아이에게 말하는 이유는 무엇인가? 정직해야 하기 때문이다. 만약 당신이 외도를 해왔다면, 지금이 정직할 수 있는 기회이다. 자녀에게, 당신의 전 배우자에게, 그리고 당신 자신에게 말이다. 또 다른 이유는? 바로 현실적 이유 때문이다. 아이가 당신의 외도에 대해 알게 되는 것은 시간문제이다. 조심성이 부족한 친척이나 이웃, 또는 친구로부터가 아니라 당신에게서, 그것도 되도록이면 일찍 듣는 것이 낫다. 그 외에 다른 이유는? 존경 때문이다. 당신이 외도를 했었다면, 자녀의 존경을 다시 얻고 싶을 텐데 사실을 밝히기 전까지는 다시 존경을 얻기 위한 출발을 할 수 없다. 만약 당신의 새로운 연인과 새로운 삶을 시작하기를 진정으로 원한다면 인내라는 새로운 교훈을 배워야만 한다. 만약 당신이 배우자와 이혼하는 것처럼 자녀와도 이혼할 생각이 아니라면 새로운 사람을 당신과 자녀의 삶 속으로 끌어들이기 전에 한 부모로서 자녀와의 관계를 재정립하기 위한 계획을 먼저 세우는 것이 좋다.

아이들을 중간에 끼우지 말라

결별의 위기 상황에서 자녀에게 할 만한 적당한 말을 찾는 것은 엄청난 고역이다. 그러나 말보다도 더 중요한 것은 당신의 행동으로, 단순히 정신적으로 큰 충격을 받게 된 어느 한 날의 행동이 아니라 매일의 행동이 중요하다. 만약 헤어지기 이전까지 아이가 당신 사이의 갈등에 휘말리지 않도록 잘 보호해 왔다면 계속 그렇게 하라. 그럼에도 한 가지 경고를 마음에 새기라. 아이가 중간에 끼는 일이 없도록 하는 것은 헤어진 이후가 오히려 더 어렵다는 사실에 놀라게 될 것이다.

이어지는 장들에서 다루겠지만, 자녀 양육이나 법적 의무, 돈, 그리고 새로운 관계에 있어서 미처 생각지도 못했던 어려운 문제가 발생할 것이다. 그리고 당신이 전 배우자와 연락하고, 의견을 나누고, 관심을 갖는 주안점이 자녀가 되다보니 새로이 발생한 문제가 수습할 수 없는 사태에 이르게 되면 지금까지 아주 확고하게 유지되어 오던 공동 양육 관계에까지 어느 정도 해를 끼칠 수 있다. 그러므로 어느 정도의 새로운 도전들에 미리 대비를 하고, 과거에 그랬던 것처럼 아이가 중간에 끼는 일이 없도록 지키겠다는 결심을 지속하라.

반면에, 지금까지 자녀를 당신의 다툼으로부터 보호하는 데 그리 성공적이지 않았다면, 지금부터라도 제대로 해야 한다. 별거는 자녀에게 엄청나게 어려운 일이다. 게다가 전쟁터에 끌려들어 가는 것은 더 끔찍한 일이다. 당신과 전 배우자 사이의 전쟁을 신속히 끝내는 것은 어려울지 모르나, 자녀가 비무장지대에 머문다는 사실을 공표할 수는 있다.

자녀는 부모 사이의 갈등으로 인한 치열한 대립 경향과 그들 각자가 경험하는 급격한 감정의 요동으로부터 보호되어야 할 필요와 권리가 있다. 부모가 헤어지는 이유에 대해서도 자녀는 솔직하면서도 나이에 적합한 대답을 들을 수 있어야 한다. 삶에서 무엇이 달라질 것인지에 대한 어느 정도의 정보가 주어져야 한다. 아이는 자신 삶 속에서 이처럼 중대하고 불행한 변화에 대해 정면으로 대처하고 이해하려는 노력을 하기 위해 얼마간의 시간을 필요로 한다. 자녀에게는 부모의 이해와 사랑, 지도 그리고 명확하고 일관성 있는 규칙이 필요하다. 자녀는 부모로부터 어느 정도의 거리와 독립성을 필요로 하며, 또 그에 대한 권리도 가지고 있다.

자녀가 슬퍼하도록 도와주기

자녀에게 있어 부모의 결별 소식은 이혼으로 인해 겪는 첫 번째 중요한 손실이다. 이는 지금까지 그들 주위에 어떤 일이 있었든, 즉 부모가 자주 드러내 놓고 다투어 왔든 불행한 관계를 감쪽같이 숨겨 왔든 마찬가지이다. 그가 한때 알았던 삶에 대한 슬픔이 이제 시작된 것이다.

이미 살펴보았듯이, 슬픔은 이혼과 관련된 모든 사람이 가장 크게 느끼는 감정이다. 거기에는 자녀도 포함된다. 자연적으로 당신의 첫 번째 본능은 자녀를 고통으로부터, 할 수만 있다면 모든 고통으로부터 보호하는 것이지만, 그러나 이제 그것은 불가능하다. 자녀를 슬픔의 고통으로부터 보호하기보다는 자녀가 슬퍼하는 것을 돕기 위해 당신이 할 수 있는 모든 일을 하라.

'도움'에 초점이 맞추어져 있음을 기억하라. 당신은 감정적이지 않은 아이를 슬퍼하게 만들어서도 안 되고, 아무리 원한다고 하더라도 넋이 빠진 자녀의 슬픔을 해결할 수도 없다. 또한 자녀가 당신과 어색한 관계에 놓여 있을 수도 있음을 인식하라. 부모로서 당신은 자녀의 가장 큰 잠재적 위안의 근원인 동시에, 얼마간의 슬픔을 안겨 준 원인이기도 하다. 그 이유로 어쩌면 자녀의 분노의 표적이 될 수도 있는데, 이는 분노가 슬픔의 감정 중 하나이기 때문이다. 그러나 도와줄 수 있는 방법은 있다. 다음은 필수적인 전략의 일부이다:

자녀의 손실을 최소화하라. 단연 이것이 당신이 할 수 있는 가장 중요한 일이다. 자녀들의 손실이 당신의 손실과 유사할 필요는 없다. 이혼 이후에도 당신의 자녀에게는 여전히 양쪽 부모가 모두 있으며, 조금 더 복잡하기는 하지만 안정된 생활이 있고, 학교 생활이나 교우 관계, 일상적인 활동에 연속성이 있으며, 지속적인 안정감을 가질 수 있다. 이혼은 당신의 자녀에게는 깊은 상실이지만, 만일 손실을 최소화할 수 있다면 아이가 얼마나 잘 적응하는지 놀라게 될 것이다.

자녀로 하여금 슬퍼할 수 있도록, 자신만의 감정을 가질 수 있도록 배려해 주고, 무엇을 느끼든지 간에 그 감정을 당신과 나누도록 격려하라. 혼이 나간 것처럼, 또는 슬픈 것처럼 느끼거나 모든 것이 예전대로 돌아갔으면 하는 바람은 당연한 것이라고 자녀에게 말할 수 있고 또 그래야 한다. 자녀에게 말하고 싶을 때면 언제든 기꺼이 들어 주겠다고 말해야 한다. 자녀에게 만약 내키지 않으면 말하지 않아도 괜찮다고 해야겠지만 그러나 당신이 걱정하고 아끼는 마음에서 때때로 그들에게 어떻게 지내는지를 물어볼 거라고 경고하라.

자녀가 자신의 감정을 이해하고 표현할 수 있는 적합한 수단을 찾도록 도와주라. 대화나 예술작품 활동을 통해서, 또는 독서를 통해서 할 수 있다. 부모의 이혼을 겪는 모든 연령대의 아동을 직접적인 대상으로 해서 많은 책들이 출판되고 있으며, 아동과 청소년을 대상으로 한 점차 많은 책에서, 고전적인 소설에서도 줄거리에 이혼, 상실 그리고 한부모 양육을 집어넣고 있다.

당신 자신의 감정을 나누는 것도 괜찮다. 아이는 불확실한 상황에서 자신이 어떻게 느껴야 할지에 관해 어른의 지도를 바라며 쳐다본다. 발달심리학자들은 이를 사회참조라 한다. 당신 자신이 절제되고 적절한 방법으로 어떻게 느끼는지를 보여줌으로써 자녀가 어떻게 느껴야만 하는지를 알 수 있도록 도와줄 수 있다. 슬픔과 갈망은 당신이 자녀들과 약간만 나누기에 적합한 두 가지 감정이다. 당신이 전달하고자 하는 메시지는 다음과 비슷할 것이다 "이것 때문에 정말 슬프고, 이런 식의 느낌 때문에 힘들어. 그렇지만 내 자신을 돌볼 수 있어. 나를 돌보는 것은 절대로 네 일이 아니야. 하지만 나도 슬픔을 느끼고 때로는 외로움도 느낀다는 것을 네가 아는 것이 중요하다고 생각해."

기억하라. 슬픔은 정상적이며, 건강한 것이다. 자녀가 슬퍼하는 것을 보면 당신도 고통스럽겠지만, 만약 아이에게 그만의 고통을 느끼도록 허용하지 않는다면 그로 인해 상처를 입게 될 것이다.

CHAPTER 06

법률적 절차에서 감정 배제하기

우리는 대부분 법률적 문제를 다루는 것을 불편하게 생각한다. 우리가 왜 내밀한 감정적 차원과 제대로 이해도 안 되는 공개적 절차가 하나로 마주치는 상황에서 스트레스를 느끼는지를 알기란 그리 어렵지 않다. 불행한 일이긴 하지만, 이혼에 있어서 법률적 상황은 피할 수 없다. 결혼을 끝내야겠다고 처음으로 생각하게 되는 시점으로부터 이혼 도장을 찍고 나서 몇 년 후 자녀의 친권과 관련된 합의에 적응하려는 시점에 이르기까지 법률적 문제는 그림자처럼 우리를 따라다닌다.

이혼의 법률적 측면은 쉽게 사태를 호도하거나, 우리에게 주거나 당혹스럽게 할 수 있는 것이어서, 할 수만 있다면 이런 문제를 변호사에게 맡겨 버리려 한다. 실제로 친구나 가족, 혹은 낯선 사람들이라고 해도 당신이 이혼하려 한다는 사실을 알게 된 순간 제일 먼저 내어 놓는 충고는 '좋은 변호사를 구하라'는 것이다. 당신 역시 일단 이혼이 불가피하다고 느끼게 되었을 때 변호사를 구해야 되겠다는 생각을 해 본 적이 있을 것이다. 현실적으로 말하자면, 변호사를 구하는 것은 현명한 생각이다. 하지만 이야기가 이혼에 수반되는 감정적 차원에 이르면, 우리는 이러한 충고를 보다 신중하고 조심스럽게 받아들여야 한다는 사실을 알게 될 것이다.

당신도 이미 아는 사실이지만, 해결되지 않은 감정과 배우자 간의 갈등은 이혼을 '나쁜' 경험으로 만드는 주 요인에 속한다. 여기서 우리가 깨닫지 못하는 것은 '법적 문제'가 사실은 해소되지 못한 감정의 변장된 모습일 때가 얼마나 많은가 하는 것이다. 감정적인 요인으로 인해 많은 부모가 나중에 돌이키기 어렵거나 아니면 전혀 돌이킬 수 없는 법률적 결정을 내리거나 소송 절차를 시작한다. 당신과 전 배우자가 말로 가볍게 어떤 사항에 합의했다가 나중에 마음이 변한 것이라면 별로 문제될 것이 없다. 하지만 두 당사자가 친권과 같은 중요한 결정의 책임을 판사에게 맡겼다면, 서로 간의 합의 후에 다시 조정하기란 훨씬 더 어려워진다. 어쩌면 이 문제를 다시 논의하는 것조차 불가능할 수도 있다.

이혼 변호사를 찾는 사람들의 대부분은 법적인 조언을 얻거나, 자신들이 직접 혹은 중개인을 통해 작성한 계획이나 서류를 검토하거나, 특별히 돈 문제와 관련된 복잡한 법적 조항들을 다루기 위해서이다. 많은 사람들이 이혼 초기에 감정이 격한 상황에서 제대로 이해하지 못하는 것은, 어떤 변호사도 이혼이 당신과 가족에게 야기하는 문제를 전부 해결하지는 못한다는 사실이다. 당신의 상처, 분노, 슬픔을 치유할 수 있는 변호사는 없다. 그리고 어떤 변호사나 조정인, 심리학자, 혹은 판사라도 어떤 식의 합의가 당신의 자녀를 위해 최선이 될지 말해 줄 수 없다.

여기서 중요한 것은 당신이 내려야 할 결정에 도움이 될 만한 조언을 구하는 것과 결정 그 자체를 다른 사람에게 떠넘기는 것 사이의 결정적 차이를 이해하는 일이다. 사실 좋은 변호사라면 누구라도 바로 이 점을 당신에게 분명히 할 것이다. "법률적 절차를 거치지 않고 직접 일을 처리할 수 있다면 그것이 훨씬 더 낫습니다." 적어도 자녀 양육 방식이나 스케줄, 친권과 관련한 결정에 관해서는 분명 이 말이 옳다. 불행하게도 감정적으로 고착되어 이런 메시지를 제대로 듣지 않는 부모들이 너무 많다.

물론 구체적인 상황에 따라 무엇이 최선인지에 대해서는 다양한 선택의 가능성이 있을 것이다. '식탁'에서 먼저 의논한 다음 변호사에게 검토를 부탁하거나, 한쪽 입장에 치우치지 않는 제3자에게 조정을 부탁하거나, 법정소송 없이 상호 합의를 이끌어내는 것을 전문으로 하는 '협력적인' 변호사의 도움을 받거나, 상대방에게 호의적일 수도 있고 매우 적대적인 접근법을 취할 수도 있는 전통적 의미의 변호사에게 일을 부탁할 수도 있을 것이다. 하지만 이런 선택의 가능성을 구체적으로 살펴보기 전에 먼저 가까운 장래에 혹은 보다 긴 시간에 걸쳐 당신과 자녀에게 미칠 영향이 어떤 것일지를 먼저 살펴보도록 하자.

문제 해결을 위해 노력해야 할 이유들

1980년대에[28] 나는 자녀에 대한 친권 문제로 인해 법정 소송 직전에 있는 71가정에 대해 연구를 시작하였다. 종종 친권 분쟁 소송이 일어나는 것은 대단히 격한 분노를 동반한 이혼일 경우가 많은데, 실제로 내가 다룬 가정들은 한결같이 법정 심리를 요청한 상황이었다. 이는 그들이 스스로 혹은 변호사의 도움을 통해서 문제를 해결하는데 실패하였고, 더 이상 어쩔 수 없는 파국 상황이 되어 판사, 곧 한 사람의 외부인에게 결정을 맡겼다는 것을 의미한다. 이들 엄마와 아버지들은 판사에게 무엇이 그들의 자녀에게 최선일지를 결정해 주도록 요청하고 있었던 것이다.

바로 이런 최후의 순간에 나는 이들 부모에게 법정 연구에 참여하거나 법적 절차를 계속 진행하되 내가 그들을 연구할 수 있도록 허락하거나, 아니면 한 번 더 공정한 제삼자인 조정인의 도움을 받아 문제 해결을 위한 노력을 시도해 보도록 부탁하였다. 나는 그 가족을 법적 절차를 밟는 쪽과 조정을 받는 쪽의 두 그룹으로 임의대로 분류하였다. 임의적 배정 방식은 가장 간단하면서도 가장 강력한 과학적 도구라 할 수 있는데, 법정이나 조정실에서 일어나는 상황에 따라 이 두 그룹 사이에 어떤 차이점들이 발생한다면, 그것을 분명히 드러나게 해 주는 장점이 있다. 임의대로 그룹을 배정할 때의 장점은 실질적으로 생겨날 수 있는 복잡한 상황을 완전히 차단할 수 있는 것으로, 참여자에게 그룹을 선택하도록 하면 처음부터 보다 협력적이었던 커플은 조정을 요청하고, 화가 난 커플은 싸움을 법정으로 가져가기를 원할 가능성이 크다. 임의적 그룹 배정은 협력적 이혼, 냉담한 이혼 및 적대적인 이혼의 3가지 유형의 커플들이 두 그룹에 공평하게 배분되도록 해 준다. 나의 연구에서는 커플 스스로 자신들이 원하는 방식을 선택한 것이 아니다. 동전을 던져서 그 결과에 따라 법정으로 가거나 조정을 받거나 한 것이다.

최상의 과학적 기준을 적용하여 이들 두 그룹의 가족을 객관적으로 반복, 평가[29] 한 결과, 나는 자신의 미래에 대해 주도권을 발휘하거나 조정 시 스스로 문제를 해결하려고 노력하는 것이 여러 가지로 자녀, 부모, 그리고 가족에게 유익한 결과를 가져다준다는 사실을 발견하였다. 무려 12년 후에도 그 유익이 지속되는 경우도 있었다. 조정을 받거나 법적 절차를 밟은 지 12년 후, 조정을 거친 가족들은 그들의 경험을 다행스러운 것으로 여기고 있었다. 유익함은 여기서 끝나지 않는다. 조정을 받은 가족들의 경우, 부모 모두가 자녀의 삶에 보다 깊이 간여하고 있었다. 조정을 거친 부모의 경우, 그 자녀는 비 동거 부모(곧 부모 중 평소에 함께 살지 않는 쪽)와 보다 많은 시간을 함께하거나 더 자주 전화 통화를 하게 될 가능성이 높았다. 내가 발견한 것은 구체적으로 다음과 같은 것이다.

조정을 수용했던 그룹에서 자녀와 함께 살고 있지 않은 부모 중 28퍼센트는 12년 후 적어도 한 주에 한 번 자녀를 만난 반면, 법정 공방을 거친 이들 중 그런 부모는 단지 9퍼센트에 불과하였다.

법정 소송 그룹에 속한 부모 중 자녀와 함께 살지 않는 부모의 36퍼센트가 질문에 답하기 전 한 해 동안 자녀를 만나지 않았던 반면, 조정을 수용한 부모의 경우는 그 비율이 16퍼센트에 지나지 않았다.

전화 연락 면에서는 두 그룹의 차이가 더욱 두드러졌다. 자녀 중 많은 수가 가정을 떠나 독립하였고 또 많은 자녀와 부모가 멀리 떨어진 곳으로 이사한 상황이므로 이 차이의 중요성은 그만큼 더 커진다. 조정을 거친 가족의 경우, 함께 살지 않는 부모의 59퍼센트가 자녀와 매주 혹은 더 빈번하게 통화를 하는 반면, 법정 소송을 했던 부모의 경우 그 비율이 14퍼센트에 지나지 않았다.

조정을 수용한 부모의 경우 더 자주 만난다고 해서 갈등이 더 커지는 것은 아니었다. 오히려 그들은 비록 더 자주 상대방과 마주해야 했지만 갈등은 더 적었다고 이야기하였다. 마지막으로, 법정 소송을 거친 가족과는 달리 조정을 수용한 가족의 경우 자녀와 함께 사는 부모는 자녀와 떨어져 있는 전 배우자가 더 자주 그들과 의견을 나누고 자녀의 훈육이나 교육, 종교적 훈련, 심부름, 특별 행사, 학교나 교회의 일들, 여가활동, 휴가 등의 일에 보다 적극적으로 참여한다고 이야기하였다.

지금 당장의 기분대로라면 당신 자녀의 아버지가 다른 사람이었다면, 혹은 갈라선 배우자를 다시는 만나지 않았으면 하고 바랄 수도 있을 것이다. 하지만 나는 마음 속 깊은 곳에서는 모두가 다음과 같은 사실에 동의하리라고 생각한다. 곧 조정을 거친 가족이 경험한 것과 같은 바람직한 결과들이 바로 그들의 자녀가 앞으로 갖게 될 미래가 되었으면 한다는 것이다. 어떤 방식으로 이혼문제를 합의할 것인가를 결정함으로써 당신은 앞으로 여러 해 동안 걸어야 할 길을 선택하는 것이다.

한 가지 더 언급할 사실이 있다. 여러 해에 걸쳐 나의 연구에 참여했던 부모들이 이런 유익한 결과를 얻기 위해 실제 투자한 시간은 거의 없었다는 사실이다. 그들이 조정을 위해 소요한 시간은 평균 다섯 시간 정도였다. 임의로 조정 그룹에 배정된 부모들의 경우 계속해서 법적 절차를 밟았던 부모들이 합의에 도달하는 데 소요된 시간의 절반도 안 되는 시간 내에 합의에 이를 수 있었다. 나의 연구가 보여 주는 바, 곧 부모가 항상 염두에 두고 있어야 할 사실은 바로 이것이다. 곧 법적 절차가 당신의 문제 해결을 도와줄 수는 있지만 대신 해결해 줄 수는 없다는 것이다. 이혼 과정에서 법적 절차를 밟는 것이 도움이 될지 해가 될지는 많은 부분 당신 자신에게 달려 있다. 법률적으로 발생하는 일을 두고 이전 배우자의 문제나 변호사의 잘못된 조언 탓으로 돌릴 수는 없다. 긴 안목으로 말하자면, 이혼의 법적 차원을 어떻게 접근할 것인가는 전적으로 당신 자신의 책임인 것이다.

긴 안목으로 바라보기

헤어지기로 최종 결정을 내릴 시간이 다가오면, 되도록 자녀에게 말을 꺼내기 전에 미래에 어떤 생각을 하게 될지를 한번 생각해 보라. 가령 아이의 졸업식, 혹은 그와 비슷한 중요한 순간이 되었을 때, 그때 당신은 지금의 결정에 대해 어떤 생각을 하게 될까? 안도감과 슬픔, 그리고 그보다 더한 뿌듯함으로 자녀의 졸업식을 바라보는 자신의 모습을 마음속으로 그려 보라. 길게 한숨을 쉬고, 눈가에 눈물이 맺히며, 가슴이 벅차올 것이다. 그리고는 헤어진 배우자를 그 그림 속에 포함시켜 보라. 그 사람이 당신 곁에 앉아 당신의 뿌듯함을 함께 나누고 있는가? 아니면 두 사람은 여전히 자존심 싸움을 벌이며 서로 식장의 반대편에 서서 졸업식을 끝낸 아이가 누구에게 먼저 달려와 안길지 지켜보고 있는가? 그것도 아니면 그 사람은 이제 당신과 아이로부터 멀어진 지 오래되어 아예 그 자리에 있지도 않은 것인가?

그리고 당신의 아이에 대해 생각해 보라. 그처럼 뜻깊은 날 아이가 바라는 것은 무엇일까? 당신이 만약 아이의 입장이라면 무엇을 원했을까? 어쩌면 지금의 당신이 아이에게 줄 수 있는 무언가일지도 모른다. 자기 곁에 나란히 선 사랑하는 두 부모 말이다. 아니면 부모님이 이혼하신 상황일 수도 있다. 지금도 고통스럽기는 마찬가지이지만, 그런 상황에서 아이는 어떤 바람을 갖게 될까?

우리가 제3장에서 만난 적이 있는 수잔나가 졸업식이 다가오면서 얼마나 힘들어 했는지를 생각해 보라. 지금도 부모들이 그녀를 두고 줄다리기를 하고 있다는 사실이 그녀로서는 얼마나 부당한 일인지 생각해 보라. 기대감과 자부심은 고사하고 불안감에 어쩔 줄 모르던 그녀를 생각해 보라. 그것이 정말로 앞으로 5년, 10년, 혹은 20년 후 당신 자녀가 경험했으면 하는 느낌인지 한번 생각해 보라.

또 한 가지 기억해야 할 것은 즐겁지 않은 여러 일로 인해 당신과 전 배우자가 아무런 예고 없이 언제라도 한자리에 모일 가능성이 많다는 사실이다. 최상의 가정에서 자란 최고의 자녀라도 자라면서 어려움을 겪기 마련이다. 학교 문제, 술, 마약, 섹스, 그리고 인간 관계 등의 문제들 말이다. 자녀가 정신적 문제를 겪고 있다거나, 큰 병에 걸렸다거나, 법률적인 난관에 처해 있다거나, 조부모나 가까운 친지가 죽었다거나 하는 상황은 생각하기 즐거운 일은 아니다. 그렇지만 일은 생기게 마련이며, 그럴 때일수록 두 부모가 함께 있어 주는 것이 더 중요해지는 것이다.

마지막으로 부모가 결코 생각하고 싶어 하지 않는 사실 하나를 언급해야겠다. 불행한 일은 부모에게도 일어난다는 사실이다. 당신이 아이와 대부분의 시간을 함께하면서 양육할 것이라는 생각에 젖어 어쩌면 아이가 헤어진 부모와 좋은 관계를 유지할 수 있도록 도와주는 일에 무관심할지도 모른다. 별다른 생각 없이 헤어진 배우자의 새로운 상대에 대해 험담할 수도 있고, 당신의 자녀에게 새로 생긴 (이복) 형제들을 무시할 수도 있으며, 당신 자녀가 전 배우자와 보내는 시간을 대수롭지 않은 것으로 여길 수도 있을 것이다. 이런 태도는 당장 버려야 한다. 질병이나 장애, 혹은 다른 가정적 위기나 죽음은 언제 어디서나 어느 누구에게나 일어날 수 있다. 이런 일 중 어떤 것이라도 부모로서 당신의 역할을 끝장내거나 물리적으로 혹은 법적으로 지금과 같은 수준으로 자녀를 양육하지 못하도록 만들 수 있다. 갑자기 당신의 아이가 전 배우자, 혹은 당신이 나쁜 사람으로, 그래서 아이가 존중하지 못할 사람으로 만들어 놓은 새엄마나 새아버지와 함께 살게 되었다고 생각해 보라.

법률적인 문제를 다룰 때에는 상황을 공정하게 해결하기 위해 거듭 노력해야 한다. 이런 노력은 아무리 반복해도 지나치지 않다. 설사 지금, 내일, 아니 그 다음에도 해결될 기미가 보이지 않는다 해도 말이다. 그러면 당신은 비록 전 배우자가 아이의 졸업식에 당신과 나란히 앉아 뿌듯함을 함께하지 못하는 상황에서도 당신이 나름대로 최선을 다했다는 데 위안을 얻을 수 있을 것이다. 당신은 결국 그렇게 하는 것이 현명한 판단이었다는 사실을 알게 될 것이다. 그리고 그것은 당신의 아이에게도 마찬가지이다.

왜 "법정에서 보자"고 말하고 싶은 기분이, 그리고 때로는 그럴 생각까지도 드는 것일까?

서류를 들추거나, 변호사의 전화를 받거나, 혹은 법정에 출두해야 할 상황에서는, 힘겨운 감정적 난관을 이미 다 통과했다고 믿는 부모조차 새삼 상처, 분노, 비탄, 슬픔, 혹은 갈망 등의 기분을 느끼고서 당황하게 된다.

우리가 잘 아는 것처럼, 감정이란 이혼의 과정과 모양을 주무르는 강력한 힘으로 작용한다. 그러나 이혼의 법률적 문제를 다루면서 부모들은 매우 강력한 새로운 도구, 곧 열정적인 대변자와 이전의 문제를 또다시 다루어야 할 마당을 발견하는 것이다. 잠자리에서 언쟁하며 당신은 전 배우자의 감정에 상처를 줄 수 있었을지 모른다. 하지만 지금 당신은 능력 있는 변호사에 좋지 않은 의도를 결합함으로써 상대에게 상처를 줄 수 있는 또 다른 강력한 수단들을 갖게 된다. 자신이 옳다는 느낌을 필요로 할 때, 법률적 줄다리기에서 이기거나 판사가 당신에게 유리한 결정을 내리는 것을 듣는 것은 대단히 기분 좋은 일일지 모른다. 그러나 자칫 그런 기분에 지나치게 탐닉할 수 있다. 이혼으로 인해 상처받은 부모는 너무 자주 되갚아주려는 유혹을 받게 되고, 그러한 상황에서 법률적 과정은 그런 목적을 달성하는 멋진 수단이 될 수 있다. 하지만 싸우며 이혼하는 경우에는 어느 누구도 승자가 되지 못한다. 자녀가 승자가 될 가능성은 더더욱 희박하다.

이혼 과정에서 논리와 관점은 손쉽게 강력한 감정의 희생물로 전락한다. 이런 때에 최상의 방책은 어느 정도의 현실 자각이다. 법적 절차를 진행하게 되면 가족, 부모, 그리고 아이는 어떻게 될까? 대략적인 윤곽을 그리는 셈치고 앞에서 언급한 부부를 상기해 보자. 분노로 가득했던 신디와 스콧의 이혼 과정은 그들이 변호사를 찾기 훨씬 이전부터도 다니엘과 프랭크의 협력적 이혼 과정과는 달랐다. 지금도 우리는 이 두 쌍의 부부가 이혼 과정의 법률적 차원에서 겪은 상이한 경험을 통해 중요한 교훈을 얻을 수 있을 것이다.

조정을 통한 다니엘과 프랭크의 이혼

다니엘과 프랭크가 나를 찾아와 조정을 요청했을 때는 이미 각자의 변호사와 의논을 거친 후였다. 그때가 2년 전 크리스마스 직전 무렵이었다. 나 역시 상담을 받으러 오는 커플에게 각자 변호사를 구할 필요가 있다고 권유하고, 또 대부분의 부모가 그렇게 하는 터라 그들의 경우가 놀라운 것은 아니었다. 사실 많은 부모들은 변호사와 소송 등으로 몇 년의 세월을 보내고 나서야 나에게 찾아와 조정을 요청한다. 그러니까 법적 다툼이란 엄청난 돈이 들어가고, 관계를 더 힘들게 만들기만 하지 정작 자녀가 필요로 하는 것은 채워 주지 못한다는 사실을 깨닫고 난 후라는 것이다. 부모가 서로 협력하는 것을 보고자 하는 자녀의 필요 말이다.

다니엘과 프랭크는 변호사가 한 이야기를 알려 주기는커녕 변호사를 만난 적이 있다는 사실을 인정하는 것조차 주저하였다. 결별 과정에서의 법적 절차는 다니엘의 외도, 그리고 경직될 대로 경직된 그들의 관계 문제를 더욱 복잡한 것으로 만들어 놓았다. 그들의 사적인 문제가 반드시 공개적으로 다루어져야만 할까? 당연히 다니엘은 공개 법정에서 그녀의 외도에 관해 심문당하기를 원치 않았으며, 그녀의 잘못이 영원히 법원의 기록에 남게 될 것이라는 사실이 수치스러웠다. 눈물을 흘리며 슬퍼하면서 그녀는 마치 혼잣말처럼 이렇게 중얼거렸다. “언젠가 샘이 제가 저지른 잘못에 대한 기록을 읽게 되기를 바란다고 생각하세요?”

놀라운 일도 아니지만, 프랭크는 다니엘이 처한 곤경에 거의 공감하지 않았다. 다니엘의 물음에 냉소적인 비웃음으로 응수한 뒤 그는 소리 질렀다. “그래, 맞아. 나는 정말 당신의 ‘실수’가 법원의 기록에 남는 걸 원해. 나는 정말 당신이 지금 내가 당하는 것과 같은 고통을 겪는 걸 원해. 이 결혼을 끝내고 싶은 사람은 내가 아니었어. 나는 우리가 이 지경까지 오게 된 진짜 이유가 뭔지 사람들에게 말해 줄 수 있었으면 좋겠어. 사람들이 내 말을 안 믿으려 든다면 법원 기록을 들추면 될 테니까."

비록 프랭크가 입 밖으로 내진 않았지만 내심 집히는 바가 있었다. 겉으로는 그렇게 말하고 억울함이 풀렸다고 느꼈을지도 모르지만, 그 역시도 그들의 은밀한 사생활을 그렇게 공개적으로 드러낸 것을 부끄러워했을 것이라는 것이다. 그리고 다니엘이 다소 모호한 말로나마 분명히 밝힌 것처럼, 창피를 당하는 것은 다니엘 혼자만이 아니었던 것이다. "그래, 프랭크, 그런 식으로 나를 나쁜 사람으로 만들 수 있겠지. 하지만 일이 이렇게 되기까지 어떤 일이 있었는지 당신도 알잖아. 그러면 나도 그런 일을 증언할 수밖에 없게 될거야."

이혼과 조정에는 깊은 감정이 개입하게 마련이다. 그래서 늘 어렵다. 다니엘과 프랭크의 경우가 놀라웠던 것은 그들에게 이것이 얼마나 손쉬운 일이었나 하는 것이 아니다. 쉬운 것은 하나도 없었다. 정말 놀랍고 또 대단했던 것은 조정을 위한 몇 번의 모임 중에 보여 준 그들의 능력이었다. 폭발할 수도 있었던 감정에서 한 걸음 물러서서 차분한 시각으로 상황을 바라보며, 심지어 서로에게 자신의 부족한 점까지도 인정할 수 있었던 능력 말이다. 서로 협박하듯 몇 마디 대화를 주고받은 뒤, 두 사람 모두 거의 울음을 터뜨릴 지경이었다. 긴 침묵의 시간이 흐른 뒤 프랭크가 말했다. "내가 정말 당신에게 상처를 주고 싶은 것이 아니라는 건 당신도 잘 알거야. 그저 내가 상처받았고, 그래서 화가 났고, 두렵고 혼란스러운 것뿐이야." 다니엘의 대답은 그 말투만으로도 무슨 뜻인지 다 알 수 있었다. "그래, 나도 알아."

나는 한동안 그들이 조용히 울 수 있게 내버려 두었다. 그리고는 침묵을 깨고 샘을 위해서는 어떤 식의 계획을 짤지 생각해 보았냐고 물었다. 나는 완벽한 계획이 아니라 그저 조금이라도 생각해 본 것이 있는지를 알고 싶은 것임을, 그리고 앞으로 어떤 것을 선택하는 것이 좋을지 의논할 시간이 충분할 것임을 분명히 했다. 여전히 프랭크는 바로 공격적인 모습으로 되돌아갔다. "말이야 바른 말이지, 나는 그녀가 우리 결혼을 끝내고 싶다고 해서 내 아들을 잃고 싶지는 않아요. 그녀가 원하는 게 뭔지 잘 모르겠지만, 내가 하고 있는 한 가지 생각은 샘이 대부분의 시간을 나와 함께 지낼 것이라는 사실입니다. 내가 단독 친권을 갖겠다는 말입니다."

다니엘도 물러서지 않았지만, 프랭크가 내민 격한 감정의 미끼를 물지는 않았다. "그건 말도 안 돼. 내가 당신보다 샘을 기르느라 더 많은 시간을 보낸 걸 당신도 알잖아. 물론 당신도 할 말은 있어. 최근에는 샘과 훨씬 더 많은 시간을 보냈고, 또 당신은 좋은 아버지였으니까. 샘에게는 당신도 있어야겠지만, 나도 있어야 해. 어떻게 당신은 샘이 대부분의 시간을 당신과 보내도록 내가 허락할 거라고 생각할 수 있어?"

이렇게 해서 길고도 어려운, 하지만 생산적인 논의가 시작되었다. 이런 대화가 생산적이었다는 사실은 우리에게 매우 중요한 사실 한 가지를 설명해 준다. 곧 이혼 과정에서 어느 정도의 갈등은 불가피한 것일 뿐 아니라 필요한 것이기도 하다는 것이다. 여기서 중요한 것은 이런 갈등을 생산적인 방향으로 잘 다루며, 아이가 중간에 끼이지 않도록 하고, 또 서로의 의견차를 해소하려고 노력하는 것이다.

서로 한참 동안 옥신각신하고 난 다음 프랭크는 결국 자기 혼자 샘을 기르고 싶은 생각이 아님을 드러내었다. 사실 그가 걱정하고 있던 건 다니엘이 친권을 독차지하려 하지 않을까 하는 것이었다. 이런 생각을 하고서 프랭크는 '최상의 방어는 공격'이라는 말처럼 처음부터 강하게 나가면서 흥정하는 것이 좋겠다고 생각했던 사실이다. 실제로 프랭크가 바라던 것은 절반 정도는 샘이 자기와 함께 지낼 수 있게 되는 것, 그러니까 공평한 공동 친권이었다. 그는 결혼이 파탄 난 상황에서 아들까지 잃고 싶지는 않았고, 정말로 샘은 엄마만큼이나 아빠 또한 필요로 하고 있다고 믿었다.

프랭크로서는 놀랍고도 다행스럽게, 다니엘 역시 여기에 동의하였다. 그녀는 자신 역시 샘을 보고 싶어 하겠지만, 이렇게 하는 것이 최선일 것 같다고 말했다. 그녀는 어떤 형태로든 공동 친권을 갖는 것이 샘에게도 최선일 뿐 아니라 서로에게도 공평한 일이라고 생각하였다. 그녀를 칭찬할 만한 대목이지만, 그녀는 이런 이야기도 하였다. "프랭크, 내가 한 일 때문에 내가 얼마나 미안하고 부끄러운지 잘 알잖아. 하지만 설사 우리 둘이야 엉망이 되더라도 샘까지 그렇게 되는 건 바라지 않아. 샘은 정말 좋은 아이고, 당신 또한 너무 좋은 아빠잖아. 나 역시 꽤 좋은 엄마라고 생각해. 무슨 수를 써서라도 이건 지키고 싶어."

프랭크의 눈에 다시 눈물이 고였고, 우리는 한동안 말없이 방 안을 가득 채운 감정을 추스르고 진정시키려 애를 썼다.

결과적으로 우리가 함께 보낸 조정의 시간은 놀랍도록 생산적이었다. (경고해 둘 것이 있다. 그렇다고 모든 조정과정이 이렇게 멋지게, 빨리 이루어지는 것은 아니라는 것이다.) 이혼의 과정 중 여러 부분에서 다니엘과 프랭크는 격한 감정으로 인해 선로를 벗어날 수도 있었다. 혹은 법적인 절차 때문에 좌절할 수도 있었다. 조정을 권하는 대신 프랭크의 변호사가 단독 친권 소송을 내고 다니엘의 변호사 역시 같은 대응을 취했다면 어떻게 되었겠는지 한번 상상해 보라.

하지만 다니엘과 프랭크가 첫 번째 만남이 끝날 무렵 인정한 것처럼, 그들의 변호사는 두 사람 다 조정을 강력히 추천했으며, 할 수만 있다면 스스로 문제를 해결하는 것이 적대적 소송의 경우보다 훨씬 더 낫다는 사실을 분명히 하였다. 내가 앞에서 말한 것처럼, 대부분의 변호사들은 그렇게 충고한다. 비록 그렇게 되면 상황이 변호사의 손에서 벗어나는 것처럼 보인다 할지라도 분명 멋진 법률적 조언이 아닐 수 없다.

법정에 선 신디와 스콧

신디와 스콧은 매우 다른 방법을 택했다. 물론 그들이 선택한 방식이긴 했지만, 일단 결정을 내린 뒤로는 그들이 택한 법적 절차에 이끌려 서로간의 신랄함은 더욱 깊이, 그리고 더욱 빠른 속도로 진행되고 있었다. 이것은 설사 그들이 멈추길 원한다 해도 멈출 수 없는 그런 과정이었다.

신디와 스콧은 각각 그 지역에서, 말하자면 살인청부업자로 알려진 이혼 전문 변호사를 고용하였다. 그들은 기세가 등등했고, 자기 고객이 크게 이기도록 하기 위해 무엇이든 할 준비가 되어 있었다. 그들은 첫날부터 서로를 향해 총탄을 날렸고, 이런 상황은 전혀 멈출 기세가 없었다. 신디와 스콧은 아무것도 스스로 해결할 수가 없었다. 심지어 아이를 위한 임시적인 조치라든가 재정 문제 같은 것도 합의할 수가 없어서 스콧은 그냥 혼자서 집을 나갈 수밖에 없었고, 아이를 비롯한 어느 누구도 언제 그를 다시 볼 수 있을지 알 수 없었다. 이런 상황을 해결하기 위해 스콧의 변호사는 즉시 긴급 자녀 친권 심리를 요청하였다. 신디의 변호사는 (다른 법정에다) 유기를 문제 삼아 이혼 소송을 내는 것으로 맞받아쳤다. (스콧이 아무런 법적 합의 없이 집을 나갔으므로, 법적으로 볼 때 결혼을 유기한 것으로 말할 수도 있었다.)

두 변호사는 각각 신디와 스콧에게 그 단계의 법적 조정이 끝날 때까지는 서로 이야기하지 말도록 지시하였고, 그들은 이런 충고를 기꺼이 따를 만큼 서로에 대해 충분히 화가 나 있었다. 그들은 서로 말을 하지 않았다. 하지만 긴급 심리가 열리기까지의 두 달 동안 스콧은 어떻게 아이들을 볼 수 있을까? 그리고 엄마와 이야기를 하지 않는 상황에서 무슨 수로 안젤라와 조이와 콜린이 어떻게 지내고 있는지 알 수 있을까? 내가 보기에는 아마도 신디나 스콧 모두 그들의 마음 속 깊은 곳에서는 아이들이 상처받고 있다는 사실을 알고 있었겠지만, 그 상황에서 그들 자신의 분노와 변호사의 공격적인 태도는 이미 앞에 걸리는 것은 무엇이든 박살을 내는 탈선한 기차와 다름이 없었다.

변호사들은 여러 통의 협박성 서신을 서로 주고받았다. 두 주가 지날 때까지도 스콧은 아이들을 보지 못했다. 스콧은 계속 신디에게 전화를 걸어 아이들과 시간을 보내게 해 달라고 요구했지만 신디는 이를 묵살했고, 다른 일을 들먹이며 따지거나 그냥 전화를 끊어버리는 식으로 대화를 회피하였다. 또 한 주가 지난 뒤 신디는 변호사를 통해 일요일 오후 잠깐 면회를 허락하는 데 동의하였다. 그날 한 번에 국한된 방문이었다.

갈라선 후 첫 두 달 동안 스콧은 통틀어 세 번 아이들을 만날 수 있었고, 매 경우 몇 시간 정도를 아이들과 함께 보냈다. 더 중요한 사실은, 안젤라와 조이와 콜린은 이혼이라는 충격의 와중에서, 두 부모의 분노와 갈등의 와중에서, 그리고 그들이 느끼는 극심한 혼란, 두려움, 슬픔, 불확실함의 와중에서, 단지 세 번밖에 자기 아빠를 볼 수 없었다는 사실이다. 언제 그리고 어디서 아빠를 만나게 될지 아이들은 전혀 알지 못했다. 사실 그들은 왜 아빠가 곁에 없는지조차 확실히 이해하지 못했다.

약 한 시간 반 가량 진행된 긴급 심리에서 신디와 스콧은 모두 자기가 단독 친권을 가져야 한다고 주장하였다. 이미 엄마와 함께 있는 상황이라 판사는 임시로 신디에게 단독 친권을 허락하였고, 아빠에게는 격주에 한 번씩 아이들을 만날 수 있도록 하였다. 스콧은 분노로 인해 할 말을 잃었지만, 전혀 예상치 못한 일은 아니었다. 두 주가 지나지 않아 그의 변호사는 또 다른 이유로 다시 심리를 신청하였고, 상황은 이런 식으로 계속되었다.

별거한 지 일 년 반이 지날 동안 신디와 스콧은 이미 다섯 번의 심리를 거친 후였다. 매번 심리는 비슷하게 일반적인 결론을 내리곤 했다. 엄마에게 단독 친권을 주고, 아빠에게는 격주에 한 번씩의 방문이 허락되었다. (마지막 심리에서 판사는 재정적인 문제에 대한 판결도 내렸는데, 여기에는 현재의 집을 매각하고 소송 비용을 균등하게 부담하라는 것도 포함되었다.) 상황이 더 이상 나빠질 수 없어 보임에도 불구하고, 신디와 스콧은 소송 비용으로 수만 달러의 돈을 지출해야만 했고, 둘 사이의 악감정은 더 심각해지기만 하였다.

이 기간 동안 아이들에게는 무슨 일이 있었을까? 부모가 보기에 안젤라는 여전히 쾌활해 보였지만, 다른 아이들은 그렇지 못했다. 조이의 경우 비록 스콧이 처방된 약을 보다 규칙적으로 먹여 주고 또 함께 있을 때에는 평상시 집에서처럼 해 주었지만, 성적이나 품행, 그리고 대인 관계 모든 면에서 매우 좋지 못했다. 조이는 집안에서도 여러 가지 문제를 일으켰다. 대부분의 시간을 함께 보내는 엄마와 있을 때는 더더욱 그랬다. 콜린의 경우 갈수록 내성적이 되었고, 급기야 신디는 학교 상담교사로부터 콜린이 우울증 증세를 보이고 있어서 치료가 필요하다는 이야기를 듣게 되었다. 이혼하는 과정에서 엄청난 돈이 들었기 때문에 신디나 스콧 모두 지금으로서는 조이를 주의력결핍과잉행동장애(ADHD) 아이들을 위한 여름캠프에 보낼 형편이 못 된다고 생각하였다. 보낼 수 있다면 많은 도움이 되리라는 것을 알았지만 말이다. 그리고 안젤라는 발레나 피아노 레슨 둘 중 하나를 그만두어야만 했다. 가끔 나에게 연락하곤 하던 신디와 스콧이, 두 사람이 함께 방문하는 것이 좋겠다는 나의 거듭된 제안을 심각하게 고려하기 시작한 것이 바로 이 무렵이었다.

서로 협력하면서도 현명하게 행동하기

물론 인생은 완벽하지 않다. 인생이란 언제나 공평한 것도 아니다. 옳은 행동을 한다는 것은 다른 길을 택한다는 것을 의미한다. 당신의 본능적 반응은 늘 자녀를 생각해서 서로 협조하는 것이 되어야 마땅하지만, 다른 선택의 가능성 또한 염두에 두고 있어야 한다. 어쩌면 당신의 상황에서는 카를로스와 타라의 경우처럼 냉담한 방식의 이혼이 더 현명할지도 모른다. 아니면 자신을 보호하기 위한 노력이 필요할 수도 있다. 그것도 아니면 당신이나 전 배우자나 적어도 지금으로서는 분노 가득한 이혼 외에는 달리 방법이 없다는 생각에서 벗어나지 못할지도 모른다. 여기서 필요한 것은 가능한 한 가장 덜 적대적인 방법을 택하면서도 동시에 자신과 아이들을 보호하는 것이다.

보다 적대적인 방식을 택할 수밖에 없다면 우선 이혼 상황과 얽힌 모든 감정으로부터 한 걸음 물러서는 법을 배워야 한다. 아무래도 당신의 변호사들이 그렇듯, 의사와 같은 냉정함으로 법적 갈등을 다루기는 어려울 것이다. 하지만 법정 소송이 진행되는 과정이나 그 이후, 아이의 다른쪽 부모에 대해 매일 분노감을 곱씹기보다는 가능한 한 냉정하고 사무적인 태도를 취하는 것이 최선이 될 것이다.

정말이다. 감정에 관한 나의 충고를 따르는 것보다 더 중요한 일은 없다. 하지만 이혼에 있어 어떤 법률적 선택이 가능한지를 알 필요가 있는 것도 물론 중요한 일이다. 따라서 이혼과 관련된 협상에 있어서 어떤 유형의 방식이 있는지를 먼저 요약해 보도록 하자. 가장 협력적인 접근방법에서 시작하여 적대적으로 변할 가능성이 보다 높은 경우로 옮겨가도록 하겠다.

식탁에서의 협상

할 수만 있다면, 별거 혹은 이혼에 관한 합의를 도출하는 가장 쉽고도 좋은 방법은 두 사람이 함께 식탁에 앉아 협상하는 것이다. 식당과 같은 중립적이고 공적인 환경에서 더 차분하고 정돈된 생각이 가능할 수도 있겠지만, 장소가 어디건 당신과 배우자가 함께 앉아 스스로 이 문제를 의논한다는 것이 중요하다.

문제를 스스로 해결하는 것이 최선인 것은, 합의해야 할 사안이 당신의 삶과 자녀에 관한 것이기 때문이다. 별거 합의서에는 당신과 전 배우자가 아이를 어떻게 양육할지, 함께 살면서 모은 재산을 어떻게 나눌지, 서로에게 그리고 아이에게 어떤 재정적 후원을 하게 될지가 명시되어 있을 것이다. 아이를 어떻게 길러야 할지를 놓고 다른 사람이 이래라저래라 한다면 좋겠는가? 돈을 쓰는 문제에 관해서는 어떤가? 또 재산을 처분하는 문제는 어떨까? 아마 그걸 원하는 사람은 없을 것이다. 도저히 스스로 결정할 수 없는 상황이 아니라면 말이다.

하지만 마음의 준비는 필요하다. 비교적 협력적인 이혼의 경우라도 서로의 감정으로 인해 법적인 문제에 관한 의논이 쉽지 않을 수 있다. 식탁에 앉아 별거나 이혼에 관한 협상을 시도하기 전에, 십중팔구 두 사람은 식탁에서 혹은 상담자의 상담실에서 여러 가지 감정적인 사안에 관해 먼저 충분한 대화를 나눌 필요가 있을 것이다.

두 사람 모두 감정적으로 준비가 된 상황이라면, 당신은 아마 별거나 이혼에서 법률적 문제란 그리 복잡할 이유가 없다는 것을 깨닫게 될 것이 틀림없다. 한 가지 예외는 당신이 부자여서 예금자산이나 유산, 결혼 이후의 재산 같은 것이 많을 경우이다. 만약 그런 경우라면 벌써 변호사가 당신 삶의 자연스런 일부가 되어 있을 것이다. 그렇지 않은 경우라면 아이와 관련된 법률적 사안은 하나같이 부모의 역할에 대한 것이다. 이혼법의 재정적인 규정이란 단도직입적이거나 대단히 모호한 것이어서 스스로 이런 문제를 합의하는 것이 훨씬 낫다고 할 수 있다.

당신이 발견하게 될 또 한 가지 사실은 정작 당신의 자녀에게 더없이 중요한 많은 문제는 법에서 다루지 않는다는 사실이다. 가령 법적으로 말하면 아이의 대학 학비를 누가 부담할 것인가를 결정해야 할 의무는 없다. 그럼에도 불구하고 대학 학자금 문제는 지금 합의해 놓는 것이 좋다. 이처럼 법 규정에는 포함되어 있지 않지만 아이와 관련하여 처리해야 할 법적 문제의 목록 속에 포함시켜야 할 사안이 많이 있는 것이다.

이혼 합의서(separation agreements)

이혼 합의서란 무엇인가? 이혼 합의서란 당신과 당신의 전 배우자가 서명하게 되는 문서의 하나로, 이혼과 관련된 여러 문제를 전체적으로 서술한 것이다. 이 합의서는 특별한 형식 없이 당신과 전 배우자가 식탁에 앉아 합의한 사항을 나열한 것일 수도 있고, 변호사가 작성한 상세한 문서로서 이혼(및 다른 많은 법적 문제)이 어떤 식으로 다루어질지에 관한 구체적인 사항을 나열한 것일 수도 있으며, 혹은 법률적 별거를 허용하는 미국의 어떤 주의 경우 법정에 의해 작성되고 판사의 인준을 거친 공식적 문서일 수도 있다.

이혼 합의서에는 이혼 과정에서 결정해야 할 다섯 가지 주요 법률적 문제들이 담기게 된다. 곧 신체적 친권, 법률적 친권, 자녀에 대한 재정 후원, 이혼합의금 그리고 재산분할 등의 문제이다. 혹은 당신의 이혼 합의서에는 이들 중 몇 가지만 다루어져 있거나 이들 문제 중 어느 것도 들어 있지 않을 수도 있다. 가장 단순한 이혼 합의서라면 그저 두 사람이 이혼하기로 합의한다는 사실만 적을 수도 있을 것이다.

특별히 자녀들과 관련된 문제에 이르면, 아이들이 성년이 되기 이전의 오랜 기간 동안 무엇이 아이들에게 가장 좋은 것일지를 문서화한다는 것이 불가능에 가깝다는 것을 발견하게 될 것이다. 사실 나는 그렇게 하는 것을 권하지 않는 편이다. 나는 우선 서로 합의해서 합리적이고 신중한 검토를 거친 양육 계획을 만들어 보라고 권한다. 하지만 이는 잠정적인 계획이다. 이렇게 해서 당신은 수정하기 어려운 법적 합의서에 아주 매이기 전, 아이들이 그 계획에 대해 어떻게 반응하는지를 살피고 문제가 있다면 이를 해결할 계획을 세울 수 있는 기회를 갖게 된다. 이런 합의를 도출하는 것은 훨씬 수월하며, 앞서 7장에서 논의한 것처럼 그 외 다른 면에서도 유리한 점이 많다.

여기서 기억해야 할 것은 이혼 합의서가 종종 이혼과 관련된 최종적인 결정의 토대가 된다는 사실이다. 현 단계에서 온갖 세부 항목을 결정하고 싶을 수 있지만 매우 신중을 기해야 한다. 그리고 아무리 형식이 없는 것이라도 이혼 합의서에 서명하기 전에는 반드시 변호사의 검토를 거칠 필요가 있다. 변호사는 전반적인 합의 조건뿐만 아니라 나중에 법적으로 문제가 있을 법한 문구에 관해서도 조언해 줄 것이다.

변호사는 당신들 스스로 합의를 도출하는 데 도움이 된다

당사자들끼리 이혼에 관한 문제를 의논하는 데 별 어려움을 느끼지 않는 경우라도, 서로 의논하는 과정 혹은 합의서를 마련해 놓고 서명을 하기 이전에 변호사의 조언을 구하는 것이 현명할 것이다. 일단 서명을 하고 나면 그 합의서를 바꾸기란 거의 불가능에 가까우므로, 서명하기 전에 모든 것을 꼼꼼히 검토해 보아야 한다. 변호사는 당신이 생각하지 못한 문제를 지적해 줄 수도 있고, 특정 지역의 법률적 경향(가령, 그 지역의 판사가 단독 친권이나 공동 친권 중 어느 편을 선호하는지)을 알려 줄 수도 있으며, 죄책감이나 두려움 혹은 잘못된 정보로 인해 너무 터무니없는 조건으로 합의하지 않도록 도와줄 것이다.

본 장의 후반부에서 변호사가 어떤 식으로 이혼이나 다른 법적 사안을 다루도록 교육받는지에 관해 말할 기회가 있을 것이다. 하지만 현명한 사람을 위해 이 대목에서 몇 마디 조언을 적어 두기로 하겠다. 아마 당신은 이혼 과정에 당신과 아이가 함께 얽혀 있다고 느낄 것이다. 그리고 당신의 이혼을 대변하는 사람 역시 당신 아이의 입장을 대변하고 관심을 가질 것이라고 생각할 것이다. 하지만 이혼 변호사에 관한 한 불행히도 이는 사실이 아니다.

변호사의 임무는 의뢰인인 당신의 입장을 대변하는 것이지 당신의 자녀, 가족 혹은 함께 부모 역할을 하는 사람을 대변하는 것이 아니라는 사실을 이해하는 것이 중요하다. 어떤 변호사에게 있어 이런 원칙은 당신의 전 배우자나 가족, 혹은 아이에게 어떤 영향을 미치건 상관없이 당신을 위한 최선의 조건(가령, 당신에게 유리한 조건의 친권 혹은 가능한 한 많은 액수의 돈)을 확보하는 것으로 받아들여진다. 이런 변호사는 당신의 입장을 열심히 변호하겠지만, 그의 관심은 당신 한 사람의 입장에 국한된다. 당신의 가족 관계라든가 향후 생길 수도 있는 감정적 부작용 등에 대해서는 거의 무관심하다.

많은 변호사들이 이혼 문제를 다룰 때 통상적인 적대적 대응방식을 다소 누그러뜨린다. 하지만 법적으로 말해 이처럼 협조적인 접근법을 취하는 변호사도 결국에는 당신, 그러니까 당신 자신만을 대변하는 사람일 뿐이다. 하지만 다니엘과 프랭크의 경우처럼, 지금까지 내가 알게 된 대부분의 변호사는 커플 스스로 문제를 해결하도록, 가능한 한 멀리 내다보고 생각하도록, 그리고 법적 협의 내용이 당신의 자녀와 전 배우자에게 어떤 영향을 미칠 것인지를 고려하도록 충고하는 경우가 많다. 이런 문제를 모두 고려하는 것이 변호사의 임무는 아니지만, 이처럼 보다 '전체론적'(holistic) 관점을 취하는 변호사라면 감정적인 문제까지도 함께 고려하도록 조언할 것이다. 변호사 중에는 보다 적대적 입장을 선호하는 사람도 있고 보다 협력적 접근법을 선호하는 이들도 있는 법이므로, 사전에 그 변호사의 평판이 어떤지 확인한 후 자신에게 맞는 사람을 선택하는 것이 현명하다.

변호사가 지닌 또 다른 책임의 하나는 합의서 상의 문제점, 잘못될 가능성이 있는 모든 사항을 발견해 내는 것이다. 변호사에게 합의서 검토를 의뢰해 놓고서 그가 등을 두드려 주기를, 혹은 "완벽한데요!" 하는 감탄이 나오기를 기대하지 말라. 오히려 당신의 변호사는 합의서에 무엇이 빠져 있는지, 어떤 부분의 문구가 이상한지, 어떤 부분에 잘못 해석될 여지가 있는지를 지적할 것이다.

이처럼 법률적 조언을 받은 후에도 여전히 당신 자신의 표현을 선호하거나 당신이 합의한 조건을 그대로 따르고 싶을 수도 있다. 변호사가 생각해 낸 어떤 합의조건보다도 당신의 전 배우자와의 도의적 합의가 더 강력하고 지속적인 것일 수도 있다. 혹 어떤 부모는 직접 합의서를 작성하긴 했지만 법률적인 부분은 확실하게 하고 싶을 수도 있을 것이다. 당신은 이런 입장 중 무엇이 더 좋을지 미리 생각해 두어야 하고, 또 변호사가 당신의 합의서를 칭찬하기보다는 비판할 것이라고 기대하는 것이 현명한 태도이다. 사실 변호사에게 일을 의뢰하는 이유도 바로 그것 때문이니까 말이다.

당신과 전 배우자의 관계가 매우 협조적이라면, 두 사람이 같은 변호사에게 일을 맡기고 싶을지도 모른다. 하지만 한 사람의 변호사가 두 사람을 동시에 대변할 수는 없다는 사실을 기억해야 한다. 변호사가 당신 두 사람과 이야기할 수는 있지만, 변호사에게 쌍방대리란 불가능하다. 쉽게 말하면, 법적으로 분쟁 중에 있는 양자를 동시에 변호할 수는 없다는 것이다. 법적으로 말하자면, 두 사람이 함께 협의하는 변호사라도 둘 중 한 사람만을 대변하거나 중립적 조정인이 되거나 해야 한다.

마지막으로, 결국 어느 시점이 되면 변호사를 통해 법적 이혼 절차를 위한 서류를 접수해야 할 것이다. 당신과 전 배우자가 이혼의 조건에 합의를 한 상황이면 당신의 변호사는 비교적 저렴한 수임료를 받고 서류 접수를 대행해 줄 것이다. 변호사의 도움 없이 직접 이혼 신청을 할 경우, 두 사람 모두 변호사 없는 이혼*을 할 수도 있다. 미국의 각 주마다 이런 변호사 없이 하는 이혼 과정을 안내하는 웹사이트들이 여럿 있어 이들의 도움을 받을 수 있다. 혹은 당신이 사는 지역의 가정법원을 찾아갈 수도 있다. 어떤 가정법원의 경우 이런 변호사 없는 이혼의 과정을 차근차근 안내해 주는 맞춤식 안내문을 마련해 두기도 한다.[4)]

조정

헤어지려는 두 사람이 직접 대화하기가 어렵거나, 혹은 제삼자가 있는 자리에서 말하는 것이 더 수월하다면 조정인의 도움을 구할 수도 있다. 조정인이란 중립적 입장에 선 제삼자, 대개는 상담자나 정신과 의사 내지는 변호사로서, 협의 과정에 도움을 주는 사람을 말한다. 하지만 조정인에게는 당사자인 두 사람이 합의에 도달하지 못할 경우 구속력 있는 결정을 할 수 있는 권한은 없다.

조정 과정은 대개 다른 사람 모르게 진행되는 경우가 대부분이지만, 항상 그렇지는 않기 때문에 미리 어떤 형태의 조정이 이루어질 것인지 잘 알고 있는 것이 좋다. 만일 조정이 철저히 사적인 성격의 것이라면, 설사 두 사람 사이에 합의가 도출되지 않는다고 해도 그 조정인이 판사에게 두 사람 간의 입장차에 관해 이런저런 결정을 내리도록 권고할 권한은 없다. 사적인 조정에서 조정인은 당사자들이 스스로 합의를 이끌어 내기 위한 또 한 번의 기회를 갖는 것으로 생각해야 한다. 그러니까 식탁에서 서로 협상하는 것과 별반 다르지 않다. 차이가 있다면 조정인이 중립적 입장에 선 전문가라는 점, 그래서 차분한 상황에서 대화가 순조롭게 이루어지도록 도우며, 전문가의 입장에서 조언과 충고를 제시할 수 있다는 점이다.

* prose divorce: 우리 법제에는 없음. - 역자 주

사적 조정과 다른 형태의 조정에 참여하게 되는 경우라면 처음부터 이를 분명하게 인식하는 것이 중요하다. 법원이 관여하는 일부 조정 프로그램의 경우, 조정이 실패할 경우에 조정인이 법정 판사에게 어떤 결정을 내리도록 권고할 수 있게 되어 있다. 이 경우 조정은 중재와 유사하게 되는데 중재의 경우 제삼자가 당사자에 대하여 구속력 있는 결정을 할 수 있다. 조정인의 권고는 매우 영향력이 있어서 판사의 결정은 대개 그 권고를 따르는 경우가 많다.*

만일 조정인이 어떤 사항을 권고하려 하고 당신은 조정을 그만두려고 하는 상황에서 판사가 혹시 이렇게 말한다면 당신은 어떻게 할 것인가? "좋아요. 그만두셔도 됩니다. 조정은 본인이 원해서 하는 것이니까요. 하지만 아셔야 할 것이 있습니다. 이런 식으로 조정이 끝나게 되면 당신에게 친권을 주지 않는 쪽으로 권고할 수밖에 없다는 사실입니다." 이것은 식탁에 앉아 서로 협상하는 것과는 전혀 다른 상황이다. 따라서 가능하다면 사적 조정인의 입장에서 조정해 주도록 분명히 요청해 두어야 한다.

조정인 선택

변호사나 상담자를 선택하는 것도 신중을 기해야 할 일이지만, 조정인을 선택하는 데에는 더더욱 주의를 기울일 필요가 있다. 주에 따라서는 조정인이 반드시 전문자격을 갖춘 사람일 필요도 없고, 약 20시간 정도의 훈련만 받으면 조정인 자격을 얻을 수 있는 경우도 있다. 조정인 자격을 갖춘 사람이면서도 변호사 혹은 정신치료 분야의 전문가, 곧 심리학자, 심리치료사, 사회복지사, 혹은 상담자와 같은 사람을 조정인으로 선택하는 것이 좋다. 어떤 조정인은 실제로 남녀로 팀을 이루거나 변호사-정신치료 전문가로 팀을 이루어 활동하기도 한다. 이상적이라 할 수 있지만, 훨씬 더 많은 비용이 드는 경우이다.

당연한 이야기이겠지만 변호사 조정인은 더 많은 법률적 지식을 갖고 있으며, 대개 감정적인 사안에는 덜 민감하고, 보다 직설적이며, 문서화된 합의 사항의 소소한

* 일반적으로 mediation은 '조정'으로, 'arbitration'은 중재로 번역되며, 조정의 경우 당사자가 조정인의 의견에 구속되지 않는 데 반하여, 중재의 경우 중재인의 의견에 구속되는 등 법적 효력에서 일부 차이가 있다. 미국의 경우 법원이 개입하는 조정도 있고 법원과 무관하게 하는 사적 조정이 있다. – 역자 주

항목에 더 집중하는 경향을 보인다. 정신건강 분야의 전문가라면 이혼 상황에서의 심리적인 사안을 더 잘 이해할 것이며, 감정에 더 민감한 경우가 많고, 더 협조적이며, 법적 세부 사항을 정리하는 것 못지않게 이혼의 심리적 측면을 다루는 일에도 관심을 기울일 것이다. 여기서 당신은 당신이 원하는 배경의 조정인을 선택할 수 있을 것이며, 혹은 남녀가 팀을 이루고 있는 조정인을 선택할 수도 있을 것이다.

변호사나 심리치료사를 선택할 때도 전문가로서의 자격과 무관하게 당신의 마음에 드는 사람 혹은 신뢰할 수 있을 만한 사람을 선택하는 것이 좋다. 조정인을 선택할 때는 전문가로서의 훈련 배경뿐 아니라 조정인의 조정 스타일 역시 눈여겨보아야 한다. 어떤 조정인은 곧잘 조언과 지시를 내리는 경향이 있는 반면, 어떤 이들은 두 당사자 간의 대화를 촉진하는 데 집중한다. 따라서 자신에게 편안하고 신뢰감을 주는 사람을 선택하는 것이 필요하다.

법원에서 이루어지는 조정 중 어떤 경우는 한두 시간 혹은 하루를 넘기지 않는 일회성 프로그램들도 있다. 사적인 조정의 경우, 협의 과정이 여러 달에 걸쳐 10~20시간 정도 소요될 것으로 예상해야 한다. 실제 조정 기간은 감정적으로, 실제적으로, 그리고 경제적으로 어떤 상황이냐에 따라 달라진다.

자녀에 관한 합의 내용을 수정하기 위해 시간을 두고 조정을 재개하는 것 역시 흔한 일이라는 사실을 알아야 한다. 법적으로 자녀에 대한 상호간의 합의는 결코 최종적인 것이 아니며, 당신 역시 세 살짜리 아들과 일곱 살짜리 딸을 생각하며 만든 합의서가 그들이 여덟 살과 열두 살이 되었을 때는 전혀 맞지 않는 것이 될 수 있다는 사실을 알게 될 것이다. (이혼의 스타일에 따라 상이한 연령대의 자녀를 위해 어떤 방식이 가장 좋을까에 관한 구체적인 논의는 7장에서 이루어질 것이다.) 또한 자녀의 새로운 활동 때문에, 부모가 새로운 인간관계를 시작하거나 책임을 맡게 되었다든지, 아니면 부모 중 한 사람이 다른 지역으로 이사를 가게 되거나 가정적으로나 재정적으로 새로운 책임을 지게 되어 양육 합의를 수정하고 싶거나 또 그래야만 할 경우도 있을 것이다.

간단히 말해, 양육에 관한 합의는 어떤 형식이든지 가변적인 것으로, 자녀의 변화하는 필요에 더 잘 맞추기 위해 필요하다면 수정될 수 있는 것으로 간주해야 한다. 실제로 조정과 소송의 영향을 비교한 나의 연구에서 보면, 한 가지 실증적인 결과는 조정을 거친 부모가 법정 소송을 거친 부모보다 자녀 양육과 관련된 합의 사항을 더욱 자주 손보았다는 사실이다. 조정을 수용한 부모의 대부분은[30] 12년의 기간에 걸쳐 겨우 한 번 내지 두 번 정도 합의 사항을 수정하였고, 비공식적으로 상황을 조절하여 자녀들과 그들 자신의 필요에 맞춘 경우가 많았다. 법정 소송을 거친 부모들의 경우 12년이라는 기간을 두고서도 합의문을 수정하는 경우가 거의 없었다. 일단 법이라는 길을 선택하고 나면 방향을 바꾸어 융통성 있게 움직이기란 사실상 불가능한 것이다.

마지막으로, 식탁에서 서로 이혼에 관한 협의를 나눌 때처럼, 조정 과정과 합의 사항에 서명하기 전에 반드시 따로 변호사와 상의하는 것이 현명하다. 당신의 조정인은 변호사와 상의하도록 조언하고 또 필요한 경우 지역 변호사의 명부도 제시해 줄 수 있어야 한다.

변호사

조정을 통해서 혹은 두 사람이 식탁에서 대화를 통해서 일단 합의에 이르게 되면 변호사에게 합의 내용을 검토해 주도록 의뢰해야 한다. 하지만 서로간의 대화나 조정을 통한 대화가 아무런 결과도 내지 못할 경우, 변호사에게 의뢰하여 협의를 대신 해 주도록 할 필요가 있다. 보다 격식 없는 방식이 먹히지 않는다는 생각이 들더라도, 이 방식을 포기하기 전 한 번 더 정말로 진솔하고 진지한 시도를 해 볼 필요가 있다. 일단 방아쇠가 당겨진 후에는 싸움을 멈추기가 그만큼 어렵기 때문이다. 협력적인 태도에서 적대적인 입장으로 바꾸는 것은 언제고 가능하지만, 일단 법적 투쟁에 얽혀들고 나면 한 걸음 물러서 협력적인 관계를 회복하기 어렵다.

변호사에게 착수금을 지불하느냐 아니냐는 단순히 상담을 원하는지 아니면 대신 협상해 주기를 원하는지를 구별하는 중요한 요인의 하나이다. 착수금(retainer)이란 변호사에게 미리 지불하는 선불금이다. 이혼의 경우 수천 불 정도의 선불금이 통상적이며, 절차 진행을 위한 변호사 업무비로 사용된다. 사용되지 않은 금액이 있을 경우 돌려받게 된다. 만약 변호사에게 이혼의 법적 협의를 대신해 달라고 의뢰할 경우 많은 변호사가 먼저 착수금을 지불하도록 요구할 것이다. 하지만 변호사의 조언을 원하거나 혹은 작성한 문서의 검토를 원하는 경우라면 시간당 비용을 지불하면 된다.

당사자가 직접 협의하거나 조정을 통한 경우에 비해 변호사를 통한 합의가 더 오래 걸릴 수 있다는 사실을 알아야 한다. 나의 연구에서는 조정을 통한 부모는 변호사와 법정소송을 택한 부모가 소모한 시간의 절반 정도의 기간 안에 합의에 도달하였음을 보여 준다. 통계자료에 의하면 조정을 통해 합의한 경우가 변호사나 법정소송을 거친 경우보다 전체 절차나 가족에게 미치는 영향 면에서 더 만족할 만한 결과를 보여 준다. 조정을 거친 사람은 합의에 도달한 직후나 1년 반 후, 그리고 12년 후에도 더 만족하는 모습을 보였다. 그리고 기억하라. 연구가 진행된 방식은 조정이 부모들로 하여금 더 빨리 합의에 도달하도록, 그리고 절차에 더 만족하도록 만든다는 사실을 분명히 보여 준다.

당사자들 스스로 혹은 조정을 통해서 합의에 이르지 못한다면 어떻게 될까? 당신의 전 배우자가 터무니없는 요구를 할 수도 있고, 전혀 타협의 의사가 없거나 감정을 전혀 극복하지 못할 수도 있다. 아니면 그냥 직접 이야기할 수 있을 만큼 강한 자신감이나 감정 통제 능력이 없을 수도 있다. 아니면 도무지 파악할 수 없을 만큼 법적으로 복잡한 상황에 직면해 있을 수도 있다. 이런 경우, 혹은 그간의 과정에 가정폭력이 개입되었거나 그럴 가능성이 농후한 경우들이라면 변호사를 고용하여 대신 협상에 임해 주도록 하는 것이 나을 것이다.

만약 그럴 경우, 고려해 본 한 가지 방안은 자녀와 관련된 분쟁을 당신의 전 배우자와 함께 풀어나가되(여기에는 조정인이 있을 수도 있고 없을 수도 있다), 재정적인 문제의 협상은 변호사가 주도해 나가도록 하는 것이다. 이렇게 하면 모든 사람의 전문성을 활용하는 이점을 누릴 수 있다. 자녀에게 무엇이 제일 좋을지는 당신이 가장 잘 알 것이고, 법적, 재정적 문제는 당신의 변호사가 더 철저하게 처리할 수 있을 것이니 말이다. 이것이 바로 나의 연구에 참여한 부모들이 택한 방식이었다. 우리는 자녀와 관련된 문제를 놓고 조정하였고, 재정적인 문제는 변호사로 하여금 다루게 했던 것이다.

격렬한 변호

변호사에게 협상을 의뢰할 때 기억해야 할 것은 오로지 당신의 이익만을 격렬하게 대변하는 것이 변호사의 윤리적 의무라는 사실이다. 하지만 변호사가 이런 격렬한 대변의 의무를 얼마나 적극적으로 수용하는지, 그리고 그들이 강점으로 여기는 법률적 차원이 무엇인지는 사람에 따라 크게 달라진다. 변호사가 이혼 관련 분쟁의 90퍼센트 이상을 법정 밖에서 해결하는 것이 사실이지만, 식탁에서의 협상과 마찬가지로 변호사의 합의 도출 과정 역시 협력적일 수도 있고 적대적일 수도 있다.

어떤 변호사들은 5퍼센트 혹은 10퍼센트보다 훨씬 많은 경우에 법정 소송을 택한다. 이들 재판 변호사들은 법정소송의 전문가들이다. 그들에게는 소송이 가장 편한 방법이고, 의뢰인의 이익을 대변하는 최선의 방법이라 믿는다. 따라서 이들은 재판 날짜가 다가오기 전까지는 협상이나 당신에 대해 큰 관심을 갖지 않을 수 있다. 어떤 변호사는 협상이 자신의 주 무기이며 법정 소송은 최후의 수단이라고 여긴다. 당연히 이들은 협상 과정에 더 많은 시간과 노력을 들일 것이다.

협력적인 협상가 대신 강력한 재판 전문 변호사가 필요한 경우를 어떻게 알 수 있을까? 사실 이는 많은 부분 당신과 당신의 전 배우자에게 달린 문제이다. 무엇보다 중요한 것은, 정말 공격적인 변호사를 찾는 것은 감정적인 이유가 아닌 현실적인 이유에서라야 한다는 것이다. 그리고 비록 소수이기는 하지만, 의뢰인의 격한 감정을 공격적인 법적 수단을 통해 해소하도록 자극하는 변호사가 존재한다. 감정적인 반사작용, 그러니까 감정적인 상처와 받은 상처를 되갚아 주고 싶은 그 원시적 욕망 때문에 신디와 스콧은 바로 그런 공격적인 변호사를 고용하게 되었다. 결과적으로 말하자면, 그들의 변호사 중 어느 누구도 그들의 의뢰인에게 모든 것을 휩쓸어 가는 법이라는 엔진으로부터 그들의 감정적 기어를 분리하도록 권유하지 않았다.

당신이 동일한 실수를 반복할 필요는 없다. 비록 (스콧과 같은) 많은 사람이 전 배우자가 공격적 변호사를 선임하니까 자기도 그럴 수밖에 없다고 생각하지만, 사실은 전혀 그렇지 않다. 당신이 선택한 합리적이고 온화한 태도의 협상가가 전 배우자의 공격적인 변호사에게 효과적으로 대응할 수 있다는 것이다. 멀리 두고 생각해 보면, 자기의 입장을 지키면서도 싸우기를 거부하는 것은 다소 냉담할지는 모르지만 그래도 어느 정도의 실질적인 관계를 유지할 수 있게 해 주는 좋은 태도가 된다.

이는 특히 당신의 전 배우자가 감정에 이끌려 법정 소송을 제기하는 경우 더욱 그러하다. 제2장에서 다룬 것처럼, 전 배우자가 싸움을 거는 것은 당신의 반응을 이끌어 내기 위함일 수도 있고, 다소 도착적일 수도 있겠지만, 당신에 대한 집착을 표현하는 것일 수도 있다. 당신이 되받아치기를 거부한다면, 다시 말해 인내하면서 전 배우자에게 슬픔을 추스르고 자신의 감정을 이해할 시간을 마련해 준다면, 법적 투쟁을 통해 해결되지 않은 감정 싸움을 벌이는 상황은 피할 수 있을 것이다.

방금 나는 공격적인 변호사를 구하지 말아야 할 두 가지 상황을 언급하였다. 그렇다면 공격적인 변호사가 필요한 경우는 언제인가? 대단히 곤란한 상황에서만 그렇게 하는 것이 좋다. 가령 실제로 자녀의 안전이 위협받고 있다고 믿거나, 전 배우자가 법정 안팎으로 사람을 치는 전력이 있다거나, 혹은 직접 상대하기 어려울 정도로 학대받거나, 위협을 당하거나 폭력에 시달린 경우가 이에 속할 것이다.

이처럼 지극히 어려운 상황 하에서조차 당신은 언젠가 두 발로 서서 전 배우자와 직면해야 할 시점이 오게 마련이다. 그렇다고 해서 당신의 변호사가 함께 살면서 앞으로 당신이 매일 겪게 될 갈등을 해결할 수 있도록 도와주지는 않는다. 그리고 비록 당신은 법정에서의 심리가 갈등을 끝내줄 것으로 기대하겠지만, 분노에 이끌린 이혼에서 최종적인 것은 존재하지 않는다. 판사의 명령조차도 최종적인 것이 될 수는 없는 것이다.

협조적 이혼

많은 이혼 변호사는 자기로서는 협력하면서 협상을 진행하고 싶지만 비우호적인 법체계 혹은 상대편 변호사로 인해 어떻게 하기 어렵다는 말을 할 것이다. 자기들로서는 협상을 원한다고 말하면서도, 상대편 변호사가 닥치는 대로 물어뜯으려는 사나운 투견 내지는 도깨비 같은 사람이라는 경고도 덧붙일 것이다. 그런 상황에서 당신을 보호하기 위해서는 마찬가지로 거센 입장을 취하지 않을 수 없다고 말할지도 모른다.

실제로 그럴 수 있다. 미국의 법체계는 협력보다는 경쟁 모델에 기초하고 있기 때문이다. 가령 '법적 투쟁'(legal battle)과 같은 법률 용어를 한번 생각해 보라. 경쟁이 승자와 패자를 가르도록 되어 있다는 사실도 마찬가지이다. 그럼에도 불구하고 많은 능력 있고 힘 있는 변호사는 상대와 협력하며 협상하는 방법을 찾아낸다. 실제로 이혼 법정에 속한 멤버들 사이에서는 보다 협력적인 변호를 촉진하기 위해 협조적 이혼이라는 이름의 운동이 새롭게 일어나고 있다.

협조적 이혼 변호사는 서로 합의하기를, 상대편에도 협조적인 변호사가 있을 경우에만 변호 역할을 맡기로 하였다. 협조적 이혼 변호사는 서로 협력하면서 그리고 정직하게 협상에 임하기로 하였다. 그들은 또한 법정 밖에서 절차를 끝내기로 하였으며, 이에 실패할 경우 변호를 중단하기로 하였다. 이러한 움직임이 일어난 지 얼마 되지 않았기 때문에, 큰 대도시 주변이 아닌 곳에서 두 사람의 협조적 이혼 변호사를 구하는 일이 어려울 수 있다. 그럼에도 불구하고 협조적 이혼 변호사는 고려해 볼 만한 가치가 있는 방법이며, 법적 중재 과정이 적대적이 될 경우 어떤 일이 생길 수 있는지 분명해 알게 해 주는 방법이기도 하다. 결국 협조적 법률 운동을 시작한 것은 심리학자들이 아니라 변호사들인 것이다.

변호사와 관련하여 중요한 사실은 이것이다. 즉, 변호사가 필요한 것은 조언을 얻기 위해서나 이혼서류 접수에 도움을 받거나 대신 협상을 해 주거나 하기 위해서일 것이다. 대부분의 변호사는 당신이 스스로 문제를 해결하는 것이 최선이겠지만, 필요하다면 협상을 맡겠노라고 말할 것이다. 이 경우 대부분의 변호사들은 장기적인 안목에서 생각하면서 보다 협력적인 태도로 협상을 진행함으로써 그 이혼이 적어도 냉담한 이혼이 되게 하고, 당신과 당신의 전 배우자가 업무를 분담하듯 자녀들을 함께 양육할 수 있게끔 할 것이다. 하지만 만일 변호사가 개입하여 모든 것이 잘못되는 경우에도, 궁극적으로 이는 당신의 문제요 당신의 책임이다. 변호사가 당신을 위해 일하는 것이지 그 반대가 아닌 것이다.

친권 다툼에서의 중립적 역할들: 양육권 사정인(evaluators)과 법정 후견인(guardians ad litem)*

법적 절충 시도가 실패하거나 법정 소송을 준비하게 되면, 양육권 사정인 혹은 법정 후견인이 사건에 개입할 수 있다. 양육권 사정인은 정신건강 분야의 전문가로서 개인적으로 선임할 수도 있고 혹은 법원에 고용되어 활동하기도 하는데, 당신과 당신의 전 배우자, 그리고 자녀를 평가하여 이혼 후 어떻게 자녀를 양육하는 것이 좋을지를 법정에 권고하는 역할을 하는 사람이다.

당신의 변호사는 당신을 위한 전문가 증인으로 양육권 사정인을 고용할 수도 있지만 그럴 경우 전 배우자 역시 다른 전문가를 고용하여 반대 증언을 할 수 있다는 사실을 고려해야 한다. 그렇게 되면 아마도 전문가들끼리 의견이 충돌하여 결국 판사가 양자의 견해를 모두 무시할 수밖에 없는 결과가 되고 말 것이다. 그보다는 중립적인 양육권 사정인을 활용하는 편이 낫다. 이는 법원에서 선임한 사람일 수도 있고, 당신과 전 배우자 및 변호사가 합의하여 선임한 사람이 될 수도 있다.

법정 후견인은 이혼 과정에서 당신 자녀들의 권익을 보호하기 위해 법원이 임명한 대리인이다. 대개는 변호사인 경우가 많지만, 어떤 지역에서는 변호사는 아니지만 특별한 훈련을 받은 사람들일 수도 있다. 이론적으로 법정 후견인은 이혼 과정에서 당신 자녀의 권익을 대변하지만, 잠재적으로는 친권 분쟁에서 제삼의 적대적 노선으로 작용할 수도 있다. 하지만 실제로 대부분 법정 후견인은 조정인의 역할을 수행하거나, 아니면 이혼이 법정으로 갈 경우 제시될 것이 뻔한 온갖 상반된 증거들 앞에서 판사가 현명한 판단을 내릴 수 있도록 돕는 중립적 관찰자가 되는 것이 아이들에게 최선이라는 것을 알게 된다.

---

* 부모들의 이혼소송 중 미성년 자녀에게 최적의 환경을 마련해 주기 위해 법정에서 지정한 보호자 – 역자 주

판사, 중재자(arbitrator), 그리고 양육 조정인(parenting coordinator)

당신 스스로 혹은 조정이나 변호사를 통해서도 합의에 이를 수 없다면 누군가 대신 결정을 내릴 수밖에 없다. 다른 누군가가 당신에게 아이를 어떻게 양육해야 할지 그리고 재정을 어떻게 운용해야 할지 말해야 하는 상황이라면 아마 당신의 이혼은 적대적인 것일 가능성이 많다. 당장은 그렇지 않더라도 곧 그렇게 될 것이다. 그런 상황에까지 이르게 되는 부모는 대개 두 사람의 관계에 대단히 많은 문제를 안고 있는 경우들인데, 법정으로 간다고 해서 상황이 좋아지지는 않는다. 법정에서 제시되는 증거들은 종종 극단적이며, 자기편은 좋게 보이고 상대편은 나쁘게 보이도록 하기 위해 심하게 '비틀리기도' 한다. 당신의 전 배우자로부터, 어쩌면 가족이나 친구로부터, 당신이 배우자와 부모로서 어떤 잘못을 저질렀는지를 들으면서 당신의 상처나 분노, 그리고 이혼의 아픔이 위로받기를 기대할 수는 없을 것이다.

현실을 직시하자. 법정 소송은 많은 비용이 들고 관계를 악화시킨다. 그리고 신디와 스콧이 경험한 것처럼, 법정 심리 날짜를 받고 이를 준비하는 데 무척 긴 시간이 소요된다. 6개월, 8개월, 혹은 10개월이 넘도록 심리 날짜를 잡지 못할 수도 있다. 그 동안에도 삶은 계속된다. 심리를 기다리는 동안 당신의 아이들과 당신의 관계가 멈추는 것도 아니다. 그 동안 당신은 무얼 해야 하는가? 심리의 가정법원 판사가 당신에게 원하는 바는 바로 이것이다. 곧 당신 스스로 문제를 해결하라는 것이다.

변호사를 통해 상대방에게 공격을 퍼붓기 시작할 당시에는 상상하기 어렵겠지만, 다음 날이나 다음 주 혹은 다음 달이면 생각이 달라질 것이다. 판사들은 자녀 양육 문제에 관한 한 당사자들 스스로 합의를 도출하는 것이 필수적이라는 데 변호사들보다 더 강한 신념을 갖고 있다. 왜 그럴까? 왜냐하면 당신의 아이들처럼 판사 역시 분쟁의 가운데 서 있으며, 그건 매우 불편한 입장이기 때문이다. 대부분의 판사들은 아무리 지혜로운 사람이라 하더라도 당신의 가정 문제를 당신보다 더 잘 풀 수 있는 사람은 없다는 것을 잘 알고 있다.

법정 심리가 초래하는 시간의 지체 및 관계의 악화를 생각하면, 만일 스스로 문제를 해결할 수 없다면 어떤 형태로든 조정 과정을 거치는 것을 대안으로 생각해 볼 수 있다. 어떤 지역에서는 특별판정인(special master)*을 두기도 하는데, 이들은 판사처럼 심리를 하지만 재판은 훨씬 빨리 그리고 보다 격식 없이 이루어지며, 법적인 결정 역시 보다 빨리 내려진다. 하지만 특별판정인의 판정은 법정에 항소가 가능하다는 사실을 알고 있어야 한다.

다른 조정의 대안에는 위임재판(minitrials)**이 있는데, 이는 가령 판사의 결정이 법적 효력이 있는 것으로 간주한다는 조건 등과 같이 양측이 미리 합의한 조건에 따라 행해지는 일종의 사적 재판이다. 보통 은퇴한 판사가 위임재판을 진행하고 심리가 끝난 뒤 바로 판결을 내리는 경우가 통상적이다. 사적인 조정인들도 중재 역할을 할 수 있는데, 여기서는 증거 제시의 절차가 위임재판의 경우보다 덜 공식적이다.

양육 조정인은 별거 혹은 이혼 절차에서 보다 최근에 생겨난 유형의 조정인으로서 대개 극심한 갈등 상황에서만 개입하는 사람이다. 양육 조정인은 보통 정신건강 전문가들인데 개인적으로 혹은 법원에 의해 고용된다. 이들은 자녀 양육과 관련된 일상적인 다툼이 일어날 때마다 헤어진 부모들과 사적으로 만나 이를 해결하게 된다.

양육 조정인들은 종종 조정-중재(med-arb)라 불리는 역할을 하기도 하는데, 이는 중재로 바뀔 수 있는 조정을 말한다. 조정과의 한 가지 차이는 부모들이 서로 합의에 이르지 못할 경우 양육 조정인이 중재인이 되어 당사자 대신 결정을 내려 준다는 것이다. 이 결정은 조정 자리에서 이루어지기도 하고 조정 후 곧 내려지기도 한다. 통상적인 상황에서는 양육 조정인의 결정권이 매우 제한적이다. 예를 들면, 다가올 공휴일이나 방학 동안 자녀의 스케줄에 관한 다툼과 관련된 것 등이다.

고통 없이는 결과도 없다

당신의 전 배우자와 이혼에 얽힌 법적 세부사항을 협의한다는 생각은 당신으로

* 특별한 사안을 위해 법원에서 선임한 사람 – 역자 주
** 법원의 위임을 받아 미리 결정된 조건과 방식에 따라 진행되는 사적인 심리 – 역자 주

하여금 분노나 두려움, 슬픔, 희망, 죄책감, 불안감, 혹은 이 모든 감정을 한꺼번에 느끼게 할 수 있다. 실제 합의에 도달한다는 생각 역시도 강렬한 감정을 자극한다. 공평하지 않은 것, 제대로 돌아가지 않을 것, 혹은 절대 바꾸지 못할 것을 합의하는 것이 아닐까 하는 두려움 때문이다. 당신이 떠나는 쪽인지 아니면 남겨지는 쪽인지에 따라, 합의에 이른다는 생각은 법적 합의 과정을 끝낼 것이라는 기대로 인해 후련한 느낌을 주거나 결국 결혼이 끝나고 만다는 생각에 절망스러운 느낌을 가질 수도 있을 것이다.

상호간의 협력이 유익하기는 하지만, 이 모든 감정은 당신으로 하여금 보다 적대적인 접근 방식을 취하도록 만들지도 모른다. 신디와 스콧의 경우처럼, 통제되지 않은 감정에 이끌려 상대방에게 "법정에서 보자!" 하고 소리치게 될 수도 있다. 혹은 실수할지 모른다는 두려움 때문에 협의 자체를 피하고 싶을 수 있다. 혹은 당신의 전 배우자가 아직도 당신의 심정을 제대로 이해하지 못한다는 생각 때문에 한자리에 앉고 싶은 생각이 들지 않을 수도 있다. 어쩌면 당신의 전 배우자는 골치 아픈 법적 문제를 정리한다는 생각에 마냥 즐겁기만 해 보이는데 당신은 결혼을 끝낸다는 사실에 절망스러울 수도 있다. 아니면 당신은 의논해야 할 일들을 의논하고 싶은데 당신의 전 배우자가 시간을 끌며 자꾸만 과거를 들추어내는 상황일지도 모른다.

당신에게 솔직히 말하겠다. 그리고 당신 역시 전 배우자에게 솔직해야 한다. 당장의 상황을 두고 말하자면, 당신에게나 전 배우자에게나 서로 협조하며 합의를 도출해 내는 일이 적대적인 방식에 비해 감정적으로 더 힘겨운 것이 사실이다. 서로 의견을 모아 합의를 도출해 내는 것은 당신의 슬픈 감정과는 전혀 어울리지 않는다. 상처로부터 자신을 보호해 주는 분노, 거리를 유지하고 이로써 상처의 치유를 돕는 그 분노를 분출하는 것이 서로 협조하며 의견을 모으는 과정에서 가능하지 않은 것이다.

협력적인 이혼의 과정에서는 불가불 당신의 전 배우자와 직면할 수밖에 없고, 이는 당신에게 엄청난 감정적 자극 요인으로 작용할 것임에 틀림없다. 상처일 수도 있고, 분노일 수도 있으며, 죄책감 혹은 슬픔일 수도 있다. 혼란스러움(ambivalence) 역시 이혼 과정에서 생길 수 있는 느낌 중 하나이다. 서로 의견을 모아 합의를 하고 아이를 위해 함께 움직이다 보면, 정말 이 결혼을 끝내고 싶은 것인지 하는 의문이 점점 더 커질 것이다. 아마 의아스런 생각이 들 것이다. 이런 문제들을 서로 협의할 수 있는 것이라면, 왜 결혼 생활은 지켜 내지 못했던 것일까?

달리 말하면 협력적인 협의의 과정은 슬픔을 딛고 나아가는 과정을 일시적으로 방해할 수 있다. 예전의 물음, 예전의 느낌, 심지어는 예전의 희망이나 꿈을 새로이 불러일으킬지 모른다. 벌써 다 해결되어 지나갔다고 생각했던 그런 것 말이다. 협의가 끝난 뒤 일 년 혹은 더 오랜 시간이 지난 후에도 최종적인 합의서에 서명해야 할 때 어쩌면 당신은 이런 질문을 던지고 있을지도 모른다. "꼭 이렇게 해야만 하는 걸까?" 사실 마음 깊이 자리 잡은 이런 강력한 느낌 때문에 당신이나 전 배우자나 합의서에서 무언가 잘못된 부분을 찾아내기도 한다. 실제로 합의서에 무슨 잘못이 있어서가 아니라, 그렇게 함으로써 합의를 (그리고 이혼 자체를) 뒤로 미루고 싶어서이다. 이런 식으로 슬픔을 다루는 일을 미룰 수 있는 것이다.

이런 역설적인 반응은 당신이 실수로 이혼을 하게 되었다거나 무언가 잘못을 저질렀다는 것을 의미하지 않는다. 이는 모두 인생 자체를 바꾸어 놓는 이혼이라고 하는 어려운 과정에서 연유하는 자연스런 감정적 결과, 반응이다. 이런 반응이 말해 주는 바는 지금 일어나고 있는 일이 당신에게는 너무도 중요한 일이고, 당신은 자신의 결정과 그 책임을 진지하게 받아들이고 있으며, 또 피할 수 없는 어려운 감정적 숙제를 스스로 해결하기 위해 노력하고 있다는 사실이다. 만일 당신이 자신의 감정을 예견하고 이를 이해할 수 있다면, 당신의 반응은 지금이나 이후에 보다 만족스러운 것이 될 수 있을 것이다. 당신이 일시적으로 겪는 갈등, 불편함, 의심, 슬픔 및 염려가 결국에는 당신과 전 배우자, 그리고 무엇보다도 아이들을 위해 유익한 결과를 가져다 줄 것이다. 고통 없이는 결과도 없는 법이다.

CHAPTER 07

양육 계획서

이혼에 있어 가장 두렵고 어려운 과제는 의심의 여지 없이 아이들이 누구와 함께 살지를 결정하는 일이다. 아이들과 항상 함께 있던 생활은 이제 마지막일지도 모른다는 생각만으로도 상황은 충분히 심각하다. 아이들을 잃을지도 모른다고 생각하면 두려움에 몸서리를 칠 것이다. 이런 두려움들, 그리고 여기서 연유하는 갈등들은 종종 전통적인 법률 용어들로 인해 더 복잡한 것이 되곤 한다. 한쪽 부모가 친권을 얻게 되면, 얻지 못한 쪽은 자기 아이들과 제한된 시간만을 보내는 것으로 만족해야 한다는 것이다.

좋은 부모가 된다는 것은 경쟁의 문제가 아니다. 부모들은 법적 협상에 있어서나 자녀 양육 문제에 관한 합의를 도출하는 과정에 있어서 이와는 다른, 보다 협력적인 접근을 취할 수도 있다. 나도 다른 많은 전문가들과 마찬가지로 이런 쉽지 않은 과제를 양육 계획서 마련의 차원에서 생각하는 것을 선호한다. 이 법적 합의서에는 자녀를 위한 분명하고도 구체적인 시간 계획과 아울러 의사결정에 있어서 두 부모의 양육 책임과 역할에 관한 지침들이 담기게 된다. 사실 당신이 양육에 관한 세부적인 계획들을 스스로 마련할 수 있다면 법적인 합의문에 '친권'이나 '면접교섭' 등의 용어를 사용할 아무런 필요도 없을 것이다.

본 장에서는 양육 계획서를 마련하는 과정에서 부모들이 고려해야 할 사안들을 개관하고, 다른 대안적 방식들, 특별히 다른 연령대의 자녀들을 위한 계획, 그리고 부모의 이혼이 협력적이거나 냉담하거나 혹은 적대적인 경우들을 위한 계획들의 장단점에 관해 논의하게 될 것이다.

여기에서 고려해야 할 가장 중요한 사안 중 하나는 어떤 방식으로 협의 과정을 진행할 것인가 하는 것이다. 다루어야 할 사안이 무엇인지를 논하기 이전에 이 문제를 먼저 이야기한 것이 바로 그 때문이다. 그 자체로는 바람직하거나 잘 적용될 것처럼 보이는 결정이나 계획들이 몇 가지 중요한 요인들로 인해 수립되거나 망가지거나 할 수 있다. 이혼 과정의 감정적 흐름과 공동 양육의 관계, 아이들의 발달에 따른 정서적 필요들, 당신과 전 배우자 및 아이들이 갖게 될 생활의 간단한 흐름 등의 요인들이다. 어떤 방식의 이혼이건 혹은 어떤 식으로 공동 양육의 방식을 결정하건, 하나로 모든 상황에 적용할 수 있는 완벽한 계획이란 존재하지 않는다.

모든 것이 시행착오와 타협의 연속이다. 상황 자체로 인한 본질적인 한계와 불완전성을 부모들이 빨리 깨달으면 깨달을수록 그만큼 더 빨리 주어진 상황에서 아이들과 자신들을 위한 최선의 결과를 만들어 낼 수 있을 것이다.

양육 계획서를 마련하는 가장 중요한 목적의 하나는 당신의 끓어오르는 감정을 충분히 이해하고 통제함으로써 분명하고 객관적으로 생각할 수 있도록 하려는 것이다. 특별히 자녀 문제와 같은 중대하고 감정적으로 흐르기 쉬운 사안에 있어서는 당신의 판단을 신뢰하기가 쉽지 않을 것이다. 무엇을 해야 할지 확신이 서지 않을 수도 있고, 당신의 통찰이 상한 감정, 외로움, 질투, 혹은 분노로 인해 흐려질 수도 있을 것이다. 이러한 과정을 먼저 겪은 가정들에 대한 연구가 도움이 될 수 있는 곳이 바로 이 대목이다.

가령 자주 논의되는 방식인 부모 간에 공동으로 신체적 친권(joint physical custody)을 행사하는 경우, 그러니까 자녀가 절반의 시간은 한 부모와 나머지 절반은 다른 부모와 살게 되는 것을 생각해 보자. 이런 공동 친권이 아이에게 바람직한 것일까? 이런 방식이 좋은가는 차치하고라도 현실적인 방안인가를 결정하기 위해서는 여러 가지 사항들이 고려되어야 한다. 중요한 고려사항들에는 다음과 같은 현실적인 사안들이 포함될 것이다. 두 부모가 얼마나 가까이 살고 있는가? 부모의 집이 아이의 학교에서 얼마나 가까운가? 한 부모가 외출해야 할 경우 아이를 돌볼 어떤 대안이 마련되어 있는가? 아이의 나이가 어느 정도인가? 연구 결과는 아주 어린 아이인 경우 공동으로 신체적 친권을 행사하는 것은 대단히 번거롭고, 더 큰 청소년기 자녀의 경우에는 아이의 일과를 방해한다는 사실을 분명히 보여준다.

공동으로 신체적 친권을 행사하는 방식이 성공하기 위해서 가장 중요한 요소는 부모 간의 협력적 관계이다. 연구 결과에 의하면, 평균적으로 말해 공동친권 방식이 자녀의 정신건강 및 양쪽 부모와의 관계 등을 포함한 자녀의 다양한 복지 측면에 다소간 더 유익한[31)]것으로 나타난다. 하지만 이를 자세히 살펴볼 경우, 공동으로 신체적 친권을 행사하는 것은 아이에게 최선이기도 하고 최악의 방식[32)]이기도 하다. 부모가 규칙이나 스케줄, 학교 생활 및 잦은 변화에 대해 잘 협조할 수 있는 상황이라면 공동으로 신체적 친권을 행사하는 방식이 최고의 선택일 것이다. 하지만 이로 인해 아이가 부모 간의 다툼의 한가운데 놓이게 된다면 이는 최악의 선택이 될 것이다. 부모가 공동으로 신체적 친권을 행사하는 상황에서 그들 간의 경쟁의 상품 노릇을 하며 자라나야 했던 수잔나의 슬프고 가슴 아픈 기억들, 그리고 이로 인해 어떻게 그녀가 자신의 감정보다는 부모의 감정이 더 중요한 것이구나 하고 생각하게 되었는지를 떠올려 보라.

양육 계획을 세울 때는 여러 가지 결정적인 요소들을 고려해야 한다. 아이의 입장, 어느 정도의 융통성, 그리고 아이의 다른 쪽 부모와 타당하고 현실적이며 규칙적인 관계를 발전시키려는 노력 등이다. 아래에 제시된 것은 양육 계획을 마련하기 위한 상식적 규칙들로서, 연구 결과에 기반한 것이다.

처음 배우자와 갈라설 때는 양육 계획을 잠정적인 계획으로 간주하라. 단기적인 계획을 세움으로써 당신은 자녀들이 새로운 스케줄에 어떻게 적응할지 추측하는 것이 아니라 실제로 어떻게 적응하는지 확인할 수 있다. 어느 정도의 시험 기간(대개 몇 달 정도)이 지난 뒤, 아이들의 필요에 보다 잘 맞도록 계획을 다소 변경할 수도 있고, 필요할 경우 아예 새로운 계획을 작성할 수도 있다.

아이들과 보내는 시간을 시간이나 날이 아닌 달과 년으로 계산하라. 수잔나의 아버지가 수잔나와 보내는 시간을 동등하게 확보하기 위해 표까지 만들었던 것을 기억하는가? 이것은 결코 아이들을 위한 방법이 아니다. 여기서 계획을 년 단위로 계산하라고 말하는 이유가 무엇인가? 네 살짜리 아이에게는 잘 맞아떨어졌던 계획이 일곱 살, 열두 살, 혹은 열여섯 살이 되면 전혀 맞지 않는 것이 될 수 있기 때문이다. 나중에 바꿀 수 있는 가능성을 열어 두게 되면 당신이나 전 배우자 모두 지금 다소 불완전한 계획이라도 보다 편하게 받아들일 수 있게 될 것이다.

두 사람이 함께 해야 할 양육 계획은 서로 간에 협력적인 관계를 필요로 한다. 적대적인 이혼을 한 경우라면 아마도 전통적인 방식, 그러니까 한 부모와 함께 살면서 다른 부모와 정기적으로 함께 시간을 보내도록 하는 것이 자주 두 집 사이를 오가도록 만드는 것보다 아이들에게 훨씬 더 나을 것이다. 적대적인 이혼을 하였지만 동등한 양육 계획을 원한다면 먼저 전 배우자와 보다 개선된, 그리고 보다 사무적 방식의 관계를 형성할 수 있도록 노력하라.

부모가 함께 얽혀 보다 복잡한 계획은, 초조해 하거나 다루기 힘들거나, 학습이나 정서 혹은 인간 관계 장애를 겪는 아이들에게는 대단히 힘겨운 방식이 될 수 있다. 만일 당신의 자녀에게 정서 혹은 학습 장애가 있다면 상당히 단순한 형태의 계획 혹은 전 배우자와 상당한 정도의 협력이 가능한 계획을 세워야만 한다.

동일한 계획이 서로 다른 나이의 자녀들에게도 언제나 통하는 것은 아니다. 전 배우자와 사무적이고 실제적인 관계를 유지하고 있다면 아이들의 연령대에 따라 약간씩 다른 계획을 세울 수 있을 것이다. 이런 차별화 된 계획 속에는 아이들이 당신이나 전 배우자와 단둘이만 보내는 소중한 시간도 포함될 수 있을 것이다.

신생아나 유아들의 경우 한 부모와 함께 살면서 다른 쪽 부모가 아이를 잠깐씩 자주 방문하도록 하는 것이 유익하다. 이 시기의 중요한 목표는 어린아이가 어느 한쪽의 부모로부터 떨어져 있는 기간이 상대적으로 짧게 하는 것이다.

미취학 자녀들과 학령기 자녀들은 한 부모와 보다 오랜 시간을 보낼 수 있으며, 이렇게 하는 것이 아이에게나 부모에게나 변화를 최소화한다는 점에서 더 유익하다.

청소년 자녀의 경우 어머니, 아버지 그리고 자녀의 세 가지 스케줄을 함께 맞추어야 한다. 청소년이란 자기들 나름의 바쁜 스케줄이 있게 마련이므로, 복잡한 양육 계획에 문제가 있는 것으로 드러난다고 해서 놀랄 이유는 없다.

사이가 좋은 형제가 있을 경우 서로 이동의 충격을 완화하는 역할을 해 줄 수 있다. 어린 자녀의 경우 만약 손위 형제가 있어 함께 움직이게 된다면 두 집을 옮겨 다니거나 보다 긴 기간 동안 한 부모와 헤어져 있어야 하는 상황을 보다 수월하게 받아들일 수 있을 것이다.

부모는 양육 계획과 관련된 자녀들의 생각을 들어 보아야 하지만, 최종 결정은 어디까지나 아이들 혹은 십대들이 아닌 부모의 몫이다. 부모는 그저 아이들의 견해를 들어 보고 싶은 것이라고 생각할지 모르지만, 열두 살짜리 딸에게 어떤 것을 원하는지를 묻는 것은 종종 본의 아니게 그 아이로 하여금 두 부모 중 한쪽을 선택해야 한다는 강박관념을 느끼도록 만들 수 있다.

지금 최종적인 양육 계획서를 마련해야 하는가?

두 사람 중 하나가 집을 나가기 전 이혼 합의서에 최종적인 양육 계획을 반드시 포함시켜야 하는 것인가? 어쩌면 감정적으로 가장 격한 것이 될지도 모르는 질주가 시작되려는 바로 그 순간에 모든 법적 세부사항들을 결정해 두어야 하는 것일까? 숨이 막힐 정도로 감정적 부침과 변화가 심한 처음의 그 며칠, 몇 주 혹은 몇 달의 기간이 그런 계획을 마련하기에 가장 적합한 때일까? 많은 부모들은 그렇다고 생각한다. 비록 변호사의 말을 듣고서 그렇게 생각하는 경우도 있긴 하지만 말이다. 이들 부모들은 격심한 감정의 소용돌이 속에서 앞으로 자녀의 인생 전체에 걸쳐 적용될 수 있는 양육 계획을 확정지어야만 한다고 믿는다.

너무하다고 여겨지는가? 사실 그렇다. 그것은 너무 지나친 요구이며 전혀 그럴 필요가 없는 것으로, 많은 변호사나 조정인이 나와 같은 견해를 갖고 있다. 이처럼 힘겨운 시기에 자녀들의 미성년기 전체를 위한 양육 계획을 마련해야 할 필요가 없다. 특별히 전 배우자와 어느 정도 협력적인 관계를 맺고 있거나 가까운 장래에 그렇게 될 수 있다고 여겨진다면 더더욱 그렇다. 여기서 내가 사용하는 단어에 주목하라. (완전한 것이 아니라) '어느 정도'(reasonably)이며, (역시 완전한 것이 아니라) '협조적'(cooperative)이라는 의미이다. 사실 법적 합의를 도출하려 할 때, 당신은 절대로 자녀의 나머지 인생 전부를 위한 결정을 내리려고 해서는 안 된다. 양육 계획은 변화가 가능한 합의로 남겨두어야 한다.

머릿속에서 복잡하게 오고 가는 두려움이나 복잡한 법적 문제들을 잠시 젖혀 두고 한 사람의 부모로서 상황을 바라보라. 결혼한 부부가 자녀의 양육에 관해 중요한 결정을 내릴 때와 같은 방식으로 이 문제에 접근하라. 아이가 겨우 다섯 살이나 아홉 살인데, 아니면 열다섯 살이라고 해도 이때부터 주립대학을 보낼지 사립대학을 보낼지와 같은 문제에 대해 최종적인 결정을 내리고 몇 해 동안 비싼 등록금을 내기로 마음먹는 부모는 없지 않겠는가?

이혼 과정에서 자녀에 관해 내리는 결정 역시 마찬가지이다. 아이들은 변하게 마련이며, 당신 역시 마찬가지이다. 당장에는 불가능한 것처럼 보여도, 다음 주, 다음 달, 혹은 몇 년 후면 더 수월하게 느껴질 수 있다. 마찬가지로 지금의 완벽한 상황이 앞으로도 계속되리라는 보장은 없다. 판사나 변호사, 심리치료사, 조정인, 혹은 가장 훌륭한 부모라 하더라도, 가장 힘겨운 순간에 자녀의 아동기 전체를 위한 최상의 결정을 내릴 수 있는 사람은 아무도 없다. 어떤 식의 이혼에서건 상당한 정도의 융통성이 필요한 이유가 바로 여기에 있다.

자녀를 위한 잠정적인 계획

수백 건도 넘게 이혼하는 가정들을 조정하거나 상담해 오면서, 부모들이 만들어 오는 온갖 종류의 양육 계획 시안들을 보곤 하였다. 프랭크나 다니엘처럼 어떤 부모들은 (스케줄에 관해 서로 합의를 했음에도 불구하고) 법적 합의문에는 서명하기를 거부하였다. 이는 그 계획이 얼마나 잘 들어맞는지를 먼저 확인하고 싶기 때문이기도 하고, 또 부모로서의 도의적 책임감이 어떤 법적 합의보다 더 강하다고 믿기 때문이기도 했다. 이들의 반대편 극단에는 이혼하기 전에 법적 세부 사항을 하나도 빠짐없이 확실하게 해 두어야 한다고 주장하는 부모들이 있다. 나는 이런 부모들이 몇 달, 일 년 혹은 그보다 더 긴 시간 동안 같은 집에 살면서 합의 사항을 협상하느라 소모전을 벌이는 것을 많이 보아왔다.

하지만 대부분은 중도를 택한다. 서로 협의하여 약식 이혼 합의서, 그러니까 (혹시라도 유기가 적용될 여지를 없애기 위해서) 두 사람이 서로 이혼하기로 합의한다는 진술, 상세하지만 잠정적인 양육 계획, 그리고 어쩌면 재정에 관한 간략한 합의문까지도 포함한 간략하면서도 보다 비공식적인 문서를 작성하는 것이다.

어쩌면 이것이 선을 분명히 긋는 것이 좋다고 내가 권장해 온 경계를 오히려 허무는 것이 아닌가 생각할지 모르지만 이들 계획은 애초부터 융통성이 있는 것이다. 알지 못했거나 예상치 못했던 미래의 필요나 상황에 대처하기 위해 수정하거나 조정할 수 있는 여지를 남겨 둔다는 것이다. 이혼 상황에서 아이들에게 필요한 안정감이란, 이혼 첫날부터 그들이 독립해서 집을 떠날 때까지 한결같은 계획에 따라 부모를 만나는 것을 의미하지는 않는다. 진정한 의미에서 안정감이란 부모들이 자신의 필요를 채워 줄 수 있다는 것을 아는 데서 오는 것이고, 자녀들의 필요란 부모들의 필요와 마찬가지로 변할 수 있고 또 실제로 변하는 것이다.

이런 식으로 자녀 양육 문제에 접근하면, 당신의 과제는 지금 당장 실행해 볼 수 있을 법한 계획의 마련이라는 보다 간편하고 보다 현실적인 과제가 된다. 결과적으로 부모들은 최종적이고 불가변적인 계획보다는 잠정적이고 보다 유동적인 계획에 보다 쉽게 동의할 수 있게 된다. 이런 작업을 위해 필요한 최소한의 협력을 보여줄 수 있다면, 부모들은 나중에 재검토가 가능한 계획, 자녀들의 필요와 자신의 변화하는 상황에 따라 더 개선되고 달라질 수 있는 계획을 훨씬 더 편하게 생각한다.

양육 계획을 마련하는 일에 있어서 이러한 상황대응적 접근은 영아들이나 유아들에게는 더욱더 중요하다. 이상적인 방법으로, 매우 어린 아이들의 부모는 아이가 학령기가 될 때까지 일련의 잠정적 계획들을 6개월 정도의 단위로 계속 협의하면서 필요에 따라 이를 수정해 가는 것이 좋다. 일단 아이가 세 살, 네 살, 혹은 다섯 살이 되면, 새로 계획을 세워서 (50대 50 방식에서부터 다분히 전통적인 방식에 이르기까지 어떤 것이라도 좋다) 몇 년 혹은 더 오랜 기간 동안 적용할 수 있다. 아래에 제시한 것은 조정을 통해 마련된 6개월짜리 아이를 위한 양육 합의문의 예이다.

> 우리는 6개월 된 우리의 아들 다니엘이 현재로서는 한 집에 지속적으로 머무는 것이 유익하지만, 나이가 들수록 두 부모 각자와 보다 많은 시간을 보내는 것이 중요하다는 점에 동의한다. 앞으로 6개월에 걸쳐 다니엘은 주로 엄마와 함께 지내게 되지만, 매주 월요일과 수요일 오후 4시부터 7시까지, 그리고 매주 토요일 오전 9시부터 오후 5시까지 아빠와 시간을 보내도록 한다. 이 기간 동안 간간이 다니엘이 아빠와 함께 밤을 지낼 수 있도록 시도해 볼 수도 있다. 다니엘이 한 살이 될 때, 우리는 이 계획을 다시 검토하여 다니엘에게 가장 잘 맞는 계획을 마련하도록 한다. 우리의 목적은 다니엘이 아빠와 보다 많은 시간을 함께 할 수 있도록 하는 것이다. 궁극적으로 이는 정기적으로 아빠와 함께 밤을 보내는 것 및 다니엘에게 유익하다고 판단될 경우 공동으로 신체적 친권을 행사하는 것까지도 포함하게 될 것이다.

합의 과정에서 감수해야 할 위험

망치로 쇠를 두들기듯 최종적인 법적 문서를 만들어 내는 것보다는 유동적인 양육 계획을 마련하는 것이 훨씬 더 멋있게 느껴지는 것이 사실이다. 하지만 이런 상황대응적 접근이 갖는 약점은 없을까? 솔직히 말하자면, 그 나름의 약점이 분명 있다. 우선 두 사람이 서로 마주 앉아 이런 식의 합의문을 작성한다는 사실이 대부분의 변호사들에게는 매우 위험한 것으로 여겨진다. 그리고 아주 적대적 성향의 변호사들이라면 그런 문서에는 절대로 서명하지 말라고 주장할 것이다.

아기 다니엘의 경우를 두고 말하자면, 아이의 엄마와 아빠 측 변호사들은 다음과 같이 말할 수도 있을 것이다. 엄마 측의 변호사는 그녀가 유동적이고 상황에 따라 달라질 수 있는 계획에 동의하는 것은 위험한 일이라는 사실을 지적할 것이다. 왜냐하면 엄마가 법정에서 승소하기 가장 좋은 시기가 바로 지금이기 때문이다. 아이에게 모유를 수유하고 있고 대부분의 시간 동안 아이를 돌보고 있으며, 또한 판사들은 엄마와 영아들 간의 애착 관계를 방해하는 것을 대단히 꺼려하기 때문이다. 일단 재판에 이기고 나서 나중에 아이의 아빠가 협조적인 태도를 보일 경우 그때 유동적인 입장을 취하는 것이 낫다고 조언할 것이다. 지금 그렇게 유동적인 태도를 보일 경우, 나중에 전 배우자가 형편없는 아빠로 드러나 그녀가 아이와 대부분의 시간을 함께하는 것이 아이에게 유익하겠다는 생각이 들어도 달리 어찌해보기가 어려울 것이라는 조언이다.

이것은 법률적 조언으로는 훌륭한 충고가 되겠지만, 문제는 여기에 있다. 엄마의 변호사가 그런 충고를 한다면, 과연 아이 아빠의 변호사는 어떻게 말하게 될까? 비록 다른 이유에서이긴 하겠지만, 아빠의 변호사 역시 아빠가 융통성 있는 접근을 취하는 것은 위험한 일이라는 사실을 지적할 것이다. 그가 재판에 이기려면 지금이 최적의 시간이다. 장기적인 양육 계획은 아직 마련되지 않았고, 아이의 엄마는 곧 직장 생활을 재개하게 될 것이며, 또한 아이들은 아빠와도 긴밀한 애착 관계에 있다. 특별히 책임을 회피하려는 아버지들이 많은 상황에서, 판사들은 양육의 책임을 지기 원하는 아버지들을 호의적으로 생각한다. 일단 다니엘의 아빠가 공동 친권을 확보하고 나서, 뒤에 아이의 일과에 너무 간섭하지 않는다거나 하는 식으로 융통성을 보일 수 있다. 그렇더라도 그럴 경우에는, 아이가 자라는 것에 맞추어 계획을 수정하는 것으로 다니엘의 엄마와 그냥 합의하는 것보다는 훨씬 더 유리한 입장에서 타협을 할 수 있을 것이다. 지금 융통성을 보이는 쪽으로 합의하게 되면 나중에 아이의 엄마가 합의를 깨고 아이가 엄마와 대부분의 시간을 함께 있어야 한다고 주장하고 나올 때 매우 곤란한 상황에 처하게 될 것이다. 이미 융통성을 보인 전례가 있는 상황에서, 엄마 쪽에 유리한 판결이 날 가능성이 높다는 것이다.

이 또한 매우 훌륭한 법률적 조언임에 틀림없다. 하지만 문제 역시 분명하다. 두 부모가 모두 그처럼 방어적인 입장에서 대응한다면 어떤 형태로든 싸움이 벌어질 수밖에 없는 것이다.

당신이 양육 계획에 대해 유동적인 입장을 가지고 당신의 전 배우자와 함께 문제를 풀어 가려고 시도하는 것이 분명 위험한 일이라는 데는 의심의 여지가 없다. 하지만 적대적 접근법을 가지고 성급히 뛰어드는 것 역시 위험하기는 마찬가지이다. 공동의 부모 역할을 불가능하게 만들 위험 말이다. 어떤 방식을 택하건 위험을 피할 수 있는 길은 없다. 위험은 이혼 자체에 내재한 것이기 때문이다. 하지만 나의 경험이나 내가 수행한 연구 결과에 의하면, 서로 협력하면서 그 위험을 감수할 때 더 유익한 결과를 얻을 가능성이 높다.

최종적인 양육 계획에 서명하기 전, 아이들을 위해 가장 적합한 계획을 찾을 때까지 시험해 볼 수 있다. 여기서 현실적이 될 필요가 있다. 이 시험은 부분적으로는 아이들이 어떻게 받아들이는지를 보는 것이고, 부분적으로는 당신과 전 배우자 간에 협력이 얼마나 잘 되는지를 알기 위한 것이다. 적대적인 접근법이나 그런 방법을 조언하는 사람들이 금방 사라지지는 않는다. 사태가 잘못되어 보다 공격적인 태도를 취해야만 하는 상황이 되면 당신을 도와줄 변호사들은 언제고 구할 수 있을 것이다.

냉담한 이혼에서의 유동적 접근

타라(Tara)와 카를로스(Carlos)는 스페인어 교사와 의사로서, 두 청소년기 아이들이 있고 냉담한 이혼을 하게 된 경우이다. 이들은 자신들의 이혼이 결코 협력적인 것이 아니었음에도 불구하고 부모로서 서로 협력하려는 위험을 감수하였다. 카를로스는 열다섯 살 된 아들 카를로스 2세(Carios Junior)와 열한 살 된 딸 이사벨라(Isabella)의 신체적 친권에 대한 공동 권리를 얻기 위해 싸우고 있었고, 타라는 그가 매주 목요일과 격주 주말에 아이들과 함께 밤을 지낸다는 현재의 약속도 지키지 않고 있다고 비웃었다.

조정을 거치면서 타라와 카를로스는 보다 명확하고 더 사무적인 경계를 설정할 수 있는 규칙들을 배우게 되었다. 그 규칙들 중 하나는 여러 달 동안 잠정적 합의서에 명시된 스케줄을 엄격하게 준수한다는 것이다. 그 후 합의서를 다시 검토하여 카를로스가 아이들과 더 많은 시간을 보낼 수 있도록 할 것인지를 고려하기로 하였다.

몇 달 후 카를로스와 타라가 나를 다시 찾아왔을 때 두 사람은 제각기 나름의 불평을 늘어놓기 시작했다. 타라는 비록 카를로스가 정해진 스케줄을 거의 맞추기는 했지만, 최근에는 학회에 참석하느라고 주말 스케줄을 한 번 변경했다고 말했다. 카를로스가 예전처럼 되돌아갈까 봐 두려워서인지, 타라는 그가 학회에 관해 미리 말해 주지 않았다는 사실에 대해서도 화가 나 있었다. 적어도 몇 달 전에는 미리 알려 주었어야 했다는 것이다.

타라는 또한 카를로스가 아이들을 대하는 방식에 대해서도 몇 가지 불만사항을 제기하였다. 카를로스 2세에게는 너무 엄격하다는 것, 그리고 사춘기에 막 접어들려고 하는 이사벨라의 감정적인 혼란에 대해서도 보다 민감해질 필요가 있다는 것이었다. "그리고 아이들과 시간을 보낼 때는 정말로 아이들과 함께 있어 주어야 해요. 아이들은 당신이 병원으로 달려가거나, 잡지를 읽거나, 아니면 누군가와 통화하는 걸 보고 싶어 하는 게 아니에요. 얘들은 당신이 자기들 곁에 있어 주기를 원하는 거라구요!"

애써 감정을 억누르기는 했지만 카를로스도 기분이 나쁜 건 마찬가지였다. 그는 그대로 타라에 대한 온갖 불만을 늘어놓았다. 자기에 관해 아이들에게 요리조리 캐묻고, 여전히 애들 아빠인 자신을 무시하며, 아이들과 그의 관계에 대해 이래라저래라 하려고 한다는 것이었다. "그래, 더 일찍 말을 해 주었어야 했겠지. 하지만 말을 했으면 지금 그러는 것처럼 화를 낼 것이 분명한데 어떻게 말하겠어. 나는 그저 싸움을 피하고 싶어 그랬던 것인데, 지금 보니 내가 어떻게 하더라도 싸움은 피하기 어려운 것 같군."

분위기가 더욱 험악해지려는 상황에서 지난 몇 개월 동안 그들이 서로 합의한 규칙을 잘 지켜 왔는지 물었다. 잠시 침묵의 시간이 흐른 뒤, 그들은 대체로 규칙을 잘 지켜 왔으며 이전보다는 부딪히는 경우가 훨씬 적어졌다는 사실을 인정하였다. 나는 두 사람 사이에 거리를 두는 것에는 이유가 있다는 사실을 상기시켰다. 곧 갈등을 피하자는 것이다. 두 사람이 이혼을 조정하는 상황에서 어느 정도 감정을 분출하는 것은 상관없지만, 처음부터 모든 일이 멋지게 돌아가리라고 기대한 것도 아니고 또 불평을 늘어놓자고 그 자리에 모인 것도 아니다. 나는 부모가 더 이상 예전처럼 싸우지 않게 된 상황에서 아이들이 보다 더 안정감을 느끼게 되었는지가 궁금했다. 사실, 카를로스가 아빠에 대해 예전처럼 화나 있지 않으며, 이사벨라도 엄마에 대해 이전처럼 방어적이지 않다는 데 두 사람 모두 동의하였다. 그리고 타라의 말에 의하면, 이사벨라의 일기 내용을 볼 때 엄마와 아빠가 서로 잘 지내고 있다고 느끼고 있음을 말해 준다고 했다.

그렇다면 이제 두 사람은 어떻게 해야 할까? 타라는 카를로스를 쳐다보았다. 타라가 공격할 때마다 그랬던 것처럼, 그가 신체적 친권에 대한 공동 권리를 주장하고 나올 것이라 예상하면서 말이다. 하지만 카를로스는 공동 친권 문제를 들고 나오지 않아 타라와 나를 놀라게 했다. 대신 그는 아이들을 데리고 한 주간 동안 연로하신 부모님께 다녀오고 싶다고 이야기하였다. "방학 동안 할머니와 할아버지를 뵙도록 데려갈 권리는 있다고 생각해요." 카를로스도 충분히 예상한 것처럼, 타라는 다음 달 봄방학을 아이들과 함께 보내는 것이 카를로스의 '권리'인지 따지긴 했지만, 곧 그 계획에 동의하였다. 타라는 예전 시부모들과는 언제나 좋은 관계를 유지하고 있었고, 또 아이들이 할머니, 할아버지와 함께 시간을 보내는 일도 중요한 일이라고 생각하였기 때문이다.

우리는 잠정적 양육 계획을 지금처럼 유지하기로 하였고, 몇 달 후 다시 만나기로 약속을 정했다. 그 이후 타라와 카를로스는 그들의 변호사들이 만족할 만한 재정적 합의를 이끌어 냈으며, (매주 목요일과 격주 주말을 아빠와 보낸다는) 현재의 잠정적 계획을 최종적 합의서에 포함시키는 데 동의하였다고 말해 주었다. 비록 종종 그렇듯 그들의 초기 계획이 최종적인 것이 되었지만 두 사람이 만들어 낸 합의

사항을 준수하는 과정을 거침으로써 그들은 최종적 결과뿐 아니라 공동 양육자로서 서로의 관계 방식의 틀에 대해서도 자신감과 통제력을 지닐 수 있게 되었다. 분명 타라와 카를로스가 가까운 시일 내에 사이가 좋아질 가능성은 없다. 하지만 그들은 양육의 책임을 함께 나눈 부모로서 건강한 관계를 형성하는 일을 중요하게 생각하고 있다는 사실을 자신에게, 그리고 그들의 자녀들에게 증명해 보였다.

일단 법적인 합의 사항을 도출해 내고 나면 할 일을 다 했다고 생각하고 거기에서 멈추어 버리는 부부들이 너무 많다. 타라와 카를로스는 현명하게도 조정을 멈추지 않고 아이들의 학기가 시작할 무렵, 그러니까 새 학년이 다가오거나, 새해가 되거나, 여름방학이 시작되기 전과 같은 때에 나를 찾아왔다. 조정을 통해 그들은 스스로 다루기 어려운 차이점들을 다룰 수 있는 기회를 갖게 되고, 공휴일이나 여름방학, 출장 등과 같이 계획된 스케줄을 다소 바꾸어야 할 부분들을 점검하는 기회를 갖기도 한다. 그들의 관계는 냉담하고 긴장된 상태를 벗어나지 않았지만, 그들에게나 아이들에게나 훨씬 더 좋은 선택이었던 셈이다.

난해한 법률 용어의 진짜 의미 간파하기

이혼으로 인해 많은 사람들은 난생 처음 법적인 절차를 경험하게 된다. 많은 부모들에게 있어 변호사를 만나거나 법적인 절차를 처리해야 한다는 사실은 애써 부드럽게 표현한다 해도 걱정스러운 일이 아닐 수 없다. 전혀 익숙하지 않은 법률 용어들, 일어날지도 모르는 온갖 상황에 대한 변호사의 경고들, 내 삶의 통제권이 다른 사람의 손에 있다는 느낌, 이 모든 것들로 인해 이혼은 더 큰 조바심, 두려움 및 불확실함의 원인으로 다가오는 것이다.

수술대에 오를 때 당신은 동의서에 서명을 하게 되는데, 여기에는 의사의 수술을 받아들인다는 진술뿐 아니라 잘못될 수 있는 모든 가능한 상황에 대한 세부적 조치도 담겨지게 된다. 수술의 좋은 점은 가장 힘든 과정인 수술이 진행되는 동안에는 잠들어 있다는 것, 그리고 결과가 좋을 경우 그냥 깨어나서 더 나아진 것을 느끼기만 하면 된다는 것이다.

하지만 불행히도 이혼 변호사들은 당신이 의식을 잃은 상태, 고통이나 다른 불편한 정황을 모른 채 편안하게 누워 있는 상태에서 업무를 처리하는 것이 아니다. 변호사는 말하자면 필요한 지침과 조언을 제시해 줄 수는 있지만 동시에 정말로 힘든 일을 하는 것, 그리고 성공적 회복은 결국 당신 자신에게 달렸다는 것을 상기시키는 물리치료사와 같다.

어쨌든 당신은 앞에 놓인 문제를 해결해야 하고, 그러다 보면 상처를 입게 마련이므로 무엇을 해야 하는지 그리고 그것을 왜 해야 하는지를 아는 것이 도움이 된다. 일단 법률 용어들의 실제적인 의미가 무엇인지를 알게 되면, 이혼에 있어서 자녀들과 관련된 법적 문제란 사실상 두 가지 사항, 그러니까 자녀들에 대한 어떤 결정을 내리는 문제 및 자녀들을 데리고 있는 시간계획에 관한 문제로 수렴된다는 것을 알게 될 것이다.

이는 물론 부모로서 당신이 잘 이해하고 있는 사항들이다. 실제로 어떤 부모들은 법적 합의서에서 법적 용어들은 아주 배제해 버리고 단순히 의사결정과 자녀와의 시간을 어떻게 나누고 배분할 것인지만을 언급하기도 한다. 동일한 견지에서 미국의 많은 주에서는 혼란스럽고 무겁게 느껴지기만 하는 '친권'(custody)이라는 말을 버리고 '양육 책임'(parental responsibility)이나 내가 선호하는 '양육 계획'(parenting plan)이라는 말을 사용하기도 한다. (이혼법은 주마다 다르다. 어디에 살건 의사결정 및 자녀와 함께하는 시간과 관련된 사안들은 달라지지 않지만, 변호사의 도움이 필요한 것은 당신이 사는 주의 특별한 법조항들을 알아야 하기 때문이다.)*

용어의 중요성을 무시해서는 안 된다. 그저 자녀들을 '방문'한다고 생각하고 싶은 부모는 없을 것이다. 용어 문제가 중요한 것이므로, 여기에서는 이혼에 있어 자녀와 양육과 관련된 가장 흔한 법률 용어들을 설명하도록 하겠다. 하지만 중요한 사실을 먼저 분명히 해 둘 필요가 있다. 현란한 법률 용어로 치장되어 있다고 해도 용어는 용어일 뿐이다. 이혼에 있어 좋은 양육 계획이란 그저 신중하게 선택된 표

* 우리나라 법제하에서는 자녀 양육과 관련하여서는 친권(the parental authority)과 양육(fostering)이라는 용어가 사용되는데 본서에서 사용되는 custody는 의미상 양육권보다는 친권(자녀의 보호, 교양, 거소지정, 징계, 법률행위에 대한 대리 및 동의 등을 지칭하는 개념)에 가까운 것으로 보아 친권으로 번역한다. - 역자 주

현의 문제가 아니다. 좋은 양육 계획이란 자녀의 시간 분배에 관한 명확한 스케줄 및 어떤 부분을 독자적으로 결정하고 어떤 부분을 함께 의논할 것인지에 관한 분명한 규칙을 마련하는 문제이다. 이혼 상황에서 좋은 양육 계획이란 당신의 전 배우자와 적당하고 현실적인 부모로서의 관계를 유지하는 것이다.

단독 친권 및 공동 친권

주마다 법은 달라지지만 친권은 아마 가장 잘 알려진, 그리고 가장 널리 쓰이는 표현일 것이다. 많은 경우 법은 신체적 친권과 법적 친권을 구분하고 있는데, 이 구분은 중요하다. 법적 친권은 자녀에 대한 부모의 법적 책임, 특별히 자녀의 삶에 관한 주요한 결정을 내릴 권리를 의미한다. 신체적 친권이란 자녀가 어디에 그리고 어떤 스케줄에 따라 생활할 것인지를 말한다.*

법적 친권을 단독으로 가진 부모는 자녀와 관련된 중요한 결정을 혼자서 내릴 책임을 진다. 공동으로 법적 친권을 행사하는 경우는 두 부모가 함께 결정권을 갖게 된다. 신체적 친권을 단독으로 가진 부모는 대부분의 시간을 자녀와 함께 살게 되는 것이며, 공동으로 신체적 친권을 행사하는 경우는 자녀들과 보내는 시간을 균등하게 나누게 된다.

당신의 이혼이 냉담한 것이거나 혹은 적대적인 경우 자녀 양육에 관한 모든 결정을 혼자 내릴 수 있다는 생각이 대단히 유혹적으로 다가올 것이다. 혹은 모든 결정을 내리는 데 있어 전 배우자와 의견을 조율한다는 건 불가능하다고 생각할 수도 있다. 하지만 법적 친권을 단독으로 행사할 수 있다고 해서 당신이 전 배우자로부터 자유로워지는 것은 아니다. 그리고 공동으로 법적 친권을 행사한다고 해서 매일매일 끝없는 갈등에 시달려야 하는 것도 아니다.

왜 그럴까? 그 이유는 공동으로 법적 친권을 행사한다고 해도 실제로 함께 결정해야 할 일들은 많지 않으며, 법적 친권이 없는 부모라 해도 부모는 여전히 부모이기 때문이다. 여전히 그들은 자녀의 삶에 개입할 수밖에 없다. 사실 공동으로 법적

* 우리 법제하에서는 신체적 친권과 법률적 친권을 구별하고 있지 않은데, 우리나라의 친권 내용 중 보호, 교양, 거소지정, 징계 등을 신체적 친권으로, 법률행위에 대한 대리 및 동의권 등을 법적 친권으로 볼 수 있을 것 같다. – 역자 주

친권을 행사한다는 것은 일반적으로 다음과 같은 문제들을 함께 결정한다는 것을 의미한다.

- 선택적 의학적 치료
- 학업
- 종교 교육

단지 그뿐이다. 공동으로 법적 친권을 행사한다고 해서 전 배우자들 간에 서로의 결정에 대한 거부권을 가지고 있다거나, 다른 부모의 의견에 사사건건 트집을 잡을 수 있다거나, 매일 부모로서 내려야 하는 모든 사소한 결정에 대해 서로 의논해야 한다는 뜻이 아니다. 적대적인 이혼을 한 경우 어떤 부모들은 이처럼 상대의 결정을 막거나 트집을 잡거나 사사건건 간섭하려 들지만, 공동으로 행사하는 법적 친권이 그렇게 할 권리를 주는 것은 아니다. 오히려 공동으로 법적 친권을 행사한다는 것은 아이가 언제 치아교정을 받을지, 심리치료사에게는 언제 데려가야 할지, 사립학교를 보낼지 공립학교를 보낼지, 아이를 기독교, 유대교, 이슬람, 힌두교, 무신론 등의 종교 중 무엇을 믿는 사람으로 기를 것인지 등을 함께 결정한다는 뜻이다. 물론 부모가 각자의 집에서 자녀를 키우는 규칙이나 생활양식에 관해 두루 의견을 모을 수 있다면 자녀에게 매우 유익할 것이다. 하지만 공동으로 행사하는 법적 친권은 부모가 이런 일에 대해 반드시 의견이 일치해야 한다는 것을 의미하지는 않는다.

공동으로 행사하는 신체적 친권이란 정확히 무엇을 말하는가? 구분이 언제나 명확한 것은 아니지만, 아이가 양쪽 부모의 집에서 각각 매년 적어도 100일 이상의 기간(평균 한 주에 이틀 정도)을 지내게 되면 공동으로 신체적 친권을 행사하는 것으로 볼 수 있다. 며칠 밤을 지내는가 하는 문제는 중요하다. 왜냐하면 어떤 주에서는 신체적 친권의 공동 권리 범위를 벗어날 경우 자녀 양육비 지원을 삭감하기 때문이다. 그렇다고 해서 공동으로 행사하는 신체적 친권이 자녀들의 시간을 50대 50으로 균등하게 나누어야 한다는 의미는 아니다.

공동 친권을 예상해야 하는가?

20년 전만 해도 공동 친권은 새로운 개념이었고, 많은 전문가들은 그에 대한 의구심을 표했다. 그러나 오늘날 공동 친권은 예외적인 것이 아니라 보편적인 것이 되었다. 왜 그럴까? 이러한 방식이 언제나 문제를 일으키는 것은 아닐뿐더러, 용어 자체도 양쪽 부모 모두에게 자녀와 연결되어 있다는 느낌을 주기 때문이다. 이런 식으로 한번 생각해 보자. 공동 친권은 어느 한쪽이 확보하는 것이 아니다. 부모는 결혼한 상태에서는 의사결정을 함께 한다. 그런데 결혼이 끝나면서 누군가가 단독 친권을 얻게 된다면 이는 다른 쪽 부모로서는 한때 가졌던 부모로서의 권리를 상실하는 것을 의미한다.

이런 이유로 부모로서는 공동으로 법적 친권을 행사하는 것이 정서적으로나 상징적인 의미에서나 중요할 수 있고, 또 대개 실제로 매우 중요하다. 연구에 의하면, 상징적 의미는 곧잘 구체적 행동으로 옮겨갈 수 있다. 공동으로 법적 친권을 행사하게 된 부모들의 경우를 법적 친권을 상실한 부모들과 비교하였을 때[33], 이혼 후 더 많은 시간을 자녀들과 함께하며, 양육비도 더 많이 제공하고, 또 보다 더 규칙적으로 그렇게 한다. 문제가 있다손 치더라도 공동으로 법적 친권을 행사하는 경우는 부모들 간의 문제를 더 많아지게 하는 것이 아니라 더 적어지게 한다.

신체적 친권을 공동으로 행사하는 경우는 어떨까? 여러 가지 면에서 공동으로 행사하는 신체적 친권은 자녀들에게 최적의 방법이다. 왜냐하면 여전히 두 부모 모두가 그들의 삶에 깊이 간여하게 되기 때문이다. 하지만 앞에서 지적한 것처럼, 공동으로 신체적 친권을 행사할 경우 두 부모 간에 긴밀한 협력을 할 수 있어야 한다. 부모 간에 상호협력이 안 되는 상황에서 공동으로 신체적 친권을 행사한다면 자녀에게는 최악의 상황이라 할 수 있다. 이혼 방식을 고려할 때뿐 아니라 공동으로 신체적 친권을 행사하는 데 있어서의 실제적인 어려움을 짐작하는 데 도움이 될 만한 현실적 기준이 있다. 신중하게 추측해 보건대, 이혼한 부모들이 공동으로 신체적 친권을 행사할 경우, 단지 5~10퍼센트 정도의 소수의[34] 부모나 자녀들만이 그 스케줄을 성공적으로 유지한다는 것이다.

성공률이 이처럼 낮은 데는 여러 가지 이유가 있다. 단연 첫 번째 이유는, 공동으로 신체적 친권을 행사할 경우 전 배우자들 간에 긴밀한 협력과 감정적 절제가 필요한 것은 물론이고 스케줄이 복잡하게 꼬이는 것에 대한 인내를 요구하기 때문이다. 만약 공동으로 신체적 친권을 행사하는 데 따른 어려움을 감당할 수 있다고 생각한다면 한번 시도해 보라. 물론 감정상의, 그리고 실제적인 어려움이 있을 것을 예상하라. 아래의 사항은 친권 방식을 선택하기 이전에 고려해 보아야 할 것들이다.

- 당신의 이혼이 협력적인 것이라면 공동으로 신체적 친권을 행사하는 것을 진지하게 고려해 보라. 두 사람 간의 갈등에 자녀들을 연루시키지만 않는다면, 당신의 자녀들은 두 사람 모두가 신체적 친권을 행사하는 방식, 곧 그들이 두 부모 모두를 최대한 많이 볼 수 있는 방식을 좋아할 것이다.
- 당신의 이혼이 적대적인 것이었다면 단독으로 신체적 친권을 행사하는 것을 진지하게 고려해 보라. 당신과 전 배우자가 서로의 갈등과 분노로부터 벗어날 수 없다면, 슬픈 현실이긴 하지만 당신의 자녀들이 한쪽 부모를 덜 보는 것이 더 낫다. 적어도 이런 상황에서는 자녀들이 갈등하는 두 부모 사이에 끼는 일은 많지 않을 것이다.
- 당신의 이혼이 냉담한 것이었고, 당신이 전 배우자에 대해 사무적 태도를 유지할 수만 있다면 공동으로 신체적 친권을 행사하는 것이 가능할 수 있다. 하지만 공동으로 신체적 친권을 행사할 때 발생할 수 있는 어려움들로 인해 이미 어려워진 부모로서의 협력 관계가 더 힘들어질 수 있음을 명심해야 한다.

자녀들을 위한 대안적 시간 계획들

공동으로 신체적 친권을 행사하는 것은 흔히 볼 수 있는 자녀 양육 방식은 아니다. 이 방식 외에 자녀나 부모에게 잘 적용될 만한 양육 계획은 수없이 많다.[35] 다양한 양육 방식의 성공 여부는 이혼의 방식에 따라 크게 좌우되기 때문에, 나는 적대적 이혼, 냉담한 이혼 혹은 협력적 이혼의 경우 모두 다른 유형의 양육 방식을 제안한다. 하지만 이는 모두 당신이 대안적 계획을 생각해 볼 수 있도록 돕기 위한 선택사항임을 명심하라. 당신의 자녀에 관해서는 당신이 가장 잘 훈련된 전문가이므로, 당신이 입안자가 되어 자녀를 위해 가장 잘 맞을 만한 계획을 세워야 한다. 뒤에서 제시하고 있는 아동 발달 원칙은 신뢰할 만한 과학적 연구에 근거한 것이지만, 여러 가지 대안적 계획이 서로 다른 연령의 아이들에게 어떤 영향을 미치는가에 관해서는 확실한 증거가 거의 없는 실정이다. 따라서 아이의 연령대에 따라 혹은 적대적인 이혼 가정의 자녀에게 어떤 양육 방식이 좋을지에 대해서는 전문가들마다 견해를 달리하는 경우도 상당히 많다. 가령 어떤 전문가들은 네 살 이하의 아이들은 비 동거 부모와 밤을 보내는 것을 감당하지 못한다고 믿는 반면, 다른 이들은 영아들이 비 동거 부모와 정기적으로 밤을 보내도 상관없으며 오히려 이런 방식이 두 부모 모두에게 애착을 느끼는 데 도움이 될 수 있다고 생각한다. 이와 유사하게, 어떤 전문가들은 거의 모든 상황에서 부모가 공동으로 신체적 친권을 행사하는 것을 강력하게 반대하는 반면, 다른 이들은 심지어 적대적 이혼의 경우에도 공동으로 신체적 친권을 행사하는 것이 자녀에게 유익할 수 있다고 믿는다. 이 책에서 제시하고 있는 계획은 이런 두 극단 사이에서 중도적 입장을 취한 것으로 지금까지 얻어진 최선의 연구 결과에 바탕을 둔 것이다.

또 한 가지 고려할 사항은, 할 수만 있다면 한 주를 단위로 계획을 동일하게 유지하는 것이 아이들의 입장에서는 더 유리하다는 것이다. 비록 친권 설정에서 2주간이라는 단위가 너무도 흔한 것임에도 불구하고, 우리는 누구나 한 주간 내의 무슨 요일을 따지게 되지 2주일을 한 단위로 놓고 생각하지는 않는다. 대부분의 아이들(그리고 부모들)에게 있어서, 한 주간이라는 시간은 더 짧고, 다루기가 더 수월하며 단순하다. 아이들에게도 "목요일에는 아빠 집에서 보낸다"는 것이 더 기억하기가 쉽다. 그게 아니라면 아이는 이번 목요일이 엄마 날인지 아빠 날이지 기억하거나, 앞으로 3주 후 있을 큰 시합이나, 소풍, 무슨 상을 받게 되는 목요일이 누구랑 지내는 날인지 계산하고 있어야만 할 것이다. 물론 아이들은 계산에 곧잘 익숙해지기 때문에, 부모들이 여러 행사 일정을 잘 따라가고 필요한 경우에 융통성 있게 움직이기만 한다면 큰 문제는 없다. 하지만 아이들의 삶이나 부모들의 삶이나 복잡한 것보다는 단순한 것이 언제나 좋은 법이다. 특별히 이혼으로 인해 이미 생활이 복잡해진 상황에서는 말이다.

단순성만큼이나 중요한 것으로, 매주 동일하게 유지되는 계획은 아이들이 각 부모와 떨어져 있는 시간을 그만큼 줄여 준다. 따라서 부모들이 자녀들의 일상 생활에 개입할 수 있는 기회가 더 많아진다. 아이들, 특별히 어린아이들의 경우 생활은 한 주 단위로 진행되는 것처럼 보인다. 월요일엔 받아쓰기, 금요일엔 시험 등과 같은 식이다. 많은 학교의 방학은 월요일에서 금요일까지 이어지며, 여름 캠프 같은 행사 기간도 마찬가지다.

마지막으로, 낮은 연령에서 높은 연령으로, 아이들의 연령대에 따라 순차적으로 제시되는 계획들을 읽어가면서, 여기엔 두 가지 목적이 있음을 명심하라. 우선 당신 자녀의 현재 나이에 맞는 계획을 고려해야 되겠지만, 또한 더 나이가 많은 연령대의 계획을 미리 읽어 놓을 필요도 있다. 그럼으로써 자녀의 나이가 점점 더 들어감에 따라 어떤 식으로 계획을 조정해 나가야 할지를 알 수 있을 것이다. 앞으로 보게 되겠지만, 적대적인 이혼보다는 협력적 이혼을 할 경우에 선택의 여지가 더 많다.

영아들: 출생~18개월까지

가장 어렵고 또 논란이 많이 되는 경우가 이혼하는 부모의 자녀들이 아주 어린 경우, 즉 출생부터 18개월까지 영아들의 경우이다. 이 시기에는 여러 가지 이유로 인해 특별한 어려움이 발생한다. 영아를 가진 부모들의 경우 아직 아이와 혹은 서로 간의 관계가 제대로 형성되지 않았을 수도 있는데, 이는 특별히 그 아이가 첫아이일 때 혹은 부모가 결혼을 하지 않은 상태일 때 더욱 그렇다. 이들 부모 사이에는 추억, 경험, 헌신, 그리고 신뢰감이 결여되어 있고, 관계도 여전히 낯설음에도 불구하고 아이가 생기면서 두 사람은 일생 동안 서로 묶이게 되는 것이다.

또 하나의 문제는, 아주 어린 아이들을 위한 최선의 양육 방식은 각 부모와 아이 사이에 빈번하면서도 짧은 접촉이 이루어져야 한다는 것이다. 적대적인 이혼의 경우 이는 두 사람이 원하는 것보다 더 자주 서로를 대면해야 한다는 것을 의미한다.

마지막으로 전문가들과 부모들 모두 이런 영아기의 발달단계에서 가장 중요한 심리적 과제라 할 수 있는 안정된 애착 관계,[36] 곧 아기와 돌보는 사람 간의 특별한 유대 형성에 얼마나 많은 중요성을 부여할 것인가를 두고 의견을 달리할 수 있다는 것이다.

정신건강 전문가들은, 아이는 적어도 한 사람과는 안정적 애착 관계를 형성하는 것이 유익하다는 데 의견을 같이한다. 그러한 관계는 부모나 돌보는 사람 등이 지속적이고 세심하게, 또 아이의 필요에 잘 반응하는 방식으로 아이를 편안하게 돌보아 줌으로써 이루어진다. 논란이 되는 것은, 아이가 주 양육자와의 애착 관계를 어느 정도 필요로 하는 것인지, 동거 부모와 정기적으로 떨어지는 경험이 후에 정서적 문제를 야기할 씨를 뿌리는 것인지, 대체적인 애착 관계가 어느 정도로 분리 불안을 누그러뜨리는지 하는 물음이다.

애착 관계에 대한 의견 차이는 여러 주제에 대한 (가령 고아원에서의 육아, 아기의 의학적 보살핌, 영아의 주간 탁아 등에 관한) 논쟁으로 이어지는데, 아주 어린 아이들에게 적합한 양육 계획 역시 그 중의 하나이다. 출생에서부터 18개월까지의 아이들에게는 주 양육자(primary caregiver)와의 관계를 뒷받침해 주는 것이 현명하지만 대체적 애착 관계의 발전을 격려하는 것도 이에 못지않게 중요하다. 이를 위해 가장 적합한 계획은 아이가 분명하고도 안정적인 주된 가정을 가진 상태에서 다른 부모로 하여금 비교적 짧은 시간 빈번하게 방문하도록 하는 것이다.

만일 아이가 각각의 부모와 안정된 애착 관계를 형성할 수 있다면 - 비록 한 부모는 주 양육자이고 다른 부모는 이차적 보호자라고 하더라도 - 두 부모의 균등한 개입을 허용하는 방식으로 옮겨갈 수 있다(만일 이것이 두 사람의 목표하는 바라면). 또한 18개월 미만인 아이의 경우에도 간간이(한 주에 한 번 정도) 비 동거 부모와 밤을 지내게 할 수도 있다. 사실 형편이 좋은 많은 부모의 경우 간간이 할아버지나 할머니와 밤을 지내게 하는데, 이는 모든 사람에게 유익한 방식의 하나라 할 수 있다.

애착 관계는 아마 영아를 위한 가장 중요한 고려사항이 되겠지만, 함께 고려해야 할 다른 사항도 많다. 거기에는 영아의 신속한 신체적, 인지적 발달 촉진, 신체적 돌봄이나 위생과 안전에 적절한 조치, 아이에게 대단히 중요한 것이라 할 수 있는 규칙적인 식사와 취침의 흐름 유지, 그리고 여분의 아기침대, 카시트 및 실생활에서 필요한 유아용품 준비, 양육 계획 마련 측면에서 볼 때 어려운 숙제일 수도 있고 좋은 기회일 수도 있는 아이의 주간 탁아 문제 등이 포함된다. 만일 아이가 전일제나 그에 버금가는 육아시설에 맡겨진다면 일상적 스케줄의 변경은 더 어려워진다. 하지만 양육 계획에 미리 합의된 경우라면, 주간 탁아 시간은 함께 살지 않는 부모로 하여금 아이와 함께 시간을 보낼 수 있는 많은 기회를 제공해 준다.

물론 부모들이 얼마나 독창적인 계획을 마련할 수 있느냐는 직장의 근무 여건과 출퇴근 거리에 많은 영향을 받는다. 두 부모가 모두 오전 8시에서 오후 6시까지 일하는 경우라면 보다 유동적인 일과 스케줄을 가진 부모나 서로 근무 시간이 다른 부모들의 경우보다는 아이와 함께 시간을 보낼 수 있는 기회가 훨씬 적을 것이다. 여기에 예시된 계획은 적어도 한쪽의 부모가 어느 정도 유동적인 스케줄을 갖고 있는 경우를 전제하지만, 주말에 시간을 낼 수 있는지, 언제 혹은 어떻게 그런 시간을 확보할 수 있을지는 분명 직장에 얼마나 매여 있는지, 혹은 근무 시간을 바꿀 수 있는 의향이나 여건이 되는지에 달려 있다.

주간 탁아 시간 외에도, 양육 스케줄을 보다 독창적인 것으로 만들 수 있는 또 다른 기회는 아이의 주된 가정에서 함께 시간을 보내는 것이다. 익숙한 환경이므로 아이는 안정감을 느끼게 되어 다른 변화를 보다 수월하게 받아들일 수 있게 된다. 물론 중요한 문제는 부모 사이가 상당히 협력적인 관계여야 한다는 것이다. 전 배우자를 자신의 집에서 정기적으로, 가까이 보아야 함을 의미하기 때문이다.

이 모든 고려사항을 염두에 두고서, 18개월 이하의 아이를 위한 대안적인 양육 스케줄을 제시해 보면 다음과 같다.

■ 적대적 이혼의 경우 전통적 방식들

- 매주 토요일 오전 11시에서 오후 5시까지. 오후 낮잠시간 포함.
- 매우 토요일 오전 9시에서 오후 1시까지. 매주 수요일 3시에서 5시 30분까지. 주간 탁아 시설에서 데리고 와 다른 쪽 부모의 집으로 데려다 줌.

■ 냉담한 이혼의 경우 두 부모가 보다 긴밀하게 개입하는 방식들

- 매주 토요일 오전 11시에서 오후 5시. 오후 낮잠시간 포함. 매주 수요일 저녁 4시 30분부터 6시 30분까지. 아이가 주로 지내는 부모의 집에서 어느 정도 시간을 보낼 수도 있음.
- 매주 토요일 2시에서 6시까지. 매주 월요일과 수요일 3시부터 5시 30분까지로, 주간 탁아 시설에서 데리고 와 다른 쪽 부모의 집으로 데려다 줌.

■ 협력적 이혼의 경우 두 부모가 긴밀히 개입하는 방식들

- 매주 토요일 오전 11시에서 오후 5시. 오후 낮잠시간 포함. 매우 월요일과 수요일 저녁 4시 30분부터 7시 30분. 아이가 주로 지내는 부모의 집에서 함께 있거나 음식을 먹이거나 밤을 지내는 것을 포함.
- 주중 이틀간 8시부터 오후 1시(주간 탁아 대신). 매주 토요일 11시부터 5시까지, 아이가 잘 받아들일 경우 간간이 밤을 지낼 수도 있음.

18개월~3살까지의 걸음마기 유아

아장아장 걷는 유아들에게도 애착 관계는 핵심적 고려사항 중 하나이다. 이 무렵 아이는 함께 살면서 주 양육자가 된 부모와 애착 관계를 형성한 상황이다. 유아는 함께 살지 않는 부모와도 애착 관계를 형성할 필요가 있는데, 이때 그들의 관계는 규칙적이며 아이의 필요에 따르는 것이라야 한다. 아이는 일차적인 애착 관계를 더 선호하고, 특히 어려운 상황에서는 더욱 그렇지만, 이차적인 애착 대상 역시 아이를 위로하거나 달랠 수 있다.

따라서 대부분의 걸음마기 유아들은 일차적인 애착 대상을 떠나 더 오랜 시간 동안 비 동거 부모와 지낼 수 있다. 분명하고 지속적인 스케줄의 일부라면 비 동거 부모와 정기적으로 밤을 함께 지내는 것도 가능하다. 유아가 비 동거 부모와 함께 밤을 지낼 수 있는지를 시험해 볼 경우에는, 부모들 사이에 아이가 일차적인 애착 대상과 떨어져 있는 밤 동안은 물론 그 전과 후에 긴밀하게 연락을 취할 필요가 있다. 30개월짜리 아이에겐 전화로 부모의 목소리를 듣는 것이 매우 안심되는 일일

수 있고, 처음 아이와 밤을 지내는 부모는 아이의 평상시 식사나 취침, 배변 습관에 관해 잘 알고 있어야 한다.

이 시기의 아이들에게 있어 고려해야 할 새로운 심리적 요인 중의 하나가 '못된 두 살'(terrible two) 현상이다.* 짜증을 내면서 '싫어'라고 말하는 것은 18개월 무렵부터 시작하여 세 살 혹은 네 살까지의 유아들이 즐겨 사용하는 협상 방식이다. 이런 행동을 다룰 때의 어려움 중 하나는 점점 커지는 아이의 독자성을 존중하면서도 아니라고 말해야 할 때와 방법을 아는 것이다. 모든 짜증을 반항 행위로 취급하는 것은 아이에게나 부모에게나 정서상으로 현명하지 못하므로, 부모는 아이와 지혜롭게 대결할 필요가 있다. 이혼은 했지만 자녀 양육을 함께 하는 부모는 그들이 관찰한 행동, 제한을 하는 것, 아이에게 제대로 통했던 방식과 그렇지 않았던 방식에 관해 서로 의논함으로써 많은 도움을 주고받을 수 있다.

걸음마기 유아를 위한 또 다른 고려사항으로는 점차 증대하는 지적, 감각적 자극의 필요성을 들 수 있다. 책, 놀이, 또래 아이들, 배변 훈련 (두 가정에서의 훈련 방식에 일관성이 없는 경우 진행이 느리고 실수가 빈번할 것으로 예상해야 한다), 여전히 필요한 규칙적 일과 때리고 물고 하는 것에서부터 심한 부끄러움이나 발달 지체에 이르기까지의 다루기 쉽지 않은 사회적 행동의 발현 등이 이에 속한다. 이러한 요인들은 어떤 방식의 스케줄이 가장 좋을지를 결정하는 데 영향을 미치게 되고, 당연한 말이 되겠지만 이들 문제는 부모가 함께 협력할 때 가장 잘 해결할 수 있게 된다. 몇 가지 가상적 스케줄을 예시해 보면 아래와 같다.

■ 적대적 이혼의 경우 전통적 선택 사항들

- 매주 토요일 오후 2시부터 6시까지. 격주 일요일마다 아침 10시까지 밤을 지냄.
- 격주 주말 오후 2시부터 일요일 오전 11시까지 밤을 지냄. 거주 부모와 함께 지낸 주말 다음의 월요일 저녁 5시부터 저녁 7시까지.

---

* 우리나라 나이로는 세 살로 '미운 세 살' 현상이라 볼 수 있다. - 역자 주

■ 냉담한 이혼의 경우 두 부모가 보다 긴밀하게 개입하는 방식들

- 매주 토요일 오전 9시부터 오후 5시까지. 낮잠시간 포함. 격주 일요일마다 다음 날 아침 9시까지 밤을 지냄. 매주 수요일 저녁 4시 30분부터 6시 30분까지.

■ 협력적인 이혼의 경우 두 부모가 긴밀히 개입하는 방식들

- 매주 토요일 오전 10시부터 일요일 오전 10시까지. 매주 월요일과 수요일 저녁 4시 30분부터 7시 30분까지. 주로 지내는 부모의 집에서 함께 있거나 음식을 먹이거나 잠을 재우기도 함.
- 주중의 이틀 오후 1시부터 오후 5시까지(주간 탁아 대신). 매주 금요일 오후 1시부터 토요일 오후 12시까지.

3~5살까지의 미취학 아동

세 살부터 다섯 살까지의 아이들은 대개 그들이 고정적으로 접촉하는 다수의 양육자들, 곧 부모, 교사, 돌보미들 및 나이 많은 형제자매, 가족이나 친척의 일원 등과 다중적 애착 관계를 형성한다. 기분이 좋지 않을 때는 한 사람 혹은 여러 대체적인 애착 관계 중 누군가를 찾을 것이다. 그럼에도 불구하고 여러 사람과 애착 관계를 갖는 현상은 미취학 아동들의 자라나는 독자성을 반영하기도 하면서 또한 이를 더욱 장려하기도 한다.

또 하나의 커다란 변화는 아이들이 세 살 무렵이면 분명한 성적 정체성을 형성한다는 것이다. 비록 이성의 친구들과의 놀이는 계속되지만 말이다(대개 여섯 살 무렵까지 계속된다). 미취학 연령의 아이들은 특별히 동성의 부모 흉내를 내는 일에 깊은 관심을 보이며, 만약 그 관계가 취약하다면(특별히 동일시할 수 있는 동성의 어른이 없다면) 아이들은 여러 가지 질문과 의구심을 갖게 될 것이다. 하지만 이는 어른의 경우가 더 심할 것이다.

미취학 연령대의 아이들은 종종 깊은 의미가 담긴 듯한 질문을 할 수도 있지만, 그들의 사고는 대개 매우 단도직입적이다. 가령 "제러미는 아빠와 같이 살아. 그런

데 나는 왜 어쩌다 한 번씩만 아빠를 만나는 거야?"와 같은 식이다. 이런 질문에 대해서는 세 살짜리를 데리고 무슨 심리 상담하듯 대할 것이 아니라 다음과 같이 직설적으로 대답하는 것이 적합하다. "네 아빠는 멀리 사시잖아. 더 자주 볼 수 없어서 아쉽지만 아빠는 너를 무척 사랑하신단다. 그리고 엄마도 너를 얼마나 사랑하는데! 오늘 밤 아빠한테 전화할래? 아니면 지금 아빠한테 줄 그림을 그려 볼까?"

미취학 아동기의 또 다른 중요한 발달적 변화에는 점증하는 또래 접촉의 필요성 및 상상력의 발달 등이 포함된다. 또래들과 노는 경험은 미취학 아이들에게 나눔과 협력 등의 중요한 사회적 기술을 익힐 수 있는 자극과 기회를 제공한다. 또한 또래들과의 놀이는 시간을 더 쉽게, 더 빨리 가도록 하기도 하므로 당신이 아이들과 함께 지내는 시간 동안 친구들과 노는 시간을 포함시키도록 하라. 미취학 아이들의 자라나는 상상력은 이야기나 게임 등에 대한 관심이 커지는 것뿐 아니라 괴물이나 어둠에 대한 두려움 등을 통해서도 나타난다. 이는 아이가 어느 쪽 부모와 함께 있든 공히 다루어져야 할 사안들이다. 네 살짜리 아이가 갑자기 옷장 속의 괴물에 끊임없는 집착을 보인다고 해도 이는 정상적인 것이지, 다른 쪽 부모가 악의를 갖고 아이를 무섭게 만든 것이 결코 아니다!

못된 두 살의 시기를 이미 지나긴 했지만 미취학 아이들에게는 여전히 훈육이 필요하다. 많은 규칙은 사회적 관계와 관련된 것으로, 함께 나누는 것에서부터 기본적인 예의범절에 이르기까지 모든 것을 망라한다. 미취학 아이들에게 더 넓은 의미의 사회화라는 과제는 감정을 통제하고 조절하는 법을 배우기 시작하는 것이다. "존, 빌리의 자전거를 타고 싶은 건 알겠는데, 네가 그러면 빌리가 속상할거야. 지금은 공놀이를 하자. 그러면 혹시 아니? 나중에 빌리가 한 번 타게 해 줄지."

미취학 연령의 아이들은 기본적인 시간 개념을 가지기 시작하므로 헤어짐이 이전처럼 불안한 경험은 아니다. 하지만 세 살짜리 아이는 아직도 자신의 체험과 분리하여 시간을 잴 줄 모르기 때문에 일관성 있는 계획과 일과는 여전히 중요하다. 시간을 재는 법을 배운 다섯 살짜리 아이라 하더라도 아직 이런 추상적 개념을 자신의 경험과 연결시키지는 못한다. 다섯 살짜리 아이는 사흘 후면 토요일이라는 사실을 알지는 모르지만, 그게 무슨 의미인지를 알기 위해서는 계속해서 이를 상기시켜 주고 구체적으로 지도해 주어야 한다. 예를 들면 이렇다. "우선, 오늘은 수요일이고, 그 다음엔 목요일, 그 다음엔 금요일, 그 다음에는 토요일이네."

미취학 아이들에게 부모의 사이를 오가는 경험은 어려울 수 있다. 이런 전이(transition)의 어려움은 집과 집을 옮겨 다닐 때뿐 아니라 유치원에 데려다 줄 때에도 나타날 수 있다. 유치원에서 헤어지는 때가 그렇듯, 집과 집 사이의 전이 과정도 긍정적이며("아마 재미있는 일이 굉장히 많을걸!"), 비교적 신속하고 부드럽게, 그래서 갈등이나 스트레스가 없도록 하는 것이 더 수월할 것이다. 그리고 당연한 말이지만, 세 살부터 다섯 살까지의 아이들은 그 발달 속도가 매우 다양하다. 세 살짜리 아이들 중에서도 어린 축이라면 한 쪽 부모와 주로 시간을 보내는 스케줄이 나은 반면, 다섯 살짜리 아이들이라면 두 부모의 참여가 보다 많은 스케줄도 소화할 수 있을 것이다. 몇 가지 대안들을 적어 보면 다음과 같다.

■ 적대적 이혼의 경우 전통적 선택 사항들

- 매주 토요일 오전 10시부터 일요일 오후 2시까지.
- 격주 주말 금요일 오후 5시부터 일요일 오후 1시까지. 그 중간, 주거 부모와 있었던 주말 이후 월요일 오후 5시부터 저녁 7시 30분까지.

■ 냉담한 이혼의 경우 두 부모가 보다 긴밀하게 개입하는 방식들

- 매주 토요일 오전 11시부터 일요일 오후 2시까지. 매주 수요일 저녁 4시 30분부터 7시 30분까지.
- 격주 주말 금요일 오후 5시부터 일요일 오후 3시까지. 매 월요일과 수요일 오전 11시부터 오후 1시까지. 어린이집에서 데려와 어린이집으로 데려다 줌.

■ 협력적인 이혼의 경우 두 부모가 긴밀히 개입하는 방식들

- 주중의 이틀 오후 1시부터 오후 5시까지(어린이집 시간 대신). 매주 목요일 밤을 지냄. 격주 주말 목요일 오후 1시부터 일요일 오후 2시까지.
- 매주 목요일 오후 5시부터 일요일 오후 5시까지.

6~9살까지 초등학교 저학년 자녀들

저학년 아이들은 여전히 애착 대상과의 관계로부터 안정감을 느끼면서도, 이 무렵이면 대부분의 아이들은 부모가 없을 때 가령 교사와 같은 다른 성인을 통해서도 안정감을 찾기도 한다. 여섯 살에서 아홉 살까지의 아이들은 미취학 아이들에 비해 자기 감정을 조절하는 데 훨씬 더 능숙하며, 따라서 애착 대상에 대한 의존도도 그만큼 적어진다. 감정을 이해하고 조절할 수 있는 능력이 커지면서 생기는 결과의 하나는 이들이 자기의 진짜 감정을 숨기는 법 또한 배우기 시작한다는 것이다. 그들은 '겁이 난' 아이처럼 보인다거나 '애기처럼' (우는) 행동을 하는 것이 싫을 수 있다. 여러 모로 슬픈 일이긴 하지만, 아이들은 점차적으로 그들의 진정한 감정을 통제하는 것뿐 아니라 감추는 것 또한 배우게 되는 것이다.

독자성 및 감정 조절의 능력이 커지면서, 저학년 아이들은 새로운 환경이 편할 경우 며칠 혹은 일주일 정도의 헤어짐도 쉽게 받아들일 수 있게 된다. 시간 개념을 더 잘 이해할 수 있다는 사실 역시 그런 헤어짐을 보다 수월하게 만들어 준다. 여섯, 일곱 살이 되면 시간, 한 주의 무슨 요일, 일 년 중의 무슨 달 등 시간 개념을 가리키는 어휘들을 알 뿐 아니라 시간의 흐름에 대한 보다 구체적인 느낌 또한 가지게 된다.

하지만 부모는 아직 이 나이 또래의 아이에게는 부모의 나이인 37살 때보다는 시간이 훨씬 더 천천히 간다는 사실을 인식해야 한다. 부모에게는 2시간쯤 늦는 것이 아무렇지도 않을지 모르지만, 아이에게 2시간은 정말 2시간이다. (여섯 살 무렵 학교가 끝나고 저녁을 먹을 때까지 얼마나 시간이 더디게 갔었는지를 기억해 보라.) 여섯 살짜리 심지어 여덟 살짜리에게도 부모와 떨어져 일주일을 지낸다는 것은 쉽지 않을 수 있다. 그래서 저학년 아이들 중 어떤 경우는 엄마나 아빠를 격주마다 한 번씩밖에 볼 수 없다는 사실에, 혹은 일주일 단위로 번갈아가며 부모들 집을 옮겨 다니는 경우 그렇게 긴 시간 동안 엄마나 아빠와 떨어져 지내야 한다는 사실에 힘들어 하기도 한다. 전화 통화로 거리감을 줄일 수 있기는 하지만, 이 나이의 많은 아이들은 전화로 대화하는 일에 그리 익숙하지 못하다.

학교, 숙제, 그리고 운이 좋은 경우 새로운 것을 배우고 싶은 욕구 등이 이 시기 아이들의 주요한 발달 과제가 된다. 학교가 일과의 중심이 되기 때문에 이로 인해 양육 계획에 어려움이 생길 수 있고(주중의 방문 혹은 데리고 자는 일이 더 어려워질 수 있다), 따라서 주중의 전이 과정을 수월하게 하려면 보다 긴밀한 부모의 협력이 필요하다. 상당수의 일곱 살짜리 아이들은 필요한 준비물을 제대로 챙겨 오기는커녕, 준비물을 혼자 정리하는 것도 어려워하는 경우가 많으므로, 부모는 아이들이 정리하는 일을 잘 할 수 있도록 세심하게 살펴보고 도와주어야 한다.

부모는 방과 후 활동, 특별행사, 축구 연습, 피아노 레슨, 시상식 행사 등 아이들의 일과에 관해서도 협력하고 의논하면서 스케줄을 조정해야 한다. 이렇게 함으로써 부모 역시 이러한 행사들을 즐길 수 있게 되고, 또 아이들의 노력과 성공에 대한 든든한 후원자가 될 수도 있는 것이다. 실제 생활에서 생겨날 수 있는 복잡한 어려움(서로 적대감을 가진 부모가 한자리에 앉을 수 있을까?) 및 이들을 다루기 위한 효과적 전략들은 8장에서 다루게 될 것이다.

마지막으로 많은 저학년 아이들은 공평함에 대해 매우(어떤 이들의 생각에는 지나치게) 민감하다. 생활의 여러 영역에서 규칙을 배우고, 자신의 감정 뿐 아니라 다른 사람들의 감정에 대해서도 보다 더 민감해진다. 이로 인해 적대적 이혼이나 의사소통이 잘 안 되는 상황에서의 양육 계획은 6살짜리 아이에게는 가혹한 것일 수 있다. 두 부모 모두에게 강한 애착을 갖고 있는 상황에서 어느 쪽으로 균형을 맞추어야 할지 갈피를 못 잡는 것이다. 이런 모든 사항을 염두에 두고서, 몇몇 가능한 방식을 예시해 보면 다음과 같다.

- 적대적 이혼의 경우 전통적 선택 사항들
  - 매주 금요일 방과 후부터 토요일 오후 5시까지.
  - 격주 주말 금요일 오후 5시부터 일요일 오후 4시까지. 격주로, 거주 부모와 지낸 주말 다음의 월요일 오후 5시부터 저녁 7시 30분까지.

- 냉담한 이혼의 경우 두 부모가 보다 긴밀하게 개입하는 방식들
  - 매주 금요일 방과 후부터 토요일 오후 5시까지. 매주 월요일 저녁 4시 30분

부터 7시 30분까지.

- 격주 주말 목요일 오후 5시부터 일요일 오후 4시까지. 격주 목요일 저녁 5시부터 7시 30분까지.

■ 협력적 이혼의 경우 두 부모가 긴밀히 개입하는 방식들

- 매주 목요일 오후 5시부터 토요일 오후 5시까지.
- 매주 수요일 오후 3시부터 토요일 오후 5시까지 한쪽 부모와, 그리고 매주 토요일 오후 5시부터 수요일 오후 3시까지 다른 쪽 부모와.
- 매주 월요일과 화요일 한쪽 부모와, 그리고 매주 수요일과 목요일 다른 쪽 부모와. 매주 금요일부터 일요일까지의 주말을 각 부모와 교대로.

10~12살 사이의 초등학교 고학년 자녀들

대부분의 아동 발달 이론에서는 여섯 살에서 열두 살까지의 아이들을 동일한 발달 단계로 분류한다. 이 나이에는 아동 발달 측면에서 주요한 변화가 없기 때문이다. 그렇기는 하지만, 초등학교 저학년과 비교해 볼 때 초등학교 고학년의 경우는 학교, 또래와의 경험 혹은 부모와 떨어지는 경험이 훨씬 많고, 자기들 나름의 학교, 특별활동 혹은 또래들 문화에 훨씬 더 깊이 들어가 있다. 협력적인 이혼의 경우, 고학년 아이들은 한쪽의 부모와 주간 단위로 시간을 보내는 스케줄을 더 잘 소화할 수 있다. 그러나 고학년이 되면 자신들의 일과가 더 바빠지기 때문에 이것이 아이들에게나 부모에게나 새로운 부담으로 작용할 수 있다.

고학년 아이들은 현대적인 의사소통 도구를 능숙하게 사용할 가능성이 높다. 열 살짜리 아이들에게 전화는 매우 중요한 삶의 일부이고, 이들 중 많은 아이들이 자신의 핸드폰이나 이메일 계정을 요구하며 또 실제로 얻어 내기도 한다. 이들 현대적 통신 수단들은 인터넷 사용의 통제와 같은 새로운 문제를 만들어 내기도 하지만, 부모와 함께 있지 않을 때에도 서로 긴밀하고 빈번한 접촉을 가질 수 있도록 하는 수단이 되기도 한다. 물론 그렇다고 해도 실제로 열한 살짜리와 함께 옆에 있어 주는 것보다 나은 것은 없다. 비록 끌어안기에는 너무 나이가 들었을지 모르지

만 말이다!

저학년 때와 마찬가지로 고학년 아이들 역시 공평함에 대해 여전히 민감한 반응을 보이지만, 자기 자신에게 공평한 것에 대한 관심으로 옮아간다. 사실 사춘기 바로 직전 시기이므로 당연한 현상이라 할 수 있다. 그 결과 이 시기의 아이들은 점점 더 부모나 이혼, 그리고 어쩌면 두 부모의 집을 오가며 시간을 보내야 하는 것에 대해 자신의 입장을 표현할 가능성이 많다. 때로는 아주 강한 어조로, 심지어는 화를 내며 말하는 경우도 있을 것이다. 나이의 많고 적음을 떠나 부모는 아이들의 말에 귀를 기울여야 하지만, 아이의 생각이 아무리 조리 있고 얼마나 강하든지 간에 양육 계획과 관련된 결정은 아이가 아니라 부모의 책임이라는 점을 명심해야 한다.

■ 적대적 이혼의 경우 전통적 선택 사항들

- 격주 주말 금요일 오후 5시부터 일요일 오후 4시까지. 격주로, 거주 부모와 지낸 주말 다음의 월요일 오후 5시부터 저녁 7시 30분까지.

■ 냉담한 이혼의 경우 두 부모가 보다 긴밀하게 개입하는 방식들

- 격주 주말 목요일 오후 5시부터 일요일 오후 4시까지. 매주 월요일 저녁 4시 30분부터 7시 30분까지.

■ 협력적 이혼의 경우 두 부모가 긴밀히 개입하는 방식들

- 매주 수요일 오후 3시부터 토요일 오후 5시까지 한쪽 부모와, 그리고 매주 토요일 오후 5시부터 수요일 오후 3시까지 다른 쪽 부모와.
- 금요일 혹은 일요일을 기준으로 하여 각 부모와 교대로 한 주간씩.

13~18살까지의 청소년기

십대가 될 무렵이면, 아이들의 사고나 이해 및 학습 능력은 '어른'과 같은 수준

으로 발달하게 된다. 하지만 청소년기의 자녀들은 그들의 사고 능력을 사용한 경험이 제한되어 있을 뿐 아니라, 자신의 감정 및 또래의 영향에 의해서도 사고가 흐려지곤 한다. 사회가 청소년들에게 운전, 투표, 음주 등과 같은 시민적 권리를 부여하는 데 시간을 끄는 데는 그럴 만한 이유가 있다. 따라서 부모들은 십대들이 사실상 생활의 전 영역에 걸쳐 자신들의 한계와 부모의 한계를 시험하는 과정에서 언제든지 취소가 가능한 일종의 '임시 허가증' 같은 것을 제공해 줄 필요가 있다.

미국에 사는 대부분 10대들의 최대의 관심사는 점점 커지는 자신의 독립성이지 가정 생활이 아니다. 이런 자기중심적 관심과 자기 나름의 바쁜 일과로 인해 어떤 청소년은, 지금까지 두 부모의 집을 오가면서 잘 지냈던 경우에조차 이제 한 부모의 집을 본부 삼아 지내는 것을 선호하게 된다. 그리고 지금까지 한 부모와 지내왔던 아이가 다른 부모의 집으로 주 거주지를 바꾸고 싶어 하는 것도 드문 일은 아니다. 특히 동성의 부모 집으로 옮기는 경우가 많다.

청소년들, 특별히 운전면허증을 갖게 된 자녀들은 종종 보다 유동적인 스케줄을 원하기도 하고 또 그런 유동성을 잘 감당할 수도 있다. 물론 청소년의 이런 요구는 양육 스케줄이 보다 느슨했으면 좋겠다는 바람뿐 아니라 양쪽 부모 모두로부터 더 자유로운 쪽으로 부모를 조종하는 수단일 수도 있다.

십대 자녀의 훈육에 있어서는 부모 간의 대화와 분명한 규칙 및 부모의 의견 일치가 더욱 중요한 요소가 된다. 일부러 애를 써서라도 다음의 사실을 잊지 않는 것이 좋다. 곧 독자성과 관계성 사이의 균형을 유지하는 것이 청소년기 양육의 목표라는 사실이다. 청소년은 당연히 보다 큰 자유를 원하지만, 부모와의 관계 또한 여전히 필요로 한다. 비록 당신의 청소년 자녀들은 이를 인정하려 들겠지만 말이다.

청소년은 양육 스케줄이 마음에 들지 않을 경우 자신이 원하는 것이 어떤 것인지를 이야기할 가능성이 어린아이들의 경우보다 더 많다. 이런 요구는 화가 나서 고함을 지르는 형태일 수도 있고 매우 진지하고 논리적인 부탁의 형태를 띨 수도 있다. 부모는 청소년 자녀의 요구를 매우 심각하게 고려해야 한다. 그래야 할 이유 중의 하나는 아주 현실적인 것이다. 청소년 자녀에게 싫어하는 계획에 따라 살도록 강요하기란 불가능하기 때문이다. 하지만 청소년 자녀들의 요구를 들어 줄 경우라도 최종적인 결정은 부모의 몫이어야 한다. 이런 식으로 해서 부모는 그저 양육의 책임을 지기만 하는 것이 아니라 자녀에 대한 권위와 통제권 또한 유지할 수 있다. 아이들의 말에 귀를 기울이더라도, 결정권은 당신, 그러니까 부모에게 있다. 다음의 계획을 참고할 수 있을 것이다.

■ 적대적 이혼의 경우 전통적 선택 사항들
- 격주 주말 금요일 오후 5시부터 일요일 오후 4시까지. 다른 때에도 유동적으로 아이들을 만날 수 있음.

■ 냉담한 이혼의 경우 두 부모가 보다 긴밀하게 개입하는 방식들
- 격주 주말 목요일 오후 5시부터 일요일 오후 4시까지. 함께 있지 않는 목요일 저녁 식사 및 다른 때에도 유동적으로 아이들을 만날 수 있음.

■ 협력적 이혼의 경우 두 부모가 긴밀히 개입하는 방식들
- 매주 수요일 오후 3시부터 토요일 오후 5시까지 한쪽 부모와, 매주 토요일 오후 5시부터 수요일 오후 3시까지 다른 쪽 부모와. 청소년 아이의 필요를 맞추기 위해 보다 유동적으로 운용한다.
- 매 주 각 부모와 시간을 보내되, 다른 부모와의 유동적인 만남을 허용.

공휴일/기념일 및 휴가/방학

공휴일과 방학을 어떻게 보낼지, 아니 보다 정확히 말해 어느 쪽 부모와 보낼지에 관한 세부사항을 결정하는 것은 부모가 풀어야 할 가장 어려운 숙제의 하나이다. 실제로 부모들은 이런 문제를 다루는 것을 매우 싫어하는데, 대부분 공휴일에 동반되는 분위기 및 가족과 '함께 하는' 휴가라는 이상적인 개념을 떠올려 보면 그 이유를 쉽게 알 수 있을 것이다.

방학이나 기념일 등은 매우 민감한 문제이므로 그에 관한 세부 사항은 최종 합의문을 작성할 때까지 미루고 싶은 생각이 드는 것 중의 하나이다. 하지만 그렇다고 해서 인생이 그 사이 정지동작처럼 멈추고 있지는 않다는 사실을 기억하라. 어머니날, 아버지날,* 아이들의 생일, 여름방학, 그리고 큰 명절이 계속해서 밀려온다. 어느 때에 누가 아이들과 함께 있을지에 대한 가장 기본적인 합의도 없다면 아마 거의 매주 그것에 대해 의논해야 할 상황이 될지도 모른다. 머지않아 이런 날을 대비해 미리 계획 세워 두기를 잘했다고 생각할 때가 올 것이다.

친권이나 면접 교섭권과 마찬가지로 지금의 결정 사항은 시간을 두고 변경될 수 있다는 것을 염두에 두라. 가령 많은 부모들이 특별히 이혼 직후에는 명절이나 생일을 함께 축하하는 경우가 있는데, 이는 대단히 좋은 단기 전략이라 할 수 있다. 아이의 생일이나 특별한 날을 함께 축하하기 위해서는 부모 간에 어느 정도의 협력을 보여 주고(또한 요구하고), 가족의 특별한 날에 혼자 지내야 한다는 슬픔을 달래줄 수 있다. 비록 이럴 때일수록 이혼한 가정은 예전 이혼하기 전의 가정과는 같을 수 없다는 것을 뼈저리게 느끼는 것이 사실이긴 하지만 말이다.

하지만 장기적으로 볼 때 이혼한 가정이 지속적으로 기념일을 함께 축하하기는 어렵다. 조만간 부모와 아이들은 필요에 따라 변화를 줄 수밖에 없다. 부모가 함께 모여 기념하는 일은 복잡하며, 일단 양쪽 부모가 서로 다른 이성과 관계를 맺기 시작하면 그런 일은 비현실적이 된다. 부모가 새로이 만나는 대상에게 아이가 있을 수도 있고(또 새로운 관계에서 아이가 태어날 수도 있고) 각자의 친척들과 관련된 일들도 생겨날 수 있기 때문이다. 이혼 후에도 여러 해 동안 추수감사절이면 아이와 전 남편과 함께 모여 칠면조를 먹었는데, 재혼한 남편이 자기가 언제나 그랬던 것처럼 시댁으로 가서 추수감사절을 지내자고 말하면 어떻게 할 것인가?

기념일/명절을 위한 계획은 단순하기가 어렵다. 그리고 상징적인 의미가 큰 이런 '보너스'에 관한 합의 과정은 매우 힘겨울 수밖에 없을 것이라고 예상해야 한다. 하지만 몇 달 전 혹은 몇 년 전에 이런 기념일에 대한 계획을 분명히 세워 두는 것의 중요성은 아무리 강조해도 지나치지 않다. 그럴 경우 대부분의 가정에서 장기적

---

* 미국은 어머니날과 아버지날이 따로 있음. – 역자 주

으로 갈등이 적어진다. 매우 특별한 날이 바로 코 앞으로 다가왔을 때에야 전 배우자와 앉아 협상을 벌이려고 시도해서는 안 된다. 분명한 계획을 마련하는 것, 아니면 적어도 기본적인 원칙을 합의해 놓는 것은 (가령 각자의 가정에서 축하의 대상이 될 새로운 아내와 남편이 무엇이라 말하건 어머니날엔 엄마와, 아버지날에는 아빠와 보내기로 한다) 변화된 상황으로의 전이를 보다 수월하게 할 뿐 아니라 각 부모와 함께 지내는 시간을 훨씬 더 즐거운 것으로 만들어 줄 것이다.

특별한 날을 위한 최상의 계획은 무엇일까? 매 주간의 양육 계획과 마찬가지로, 여기서도 부모들은 보다 독창적인 계획을 만들어 낼 수 있고 또 그래야만 한다. 물론 여기서 '독창적'이라는 것은 더 단순한 것을 말하는 것이지 더 복잡한 것을 말하는 것이 아니다. 일단 이 점을 염두에 두고 보면 대부분의 명절 계획은 세 가지 기본적인 대안을 다소간 변경한 것임을 알 수 있다.

첫째, 부모의 생일, 어머니날이나 아버지날처럼 한 부모보다는 다른 부모에게 더 중요한 날은 쉽게 양보가 가능하다.* 만일 부모가 서로 다른 종교를 갖고 있다면, 이와 관련된 기념일 또한 협의하기 어렵지 않다. 이런 식의 다소 확연한 협상에 대해서도 시시콜콜 따지고 싶은 사람에게는 그러지 말라고 말해 주고 싶다. 그건 아무에게도, 특별히 당신의 자녀에게 공평한 처사가 아니다. 이혼 상황에서 무엇보다도 피해야 할 일은 불필요한 싸움을 야기하는 것이다.

두 번째 선택 사항은 기념일과 방학을 배분하는 일이다. 가장 확실하게 부모 사이에서 함께 나누어야 할 시간은 여름휴가일 것이다. 가령 부모의 직장 스케줄과 아이의 나이에 따라 한 부모가 한 주, 두 주, 혹은 세 주 동안 아이를 데리고 있도록 할 수 있다. 네다섯 살보다 어린 아이의 경우 주된 양육자와 한 주 이상 떨어져 있는 것이 어렵겠지만, 여기서도 보다 독창적이 될 수 있는 여지는 있다. 가령 나이 많은 형제자매 혹은 가까운 친척이 함께 휴가를 떠날 수 있고, 이렇게 해서 한쪽 부모와의 헤어짐을 더 견딜 만한 것으로 만들 수 있을 것이다.

비교적 협력이 잘 되는 부모의 경우 양쪽 부모가 같은 기간에 휴가를 떠나지만 그 시간을 따로 즐기는 경우도 여럿 알고 있다. 이런 방식에서는 주된 양육자인 부

* 어버이날 하나만 있는 우리나라의 경우는 사정이 다를 것이다. - 역자 주

모 역시 다른 쪽 부모와 거리상으로 멀리 떨어지지 않은 곳으로 휴가를 떠남으로써 필요할 때를 대비할 수 있고, 또 휴가 중 한두 번 정도 잠깐씩 아이를 방문할 수도 있다. 여름 계획을 어떻게 세우든 4월 1일 혹은 5월 1일까지는 여름휴가 계획이 세워져야 하고, 또 부모에게는 이에 관한 내용을 미리 양육 계획서에 포함시킬 정도의 현명함이 필수적일 것이다.

여름휴가 말고도 어떤 부모는 중요한 기념일 같은 날도 서로 나누어서 자녀와 지내기를 원한다. 어떤 경우는 성탄절 방학 시작부터 성탄절 오후 1시까지 한 부모와 지내다가 성탄절 오후부터 나머지 방학기간 동안 다른 부모와 지내는 식으로 시간을 나눌 수도 있을 것이다.* 이런 계획은 매년 똑같이 유지할 수도 있고, 해마다 아이와 함께 지낼 순서를 바꾸어 볼 수도 있다.

순서를 바꾸는 것이 기념일이나 휴가를 배분하는 세 번째 기본 원칙이다. 많은 부모는 서로 번갈아가면서 아이와 기념일을 지내는 방법을 택한다. 가령 유대인 부모의 경우에는 한 부모가 로쉬 하샤나(Rosh Hashanah, 유대인들의 설날)와 하누카(Hanukkah, 성전봉헌절)를 아이와 함께하는 반면 다른 부모는 욤 키푸르(Yom Kippur, 대속죄일)와 유월절에 아이와 함께 보내도록 할 수 있다. 다음 해엔 서로 순서를 바꾸어 다른 명절에 아이와 함께 지내는 식으로 매년 순서를 바꾸어 가는 것이다. 물론 어떤 부모는 양보와 배분 및 순번제를 결합한다. 어머니날, 아버지날 및 생일은 그날에 맞는 부모와 보내고, 성탄절 방학은 서로 나누고, 추수감사절과 봄방학은 매년 번갈아 가며 한 부모와 보내는 식이다.

휴가를 위한 스케줄은 일상적인 주간 계획보다 앞서는 것이며, 부모는 아마 이 점을 합의서에 분명히 명시해 놓아야 할 것이다. 어떤 부모는 기념일 스케줄에 묻혀 놓쳐 버린 시간이 있을 경우 나중에 평소의 스케줄을 바꿈으로써 이를 보상받으려 하지만, 이런 식의 계산과 조정은 복잡하기도 하고 갈등을 야기할 소지가 많으며, 또 기념일의 분위기와도 전혀 어울리지 않는다. 하지만 부모는 상식적으로 생각할 수 있어야 한다. 당신이 여섯 살짜리 자녀와 두 주 동안의 휴가를 즐겼다

---

* 긴 여름방학 후 가을에 새 학년도가 시작되는 미국에서는 겨울방학이 사실상 없고 성탄절 무렵부터 새해까지 한 주간 남짓의 성탄절 방학이 있다. - 역자 주

면, 비록 평소의 스케줄과는 맞지 않더라도 휴가 후 바로 다른 부모를 만날 수 있도록 하는 것이 현명한 조치일 것이다.

마지막으로, 두 부모가 특별한 행사 등을 따로 지낼 경우 정해진 스케줄을 따르는 것이 최선이지만, 그 규칙에 한 가지 예외를 적용하고자 한다. 나는 부모가 아이의 생일을 부분적으로 함께 축하하는 방법을 찾을 수 있다고 생각한다. 두 사람이 모두 참여하고 싶은 생일잔치나 다른 중요한 행사에 함께 참여할 수 있는 방법은 당신과 전 배우자가 지금부터 시작하여 아이가 성년이 될 때까지 계속해서 고려해 보아야 한다. 이것은 아이의 견신례,* 바르 혹은 바트 미츠바(Bar, bat mitzvah),** 혹은 꽃다운 열여섯 생일,*** 고등학교나 대학교 졸업식, 결혼, 혹은 손자손녀의 생일 등 다른 중요한 날을 위해서도 멋진 원칙으로 활용할 수 있다.

스케줄과 양육 계획에 대한 추가적 고려사항들

어떤 부모는 융통성 있는 것이 좋다는 생각에서 매주 혹은 특별한 날을 위한 스케줄을 시시콜콜 결정해 두는 것에 반대한다. 융통성은 좋은 말이지만, 여차하면 엉망진창이 될 수도 있다. 융통성을 발휘하기 위해서는 기분이 내키건 안 내키건 두 부모가 자주 터놓고 대화할 수 있어야 한다. 또한 모호한 상황이나 변화 역시 받아들일 수 있어야 한다.

이러한 상황은 협력적인 이혼을 한 부모의 경우에조차 갈등을 야기할 소지가 크다. 나의 조언은 경계가 분명하도록, 각자 기대할 수 있는 사항이 분명하도록, 그리고 의사소통의 필요가 최소한이 되도록 매우 구체적인 스케줄을 마련하라는 것이다. 일단 스케줄을 정하고 난 후에야 융통성을 발휘할 수 있다. 융통성을 발휘해서 일이 잘 돌아가면 좋은 일이다. 하지만 만약 그렇지 않더라도 다시 되돌아갈 계획이 마련되어 있다. 사실 갈등을 피할 수 있는 좋은 전략 중의 하나는 양육 계획서

* 堅信禮/confirmation – 유아세례를 받은 이가 나이가 들어 스스로 신앙을 고백하는 행사 – 역자 주
** 유대의 성년식에 해당 – 역자 주
*** 십대의 중간인 열여섯 살 생일날 사춘기 진입을 축하하는 전통 – 역자 주

안에 시간과 의사결정 모두와 관련된 부가적인 합의를 많이 포함시키는 것이다. 이런 사안들 중 상당수는 법적으로 꼭 다룰 의무가 있는 것은 아니지만, 중요한 사항을 언급해 보자면 아래와 같다.

- **학기 중과 여름방학을 위해 별도의 스케줄을 마련하는 방법을 고려하라.** 당신의 자녀와 당신 자신도 학기 중보다는 여름방학 기간에 더 많은 융통성을 발휘할 수 있을 것이다. 여름은 스케줄을 보다 독창적으로 만드는 좋은 기회가 될 수 있다. 예를 들어, 여름 동안 단독 친권 방식에서 공동 친권 방식으로 바꾼다거나 스케줄을 반대로 적용해 본다거나 아이의 주된 거주 가정을 바꾸어 본다거나 하는 식이다. 특별히 당신과 전 배우자가 멀리 떨어져 산다면 여름과 학기 중을 위한 별개의 스케줄을 정하는 것은, 선택할 수 있는 몇 개 되지 않는 가능성 중 하나가 될 것이다.
- **스케줄과 별개로 아이와 접촉할 수 있는 방안을 고려하라.** 당신과 아이들이 떨어져 있는 동안 전화, 이메일, 편지 혹은 아이의 학교 방문이나 특별활동 참관 등을 이용한 간단한 만남 등 다른 접촉 방법을 이용해 거리감을 좁힐 수 있다. 하지만 전화는 방해가 될 수 있으므로 서로 합의된 시간에 하루 한 번 정도로 제한할 필요가 있다.
- **구체적이어야 한다! 구체적일수록 많은 갈등을 피할 수 있다.** 당신은 공동 친권이 무엇을 의미하고 무엇을 의미하지 않는지 전 배우자와 상의할 필요가 있다. 곧 서로 의논하여 결정할 것은 어떤 것이고, 혼자 결정할 수 있는 것은 어떤 것인지 미리 의논하고 이를 합의서에 기록으로 남길 필요가 있다. 면접교섭권 혹은 휴가를 위한 스케줄 역시 상세히 명시해 두어야 한다. '추수감사절'이란 언제를 말하는가? 추수감사절 당일을 가리키는가? 아니면 4일간의 주말 휴가 전체를 가리키는가?* 추수감사절과 그 다음날 저녁인가? 아이가 추수감사절 전날인 수요일에도 등교할 필요가 없다면 어떻게 할 것인가? 앞에 예시한 스케줄에 나타나 있는 것처럼 구체적인 시간까지 포함하여 이러한 세부사항들에 대한 계획을 분명히 해 두어야 한다.
- **전 배우자와 자녀 양육에 관해 정기적으로 의사소통할 수 있는 방법을 마련해 두라.** 양육 계획이 구체적일수록 골치 아픈 일이나 가슴 아픈 일이 적어지지만,

* 미국의 추수감사절은 언제나 11월의 넷째 목요일이다. – 역자 주

모든 것을 미리 예상할 수는 없는 법이다. 이는 곧 전 배우자와 정기적으로 의견을 교환할 필요가 있을 것임을 의미한다. 하지만 두 사람 사이의 의사소통이 편하고 수월하게 느껴질 때까지는 아이들에 관해 이야기하기 위한 계획을 세울 필요가 있다. 아이들을 서로의 집에 데려다 주는 시간에 이야기를 나누려고 계획해서는 절대 안 된다. 그런 상황에서의 대화는 바삐 이루어지거나 번거로운 상황이 되기 쉽다. 아이들 앞에서 혹시 싸우는 상황을 연출하고 싶지는 않을 것이다. 대신 매 주 아이들을 데려다 주기 전 서로가 편한 시간에 정기적이면서도 간단하게 전화 통화를 하도록 계획하라. 매주 금요일 12시 직장에서 5분간 혹은 일요일 저녁 9시 아이들이 잠자리에 든 후 같은 시간을 이용해 약 5분 정도 전화 통화를 하라.
대화의 주제는 명확한 것이어야 한다. 아이에게 먹여야 할 약, 아이에게 개인적으로 서로 간에 생기는 문제들, 중요한 숙제나 학교에서의 어려움, 중요한 시험을 잘 봐서 꼭 칭찬해 주고 싶은 경우와 같은 것들이다. 서로 대화하기 어렵다면 이메일이나 음성녹음 같은 것도 좋은 대안이 될 수 있다. 간단한 이메일이나 전화 메시지는 곧 다가올 중요한 행사 등을 전 배우자에게 알려 줄 수 있는 최선의 방법이 되기도 한다. 하지만 이런 대화는 간명하고 실제적이어야 한다. 이메일을 통해서나 음성 녹음을 통해 당신의 분노를 표현한다면, 당신의 전 배우자는 그 메시지를 곱씹게 될 것이며 분란을 더 키우는 방식으로 답장을 할 수 있기 때문이다. 어쩌면 당신이 남긴 메시지가 후에 법정에서 증거물로 사용될 수도 있는 일이다.

- **앞으로 무엇을 바꿀까가 아니라 어떻게 바꿀까를 미리 생각하라.** 아이가 자라면서 스케줄에 변화를 줄 것을 생각할 때 미래의 어느 불확실한 시점에 무엇을 바꿀 것인가가 아니라 어떻게 바꿀 것인가를 위한 계획을 세우는 데 초점을 맞추라. 미래에 어떤 스케줄이 가장 적합할지는 아직 알 수 없지만, 그것을 재검토하고 필요하면 변화를 주도록 계획을 세울 수는 있다.
- **앞으로 의견충돌이 있을 수 있음을 예상하라.** 상세한 양육 계획을 마련해 두었다 하더라도 한 가지는 확실하게 말할 수 있다. 곧 머지않아 그 계획을 변경할 필요가 생기리라는 것이다. 가령 한쪽 부모가 다른 곳으로 이사할지도 모른다는 가능성은 많은 이혼한 부모에게 매우 중요한 관심사가 되며, 실제로 이사를 하는 경우 이는 현실적으로나 법적으로 정말 큰 문제가 될 수 있다. 그런 경우 일이 어떻게 진행될지 미리 결정할 수는 없다. 그런 일이 일어날지 아닐

지, 만일 일어난다면 그때 어떤 선택이 가능하게 될지 알 수 없기 때문이다. 하지만 만일 그런 상황이 발생할 경우 어떤 식으로 문제를 풀어갈지는 미리 예상할 수 있다. 합의서에다 어느 한쪽이 다른 곳으로 이사할 경우 적어도 6개월 이전에 이를 알린다는 것, 그리고 두 사람이 먼저 서로 대화를 통해 문제를 해결하려고 노력한 뒤 조정을 요청하고, 그것도 안 될 경우에 마지막 수단으로 법적 절차를 밟겠다는 것을 명시할 수 있다.

- **가능하면 당신의 기본적인 양육 철학을 포함시키라.** 마지막으로 당신과 전 배우자는 양육 계획서에다 기본적인 양육 철학에 대한 진술을 포함시키는 것이 좋다. 예를 들면, 서로 상대방의 양육 방식을 지지하겠다는 의사의 표현이라든지 혹은 3장에 예시한 것을 기초로 작성한 아동권리장전(Childrens Bill of Rights) 같은 것이다. 이런 식의 철학적 합의란 법적 규제의 수단이 되기엔 너무 막연한 것들이지만, 아이의 공동의 부모로서 당신과 전 배우자의 결의는 강력한 도덕적 힘을 갖게 되며, 특별히 기록으로 남겨졌을 때엔 더욱 그렇다.

CHAPTER 08

적응유연성 있는 아이로 키우기 위한 공동 노력

이혼 과정에서 부모가 갈등을 겪는 것은 이해할 만하다. 하지만 어느 시점에선가 부모는 결국 아이들이 예전보다 더 많이 부모를 필요로 한다는 사실을 알게 된다. 부부가 헤어진 후 서로 새로운 관계 방식을 형성하기까지는 한두 해, 어쩌면 그보다 더 긴 세월이 걸릴지도 모른다. 하지만 아이들은 그렇게 오랫동안 기다릴 수가 없다. 아이들의 적응유연성을 키우기 위해서는 바로 지금, 이혼이라는 위기 한가운데에서 부모가 필요하다. 너무 갑작스러운 변화에 적응하기 위해 아이들은 엄마는 여전히 엄마이며 아빠가 여전히 아빠라는 사실, 그리고 양쪽 모두가 자신의 엄마와 아빠라는 사실에 기댈 수 있어야 한다.

아이들의 감정적인 면을 제대로 도울 수 있기 위해서는 부모가 먼저 자신의 감정을 인식하고 조절하는 법을 배워야 한다. 비행기가 이륙하기 전 안내되는 안전수칙을 한번 생각해 보라. 비상시에 산소호흡기가 내려오면 부모가 먼저 착용한 후 아이들의 산소호흡기 착용을 도와주는 것이 올바른 순서이다. 이혼에 있어서도 마찬가지이다. 먼저 부모 자신의 감정을 추스르고 난 후에라야 아이들이 겪는 감정 문제를 잘 도와줄 수 있는 것이다.

이런 연유로 앞 장들에서 어른들의 상처, 분노, 슬픔, 그리고 예전의 관계 혹은 법적 협상 주변에 새로운 경계를 설정하는 문제를 다룬 것이다. 이러한 감정적, 실제적 과제를 완수하거나 혹은 적어도 완수하기 시작하는 것은 이혼 이후 효과적으로 아이들의 적응유연성을 북돋우기 위해 반드시 필요하다.

하지만 이혼한 부모가 아이들을 위해 극복해야 할 장애물은 이것뿐이 아니다. 서로 떨어져서 부모 노릇을 하는 데에는 전혀 새로운 종류의 감정적 어려움이 내재되어 있다. 부모의 입장에서 보자면, 이러한 감정 중 많은 부분은 대부분의 시간을 아이와 함께 보내는지 혹은 상대적으로 짧은 시간 동안만 아이와 함께 보내는지, 혹은 부모가 공동으로 아이의 신체적 친권을 가졌는지 여부에 따라 달라진다.

거주 부모가 직면하는 어려움들

거주 부모, 그러니까 아이들과 같이 살면서 대부분의 시간을 함께 보내는 부모들은 아주 기본적이면서도 실제적인 정서적 도전에 직면한다. 바로 혼자 아이를 길러야 하는 어려움이다. 이혼하기 이전에도 아이들 돌보느라 정신이 없었다고 생각했을지 모른다. 그런데 이젠 더 많은 공을, 그것도 더 빨리 허공으로 던져올리고 있다. 공을 땅에 떨어뜨리지 않으려고 두 손 그리고 두 발까지 부지런히 움직이면서 말이다.

거주 부모에겐 심지어 장보기 같은 사소한 일조차 더 이상 간단한 일이 아니다. 헤어지기 전이라면, 아이들이 학교에 있을 때 아니면 아이들의 아빠나 엄마가 아이들을 보고 있는 주말에, 혹은 퇴근해서 돌아오는 길에 시장을 보았을 수 있다. 하지만 이젠 사정이 다르다. 할 수 있다면 점심시간을 이용해 시장을 보거나, 아니면 퇴근한 후 아이들을 데리고 함께 슈퍼마켓으로 갈 수밖에 없다.

또한 아이들을 옷 입히고, 밥 먹이고, 챙겨서 학교에 보내고, 다시 밥 먹이고, 옷 갈아입히고, 밤에 재워야 하는 일이 있다. 그 사이에도 거주 부모는 아이들의 학교생활, 학원이나 필요한 곳에 데려다 주는 일, 학교 숙제, 아이들 간의 다툼, 그리고 아이들의 감정 등과 같은 문제들에 대해 걱정한다. 그 외에도 거주 부모는 아이들과 집안일을 돌보는 데 필요한 모든 일들을 혼자서 처리하지 않으면 안 된다. 설거지며 청소, 잔디 깎는 일, 장보는 일, 공과금 내는 일, 그리고 고장 난 곳을 수리하는 것과 같은 일들 말이다. 그리고 이 모든 일을 머리 하나와 두 개의 손으로, 하루 24시간 내에 해내어야 한다는 생각으로 스트레스를 받는다.

아이들이 다른 부모에게로 가 있는 동안, 거주 부모는 혼자 집에 있으면서 잠시 조용한 시간을 가질 수 있다는 사실에 종종 안도감을 느낀다. 하지만 그런 '자유시간'은 미처 처리하지 못한 집안일을 하며 보내는 경우가 대부분이다. 그리고 그 잠시의 안도감조차 외로움과 걱정 때문에 망치는 경우가 많다. 아이들이 가고 난 뒤, 누군가가 자신의 인생에 큰 구멍을 뚫어 놓은 듯한 느낌을 가질 수도 있고, 아니면 아이들이 지금 어디 있는지 그리고 무엇을 하고 있는지를 확실히 모른다는 사실로 인해 마음이 불편할 수도 있다. 대개 그럴 만한 이유가 있는 경우가 많지만, 전 배우자가 아이들을 대하는 태도 때문에 걱정될 때도 있다.

아이들이 돌아왔는데 녹초상태라거나, 아무 규칙도 없이 지내다 왔거나, 우울하거나, 말이 없거나, 아니면 그냥 '기분이 별로인' 상태라면, 또 하나의 숙제를 안게 된 셈이다. 아이들에게 보장해 주기 위해 그렇게 노력하던 안정감이 단절된 상황에 대처해야 하는 것이다. 만약 아이들이 전 배우자와 보낸 시간을 즐거워했다면 거주 부모는 아이들이 자신과 전 배우자 중 누구랑 있고 싶어 하는지에 대해 의문이 생길 수도 있다. 반면에, 아이들이 전 배우자의 집에서 잘 지내지 못했다면, 걱정이 되면서도 왜 전 배우자가 망쳐 놓은 걸 자신이 또 다시 해결해야 하나 하는 생각이 들 것이다.

비 거주 부모가 직면하는 어려움

몇몇 사람들이 오해하는 것과는 달리, 비 거주 부모, 즉 대부분의 시간을 아이들과 떨어져 사는 부모가 마냥 신나는 파티 같은 삶을 사는 것은 결코 아니다. 전 배우자들은 종종 그들이 마음껏 즐기며 살 것이라고 생각하는데, 물론 실제로 그럴 경우도 없지 않다. 비 거주 부모는 분명 더 많은, 어쩌면 너무 많은 자유 시간을 갖고 있다. 비 거주 부모 중에는 함께 시간을 보낼 아이들이 곁에 없을 때 글자 그대로 남는 시간을 도대체 어떻게 해야 할지 모르는 이도 많다.

이런 식의 상실감은 저녁에 뭘 먹을지 모른다거나 혹은 관심도 없다거나 하는 식으로 다소 사소하게 표현될 수도 있고, 혹은 보다 심각하게 내가 도대체 어떤 사람이라서 이처럼 시간제 부모가 되고 말았을까 하는 염려로 표현될 수도 있다. 자신의 삶과 정체성을 지탱하던 것이 결혼과 아이들이었는데, 이젠 그 중심이 허물어져 버렸다. 거주 부모들이라면 한순간이라도 자신이 정말 부모인지 아닌지를 묻지 않겠지만, 아이들을 만날 수 있는 시간이 더 적은 부모라면 충분히 그런 생각을 할 수 있을 것이다.

아이들과 함께할 수 있는 시간이 격주에 한 번 주말뿐인 부모라면 그 삶에 뚫린 구멍은 그저 어쩌다 느껴지는 공허감이 아니라 메우기 어려운 심연일 수도 있다. 이런 상황에 처한 많은 부모는 자신의 인생을 아주 새롭게 건설하지 않으면 안 된다는 것을 느낀다. 그러면서도 미심쩍게 생각한다. '도대체 어떤 인생이라야 하지?' 아이들 때문에 정신없이 사는 삶의 한 가지 이점은 일과표에 실존적인 위기를 위한 시간은 없다는 점이다.

아이들이라는 삶의 구조와 의미가 없는 상황에서, 비 거주 부모는 오랜 실존적 물음에 대한 새로운 답을 찾아내지 않으면 안 된다. 새로이 의미를 찾아가는 과정에서 어떤 부모는 전에 해 보지 못한 방종한 생활을 할 수도 있지만, 그런 식의 즐거움 혹은 방탕조차 금방 무미건조한 것이 되고 만다. 대신 새로운 취미생활이라든가 관계를 통해서 공허감을 채워 보려는 피상적인 시도를 하게 된다. 공허감을 채우는 더 좋은 방법은 일에 몰두하거나 혹은 생활을 정돈하는 것이 되겠지만, 비 거주 부모의 경우 애초부터 그럴 기분이 나지 않는 경우가 많다. 정말로 바라는 것, 정말로 그리워하고 있는 것은 바로 아이들이기 때문이다.

비 거주 부모는 종종 아이들과 떨어져 있을 때 바로 그 가족으로서의 느낌을 그리워하곤 한다. 불행한 일이긴 하지만, 어떤 경우 이들 부모는 아이들과 함께 있는 시간 동안에도 가족의 일원이라는 느낌을 갖지 못한다. 그렇게 기다리다 아이들을 만났지만, 그처럼 짧고 어색한 시간 동안 아이들과 마음을 주고받는 일이 쉽지 않다는 것을 발견한다. 어쩌면 두 주간에 해당하는 만큼의 삶을 매 격주의 주말 속으로 밀어넣으려 하거나, 놓쳤다고 생각하는 것을 만회하려고 애를 쓸 수도 있다. 만일 그렇다면 전 배우자는 그에게 아이들과 즐길 건 다 즐긴다고 불평할지도 모른다. 그렇지만 여전히 비 거주 부모는 행복보다는 공허감을 느낀다. 아이들과 신나게 보내는 주말이 혼자서 신나게 주말을 보내는 것보다 공허함을 잘 채워 주는 것은 아니다. 정신없이 군다고 해서 빈 곳이 메워지는 것은 아니다. 그저 잠시 그 빈 곳을 덮어두는 것에 지나지 않기 때문이다.

공동 친권 상황의 어려움

서로 떨어진 상태에서 부모 노릇을 해야 하는 상황은 공동으로 신체적 친권을 행사하는 부모에게도 어려운 도전이 된다. 공동 친권을 가진 부모는 어떤 경우 거주 부모와 비 거주 부모가 겪는 문제를 동시에 직면할 수 있다. 아이들이 와 있을 때는 바빠서 정신을 못 차리다가 아이들이 가고 나면 무얼 해야 할지 몰라 당황스럽다.

공동 친권을 선택한 부모는 아이들을 위해서 뿐 아니라 스스로도 일상의 리듬을 찾지 못해 애쓰는 경우가 있다. 자신이 사는 모양이 종종 장난감 요요와 비슷하다는 느낌에 사로잡히며, 아이들도 똑같이 느끼지나 않을까 염려한다. 아이들과 함께 지내는 것이 이제 좀 익숙해진다 싶으면 아이들은 다시 다른 부모와 같이 지내기 위해 떠나 버린다. 공동 친권은 아이들이 양쪽 부모 모두와 친밀한 관계를 유지할 수 있도록 해 주지만, 이들 부모는 종종 아이들이 어느 한쪽 부모하고라도 안정되고 지속적인 관계를 유지하고 있는 것인지 의문이 생긴다.

만약 공동으로 신체적 친권을 행사하는 상황이라면, 더 많은 노력이 필요하다는 사실을 미리 인식해야 한다. 이쯤되면 이제 충분히 알았겠지만, 이 노력이란 일을 의미한다. 깨끗이 빨아서 들려 보낸 아이의 옷이 언제나 세탁되지 않은 상태로 돌아올 수도 있고, 아이들의 물건이 두 집에 여기저기 떨어져 있을 수도 있다. 아이가 잠잘 때 껴안고 자는 인형, 숙제, 야구 글러브 등 뭐든지 지금 당장 필요한 물건은 모조리 다른 부모 집에 있는 것 같고, 그래서 이들 부모는 서로의 집을 오가거나 서로 부딪히거나 해야만 한다. 서로 다른 두 집에서의 양육 방식을 조율하는 일, 같은 아이 돌보미를 두 집이 함께 쓰는 일, 한쪽에서 시작했던 숙제를 다른 집에서 마무리하도록 하는 일, 혹은 가정교육 면에서 두 집이 서로 방식을 맞추는 일 등을 두고서 공동으로 신체적 친권을 행사하는 부모는 끊임없이 서로 협력하지 않으면 안 된다.

이들은 모두 부모가 협력적인 공동 양육자의 관계를 유지하고 있는 경우 직면하게 되는 주요한 난제들이다. 부모로서 두 사람의 관계가 냉담하거나 적대적일 경우 일이 꼬일 때마다 말다툼을 하거나 아니면 공동으로 신체적 친권을 가진 부모가 아이들과 관련한 상호조율을 포기해 버릴 수도 있다. 공동으로 신체적 친권을 행사하는 것이 부모 자녀 관계의 균형 차원에서는 좋을지 모르지만, 두 집을 기반으로 하여 아이를 기르는 것은 한 집안에 기반을 두고 있는 경우보다 훨씬 더 복잡하다.

서로 떨어져 양육할 때의 문제 해결하기

이혼하는 부모는 강렬하고도 절박한 자기 나름의 감정을 갖게 되지만, 부모로서 아이들의 필요를 더 잘 채워 주기 위해 적어도 한동안은 자신의 감정을 뒤로 미뤄 두어야 하는 경우가 많다. 자신의 감정을 통제해야 할 뿐 아니라, 아이들의 감정을 다루는 방법까지도 새로 배워야 하는 것이다. 혼자서 부모 노릇을 하는 일은 배우자와 부모 역할을 나눌 때보다 더 많은 에너지와 인내심과 자신감을 요구한다. 어쩌면 새로운 역할을 배워야 할 수도 있다. 어떤 부모는 혼자서 자녀들 버릇을 가르치는 법을 배워야 할 것이고, 어떤 부모는 애정을 표현하는 법을 배워야 할 것이다. 그리고 대부분의 이혼 부모들은 (요리, 빨래, 정원 손질, 집안 수리, 돈 관리, 아이들 놀이 날짜 조정 등) 지금까지는 아이들을 키우면서 전 배우자와 같이 해 왔던 일들을 혼자서 하는 법을 배우지 않으면 안 된다.

양육하는 일은 복잡할지 모르지만, 바람직한 양육의 목표는 얼핏 생각하는 것보다는 덜 복잡한 것일 수 있다. 이혼이라는 감정적 격동의 와중에서는 양육의 기본적 원칙을 기억하는 것이 중요하다. 아동 발달 및 임상심리 전문가들에 의하면 부모와 아이들의 관계에서 정말로 결정적인 것은 두 가지, 바로 사랑과 부모로서의 권위뿐이다.

자녀들이 사랑받고 있다는 사실을 확신할 수 있게 하라

행복한 가정에서 자란 사람이라면 누구나 어린 시절의 가장 소중한 기억으로 사랑받았다는 느낌을 꼽을 것이다. 불행하게도, 이혼과 이별의 과정에서 많은 아이들은 부모의 사랑에 대해 의문을 갖는다. 그래서 바로 지금 자녀들에게 그들이 변함없이 사랑받고 있음을 확신시켜 줄 필요가 있다. 부모의 사랑을 확인하는 일이 중요한 것은, "사랑해"라는 말을 듣는 것은 언제나(불안을 느끼지 않는 상황에서도) 멋진 일이기 때문이다. 이혼 상황에서 아이들을 향한 당신의 사랑을 분명히 표현하는 일이 중요한 것은 그들이 혼란과 두려움을 느끼거나, 당신이나 다른 부모의 사랑에 대한 불안감을 마음 깊은 곳에 품고 있을지도 모르기 때문이다.

"사랑해"라고 말하는 것은 언제나 좋고 또 마음 든든한 일이지만, 정말로 자녀들을 향한 부모의 변치 않는 사랑을 드러내 주는 것은 부모가 평소에 하는 사소한 일을 통해서이다. 특히 소용돌이가 몰아치는 것 같은 이 시기에 아이들은 규칙적인 일과, 의식처럼 늘 반복하는 일들, 그리고 예상되는 활동에서 큰 위안을 얻는다. 언제나처럼 좋아하는 이불을 덮고 잠들 때까지 토닥거려 주거나, 매일 밤 잠들기 전 이야기를 읽어 주거나, 도시락에 매일 특별한 반찬을 하나씩 넣어 주거나, 매일 저녁 엄마나 아빠가 같이 있어 숙제를 도와준다거나, 혹은 좋아하는 텔레비전 프로를 함께 시청하거나 하는 식의 일, 그러니까 자라나는 아이들의 나이에 어울리는 일상적인 일과는 언제나 큰 위안이 된다.

가족 내에서 의식처럼 반복되는 일들은 특히 나이 든 아이들에게는 매우 중요하다. 여기에는 특별한 날의 가족 식사, 정기적인 친척 방문, 종교적 예배 참석, 함께 떠나는 휴가, 혹은 가족이 함께 기념해 왔던 휴일이나 기념일 등이 포함될 것이다. 이혼을 한 입장에서는 이런 의식을 기념하는 방식을 새로 생각해 내어야만 할 상황이 되겠지만, 이는 중요한 일이다. 그리고 부모 자신 역시 소중하게 간직하고 있는 어린 시절의 특별한 기억을 잊지 말도록 하자. 사랑이 듬뿍 담긴 별명들, 나를 반겨 주던 그 방식들, 혹은 30년이 지난 후에도 미소를 머금게 하는 재미난 사건들 같은 것 말이다.

아이들이 가장 안정감을 느낄 때는 대부분의 시간을 자신들과 함께하며 돌보아 주는 거주 부모가 친숙한 가족의 의식을 계속 유지하거나 혹은 새로운 의식을 만들어 낼 때이다. 물론 이는 자신들과 항상 함께 있지는 않은 (비 거주) 부모와의 일상이나 의식이 그처럼 중요하지 않다는 말이 아니다. 사실은 정반대이다. 아이들과 함께하는 시간이 적을수록, 아이들은 비 거주 부모가 부모로서 보여주는 사랑의 경계가 더욱 분명하고 지속적인 것이 되기를 원한다. 만일 당신이 아이들을 격주에 한 번씩, 혹은 그와 비슷한 스케줄에 따라 볼 수 있는 상황이라면 떨어져 있는 상태에서 사랑을 표현하는 것이 얼마나 어려운지를 잘 알 것이다. 사랑을 전달하기가 어려울수록 더 분명하게 사랑을 보여 줄 필요가 있는 것이다.

그렇다면 어떻게 해야 할까? 한 가지 방법은 새로운 스케줄이 몸에 익을 때까지 아이들을 데려오거나 전화를 걸거나 혹은 무슨 일이든 정해진 계획대로 철저하게 이행하는 것이다. 스케줄에 맞추어 부모 노릇을 해야 하는 제약이 싫을 수도 있지만, 특별히 이혼 직후에는 정해진 일과에 따라 충실히 움직이는 것이 아이들에게 필수적이다. 변함없이 일관되게 움직이는 부모의 모습을 보면서 아이들은 부모의 사랑을 더욱 분명히 느낄 수 있다. 여기에서 아이들은 비록 서로 떨어져 있지만 부모가 여전히 그들을 생각하고 있으며, 그들을 최우선으로 생각한다는 사실을 알게 된다. 데리러 가는 시간에 늦거나, 전화하는 것을 잊거나, 혹은 다른 약속된 일을 잊는다면(방문계획 같은 것들은 아이들과 맺은 약속으로 생각해야 하는 것이 옳다. 비록 부모 자신으로서는 그것이 전 배우자나 법정에 의해 강요된 것이라고 느끼더라도 말이다), 아이들은 부모의 삶에는 자기들보다 더 중요한 다른 무언가가 있다고 생각할 것이다. 말할 것도 없이, 한쪽 부모가 함께 있지 않은 상황에서 아이가 이런 생각을 갖게 되는 것은 건강한 일도, 행복한 일도 아니다.

부모가 공동으로 신체적 친권을 행사하는 상황에서도 아이들에게는 분명하고 일관된 양육 스케줄이 필요하다. 특별히 이혼 직후 몇 개월 동안에는 부모들이 공동 친권 스케줄을 엄격하게 지켜 줄 때 아이들이 더 자신감 있고 편안하게 느끼게 된다. 부모들이 궁극적으로 보다 융통성 있는 방식을 지향하는 경우에도 마찬가지이다. 이혼 직후와 같은 불안한 시기에는 예측가능성과 안정성에 대한 자녀들의 필요가 형편에 따라 융통성 있게 움직이고 싶은 부모의 바람보다 더 중요한 것이기 때문이다.

공동으로 신체적 친권을 행사하기로 합의했다면, 당신과 전 배우자는 두 집 간의 일과를 서로 비슷하게 맞춤으로써 자녀들의 안정감을 제고할 수 있도록 서로 긴밀하게 협력할 필요가 있다. 어쩌면 전 배우자의 집에서 하는 방식에 맞추어 당신의 일과를 조정해야 한다는 생각 때문에 본능적으로 주춤할 수도 있겠지만, 이것은 당신이 아니라 당신의 자녀에 관한 일임을 잊지 말아야 한다. 만약 당신의 전 배우자가 열 살짜리 아이는 9시까지 잠자리에 들게 하고 일곱 살짜리 아이는 매주 읽기 과외를 시키려고 고집한다면 아마 당신도 이와 거의 유사한 일과를 지키는 것이 좋을 것이다.

특히 아이들이 아직 어릴 경우, 일관성 있는 일과는 그저 마음을 편하게 해 주는 정도가 아니다. 아이들에게는 두 가지 다른 일과보다는 한 가지 일과를 따라 움직이는 것이 훨씬 덜 혼란스러운 법이다. 물론 그렇다고 해서 두 부모가 모든 일을 아주 똑같이 해야 한다는 말은 아니지만, 공동으로 신체적 친권을 행사할 경우 적어도 이런 일들에 관해 논의하는 것은 반드시 필요하다. 이렇게 되면 적어도 당신은 왜 아들이 학교 가기 전 아침이면 늘 피곤해 하는지, 혹은 딸아이의 읽기 실력이 왜 기대하는 만큼 늘어나지 않는지 알 수 있게 될 것이다.

훈육은 사랑이다

헤어진 직후 많은 부모는 아이들에게 언제 그리고 어떤 식으로 가정교육을 시켜야 할지 몰라 힘겨워한다. 이는 엄격하지만 합리적으로 아이들을 대한다고 스스로 생각하는 부모의 경우도 마찬가지이다. 이혼으로 인한 여러 가지 변화와 스트레스로 인해 많은 부모는 그들이 견지해 온 양육 방식에 자신을 잃기도 하고, 정서적으로나 육체적으로 너무 지쳐 같은 일이지만 예전과 같은 에너지와 관심을 기울이지 못하게 되기도 한다.

어떤 때는 위에서 언급한 모든 현상들이 한꺼번에 나타나기도 한다. 어떤 부모들은 그저 아이들과 함께 있는 시간을 즐기고 싶다는 생각으로, 그리고 훈육을 하려 들면 이런 소중한 시간을 망치고 말 것이라는 생각에 부모로서의 책임을 회피하기도 한다. 혹은 자녀들에게 분명한 경계를 가르치는 것이 중요하다고 믿으면서도 막상 이혼 후 자녀들이 빗나가기 시작할 때 어떻게 대처해야 할지 모르는 부모들도 있다. 제시카(Jessica)를 야단쳐야 하나? 아니면 참고 이해해 주어야 하나? 만일 아이들의 잘못된 행동이 보다 깊은 감정적 문제에서 발단된 것이라면 이는 분명 야단쳐서 될 일이 아니다. 그렇지만 어떤 것이 그런 감정의 표현이고 어떤 것이 당연히 야단맞아야 할 행동인지 확신이 서지 않는다. (한 가지 분명한 사실은 이혼의 격랑 속에서도 아이들은 야단맞아 마땅한 행동을 할 수 있다는 것이다!) 혹은 아이들의 행동이 잘못되었다는 것은 알면서도 어떻게 해야 할지 잘 모르거나, 계속 밀고 나갈 자신감이 부족하거나, 혹은 노력하지만 전혀 먹히지 않는 경우도 있다.

마지막으로, 이혼하기 전에는 당신과 전 배우자, 두 사람이 함께 부모노릇을 했다는 사실을 기억하도록 하라. 어쩌면 둘 중 한 사람은 엄격하고 한 사람은 너그러운 부모 역할을 맡았을 수도 있다. 어쩌면 아직 어린 카일(Kyle)이나 십대인 아만다(Amanda)가 당신의 말을 잘 들었던 것은 그게 나중에 무서운 아빠하고 얘기하는 것보다 더 낫다는 것을 알았기 때문일 수도 있다. 아니면 그게 더 공평하다는 생각에 순순히 당신의 말에 따랐을 수도 있다. 어떤 아이들의 경우에 '이의를 제기할 때' 한 부모가 다른 부모의 결정을 다소 누그러뜨려 주거나, 운이 좋을 경우 뒤집어 줄 수도 있는 항소 법원 같은 역할을 하기도 한다.

이혼하기 이전에도 당신의 자녀들은 아마 여러 가지 문제에 대한 두 부모의 입장이 어떤지 그리고 어떤 식으로 반응을 할 것인지 상당히 정확하게 알고 있었을 것이다. 하지만 지금은 당신 스스로도 자신의 마음을 알 수가 없다. 아이와 함께하는 얼마 안 되는 며칠의 시간이라면, 아이가 다음 날 학교 갈 것도 생각하지 않고 늦게까지 잠을 안 잘 때 어떻게 해야 할까? 혹은 아이가 자꾸 말대답을 하고 나온다면 어떻게 할까? 아이의 그런 모습을 받아 주고 아마 무언가 화날 만한 일이 있었던 것이라고 이해해 주고 싶지 않을까?

이혼과 관련된 많은 변화의 와중에 한 가지 확신할 수 있는 것은 당신의 자녀들이 그 어느 때보다도 더 면밀히 당신과 전 배우자를 관찰하고 있다는 사실이다. 규칙 적용에 일관성이 없다든지, 양육 방식에 변화가 있다든지, 이런저런 행동에 대해 받아 주는 정도가 달라졌다든지 하면 아이들은 금방 이를 알아채고 다음을 위해 기억해 둘 것이다. 이혼으로 인한 아이들의 힘겨움을 보상해 줄 필요가 있다고 당신이 느끼는 바로 그때에 아이들 또한 그들에게 강요된 감정적 동요와 여러 변화들 대신 무언가 얻는 것이 있어야 한다고 느낄 수 있다. 물론 아이들이 냉혈한이라거나 이런 것들을 의식적으로 계산하고 있다는 말은 아니다. 절대 그렇지 않다. 하지만 우리의 고통, 특별히 우리가 자초하지 않은 고통에 대해 인정받고 보상받고 싶은 것이 인간의 본성이다.

어떤 이유로건 훈육의 문제로 어려움을 겪고 있다면, 아이들을 엄격하면서도 공정하게 훈육할 수 있는 방법을 찾는 것이 필요하다. 다른 많은 이혼 부모들처럼, 당신 또한 자녀들이 당신의 사랑을 느끼도록 하는 데 더 관심이 갈 수도 있지만, 아이들에게는 일관되고 합리적인 훈육 또한 마찬가지로 필요하다. 아이들에게 부모로서의 권위를 보여 주는 분명한 경계를 유지하고, 다시 세우고, 필요할 경우 새롭게 설정할 필요가 있다. 당신의 규칙과 다른 쪽 부모의 규칙 모두 명확해야 하고, 최대한 서로 협력하여 두 집 모두에서 공정한 규칙을 설정하고 이를 확실하게 따를 수 있도록 해야 한다.

여기서 가장 중요한 것은 규칙을 어겼을 때 그에 따르는 분명한 결과를 알게 하는 것이다. 자기 방에서 밥 먹지 말라고 하루에 백 번도 넘게 잔소리할 수 있지만, 자기 방에서 밥을 먹고도 아무런 벌을 받지 않는다면 이는 아직 규칙을 정한 것이 아니라 그저 말로만 이야기한 것일 뿐이다. 물론 아이들은 이 둘의 차이를 누구보다 더 잘 안다.

아이들은 올바르게 행동하는 법을 배우기 위해, 그리고 어떤 것이 잘못된 행동인지 이해하고 그 결과에 대해 책임지는 법을 배우기 위해 훈육을 필요로 한다. 아이들, 특히 십대의 아이들은 이에 대해 불평할 수도 있겠지만, 그들이 훈육을 필요로 하는 것은 이것이 그들을 편안하게 해 주는 것이기도 하기 때문이다. 권위로부터의 자유가 어느 정도는 재미있을지 모르지만, 우리 자신의 어린 시절 경험을 통해 잘 아는 것처럼, 지나친 자유는 오히려 두렵다. 명확하고, 분명하며, 합당한 부모의 훈육은 부모의 권위의 표시인 동시에 또한 부모로서의 사랑의 표시이기도 하다. 부모의 권위는 아이들로 하여금 바르게 행동하는 법을 가르치고, 또한 그들에게 보다 큰 안정감을 가져다준다.

목표: 권위 있는 양육

그렇다면 부모 노릇을 제대로 하기 위해서는 어떻게 해야 하는가? 모르긴 해도 당신은 책이나 잡지 혹은 텔레비전 같은 데서 부모 노릇에 관해 무수한 충고를 들어 왔을 것이다. 또한 당신의 어머니나 할머니, 이웃집 사람들, 아이의 선생님들, 혹은 슈퍼마켓에서 만난 낯선 사람에게서조차 좋은 부모노릇에 관한 이런저런 이야기를 들은 적이 있을 것이다. 심지어 당신의 아이들조차 그 점에 대해 할 말이 없지 않았을 것이다. 당신의 전 배우자 역시 부모로서 당신의 어떤 점이 문제인지 말한 적이 있었을지도 모른다.

부모의 역할에 관해 우리가 듣게 되는 온갖 종류의 충고들은 부모가 되는 일의 어려움과 부모로서 우리의 부족함, 부모들 머리 위에서 노는 아이들의 영악함, 그리고 부모로서 우리들 스스로 느끼는 불안정함 등을 잘 보여 준다. 이혼은 여러 가지 면에서 부모로서 우리의 역량에 긴 그림자를 드리운다. 이혼 과정에서 우리가 겪는 감정들은 우리가 과연 친구, 연인, 배우자, 그리고 말할 것도 없이 부모의 역할을 제대로 하고 있는가 하는 의문을 갖게 만든다. 많은 사람들은 이혼 때문에 그들의 결혼을 실패작으로 여기게 되고, 그들 생각에 이는 또한 아이들의 부모로서도 실패자가 되었다는 것과 다르지 않다. 한 마디로 그들은 좌절감에 빠져서 어찌할 바를 모르게 된다. 그들은 '어쩌다 일이 이 지경까지 되었을까?' 아니면 '도대체 내가 제대로 할 줄 아는 것이 있을까?' 하는 식의 의문에 사로잡힌다.

부모의 역할은 간단한 일이 아니며, 아마도 여러분의 인생에서 가장 중요한 책임이라 할 수 있을 것이다. 하지만 한번 찬찬히 생각해 보도록 하자. 훌륭한 부모 노릇의 핵심은 사랑과 훈육 사이에 적당한 균형을 잡는 일이다. 사실 부모들의 양육 유형을 분류하는 가장 보편적인 방식에 따르면 부모들은 한편으로는 얼마나 따뜻하며 사랑이 넘치는지, 그리고 다른 한편으로는 얼마나 엄격하고 공정한 훈육가인지에 따라 네 가지 중 하나의 범주에[37] 속하게 된다.

최선의 양육 방식이라 할 수 있는 권위 있는 양육(authoritative parenting)이란 애정과 엄격함을 함께 갖추어 아이들을 훈육하는 것이다. 주요 연구의 결과들을 보면, 결혼을 한 상황이건 아니건 부모의 역할은 분명하다. 곧 자녀들에 대한 부모로서의 사랑과 부모로서의 권위 사이에 분명한 선을 긋는 것이다. 자녀들이 얻게 되는 유익을 생각해 보면 이 충고의 가치가 분명히 드러난다. 권위 있는 부모에게서 자란 아이들을 보면 독립심과 책임감 및 자신감이 강한 경우가 많다. 그리고 이는 부모가 함께 살건 아니건 마찬가지이다.

권위 있는 부모들과는 달리, 권위주의적인(authoritarian) 부모들은 엄격하게 자녀들을 훈육하지만 독재적이며, 사랑이나 이해 혹은 정서적 지원을 제대로 제공해 주지 않는다. 권위주의적 부모에게서 자란 아이들은 권위 있는 부모의 자녀들에 비해 더 모범적으로 행동하긴 하지만 자신감과 사회성이 부족한 경향이 있다. 사춘기가 되면 이런 자녀들은 부모의 통제라는 억압적 관계에 반기를 들기도 한다.

허용적인(indulgent) 부모들은 권위주의적인 부모의 정반대다. 그들은 자녀들에게 많은 사랑을 베풀지만, 이런저런 이유로 올바른 훈육에는 별 관심이 없다. 그러다 보니 이런 부모에게서 자란 아이들은 자신감이 넘치기는 하지만 또한 이기적이고 충동적이기 쉽다. 쉽게 말해서 관대한 부모를 둔 자녀들은 다른 사람들의 영역을 존중하는 법을 배우지 못한다.

마지막으로 방임적인(neglectful) 부모들이 있다. 이들은 전반적으로 자녀들에 대한 관심이 별로 없는 사람들이다. 이들은 사랑이건 훈육이건 자녀들에게 제공해 주는 것이 거의 없다. 태만한 부모들의 자녀들은 아동학대나 청소년 범죄와 같은 극단적인 문제들에 의해 고통을 겪을 가능성이 가장 높다.

이혼 과정에서 자녀들이 적응유연성을 가질 수 있도록 돕기 위해 권위 있는 부모의 자세를 견지하는 것이 중요하다. 부모의 사랑과 부모의 권위 사이에 분명한 경계를 유지하거나, 설정하거나, 혹은 재설정하는 것이다. 또한 당신의 전 배우자 역시 권위 있는 부모 역할을 할 수 있도록 가능한 한 최선의 도움을 제공해 줄 필요가 있다.

권위 있는 부모가 되는 법 배우기

자녀들에게 부모의 사랑과 권위 사이의 경계를 분명히 만들어 주기 위해, 많은 이혼한 부모들은 부모로서의 새로운 역할에 대해 배울 필요가 있다. 이는 타라와 카를로스의 경우에서 분명하게 볼 수 있는데, 두 사람 모두 카를로스 2세와 이사벨라를 대하는 새로운 방식들을 찾아야만 했다.

조정을 통해 노력한 덕분에 타라와 카를로스는 이혼으로 인해 자녀들이 겪게 되는 가장 큰 문제를 해결할 수 있었다. 그들은 적대적 이혼에서 냉담한 이혼으로 방향을 바꾸는 데 성공함으로써 모두를 위해 더 나은 상황이 되도록 하였다. (둘 사이에 형성된 거리(distant), 그러니까 보다 사무적인 태도를 견지함으로써 가능해진 갈등의 감소로 인해 가족 네 사람 모두에게 훨씬 더 편안한 분위기가 조성되었다.) 둘 사이의 더 분명하고 공식적인 경계가 설정됨으로써 카를로스와 타라는 항상 싸울 것을 예상하고 준비해야 하는 스트레스로부터 자유롭게 되었다. 결과적으로 그들은 서로의 분노를 자극하는 일보다는 아이들을 돌보는 일에 더 집중할 수 있게 되었다. 긴장이 감소되면서 카를로스 2세는 엄마를 지켜야 한다는 그의 역할로부터 벗어날 수 있었고, 싸움이 없어지면서 이사벨라는 두 부모 사이에 끼어 매사에 신경을 곤두세우며 줄타기하는 듯한 행동을 하지 않아도 되었다.

모든 경우에 이렇게 될 수만 있다면 얼마나 좋겠는가! 하지만 여기에도 어려움이 존재한다. 둘 사이에 형성된 거리는 반가운 것이기는 하지만, 두 사람이 결혼하고 있을 때는 전혀 예상하지 못했던 새로운 양육의 문제를 야기하였다. 이혼하기 전 타라와 카를로스는 부모로서 서로 역할 분담을 해 왔었다. 타라는 보다 관대한 부모 역할을 맡았었다. 아이들에게 많은 사랑과 관심을 베풀어 주었지만 사실상 아이들을 야단치려고 하지는 않았다. 훈계는 카를로스의 몫이었다. 타라와는 대조적으로 카를로스는 보다 권위주의적인 부모에 가까웠다. 아이들에게 엄격했고, 정해진 규칙은 그대로 지켜지기를 기대했다. 카를로스도 분명 아이들을 사랑했지만 애정을 표현하는 일은 드물었다.

두 사람은 모두 부모로서 상대방이 가진 장점을 제대로 배우지 못했다. 카를로스는 사랑을 표현하는 일을 대부분 타라에게 맡겼고 타라는 훈계의 책임을 카를로스에게 맡겼다.

두 사람이 함께 있을 때는 이런 방식이 부모 두 사람뿐 아니라 카를로스 2세나 이사벨라에게도 아무런 문제가 없었다. 두 부모 모두 각자 권위 있는 부모의 역할을 한 것은 아니었지만 엄마의 사랑과 아빠의 권위가 어우러지면서 나름의 '균형을 이루어' 사실상 권위 있는 양육 형태를 갖추게 되었던 것이다. 하지만 부모가 갈라서면서 이 균형이 사라졌고, 카를로스 2세와 이사벨라는 허용적인 부모 아니면 권위주의적인 부모라는 극단적 환경에서 자라나야 하는 형편이 되고 말았다.

혼자서 아이들을 길러야 하는 타라와 카를로스의 힘겨움은 이혼하자마자 나타났지만, 서로 간의 감정싸움과 이혼이 야기하는 전반적인 혼란스러움으로 인해 타라나 카를로스 모두 새로 생겨난 이러한 어려움에 큰 관심을 기울이지 않았다. 그들의 관계가 보다 냉담한 것이 되고 다소 안정이 회복되면서 카를로스와 타라는 조정을 위해 만난 자리에서 여러 가지 문제를 제기하였다. 처음에는 상대방에게서 느끼는 문제점들을 이야기하다가 나중에는 스스로의 힘겨움과 불안함을 털어놓았다.

이들 두 부모에게 하나의 전환점을 제공한 것은 계속해서 떨어지는 카를로스 2세의 학교 성적이었다. 언제나 A학점만 받아 오던 카를로스 2세가 부모의 이혼 직후 두 번 연거푸 여러 과목에서 B학점을 받아 왔다. 타라는 카를로스 2세의 떨어진 성적이 아버지에 대한 분노와 부모의 이혼으로 인한 전반적인 스트레스 때문이라고 생각했고, 따라서 성적 떨어진 것에 대해 아무런 조치도 취할 필요가 없다는 입장을 취했다. 그녀의 생각에는, 카를로스 2세는 언제나 착한 아이였고, 그러니 화가 나고 혼란스러워 하는 것도 당연하다는 것이었다.

이혼하기 전 언제나 그랬던 것처럼, 처음에는 카를로스 역시 타라의 의견을 따랐다. 아이들의 감정과 관련된 문제라면 타라가 더 전문가라고 느꼈기 때문이다. 하지만 그 다음 학기에 카를로스 2세가 수학과 역사에서 각각 C와 C+를 받아오자 카를로스는 타라의 방식에 더 이상 동조하기를 거부했다. 타라와 상의도 없이 카를로스는 아들에게 무기한 주말 외출금지 명령을 내렸다. 여기에는 엄마와 보내는 주말 역시 포함되었다. 그리고 다시금 전과목 A를 받기 전까지는 운전면허 시험을

칠 수 없다고 못을 박았다(얼마 후면 운전면허 시험을 치를 수 있는 나이가 될 시점이었다).

아버지와 주말을 보내고 다시 집에 돌아온 카를로스 2세는 이에 대해 엄마에게 항의를 했고, 엄마는 그의 입장에 동조해 주었다. 아버지와 다시 의논을 해 보겠다고 약속하면서 이 집에서는 외출금지가 아니라고 말해 주었다. 아들을 제대로 이해하지 못하는 카를로스에게 한마디 하고, 또 외출금지에 대한 자신의 입장을 말하기 위해 그에게 전화를 걸자 카를로스의 분노가 폭발했다. "왜 나를 무시하는 거요?" 그가 따지고 들었다. "당신 말을 듣고 하자는 대로 했잖소. 그랬더니 어떻게 됐소? 성적이 좋아지기는커녕 오히려 더 나빠졌잖소!"

"하지만 우리 이혼 때문에 걔가 얼마나 힘들어하는지 모르세요?" 타라가 설득했다. "그게 바로 문제의 핵심이란 말이에요." 잠시 침묵하더니 타라는 비난조로 말을 계속 이어갔다. "성적이 전부는 아니잖아요. 당신도 알다시피 모두가 당신처럼 '성공한 사람'이 되어야 행복한 건 아니잖아요?"

분노에 찬 말다툼이 이어졌지만, 다행히 타라는 두 사람의 관계를 보다 사무적인 것으로 만들기 위해 조정을 통해 정해 둔 규칙을 따라 주었다. 5분 정도 이야기를 한 뒤에도 서로 상대방의 입장을 이해하지 못하고 대화가 계속 격해지자 타라는 그만 통화를 끝내야겠다고 말했다. 그녀는 카를로스에게 이렇게 말했다. "이런 식으로는 아무런 소용도 없으니까 에머리 박사가 말한 대로 해야겠어요. 여기서 이야기를 끝내고 조정 약속을 잡는 것이 좋겠어요."

며칠 후 그들을 만났을 때, 두 사람은 매우 격한 감정으로 대화를 시작하였다. 어쩌면 처음이라 할 정도로 평정을 잃은 채 카를로스는 타라에게 소리질렀다. "당신은 아버지로서 내가 해야 할 의무를 무시하고서 쉽게 A학점을 받을 수 있는 아이에게 해를 끼치고 있소!"

타라 역시 화나긴 마찬가지였지만 카를로스의 흥분으로 인해 오히려 더 우위에서 있었다. 타라가 대답했다. "나도 카를로스 2세의 부모잖아요. 아이가 이혼 때문에 힘들어하는 것이 눈에 훤히 보이는데, 당신이 지나친 처벌을 가하는 것에 찬성할 수 없어요. 아이가 힘들어하는 걸 모르세요? 성적보다 더 중요한 것이 있다는 사실을 왜 몰라요?"

이처럼 서로의 감정이 폭발하고 난 뒤, 매우 격하긴 했지만 결과적으로는 생산적인 대화가 이어졌다. (아이들이 없는 데서, 그리고 어느 정도 통제된 상황에서 갈등이 표출되는 것은 생산적인 일이 될 수도 있다.) 이번 경우에는 카를로스와 타라가 각자 자신의 부족함으로 인해 힘겨워할 뿐 아니라, 상대에게서 느끼는 결점을 보상하려고 한다는 사실 또한 분명했다. "당신이 카를로스 2세를 야단치려 하지 않으니 내가 해야겠소." 카를로스가 소리친 즉시 타라가 되받았다. "당신이 그 아이의 마음을 이해하지 못하니 내가 그 아이의 마음을 받아 주어야겠어요." 그 대목에서 내가 끼어들었고, 두 사람 모두가 서로에게서 느끼는 부모로서의 부족함을 보상하려 든다는 사실을 지적해 주었다. 다행스럽게도 두 사람 모두, 다소 자기가 낫다는 식의 모습으로, 서로 상대방이 잘못하는 부분을 메우려 애쓴다는 사실을 순순히 수긍하였다.

"두 분 모두 아이들을 대할 때 잘하는 부분도 있고 잘못하는 부분도 있습니다." 내가 말을 시작했다. "하지만 서로 상대방의 약점을 메우려는 노력이 다소 지나친 것처럼 보입니다. 두 분을 지켜보노라니 마치 시소의 균형을 잡기 위해 점점 더 뒤로 자리를 옮겨가는 아이들이 생각나는군요. 그렇게 되면 결국에는 누군가는 뒤로 떨어져 다치게 되겠지요. 균형을 잡는 더 나은 방법이 있습니다. 끝으로 더 물러나는 대신 두 분 모두 중간 지점으로 좀 움직여 보는 것은 어떨까요?"

타라와 카를로스 모두에게 이렇게 말한 것이 통한 것 같았다. 훨씬 더 차분한 대화가 몇 분 동안 계속된 후, 타라는 사실 자신이 카를로스 2세뿐 아니라 이사벨라 역시 어떻게 야단쳐야 할지 배울 필요가 있다는 사실을 인정하였다. 최근 들어 이사벨라가 자기가 맡은 집안일을 소홀히 할 뿐만 아니라 아주 버릇없는 태도로 말대답을 하곤 한다고 실토했다.

타라가 이렇게 나오자 카를로스 역시 자신의 문제를 보다 편하게 수긍할 수 있었다. 그는 자주 아이들과 소통하는 데 어려움을 겪으며, 아이들을 어떻게 대해야 할지 모르겠다고 털어놓았다. 이렇게 카를로스가 실토하기 시작하자 타라가 끼어들어 이런저런 제안을 늘어놓기 시작했다. "당신 집으로 아이들 친구를 초대하도록 하면 어때요? 아이들도 더 좋아할 거고, 그러다 보면 아이들 친구들도 알게 될 테고. 게다가 아이들이 친구들하고 어떻게 어울리는지도 볼 수 있잖아요."

카를로스가 수긍하는 투로 고개를 끄덕이자 타라가 말을 계속했다. "근사한 식당에서 아이들과 '데이트'를 즐기려고만 하지 말고, 피자를 먹더라도 아이들과 좀 더 자주 집에서 식사를 하는 건 어때요?" 카를로스가 어떻게 나오나 잠시 지켜보던 타라는 카를로스가 고개를 끄덕이자 말을 이어갔다. "그리고 카를로스, 가장 중요한 건 아이들 말을 귀담아 듣는 거예요. 그들은 당신이 함께 있다는 사실을 확인하고 싶은 거예요."

그녀의 마지막 말이 카를로스를 자극했고, 그는 다시금 방어적인 태도가 되었다. 그러나 그가 태도를 바꾸기 전에 내가 말을 막고 나섰다. "타라의 말은 아이들의 말에 좀 더 귀를 기울이라는 거예요. 제가 보기에는 타라는 정말 당신을 도와주려고 노력하는 것 같습니다. 아마 지금이 당신이 그녀의 충고를 받아들일 수 있다는 것을 보여 줄 최적의 기회인 것 같군요. 그녀가 무슨 말을 하려는지 그냥 한 번 들으려고 해 보세요."

나는 긴장 속에서, 카를로스가 고통스러운 표정을 지으며 자신의 감정과 싸우는 모습을 지켜보았다. 결국 그는 "좋아요" 하며 동의했고, 나는 안도의 한숨을 쉬었다.

타라 역시 분위기를 잘 이어갔다. "나 역시 조언이 필요한 부분이 있어요. 어쩌면 당신이 옳을지도 몰라요. 카를로스 2세가 공부에 더 열심을 내야 할 필요가 있어요. 어떻게 하는 것이 좋을까요?" 그러자 카를로스는 타라가 스스로 하고 싶어하는 것들보다는 더 엄격한 몇 가지 제안을 내어 놓았다. 예를 들어, 매일 저녁 몇 시간을 정해 공부에 집중하도록 한다거나 혹은 방과 후 특별 과외를 받도록 한다는 것 등이었다. 타라가 반대하고 나섰다. 너무 지나친 요구여서 카를로스 2세가 반항하지 않겠느냐는 것이었다. 그녀는 카를로스가 텔레비전을 보면서 공부하는 것을 허용해 주었다고 털어 놓았다. 카를로스 2세로 하여금 자기 방에서 공부를 하도록 하고 공부를 다 끝낸 후라야 텔레비전을 볼 수 있도록 하면 어떨까? 카를로스도 여기에 동의하고, 동일한 규칙을 자신의 집에서도 적용해 보기로 하였다. 그리고 두 사람 모두 카를로스 2세의 성적이 향상되기 전까지는 운전면허 시험을 볼 수 없다는 데 의견을 같이했다.

마지막으로 카를로스는 이혼에 대한 아들의 감정이 어떤지에 대해 아들과 이야기를 나눠 보기로 동의했다. 타라는 카를로스가 이런 어려운 대화를 풀어가는 데 도움이 될 만한 몇 가지 제안을 해주었다. "두 사람 모두 이사벨라나 TV, 전화, 혹은 다른 것에 방해받지 않도록 드라이브를 하는 건 어떨까요? 당신의 느낌을 아이에게 말하는 것도 좋다고 생각해요. 그 아이 역시 당신의 생각을 알고 싶어 하고, 그렇게 되면 자기도 더 쉽게 이야기를 할 수 있을 거예요. 그냥 그 아이의 말을 들어 주세요. 이런저런 느낌을 강요하려 들지 말고요."

무척 오랜만에 처음으로 카를로스와 타라는, 여느 부모들처럼 그들의 아이들에 관한 문제들을 두고 꽤 깊이 있는 대화를 나누었다. 결국 그들은 아빠가 이사벨라와 이야기를 해서 친구들을 집에 데리고 올 수 있도록 하고, 가끔씩 친구들과 함께 쇼핑몰에 놀러갈 수 있도록 하자는 데 동의하였다. 그는 또한 이사벨라가 엄마의 말을 잘 듣지 않는 것과 엄마에게 말대답하는 것에 관해서도 이사벨라와 이야기를 나누어 보겠다고 하였다. 카를로스는 이사벨라에게 엄마가 정해 놓은 규칙을 지켜야 한다는 사실, 그리고 상황이 나아지지 않을 경우 엄마가 아빠에게 이야기를 할 것이라는 사실을 말하겠노라고 했다.

그 다음 조정 모임에서 카를로스는 타라가 해 준 여러 제안들에 대해 타라에게 고마움을 표시했다. 그는 또한 카를로스 2세가 드디어 조금씩 마음을 열기 시작했다고 다소 우쭐하며 말했다. 타라는 그녀 나름으로 카를로스가 이사벨라와 이야기를 해 준 것에 대해 고마워했다. 서로 받아치는 식의 대화는 눈에 띌 만큼 줄어들었다.

따로 부모 노릇을 해야 하는 입장에서 타라와 카를로스는 이혼 이전처럼 더 이상 쉽게 서로의 약점을 보완할 수는 없게 되었지만, 지나치게 상대의 약점을 보완하려는 시도는 멈출 수 있게 되었다. 그리고 그들은 자신과 상대 모두에게, 새로운 양육 기술들을 배울 필요가 있다는 사실을 인정하였다. 이렇게 서로 인정하게 되자 두 사람은 양육에 관해 매우 유익한 제안들을 서로에게 해 줄 수 있었고, 할 수 있는 한 부모로서 서로를 도와주기 시작하였다. 카를로스는 여전히 더 권위주의적이고 타라는 여전히 더 허용적이지만, 극단적인 스타일의 부모역할에서 확실히 더 균형 잡힌 모습으로 바뀌었다.

부모로서 배워야 할 새로운 역할

타라와 카를로스는 이혼 후 자녀를 적응유연성 있게 기르는 법을 배우는 과정에서 많은 부모들이 직면하게 되는 문제에 봉착하였다. 어떤 문제라도 혼자 해결하기는 더 어려운 법이다. 설사 당신의 전 배우자가 자녀 양육에 깊이 간여하지 않았었다 해도, 지금쯤 당신은 여태까지 당연하게 여겼던 것들 중 아쉽게 느끼는 일들이 아마 제법 있을 것이다. 급히 물건을 사러가면서 두 살짜리 아이를 반드시 차에 태워서 데려가지 않아도 된다거나, 여섯 살짜리 아이가 학교에서 문제를 일으킬 때 의논할 누군가가 있다거나, 혹은 열네 살짜리 아이와 언쟁을 하다 거의 질 것 같은 때에 대신 이야기를 해 줄 사람이 있다거나 하는 작은 일들 말이다.

도와줄 사람이 하나 더 있었다는 사실 말고도, 이혼하기 전 필시 당신과 전 배우자는 특정한 역할을 각각 분담함으로써 자녀 양육을 위해 서로 협력했을 것이다. 아마 타라와 카를로스 정도는 아니었겠지만 대부분의 사람들은 자녀 양육에 있어 어느 정도의 분업을 실천한다. 어쩌면 서로의 철학이 달라 그럴 수도 있고, 어떤 전형적인 고정관념이 있기 때문일 수도 있고, 혹은 단순히 아이들과 함께 다른 일을 하는 걸 더 좋아하거나 더 잘하기 때문일 수도 있다. 이유야 어쨌건 두 사람이 공동 양육이라는 사업을 할 때는 서로 역할을 분담할 수 있다. 하지만 이제 서로 다른 가게를 운영해야 하는 지금 그 일이 포함하고 있는 새로운 측면들을 배워야 할 필요가 생긴다. 예를 들면 이렇다.

- 아이들을 훈계하는 새로운 방식들을 배워야 한다. 만약 당신이 말을 안 듣는 아이에게 "아빠 오시면 보자!" 하고 말하는 엄마였다면 더더욱 그럴 것이다.
- 당신이 아이들을 돌보거나 아이들과의 관계를 유지하는 일에 있어서 아내에게 의존하는 아버지였다면 아이들에게 사랑을 표현하는 새로운 방법을 배우지 않

으면 안 될 것이다.

- 두 사람 중 한 명은 아이들을 훈계하고, 다른 한 명은 벌 받을 때 아이들의 마음을 달래 주는 관계였다면 이제 당신은 동시에 착한 경찰과 무서운 경찰 노릇을 하는 법을 배워야 할 것이다.
- 아마 당신은 기저귀 갈기, 공 던지기, 상처에 호하고 불어 주기, 칭얼거림 무시하기, 더 잘 들어 주기, 안 된다고 말하기 같은 일들을 새로 배워야만 할 것이다.

부모들은 갈라섰어도 아이들에게는 여전히 아버지도 있고 어머니도 있다. 하지만 아이들이 당신과 같이 있을 때는 당신이 어머니와 아버지 노릇을 동시에 하지 않으면 안 된다. 혼자서 자녀를 양육하는 일의 가장 큰 어려움은 더 이상 어느 한 두 가지 역할에만 집중할 수가 없다는 사실이다.

올바른 양육은 좋은 치료이기도 하다

대부분의 아이들은 부모가 이혼하고서 여러 주 후 혹은 여러 달 후에도 정신치료를 받아야 할 필요는 없다. 부부간의 갈등이나 자녀들의 상태가 통제가 불가능한 수준이 아니라면 아이들의 정신치료 문제는 여러 달 혹은 더 오래도록 나타나지 않을 수 있다. 어떤 식으로든 아이들의 삶에 제대로 된 안정감을 부여해 줄 수 있다면 아예 필요치 않을 수도 있다. 부모가 결별한 이후 몇 달 동안에, 물론 그 이후에도 계속, 아이들이 정말로 필요로 하는 것은 전문가로부터 매주 전문적인 치료를 받는 것이라기보다는 매일 부모로부터 분명하고 일관성 있으며, 사랑이 넘치면서도 권위가 있는 양육을 받는 것이다.

(자녀들이 부모에게서 받아야 하는 보살핌이 터무니없이 복잡한 것은 아니기도 하지만, 무엇을 해야 할지를 아는 것이 양육의 가장 어려운 대목도 아니다.) 가장 큰 어려움은 아는 바를 실행에 옮기는 것이다. 행복한 결혼 생활을 할 때도 좋은 부모가 된다는 것은 쉬운 일이 아니다. 그러니 혼자서 아이를 기를 때의 어려움은

더욱더 클 것이다. 하지만 당신과 전 배우자가 할 수 있는 최선의 선택은 타라와 카를로스가 했던 바를 따르는 것이다. 혼자서 아이들을 기르게 되어 달라진 것도 많고 어려움도 많지만, 그럼에도 불구하고 혼자서 혹은 두 사람이 함께 좋은 부모가 되기 위한 새로운 방법들을 찾는 것이다.

자녀들의 문제 다루기 – 문제아

물론 혼자서 아이를 기를 때 직면하는 가장 큰 난관 중 하나는 바로 아이들의 문제를 다루는 일이다. 자녀들이 염려하거나 슬퍼할 때, 분노하거나 잘못 행동할 때 부모는 이들을 돕고 싶어 한다. 하지만 어떻게 해야 할까? 부모들이 헤어진 것에 대해 얼마나 많이 이야기를 해야 하며, 또 무슨 이야기를 해 주어야 하는 것일까? 여섯 살짜리 아들이 "아빠가 보고 싶단 말이야!" 하며 소리칠 때 엄마는 어떻게 해야 할까? 열두 살짜리 딸이 "나 엄마한테 갈 거야!"라고 소리칠 때 아빠는 뭐라고 말해야 할까? 부모에게 화를 낸다고 아이들을 야단쳐야 할까? 하지만, 카를로스 2세의 경우처럼, 아이들의 분노가 부모의 이혼 때문이라면 어떻게 할 것인가? 혹은, 카를로스 2세의 학교성적처럼, 새로 발생한 문제의 원인이 분명치 않은 경우라면 또 어떻게 할 것인가? 또 과잉행동장애, 학습장애, 만성적인 신체적 혹은 정서적 질병처럼 아이가 자기 나름의 문제를 안고 있는 경우라면 또 어떻게 해야 할 것인가?

부모의 권위에 대한 도전

거주 부모들의 경우는 자녀들에게 애정을 표현하는 일보다는 부모로서의 권위에 분명한 경계를 확립하는 일에 더 큰 어려움을 느낀다. 대조적으로 비 거주 부모들의 경우는 권위 부분보다는 사랑의 경계를 재정립하는 데 더 큰 어려움을 겪는다. 이는 무엇을 말해 주는가? 거주 부모들에게는 훈계하는 일이 대단히 어려운 일이 될 수 있다. 혼자서 아이들을 돌보아야 하는 일 자체로도 힘겹고, 더 이상 제대로 하고 있다고 안심시켜 줄 사람이 있는 것도 아니기 때문이다. 그리고 타라의 경우처럼 거주 부모가 이혼 이전에는 아이들 훈계하는 일을 맡지 않았을 수도 있기 때문이다.

이혼한 거주 부모의 80~90퍼센트는 어머니들이다. 그리고 타라의 경우가 그랬던 것처럼, "아빠 들어오시면 보자" 하며 아이들을 야단치는 엄마의 모습은, 틀에 박힌 것이기는 하지만 나름의 현실적 근거가 있다. 아버지가 집에 들어오지 않는 경우, 어머니는 자녀들을 훈계하는 새로운 방법을 찾아내지 않으면 안 된다. 아니 보다 정확하게 말하자면, 이제 아이들은 엄마의 말이 최종적이라는 사실을 배우지 않으면 안 된다.

주로 아버지들인 비 거주 부모들 역시 자녀를 훈계하는 일에 어려움을 겪을 수 있다. 부모의 권위라는 경계를 새로 주장하려 할 때 생기는 몇몇 어려움들은 거주 부모들이 겪는 어려움과 비슷하지만, 비 거주 부모들이 직면하는 특별한 어려움은 자녀들을 훈계하느라 그들과 함께 보내는 얼마 안 되는 시간을 '망치고' 싶지 않을 수 있다는 사실이다.

매일이 성탄절 같을 수는 없다

이혼한 부모들, 특히 비 거주 부모들이 아이들과 보내는 제한된 시간을 즐겁게 지내고 싶어 하는 것은 일리가 있다. 하지만 매일이 성탄절 같을 수는 없는 법이다. 또 그렇게 되어서도 안 된다. 아이들은 잘못을 저지르게 마련이며, 아이들의 실수는 그들에게 매우 중요한 학습의 기회가 된다. 만일 부모들이 아이들에게 버릇이 없거나, 이기적이거나, 게으르거나, 혹은 화를 내는 것이 분명 잘못된 것이라고 가르치고 싶으면서도 아무것도 하지 않는다면 사실은 그와는 반대되는 가르침을 주는 것이다. 훈계를 하지 않으면, 아이들은 "해 주겠니?"나 "고마워" 같은 말을 무시하거나, 형이나 동생과 무언가를 나눠 쓰지 않으려 하거나, 가정에서 아무런 책임도 맡지 않거나, 혹은 위협하거나 협박을 해서라도 자신이 원하는 대로 해도 상관이 없다고 생각할 것이다.

이혼하기 전 당신이 주로 훈계하는 역할을 맡은 쪽이었다면 자녀들은 더더욱 당신의 훈계를 필요로 한다. 종종 아버지가 어머니보다 더 엄격하며, 만일 아버지인 당신이 비 거주 부모라면 아이들에게 필요한 것은 당신이 그들의 친구가 아니라 아빠로 남아 주는 것이다. 물론 아이들과 좋은 관계를 유지하고 싶은 것이 당연하지만, 이를 위해 가장 좋은 방법은 평소와 같이 건강한 부모자식 관계를 유지하는 것이다. 부모 노릇에는 재미와 사랑은 물론이고 아니라고 말하는 일 또한 포함되는 것이다.

훈계의 전략

인정할 건 인정하자. 훈계는 귀찮은 일이다. 하지만 주도권을 행사하는 것은 부모로서 가진 책임의 일부이다. 거주 부모는 직접 이 임무를 부지런히 수행하는 것 말고는 달리 선택의 여지가 없으며, 비 거주 부모 또한 부모 노릇을 제대로 하기 위해서는 일정 부분 그 역할을 담당하지 않으면 안 된다. 따라서 거주 부모이든, 비 거주 부모이든, 혹은 공동으로 신체적 친권을 행사하는 상황이든 상관없이 효과적인 훈계를 위해 도움이 될 만한 지침을 열거해 보도록 하자.

- **아이들을 바쁘게 만들라.** 아이들이 무언가 재미있거나 생산적인 일에 몰두하게 되면 야단칠 일이 훨씬 줄어들 가능성이 많다. 자녀들이 시간과 관심과 노력을 들여 몰두할 수 있도록 나이에 어울리는 활동을 찾도록 도와주라. 제 나름으로 장난감을 갖고 논다든지, 읽기의 기쁨을 배울 수 있게 한다든지, 혹은 여러 특별활동에 참여하도록 하는 것 등이 몇 가지의 예가 될 것이다.
- **긍정적인 부분에 집중하라.** 훈계에는 잘못된 행동을 꾸짖는 것뿐 아니라 바람직한 행동에 대해 상을 주는 일 또한 포함된다. 시간을 들여 어떻게 하는 것이 올바르게 행동하는 것인지를 가르치고 잘한 행동에 대해서는 칭찬을 해 주라.

아이들이 잘 하는 순간을 포착하라. 이렇게 함으로써 훨씬 더 효과적으로 부모 역할을 할 수 있게 되고, 또 아이들을 야단치는 데 소모하는 시간을 많이 줄일 수 있게 될 것이다.

- **규칙을 분명히 하라.** 아이들은 정해진 규칙을 알고 이해하며 신체적으로나 발달적으로 실천할 수 있는 규칙들만을 따르는 법이다. 아이들에게 원하는 것이 무엇인지를 분명히 하라. 만일 도움이 된다면, 보다 나이가 든 자녀들과는 점검표 같은 것을 만들어 기록을 하든지 구체적인 사항들을 일종의 계약서로 만들어 보라. (가령, TV 시청을 못한다든지 하는 식으로) 규칙을 어겼을 때 초래되는 결과를 구체적으로 명시하라. 그리고 그 결과가, 자녀들이 어긴 행동 및 그들의 연령과 분명한 연관이 있도록 하라. 아이들에게 기대되는 바를 분명히 하는 것에 더하여, 규칙이나 처벌이 사전에 정해진다면 아이들은 그것이 훨씬 더 공평하다고 느낄 것이며, 무거운 벌을 내려야 할 경우에라도 미리 정해진 규칙을 적용하는 것이므로 그만큼 죄책감으로부터 자유롭게 될 것이다.
- **규칙은 공정해야 한다.** 타당성이 있는 규칙일수록 지켜질 가능성이 높다. 아이들이 그런 규칙들을 그만큼 더 공평하다고 느낄 것이기 때문이다. 정해진 규칙이 반드시 전 배우자나 아이들 친구의 부모들이 정한 규칙과 동일할 필요는 없다. 그럼에도 불구하고 다른 부모들의 경우를 살펴보는 것이 좋은 규칙을 세우는 첫 걸음이 될 수 있다.
- **민주적이어야 한다.** 특히 아이들의 나이가 들어감에 따라 규칙을 정하거나 그 규칙을 지키거나 어긴 데 대한 상벌을 결정할 때 아이들의 의견을 반영하도록 하라. 십대 자녀들은 그들이 함께 참여하여 만든 통금시간이나 규칙은 훨씬 더 철저히 지키려 할 것이다. 물론 여전히 규칙을 어기는 경우들이 있겠지만 (사실, 십대들이 어디 가겠는가!), 자기들의 의견을 반영하여 정해진 처벌이라면 그만큼 더 기꺼이 받아들이게 될 것이다. 또한 종종 민주적인 협상을 통해 십대의 자녀들은 허용의 한계를 확인하는 타당한 방식을 배울 수 있다. 그냥 늦게 들어오는 쪽을 택하기보다는 부모와의 대화를 통해, 그리고 현재 정해진 규칙을 지킬 수 있다는 것을 증명함으로써 자신의 입장을 피력할 수 있는 것이다. 또한 학령기 자녀들이라면 규칙을 결정하는 과정에도 참여하도록 할 수 있다. "네 생각에는 어떤 것이 공평한 처벌이 될 것 같니?"와 같은 질문은 아이들에게 던지기 좋은 질문에 속한다. 의외로 속 깊은 대답을 내어 놓거나 잘못에 대해 상당히 무거운 처벌을 제안함으로써 당신을 놀라게 할지도 모른다.

- **규칙은 일관성 있게 적용되어야 한다.** 규칙은 작성될 때가 아니라 적용될 때 비로소 규칙이 된다. 일단 규칙이 정해지면 일관성 있게 지속적으로 그 규칙을 따라야 한다. 그렇지 않으면 부모의 권위가 분명해지기는커녕 도리어 약해지기가 쉬울 것이다.
- **선택의 기회를 주라.** 약간이라도 선택의 여지가 있는 경우 단순히 "이렇게 해!"라고 말하는 대신 아이들에게 선택할 수 있는 기회를 주라. 유치원에 다니는 아이에게 파란색 셔츠를 입을지 아니면 녹색 셔츠를 입을지 선택할 기회를 준다거나, 초등학생 아이에게 지금 잠자리에 들든지 아니면 내일 TV 시청을 못하게 되든지를 선택하게 한다거나, 혹은 십대 아이에게 방을 청소하든지 아니면 금요일 댄스파티에 못 가든지 둘 중 하나를 택하도록 하는 것 등 다양한 상황에서 선택의 가능성을 생각할 수 있을 것이다.
- **미리 경고를 하라.** 아이들이 규칙을 어기는 것을 보았다면, 그 결과에 대해 미리 경고를 하라. "셋 셀 때까지…" 한 후 느리고도 분명하게 숫자를 세는 것은 취학 전 아이들에서부터 학령기 아이들에게까지 두루 잘 먹히는 방법에 속한다. 아마 셋까지 다 세어야 하는 경우는 많지 않을 것이고, 벌주지 않아도 되니까 그만큼 서로 마음 상하는 충돌상황을 줄일 수 있게 되는 것이다. 십대들 역시 경고에 신경을 쓰며, 한 번 더 기회가 주어졌다는 사실을 다행으로 생각할 것이다.
- **처벌은 신속해야 한다.** 아이들은 시간적으로 떨어져 있는 두 사건을 연결하지 못하기 때문에 잘못했을 때 바로 벌을 주는 것이 훨씬 더 효과적이다. 아이가 어리거나 행동 장애가 있는 경우라면 더욱 그렇다. 신속한 처벌은 십대들에게도 효과적이다. 그러나 아이들에게 신속하다는 것은 1분을 넘지 않는 것을 의미하고, 십대들의 경우라면 하루나 일주일이 될 수도 있을 것이다.
- **최소한의 처벌로 효과를 노리라.** 각 연령에 따라, 효과적인 한도 내에서 최소의 수준으로 벌을 주도록 하라. 역설적이게도, 부드러운 처벌이 종종 강한 처벌보다 더 큰 효과를 내기도 하는데, 이는 처벌의 두려움이 종종 처벌 자체보다 더 겁나는 경우가 있기 때문이다. 이런 착각의 힘(그리고 힘에 대한 착각)을 유용한 도구로 유지하는 것이 좋을 것이다. 매서운 처벌은 또한 당신과 아이 사이의 친밀감을 저해한다. 지나치게 벌을 주거나, 화가 나 야단을 친다거나, 혹은 나이에 맞지 않게 지나칠 만큼 신체적인 벌을 주거나 할 경우, 당신의 행동은 규칙을 따르는 것이라기보다는 당신이 가진 사랑의 경계가 좁다는 것을

보여 주는 것으로 여겨질 것이다.

- **타임-아웃(time-out).** 잘못한 벌로 조용한 곳에 혼자 있게 하는 것은 유아기에서 초등 저학년 아이들에게 매우 효과적인 방법이 될 수 있다. 타임-아웃 시간은 1분에 아이의 나이를 곱한 정도가 적절하다. 3분이 30분보다 더 효과적인 것은, 학령기 이전 아이들은 몇 분만 지나도 시간의 흐름을 잃고 자기가 처벌을 받는 이유를 잊어버리기 때문이다. 십대들에게도 타임-아웃이 통할까? 사춘기 직전 혹은 사춘기 연령에 이른 경우라면 타임-아웃을 자기 방으로 가게 한다거나 외출을 금지하는 처벌로 바꿀 수 있을 것이다.
- **분노를 절제하라.** 벌을 줄 때 당신의 분노를 다스려야 할 이유는 많다. 아이들과 긍정적인 관계를 유지하는 것이 그 중 하나이다. 마구 화를 내는 상황에서, 아이들은 그저 당신의 분노한 감정이라는 음악만을 들을 뿐, 당신이 혼을 냄으로써 전달하려고 하는 메시지라는 가사는 듣지 않게 된다.
- **다른 쪽 부모와 협력하라.** 당신은 혼자서 아이들 훈계하는 법을 배워야 하지만, 혹시 전 배우자와 협력하여 규칙을 정하고 적용할 수 있다면 훨씬 더 효과적이 될 수 있다. 두 집에서의 규칙이 반드시 동일할 필요는 없지만, 동일한 감수성과 가치관을 반영하는 것이라야 한다. 여기서 두 부모는 서로를 도울 수도 있고, 무시할 수도 있으며, 혹은 서로를 반박할 수도 있다. 어느 것이 아이들에게 최선인지는 굳이 말할 필요도 없을 것이다.

죄책감 건드리기

물론 우리는 모두 가장 훌륭하고 누구보다도 세심한 부모가 되고 싶다. 자녀들의 어떤 행동이 그저 나쁜 짓에 지나지 않은 것인지 혹은 도움과 관심, 격려와 사랑에 대한 호소가 변장하고 나타난 것인지 확실히 구분할 수 있게 되기를 바라는 것이다. 지금 내 아이의 빗나간 행동을 액면 그대로 받아들이고 그런 버릇없는 행동에 대해 벌을 주는 것이 올바른 것인가? 아니면 이 아이의 잘못된 행동 속에 사실 무언가 다른 뜻이 감추어져 있어서 벌을 주는 대신 참고 이해해 주는 것이 마땅한 태도일까?

이런 물음들에 대한 가장 간단한 대답은 이혼 이전에 적용하던 행동의 기준을 그대로 유지해야 한다는 것이다. 이혼하기 이전에 말대답을 했다고 일곱 살짜리에게 타임-아웃을 갖게 했다면, 지금이라고 해서 그런 행동을 용인해 주어야 할 이유가 어디 있는가? 물론 규칙을 강제하기가 더 어려워진 것은 사실이다. 시간도 부족하고, 뒤에서 뒷받침해 줄 사람도 없으며, 이혼 이후 아이들 통제하기가 더 어려워졌을 수도 있다. 하지만 지금 규칙대로 밀고 나가지 않으면 앞으로 더욱 어려운 상황에 처하게 될 것이다.

어쩌면 지금까지 지켜 오던 규칙을 유지하기가 더 어려워진 또 다른 이유는 이제까지는 존재하지 않던 새로운 문제가 생겼기 때문일 것이다. 다름 아닌 죄책감이다. 당신의 아들이 말대답하는 것은 기분이 상해서인가, 아니면 이혼하기로 한 당신의 결정에 화가 났기 때문인가? 아니면 자주 볼 수 없다는 사실 때문에 아빠에게 화가 난 것인가? 네 살짜리 딸아이가 계속해서 성질을 부리는 것은 그렇게 해서 당신을 조정할 수 있다는 사실을 알았기 때문인가, 아니면 이혼으로 인해 혼란스럽고 마음이 상했기 때문인가? 여덟 살짜리 아들이 숙제를 제대로 하지 않는 것은 그저 게으른 탓인가, 아니면 의기소침해져서 도무지 집중을 할 수 없기 때문인가? 열여섯 살짜리 딸이 귀가시간을 어기는 것은 그저 열여섯 살짜리이기 때문인가, 아니면 엄마가 아닌 당신과 살아야 한다는 사실이 싫어서인가?

이것들은 모두 중요한 질문들이지만, 어느 하나도 객관적으로 대답하기가 쉽지 않다. 하지만 많은 이혼한 부모들은 자신의 죄책감으로 인해 이런 질문에 나름의 분명한 답을 내리곤 한다. 모두 자신의 책임이라는 것이다. 자신의 느낌이나 친구들 혹은 전문가들이 해 주는 조언들로 인해 많은 이혼 부모들은 너무 쉽게 아이의 버릇없는 행동이 이혼과 관련이 있을 것으로 생각한다. 그리고 자신이 적어도 부분적으로는 이혼에 책임이 있으니까 스스로 책임을 지는 것이 마땅하다고 여기는 것이다.

조금 더 심한 경우에는 아예 자녀들이 부모에게, 모든 것이 부모들 탓이라고 말하기도 한다. 떼를 쓰고 있는 네 살짜리 딸을 붙잡고 타임-아웃을 시키려 하는데, 어쩌면 그녀가 당신에게 이렇게 소리 지를지 모른다. "아빠한테 데려다 줘!" 일곱 살짜리 아들이 말대답을 해서 TV 시청을 금지시키려 하면 아마 이렇게 고함지를 수도 있을 것이다. "다시는 아빠 보고 싶지 않아!" 열한 살짜리 아들에게 컴퓨터 게임을 그만하고 숙제하라고 하면 이렇게 우는 소리를 할지도 모른다. "아빠랑 있었으면 좋겠어." 혹은 열여섯 살짜리 딸이 한 주 동안 세 번씩이나 귀가 시간을 어겨 외출을 금지시키면 이렇게 소리를 지를지도 모른다. "나 가서 엄마랑 살 거야!"

아이들이 이런 식으로 나오는 데는 여러 가지 이유가 있지만, 가장 흔한 경우는 당신으로 하여금 죄책감을 느끼도록 만들려는 것이다. 왜 그럴까? 왜냐하면 급소를 제대로 찌르기만 하면 당신이 포기하거나 물러설 것이라는 사실을 지금까지의 경험을 통해 알고 있기 때문이다. 이런 식으로 자기들의 잘못된 행동에 대한 처벌을 피하려 하는 것이다.

아이들이 벌을 받지 않으려고 이처럼 저급하고 비열한 방법을 쓰는 이유가 무엇일까? 이런 비열함 자체가 보다 깊은 갈등의 표현일까? 아니다. "왜 그럴까?" 하는 속 타는 질문에 대한 대답은 간단하다. 그게 먹히니까 그런 식으로 말하는 것이다. 아이들과 아이의 아빠, 그리고 그의 변호사가 모종의 음모를 꾸미는 것도 아니며, 아이들이 어떤 깊고 어두운 감정적 문제로 고통 받고 있는 것도 아니다. 사실인즉슨 아이들은 자기가 원하지 않는 상황을 회피할 수 있는 방법을 찾아낸 것이다.

어느 시점에, 아마도 우연히 그들은 죄책감이 매우 효과적이라는 사실을 발견했을 것이다. "아빠는 날 사랑하지 않아." "아빠는 이처럼 심하게 나를 야단치지 않았을 거야." 혹은 "왜 이혼해가지고 내 인생을 이렇게 망쳐 놓는 거야?" 하는 식으로 말하기면 하면 엄한 표정이나 버릇없이 굴지 말라는 요구가 바로 포옹으로 바뀐다는 것을 아는 데는 단 한 번의 경험만으로도 충분했을 것이다. 그리고 바로 그 처음 순간에 당신의 태도가 돌변하는 모습, 그리고 금방 당신이 아이의 잘못을 잊어버리고 벌을 거두는 모습에 누구보다도 가장 놀란 사람은 바로 당신의 자녀일 것이다. 장담하건대, 당신은 아마 이런 상호작용에 대해 까맣게 잊어버렸을지 모르지만 당신의 자녀는 그 경험으로부터 절대 잊을 수 없는 인상을 받았다. 당신의 자녀는 그 순간 벌을 모면했을 뿐 아니라 새롭고도 대단히 효과적인 수단, 인간의 오랜 본성상 계속해서 써먹게 되는 전략을 얻게 된 것이다. 이 점을 잊어서는 안 된다. 아이들이 교훈을 배우는 것은 우리들의 행동에서이지 우리들의 말에서가 아니라는 사실이다.

이와 같은 상황에서 실제로 일어나는[38] 현상은 바로 심리학자들이 강압적 상호작용(coercive interactions)이라 부르는 그것이다. 그것은 아이들이 부모를 움직이는 통상적인 방식이다. 전형적인 강압적 상호작용은 이런 식으로 나타날 것이다.

"아이스크림 먹고 싶어."
"아이스크림은 안 돼."
"당장 아이스크림 사 줘!"
"안 된다고 했잖아!"
"사 줘! 사 줘! 사 줘!"
"알았어. 됐지? 이제 제발 좀 조용히 해."

그리고 아이는 조용히 아이스크림을 즐기는 것이다.

기분이 나쁘다는 사실 말고도 강압적 상호작용의 문제점은 그것이 반복된다는 사실이다. 왜 그럴까? 이런 식의 상호작용은 짜증을 내는 아이뿐 아니라 아이의 비위를 맞추어 주는 부모에게도 만족감을 주기 때문이다. 아이는 아이스크림을 얻게 되고, 이는 일종의 정적 강화(positive reinforcement)로 작용한다. 부모 입장에선 아이가 조용해지는 이익이 있는데, 이는 일종의 부적 강화(negative reinforcement)에 해당한다. (부정적 강화란 거슬리는 것을 줄이거나 제거하는 것으로, 이 경우는 아이의 징징거림이 된다.) 정적이든 부정적이든 우리의 행동이 강화되면 동일한 행동을 반복할 가능성이 높아지는 것이다.

한 마디로 강압적 상호작용 상황에서 아이는 점점 더 짜증내는 법을 배우고, 부모는 받아 주는 법을 배운다. 부모가 이런 식의 게임에 동조하게 되면 아이들에게 더 짜증을 내고, 따지고, 고집부리고 버티는 것이 남는 장사라는 것을 가르치는 셈이 된다. 아이가 아이스크림을 다 먹을 무렵이면 이미 한 가지 매우 중요한 교훈을 체득한 후일 것이다. 소리를 지르고, 고집을 부리고 망나니짓을 하면 원하는 것을 얻을 수 있다는 것이다. 다음 번 엄마 아빠에게 무언가를 원할 때, 아이는 아마 가장 먼저 이 방법을 시도하게 될 것이다.

결별과 이혼의 경우, 아이들은 강압적 상호작용에 또 다른 차원을 가미한다.

"다음 프로 끝날 때까지 볼 수 있게 해 주세요."
"자러 갈 시간이야."
"30분 더 늦게 자는 게 뭐 어때서 그래요?"
"잠 잘 시간이 정해져 있잖아."
"아빠가 옆에 있었다면 엄마도 허락해 주었을 거야. 아빠 보고 싶어."
"왜, 지금 마음이 허전하니? 그래, 이리 와. 같이 소파에 편하게 앉아 TV 보자."

다른 건 몰라도 지금 이 아이가 효과가 실증된 두 개의 전략을 기가 막히게 결합하고 있다는 사실에는 감탄하지 않을 수 없다. 엄마 아빠가 자신이 바라는 대로 해 주는 것이 좋겠다고 느낄 수 있을 만큼 징징거리면서 동시에 부모의 죄책감을 건드리는 것이다.

아이들이 그런 말들을 하는 이유가 무엇일까? 그것도 부모를 좌지우지하기 위해서 말이다. 정말로 마음이 상해서 그런 것일까? 당신의 마음을 상하게 하기 위해서일까? 그들의 감정이 온통 뒤죽박죽이어서일까? 전혀 그렇지 않다. 아이들이 부모들의 죄책감을 건드리는 이유는 하나이다. 그게 그들의 일이기 때문이다.

아이들은 할 수만 있으면 손쉬운 방법으로 인생을 살고 싶어 한다. 부모들의 임무는 그들이 추구하는 가장 손쉬운 길이 가장 건강한 것이 되도록 만드는 것이다. 부모들은 아이들의 교묘한 행동을 알아챌 수 있어야 하고, 대개는 그것이 통하지 않는다는 것을 알게 해 주어야 한다. 아이들이 그런 식으로 당신을 조정하는 데 성공했다면 그 책임을 져야 할 사람은 오직 당신뿐이다. 이와 동시에 당신은 아이들이 '아이들이 된다는 것'의 또 다른 중요한 차원, 곧 존중, 책임 및 올바른 행동과 같은 것을 배울 수 있도록 해 주어야 한다.

조용한 시간에 아이가 찾아와 "아빠(엄마)가 보고 싶어" 하고 말한다면, 그들이 실제로 겪고 있는 문제에 관해 말하고 있을 가능성이 많다. 그렇다면 그런 말은 중요한 의미를 담은 것이며, 따라서 귀를 기울여 들어야만 한다.

애석하게도 많은 이혼 부모들에게는, 아이들을 훈계하려 할 때 잘 하고 있다고 격려해 줄 만한 누군가가 옆에 존재하지 않는다. 보다 효과적으로 거절하는 법을 배우기 위해 죄책감의 문제를 다루어야 할 수도 있고, 가족이나 친구, 전 배우자, 혹은 전문가의 도움을 받아야 할 수도 있다. 아이들에게 일관성 있는 태도를 유지하는 법을 배우게 되면 곧 당신의 말과 실제 행동이 일치하고, 아닌 것은 정말로 아닌 것이 되면, 그리고 부모의 권위라는 경계를 더욱 확실히 설정하게 되면 훨씬 갈등이 줄고 재미가 커질 뿐 아니라, 아이는 그만큼 더 안정되어 교묘한 행동을 하려는 유혹을 덜 받게 될 것이다. 그런 행동을 줄이거나 없애는 유일한 길은 그래봐야 소용없다는 것을 깨닫게 하는 것이다.

허물어진 사랑의 경계: 부모의 역할을 대신하는 아이

이혼을 거치면서 부모로서의 권위를 재확립하는 일은 간단치 않다. 이는 부모로서 사랑의 경계를 재확인하는 일에 있어서도 마찬가지이다. 안타깝게도 이혼의 과정에는 부모화(parentification)라 불리는 현상, 그러니까 정서적으로 약해지고, 낙담하여 상황을 감당하지 못하는 부모가 오히려 정서적으로 아이에게 의존하게 되는 일종의 역할 전이 현상이 종종 발생한다. 앞에서 언급된 수잔나의 경우처럼, 결과적으로 아이들은 부모를 돌보는 사람, 곧 상황을 '책임지는 사람'이 되어서 자신의 감정보다는 부모의 감정을 먼저 생각해야 하고, 그러다보니 대학을 졸업할 무렵이 될 때까지도 자기 자신의 필요에는 관심을 기울이지 못하는 상황이 되는 것이다.

정서적인 부모 노릇은, 부모가 종종 특히 나이 많은 자녀들에게 보다 독립적이고 책임 있는 역할을 해 주도록 요구하는 것과 같은 통상적인 경우와는 다르다. 감당하기 힘겨운 것들이 아니라면 집안일을 좀 더 많이 해야 되는 상황 같은 것이 지속적으로 심리적 영향을 미칠 가능성은 거의 없다. 오히려 더 많은 일을 하게 됨으로써 아이들이 보다 책임감을 느끼고, 보다 자상해지며, 부모의 노고에 감사하는 것을 배울 수도 있다.

하지만 부모의 정서적 필요를 채워야 하는 일은 전혀 다른 문제에 속한다. 부모의 정서적 필요를 돌보아야 하는 입장에 있는 아이들이 당장에는 더 든든해 보일 수 있다. 하지만 내가 시행한 연구에 의하면, 이런 아이들이 장기적으로는 인간 관계의 어려움 혹은 우울증의 위험에 노출된다. 부모 역할을 하는 아이들은 부모를 행복하게 만드는 불가능한 임무에 결국 실패할 수밖에 없을 것이며, 또한 이처럼 건강하지 못한 관계에서 배운 교훈을 다른 관계에도 적용하려 들 수도 있다.

자신의 부모에게 부모 노릇을 했던 젊은 여성들은 대개 이런 식으로 말하는 경우가 많다. "남자친구를 행복하게 해 주는 것이 내가 할 일이잖아. 그가 행복하지 않은 건 내 탓이야." 이런 불가능한 신념이 동반할 수 있는 또 하나의 파괴적 현상은 자신의 남자친구 역시 자신을 행복하게 만들어 줄 책임이 있다고 믿는 것이다. "내가 즐겁지 않은 건 다 그의 책임이야." 다른 어른을 행복하게 만들 책임을 그녀의 어깨에 지워 놓았던 그녀의 부모처럼, 이런 아이들은 누가 누구를 행복하게 해 주어야 한다는 식의 왜곡된 관점을 갖고 인간 관계를 맺는다. 앞에서 본 것처럼, 이는 두 극단 중 하나로 기울어진다. 나는 다른 사람을 행복하게 해 줄 책임이 있다. 혹은 다른 누군가가 나를 행복하게 해 줄 책임이 있다. 여기에서 문제의 핵심은 우리 자신의 행복은 궁극적으로 나 자신의 책임이라는 사실을 깨닫지 못하는 것이다.

물론 부모들에게도 나름의 정서적 필요가 있다. 당신 역시 누군가의 도움을 받아야 하고 누군가로부터 정서적인 지원을 받아야 한다. 하지만 그런 역할을 맡아야 할 그 사람이 당신의 자녀는 아니다. 자녀들에게 친밀하고 안정된 사랑의 경계를 마련해 준다는 것은 부모로서 어느 정도 거리를 유지하는 것을 포함한다. 이 거리를 통해 당신의 자녀들에게 이런 메시지를 전달하는 것이다. "너를 돌보는 것은 나의 책임이지만, 나를 돌보는 것은 네 책임이 아니란다."

끊어진 연락, 끊어진 사랑

비 거주 부모들 중에서는 부모로서 사랑의 경계를 재확립하는 일에 형편없이 실패하고 마는 사람들이 많다. 이혼과 관련하여 가장 가슴 아픈 사실 중 하나는 많은 비 거주 부모들, 그것도 주로 아버지들이 너무도 빨리 자녀들의 삶으로부터 사라져 버린다는 것이다. 통계학자 쥬디스 셀처[39](Judith Seltzer)에 따르면, 1980년대 후반 미국 전역의 가정들을 대상으로 표본조사를 실시한 결과, 이혼 가정의 자녀들 중 1년에 한 번 혹은 그보다 더 적게 아버지를 만난 경우가 13퍼센트나 되었다. 이혼 후 11년이 지난 시점에는, 그 비율이 50퍼센트가 넘었다. 이런 사실들을 고려해 볼 때, 부모의 이혼을 잘 견뎌낸 청년들 중 3분의 1에 가까운 숫자가 이혼한 자기 아버지가 자기들을 사랑하기나 하는 건지 모르겠다고 말하는 것이 이상한 것일까?

문제는 아버지라는 사실에 있기보다는 비 거주 부모라는 사실에 있다. 어떤 비 거주 부모들은 곧바로 아이들의 삶에서 사라져 버리지만, 대부분의 경우는 이혼 직후에 꽤 빈번하게 아이들을 만난다. 하지만 시간이 흐르면서, 비 거주 부모들은 이런저런 부담으로 인해 점점 아이들을 만나는 빈도가 줄어든다.

비 거주 부모를 멀어지게 하는 큰 요인 중 하나는 부모들 간의 계속되는 갈등들이다. 비 거주 부모들 중에는, 마치 아이들이 없었을 때 하던 것처럼 서로간의 갈등을 해결하려고 하는 이들이 너무 많다. 즉, 전 배우자를 보지 않음으로 문제를 해결하고, 이렇게 해서 자녀들의 삶에서도 떨어져 나가는 것이다. (물론 분노한 전 배우자에 의해 억지로 자녀들의 삶에서 쫓겨나는 경우도 있다.) 전 배우자에게 화가 났더라도, 자녀들을 생각해서 보다 협력적인 방식으로 문제를 해결하려고 노력해야 한다. 그리고 잊지 말아야 할 것은 동전을 던진 결과에 따라 법정으로 가는 대신 조정을 받기로 했던 비 거주 부모들의 경우, 조정이나 법적 절차가 끝난 지 12년이 지난 후, 적어도 일주일에 한 번씩은 아이들을 만나는 비율이 그렇지 않은 경우에 비해 세 배 정도나 더 높았다[40]는 사실이다. 법정 소송까지 갔던 부모들이 자녀의 삶에서 사라지는 비율은 전국적인 통계와 별로 다르지 않았다. 동전의 뒷면이 나와 법정 소송에 의지했던 그들은 계속 분노의 길을 걸었던 것이다.

제대로 해결되지 못한 감정들이 비 거주 부모들이 자녀들의 삶에서 멀어지는 빌미를 제공하기도 하고, 때로는 정말 실제적인 문제들이 상황을 어렵게 만들기도 한다. 비 거주 부모와 자녀들 간의 접촉이 소원해지는 것은, 지리적인 거리나 부모의 재혼, 그리고 아이들이 성장하여 독립하는 것 때문일 수도 있고, 매우 가슴 아픈 일이지만 시간이 흘러 접촉이 적어지면서 아이들에 대한 부모의 애착이 줄어들기 때문일 수도 있다.

연락이 두절된 부모에 대한 아이들의 질문

자주, 정기적으로, 혹은 기다리던 때에 비 거주 부모를 보지 못하게 되면, 아이들은 심각한 물음을 던지기 시작한다. 아래에 열거한 것은 아이들이 부모를 만나지 못하게 되는 경우 거주 부모 혹은 비 거주 부모에게 던질 법한 질문들 및 이런 질문들에 대답할 때 고려해야 할 몇 가지 사항이다.

"언제 만날 수 있어요?"

이혼 후 부모를 자주 못 보게 되면 아이들은 자연 상심하거나 불안해한다. 이는 그 부모가 분명하고 일관성 있게, 그리고 아이가 안심할 수 있도록 최선의 노력을 다하는 경우에도 마찬가지이다. 연락이 끊어진다는 것은 부모들에게 뿐 아니라 아이들에게도 고통스러운 일이다.

만일 당신이 이런 상황에 처해 있다면 당신이 느끼는 아픔에 대해 아이들과 이야기를 나누는 것도 좋다. 당신의 감정을 말로 표현함으로써, 아이들이 자신들의 감정을 이해할 수 있도록 돕는다. 지금 우리가 다루고 있는 경우를 들자면, "너를 못 만날 땐 네가 보고 싶단다." 혹은 보다 밝은 분위기로 나갈 수도 있다. "다음 토요일에 너 만나면 그동안 뭐 했는지 하나하나 다 물어 볼 거다." 아이들에게 당신이 느끼는 섭섭함과 그들이 느끼는 섭섭함을 알게 해 줄 필요가 있다. 그렇다고 아이들로 하여금 떨어져 있는 매 순간마다 당신에 대해 걱정하도록 만들어서는 안 될 것이다.

비 거주 부모들을 정기적으로 만나지 못하면 아이들이 느끼는 헤어짐의 아픔은 더 장기화되고 강렬해진다. 다소 놀랍게 들릴지도 모르지만, 드물더라도 규칙적으로 만나는 것이 들쭉날쭉 더 자주 만나는 것보다 아이들에게는 더 낫다. 부모의 방문에 일관성이 없어지면 아이들은 늘 기다리게 되고, 계속 실망하게 되며, 언제 다시 부모를 만날지 몰라 항상 슬픔에 빠지게 된다. 정해진 일정과 예측가능성이 없기 때문에 아이들이 불안과 혼란을 느끼는 것이다.

비 거주 부모의 입장에서는 어떤 일정에 따라 아이를 만난다는 사실이 마음에 들지 않을 수도 있다. 자연스럽지도 않을 뿐더러, 종종 불쑥 나타나 아이들을 놀라게 해 주는 그런 즉흥성을 즐길 수도 없다. 그럼에도 불구하고 아이들은 정해진 일정에 따라 당신을 볼 필요가 있다는 것이 사실이다. 그들은 당신의 사랑과 관심이라는 그처럼 분명한 경계를 필요로 한다. 정기적이긴 하지만 자주 만나지 못한다는 사실 때문에 여전히 섭섭할 수도 있지만, 부모를 만날 시간과 방식을 알고 있는 한 거기에 적응할 수 있다. 관계의 경계가 분명해질수록 당신에게서 사랑받고 있다는 아이의 확신 역시 견고해지며, 이는 멀리 떨어져 있는 경우라 해도 마찬가지이다.

"나 안 가면 안 돼요?"

한 부모에게서 다른 부모에게로 옮겨 다니는 것을 힘들어하는 아이들이 많다. 한 부모와 헤어져야 하는 것이 섭섭할 수도 있고, 집을 바꿀 때의 긴장이 불편할 수도 있고, 혹은 변화 자체로 인해 기분이 나쁠 수도 있다. 이런 전이와 관련된 문제들은 금방 없어지는 수가 많지만, 아이들에게는 불편한 것들이며, 이는 아이들이 자기와 헤어지는 것 혹은 자기와 함께 있는 것이 싫지나 않을까 염려하는 부모들에게도 마찬가지일 것이다.

부모들은 종종 자기가 무엇을 잘못해서 전이가 이렇게 힘든지 염려하기도 하지만, 조금만 생각해 보면 과도한 죄책감이 불필요한 것임을 알 수 있게 될 것이다. 어떤 면에서 전이의 과정에서 아이들이 보이는 반응은 학교 가는 첫날 부모와 떨어져야 하는 경험과 유사하다. 슬프거나 화가 나 울음을 터뜨리고, 매달리고, 신경질을 내거나 부루퉁해지는 것이다. 처음 학교에 가는 날과 마찬가지로, 부모의 태도가 모호하거나 확실히 자리를 뜨지 않는 것은 오히려 아이들의 스트레스를 더 크게 할 뿐이다.

이와 같은 전이의 과정에서 당신과 전 배우자는 자신의 사랑을 다시금 아이들에게 확인시켜 주고 싶겠지만 헤어질 때는 비교적 신속하게, 그리고 당신이 느낄지도 모르는 모호함을 드러내지 않고 떠나는 것이 바람직하다. 돌아서서 한 번 더 안아 준다든지, 아이를 달래 주려고 어정거린다든지 하는 행동은 당신이 아직 떠날 준비가 되지 않았다는 메시지를 아이에게 던져 줄 것이다.

아이들이 자기를 데려갈 부모에 대해 편안하고 안전하게 느끼는 한, 다른 부모가 떠날 때 느끼는 서운함은 그리 오래 가지 않는다. 아이를 데리러 갔는데 마음이 상해 있다면 다독거려 주라. 하지만 헤어질 때와 마찬가지로, 다독거리는 일 역시 오래 끌어서는 안 된다. 아이들의 관심을 다른 재미있는 활동으로 돌림으로써 그들의 마음을 달래는 법을 배우는 유치원 선생님들을 따라해 보라. 그리고 죄책감을 느낄 필요는 없다. 그들이 힘겨워하는 상황에 너무 오래 집착하지 않는 것이 오히려 아이들에게 유익하다. 또 기억해야 할 것은 일단 전이가 이루어지고 나서는 머뭇거림이 다른 부모의 시간을 방해할 수 있다는 사실이다. 품격 있게 떠나는 것이 좋지 않겠는가?

"더 자주 오시면 안 돼요?"

당신이 비 거주 부모라면, 이처럼 대단히 곤란한 질문에 무엇이라 대답하겠는가? 사실 아이들을 더 자주 보고 싶으면서도, 법원의 결정이나 물리적인 거리 혹은 어쩔 수 없는 다른 이유로 인해 그럴 수 없는 경우라면 대답하기가 더욱 곤란할 것이다. 아이들을 조금이라도 더 자주 보고 싶은데도 그럴 수 없는 상황에서 이런 질문을 받으면 정말 화가 치밀 것이다.

아이들에게 당신의 느낌을 말해 줌으로써 그들 자신의 감정을 이해할 수 있도록 도울 수 있다고 말한 적이 있다. 하지만 여기에는 예외가 있으며, 지금의 경우가 바로 그 예외에 해당한다. 이런 상황에서 분노를 표출해서는 곤란하다. 지금 아이는 당신의 사랑을 재확인하고 싶은 것이지 이혼에 얽힌 상황을 설명해 달라는 것이 아니다. 쉽지는 않겠지만 "이것이 판사가 정한 규칙이야." 혹은 "멀리 이사할 수밖에 없는 상황이었단다." 등과 같이 간명한 답변을 해 주는 것이 좋다. 그리고는 이렇게 덧붙일 수 있을 것이다. "마음 같아서는 하루 종일 너랑 꼭 붙어 있었으면 좋겠지만 지금은 그럴 수가 없잖아. 아빠는 널 사랑해. 그리고 엄마도 널 사랑하시고. 지금은, 이렇게 함께 있을 때 신나게 지내자."

이런 상황에 있는 부모들에게는 떨어져 있는 시간 동안에도 자녀들과 접촉을 유지할 수 있는 방법을 아는 것이 도움이 되는 수가 많다. 부모에게서 정기적으로 전화를 받거나, 우편으로 카드를 받거나, 이메일을 받거나, 아니면 특별한 행사 때 얼굴을 볼 수 있다거나 하는 일들을 자신들이 얼마나 소중하게 생각하는지를 아이들이 언제나 표현하는 것은 아니다. 하지만 아이들에게는 부모들의 이런 작은 행동들이 그들이 사랑받고 있다는 것을 느낄 수 있도록 해 주는 중요한 계기로 다가온다. 아이들과 항상 함께 있지는 못하지만, 당신의 사랑은 여전히 변함없다는 사실을 알려주는 부드럽지만 강력한 신호들이 되는 것이다. 만일 당신이 이런 식의 계획을 마음에 생각하고 있다면, 계속해서 그 약속을 충실히 지킬 수 있어야 한다. 하지만 아이들이 당신의 전화나 카드나 이메일에 꼬박꼬박 답장을 할 것으로 기대해서는 안 된다. 깜박하는 것은 그냥 어려서 그런 것일 뿐 당신에 대한 사랑이 식어서 그런 것은 아니니까 말이다.

"엄마/아빠는 왜 더 자주 안 오시나요?"

아이들이 한쪽 부모를 자주 못 보게 되는 경우에도, 그 부모에게 직접 "더 자주 오시면 안 되나요?" 하고 묻지 않을 수도 있다. 그런 질문을 하는 것 자체가 위험스럽기도 하겠지만, 아이의 마음 속 깊은 곳에는 그렇지 않아도 자주 못 만나는 부모에게 그런 질문을 하면 오히려 그 부모와 더 멀어질지도 모른다는 두려움이 있기 때문이다. 대신 아이는 거주 부모인 당신에게 그에 관한 질문을 던질 수 있다. 그런 질문을 할 때의 어조는 덤덤하거나, 슬프거나, 혹은 화난 것이거나, 심지어는 비난조일 수도 있다. 아이가 어떤 어조로 질문을 던지건, 당신이 우선 할 일은 깊이 숨을 들이키는 것이다. 그런 질문이라면 당신의 아픈 곳을 건드릴 가능성이 크기 때문이다. 사실, 나는 아이와 항상 함께 있지 않나 하는 생각이 들 수도 있다. 당신도 전 배우자가 아이와의 관계를 제대로 유지하지 않는다는 사실이 마음에 들지 않을 수 있고, 또 당신에게도 기분 나쁜 전 배우자의 행동에 대해 당신이 적절한 대답을 생각해 내어야 하는 입장에 선다는 사실에 화가 날 수도 있다.

이런 질문에 답을 할 때 화를 내어서는 곤란하지만, 마냥 안심시키는 말을 할 수만은 없을 수도 있다. 사실 전 배우자가 시간, 거리, 질병, 과도한 업무, 이런저런 집안의 사정들 등과 같이 불가피한 이유들 때문에 아이를 자주 만날 수 없을 수도 있다. 하지만 그런 불가피한 이유들이 없을 수도 있다. 그리고 당신은 아이에게 거짓말을 하고 싶은 생각이 없다. 만약 그런 상황이라면, 아이들의 감정을 잘 살펴서 그들의 감정을 반영해 주는 그런 답변을 생각해 볼 수 있다. 예를 들어, "글쎄, 나도 잘 모르겠네. 네가 엄마/아빠를 더 자주 볼 수 없어서 나도 마음이 아프구나/화가 나는구나." 정도가 될 것이다. 그리고 "화가 나는구나"하고 말할 경우, 당신의 의도는 화에 대해 이야기하려는 것이지 화를 내는 것이 아니라는 사실을 기억해야 한다.

아이의 질문이 비난조이거나 대들 듯한 분위기라면 당신은 또 다른 딜레마에 직면한 것일 수 있다. 어쩌면 아이가 당신에게는 화를 내어도 괜찮다고 느끼기 때문에 당신을 자기 분노의 분출구로 삼는 것일 수도 있다. 그들은 당신이 자기들을 사랑하고 있으며 당신을 믿어도 된다는 것을 안다. 이런 말을 포함하여 어떤 말을 해도 사라지거나 옆으로 물러서지 않을 것이라는 사실을 잘 안다. 이런 식으로 그들은 당신에게 자기들의 비 거주 부모, 그러니까 자신들을 사랑하는 것에나 함께 있어 주는 일에 아무런 지속성이 없어 조금만 따지고 들어도 오히려 더 멀어져 버릴 것 같은 그런 부모와 정반대되는 역할을 부여하는 것이다.

아니면 아이가 눈에 보이지 않는 부모를 이상화했을 가능성을 생각해 볼 수 있다. 아이들이 함께하고 싶어도 곁에 있지 않은 부모들은 거의 이상적인 모습으로 변할 수 있다. 이들은, 아이들의 눈에 아무리 사랑스러운 부모라도 그저 인간적인 사람으로 보일 뿐, 일상적인 부딪힘이나 일들에 간여할 만큼 가까이 있지 않다. 늘 옆에 있으면서 아이들에게 잠자리 정돈하라고 명령하거나, 숙제하라고 잔소리하거나, 게임기를 놓고 다투는 아이를 자기 방으로 쫓아낼 일이 없는 것이다.

아이들의 생각 속에서 상상 속의 부모는 완벽한 인물로 비칠 수 있다. 반면 같이 사는 부모는 상대적으로 부족한 것처럼 여겨질 것이다. 이혼과 같은 위기 상황에서 아이들의 비틀어진 논리 속에서는 이상적인 부모가 같이 있지 않다는 사실에 대한 설명이 있어야만 하고, 많은 경우 아이들은 이를 한 부모가 다른 부모를 몰아내었다는 식으로 어떻게든 설명한다.

아이의 질문이 비난조가 되는 또 하나의 가능성은 당신이 어떤 식으로든 아이와 다른 부모와의 관계에 실제로 방해가 되었기 때문일 수도 있다. 꼭 당신의 책임이 아닐 수도 있지만, 당신의 행동이 다른 부모와의 접촉이 소원해지는 데 간접적인 영향을 미쳤을 수 있다. 아이가 아버지와의 연락이 뜸해진 것이 당신이 50여 킬로미터나 떨어진 곳으로 이사를 했기 때문이거나, 자꾸 달라지는 전 배우자의 직장 스케줄에 맞게 양육 계획을 조정해 주지 않아서이거나, 혹은 재혼을 한 터라 이전처럼 편하게 전 배우자의 입장을 생각해 줄 수 없어서일 수도 있다.

아니면 보다 노골적으로 아이와 전 배우자와의 관계를 방해했기 때문일 수도 있다. 전 배우자와 아이를 주고받을 때 냉담한 모습을 보였을 수도 있다. 혹은 아이가 아빠와 재미있었던 일을 이야기할 때 아이의 즐거움에 전혀 공감하지 않는 태도를 보였을 수도 있다. 혹은 아버지를 방문할지 말지 선택할 기회를 주면서 넌지시 가지 않았으면 하는 메시지를 흘렸을 수도 있다. 당신 스스로는 당신의 그런 행동을 못 느꼈을지 몰라도 당신의 자녀들은 그것을 너무나 잘 알고 있다.

이 모든 경우에 있어 당신은 자녀들의 정당한 분노를 잘 받아 주어야 한다. (정당하지 못한 분노에 대해서는 후에 다루기로 하겠다.) 일단 분노의 문제가 해결되고 나면 비로소 아이들 감정의 또 다른 차원을 다룰 수 있는 준비가 되는 셈이다. 그들의 상한 마음, 그들의 깊은 바람, 그리고 실제적이거나 환상 속에서의 변화를 향한 갈구 같은 것들 말이다.

예를 들어, 당신의 아이가 이렇게 소리친다고 생각해 보라. "이렇게 멀리 이사하지만 않았더라도 아빠를 더 자주 만날 수 있었을 거야!" 그러면 당신은 "엄마한테 그런 식으로 말하지 마!"라든지 "아빠는 차도 있고 여기 오는 길도 다 아셔!" 하는 식으로 대응할 수 있을 것이다. 하지만 이런 식으로는 아이의 분노 이상의 단계로 넘어갈 수 없다. 하지만 당신이 자신의 분노를 다스릴 수 있다면(물론 이는 쉽지 않다. 분노 자체가 공격에 대한 자연스런 방어작용이기 때문이다), 자녀들이 느끼는 감정의 더 깊은 차원에 접근할 수 있다. 가령, 딸에게 다음과 같이 대답한다면 그녀에게서 냉담한 태도가 아닌 눈물을 보게 될지도 모른다. "미안하구나. 그래 우리가 이사를 해 아빠를 더 자주 볼 수 없으니 힘들지?"

"엄마도 나 두고 떠날 거야?"

거주 부모로서 당신이 아이에게 세심한 관심을 기울인다 해도 아이는 여전히 당신의 사랑을 확신하지 못할 수 있다. 그 나이 나름의 두려움과 환상, 그리고 오해 같은 것이 작용하기 때문이다. 특히 학령기 이전의 아이들은 자기 부모들의 이혼 이유나 의미를 이해하는 데 어려움을 겪는다. 따라서 겉으로 드러나건 아니건 아이들은 당신과 당신의 전 배우자 모두가 자신들을 버릴지도 모른다는 두려움을 갖고 있다. 이런 두려움은 학령기 전 아이들에게서 더 흔하지만, 많은 수의 학령기 아이들 역시 이혼한 부모 모두로부터 버림받을지 모른다는 두려움을 느낀다는 연구결과들이 있다.

당신의 어린 자녀들이 느끼는 버림받음에 대한 두려움은 무섭기는 하지만 발달적으로 자연스런 관심사를 반영하는 것일 수 있다. 그림 형제(The Brothers Grimm)는 버림받음의 두려움이라는 주제를 활용하여 아이들의 감성을 자극하는 동화들을 썼다. 하지만 발달적으로 정상적인 두려움이라도, 이혼한 부모들에게는 문제가 될 수 있다.

조정의 경험 중 한번은 이런 경우가 있었다. 아이들의 아버지가 내 사무실의 문을 박차고 들어와서는, 자기 전 부인이 네 살짜리 아이에게 자기가 나쁜 사람이라는 생각을 주입시키고 있다고 항의했다. 그가 그런 걱정을 하게 된 이유가 무엇일까? 엄마와 주로 살고 있는 어린 딸이 자기 집에 와서 지낼 때, 갑자기 괴물이 나온다고 겁을 내기도 하고 밤에 제대로 잠을 자지 못한다는 것이었다. 심지어 무서움을 탈 때엔 엄마를 찾기도 하였다. 그는 전 부인이 아이에게 아빠에 대해 나쁜 이야기를 하는 것이 틀림없다고 비난하면서 그런 식으로 아이를 충동질하는 데 대해 분개했다. 그의 화는 아이가 엄마의 집에서도 마찬가지로 괴물이나 '악당' 그리고 어두운 것을 무서워한다는 것을 알기 전까지 계속되었다. 그가 이 새로운 사실을 알게 되면서, 또 내가 아이의 두려움이 발달적으로 지극히 정상적인 것이라고 안심시키자 그의 화가 누그러졌다. 그리고 아이가 공연히 겁을 낼 때 화를 내는 대신 다정한 말투로 안심시켜 주니 아이가 무서움을 타는 일도 사라졌다.

자녀들에게서 예상할 수 있는 또 하나의 문제는 친밀한 관계에 대한 두려움인데, 주로 사춘기 혹은 청년기에 나타났다 사라졌다 하는 것들이다. 이혼한 가정 출신의 젊은이들은 종종 친밀한 관계에 대해 걱정하는 수가 많지만, 이는 그들만의 문제가 아니다. 부모가 이혼했건 혹은 30년을 함께 살았건 오늘날 대부분의 젊은이들은 친밀한 관계를 맺고 유지하는 것에 관해 염려한다. 사실 오늘날처럼 이혼이나 동거, 결혼 연기, 혹은 결혼하지 않고 아이를 낳는 일의 비율이 높은 것을 생각해 보면 지극히 당연한 현상이라 할 수 있다.

더 좋은 부모가 되고 불필요한 근심을 줄이기 위해서는, 당신의 아이가 하는 모든 일을 이혼이라는 안경을 통해 바라보려는 태도를 버려야 한다. 어떻게 그럴 수 있을까? 발달적으로 자연스러운 현상들을 미리 알아보거나, 비슷한 또래의 아이들이 어떤지에 관해 다른 부모들과 이야기를 나눌 수 있다. 그리고 무엇보다 더 중요한 것은 당신 아이에 관해 전 배우자와 이야기하는 것이다.

"왜 늘 바빠요?"

당신이 거주 부모인 경우, 자녀들이 당신의 사랑을 확신하지 못할 때 여기에는 그 나름의 타당한 이유가 있을 수 있다. 아이의 주된 양육자로서 해야 할 수많은 일들 때문에 정신을 차리기 어렵고, 그러다 보니 아이들에게 즐겁고 따뜻하게 대해 주고 참아 주는 일이 여간 어려운 일이 아닐 수 없다. 더욱이 이처럼 불안한 시기를 보내는 아이들이 요구하는 것은 더 많고, 그래서 아이들 원하는 대로 해 주는 것은 도저히 불가능한 일처럼 보인다. 어쩌면 아이들이 지나친 요구를 하는 것은 불안하거나 화가 나 있기 때문일 수도 있지만, 또한 그저 버릇이 없어서일 수도 있다. 안 그래도 처리해야 할 일이 많은데, 어떻게 이것을 판단할 수 있을까?

당신의 입장에서도 아이들과의 시간이 줄어들 수밖에 없는 정당한 이유들이 있을 수 있다. 일하는 시간을 더 늘려야 할 수도 있고, 새로운 사람을 만날 시간이 필요할 수도 있기 때문이다. 혹은 한때 당신 삶의 한 부분이었던 것이 무너진 터라, 그냥 더 피곤하고 막막하고 외로울 수도 있다. 아니면 아이들 또한 당신의 전 배우자의 행동을 따라한다거나 혹은 전 배우자 때문에 무슨 일을 한다거나 하는 식으로 당신의 울화통을 터지게 할 수도 있다. 일을 꾸려가려고 무척 애를 쓰고 있는데, “아빠는 이렇게 하잖아요.”라거나 “엄마는 늘 이렇게 안 바쁘던데.”라거나 혹은 그냥 “아빠 보고 싶어.” 같은 말을 듣게 되면 짜증이 날 수밖에 없는 것이다.

해결책은 무엇일까? 할 수 있다면 가정부나 유모, 요리사 혹은 함께 있어 줄 사람을 구하라. 그게 어렵다면 시간적으로나 공간적으로 좀 더 여유 있게 생각하라. 완벽하려고 할수록 더 답답할 수밖에 없다. 어차피 기대에 못 미치게 마련이기 때문이다. 그러니 매일 아이들과 어느 정도 시간을 보내고, 또 혼자서도 어느 정도의 시간을 보내라. 그 나머지 일과 동안은 그냥 최선을 다하도록 하라. 그리고 아이들로 하여금 그것을 받아들이도록 하라. “저녁 먹고 나서는 너희들과 같이 있고, 9시가 되면 내 시간이다. 그리고 나머지 시간 동안엔 각자 할 일을 열심히 하는 거야, 알았지?”

“사랑한다는 말 거짓말이었어요?”

아이들의 관점에서 보면 부모가 사랑하다가 말아 버리지는 않을까 궁금해하거나 염려하는 일은 자연스러운 일이다. 사실 부모인 당신 두 사람은 서로 사랑하기를 그만둔 것이 아닌가? 그러니 아이들로서는 사랑이라는 것도 산타클로스처럼 터무니없는 하나의 거짓말에 불과한 것이 아닌지 의아해할 수도 있는 것이다. 당신은 자녀들에게 언제나 그들을 사랑할 거라고 말할 수 있고 또 당연히 그래야 하겠지만, 당신의 아이들은 분명 당신과 당신의 전 배우자 역시 언제나 서로 사랑하기로 한 것이 아니었나 생각할 것이다. 그렇다면 어떻게 하면 그게 서로 다른 이야기라는 사실을 그들에게 확신시켜 줄 수 있을까? 몇 가지 방법들을 제시해 본다.

① “부모 간의 사랑과 부모 자식 간의 사랑이란 너무너무 다른 거란다”

“남편과 아내는 서로 그만 사랑할 수도 있겠지만, 부모와 자식은 언제나 사랑해야만 하는 사이야. 싫건 좋건 너는 언제나 내 아이야. 내가 너한테 화가 날 수도 있고, 너도 아빠한테 화가 날 수도 있겠지만, 그래도 우리는 서로 사랑해야 돼. 아빠는 엄마를 언제까지고 사랑할 수 있기를 바랐지만, 우리 사이에 무슨 일이 생겼고 왜 그렇게 되었는지 나도 정확히 잘 몰라. 하지만 무슨 일이 있어도 너에 대한 아빠의 사랑이 달라질 수는 없어. 이건 정말 진심이란다. 아빠는 너도 그걸 알았으면 좋겠어."

② "부모로서 여전히 네 아빠를 사랑한단다."

"남편으로는 더 이상 아니지만, 엄마는 부모로서 네 아빠를 여전히 사랑한단다. 남편과 아내로서 우리의 사랑이 이어지지 못해 엄마도 마음이 아프고 슬프단다. 그리고 너는 네가 언제나 사랑하게 될 그런 남편을 만났으면 좋겠어. 하지만 한 사람의 부모로서 아직도 네 아빠를 정말 사랑하고 있다는 사실을 알아 줬으면 좋겠구나. 나에게 너를 선물한 사람이니까 말이야. 너처럼 훌륭하고 소중한 선물을 준 사람인데 사랑할 수밖에 없지 않겠니? 우린 너의 부모들이고, 또 언제나 너의 부모들일 테고, 그래서 언제나 너를 사랑할 거야."

③ "나도 정말 아빠를/엄마를 사랑한단다. 그렇지만…."

"나는 아직도 네 엄마를 정말 사랑하지만, 더 이상 함께 살기가 어렵게 되었단다. 너무 자주 싸우게 되기/ 엄마가 술을 너무 많이 마시기/ 엄마가 더 이상 아빠를 사랑하지 않게 되었고 아빠는 엄마가 행복하기를 바라기 때문이야. 문제를 잘 해결하고 싶었다만, 그러지 못했구나. 너야 더 이상 바랄 나위가 없지. 너는 너무나 멋진 아이고, 난 네가 너무 자랑스러워. 그리고 말이다. 부모들은 무슨 일이 있어도 아이들을 사랑할 수밖에 없어. 네가 무슨 잘못을 저지른다 해도 나는 늘 너를 사랑할 거야. 그렇다고 사고치고 나서도 혼나지 않을 거라고 생각하다간 큰 코 다칠 줄 알아!"

위의 예들은 자녀들이 당신의 사랑을 확신하지 못할 때 해 줄 수 있을 법한 이야기들이다. 하지만 더 중요한 것은 이혼 후의 몇 달 혹은 몇 년에 걸쳐 부모로서 당신의 사랑이 무조건적이며 끝이 없다는 사실을 보여 주어야 한다는 것이다.

부모는 여전히 두 사람

혼자서 부모 노릇을 할 생각이 있더라도, 이혼 후라고 해서 아이를 혼자서 키우는 건 아니라는 사실을 기억할 필요가 있다. 싫건 좋건 당신이 어떻게 하느냐는 전 배우자에게 영향을 미치게 마련이고, 그 반대 역시 마찬가지이다. 두 사람의 이혼이 협력적이냐, 냉담한 것이냐, 혹은 적대적이냐에 따라 각자가 가진 부모로서의 사랑과 권위를 뒷받침할 수도 있고 깎아내릴 수도 있는 것이다.

이미 말한 것처럼, 아이들이 있는 한 완전한 이혼이란 불가능하다. 여전히 아이들의 다른 한 부모가 있는 것이고, 그는 당신을 뒷받침해 줄 수도 있고 끌어내릴 수도 있으며, 심지어 아주 넘어뜨릴 수도 있다. 당신 역시 상대에게 그렇게 할 수 있다. 하지만 전 배우자가 당신에게 하는 행동, 혹은 하지 않는 행동의 결과는 그저 두 사람에게서만 그치는 것이 아니다.

이혼이란 그저 로맨스가 깨어지는 것에 불과한 것이 아니다. 이혼이란 가정이 깨어지는 것이다. 두 사람은 이제 전 배우자가 되었지만, 여전히 부모인 것이다. 그러기에 당신은 전 배우자와 협력할 수 있는, 혹은 적어도 서로를 방해하지 않는 방법을 찾아야 한다. 권위 있는 부모가 되고, 당신의 아이가 적응유연성을 가지고 이혼이라는 과정을 통과할 수 있도록 하는 최우선적인 과제에 초점을 맞추면서도 말이다.

CHAPTER 09

새로운 관계의 모색

연애, 데이트, 낯선 사람과의 하룻밤 정사, 옛 사랑과의 재회, 직장에서, 친구들 중에서, 단골 가게에서, 인터넷에서, 학부모 모임에서, 혹은 개인적인 광고를 통해 찾아보는 새로운 연인, 새로운 관계의 시작과 진전이 없는 관계의 정리, 깊은 관계의 시작. 결혼의 가능성 고려, 동거, 재혼, 이혼 이전이나 이혼 중, 그리고 이혼 이후를 막론하고 깊은 관계는 여러 가지 방식으로 시작될 수 있다. 어떤 식으로 이루어지든, 관계를 맺는 일은 복잡하다. 처음의 경우보다 훨씬 더 말이다.

누군가와 사랑하는 관계가 된다는 것은 당신의 삶에서 가장 긍정적이며 성취감 넘치는 경험이 될 수 있다. 물론 가장 어려운 일이 될 수도 있다. 우리 모두가 잘 아는 것처럼, 가장 멋진 상대와의 '제대로 된' 관계조차도 그 나름의 어려움을 던져 준다. 하지만 우리는 관계의 부침(浮沈), 마음의 상처, 상한 감정 같은 것들에도 불구하고 여전히 사랑과 우리의 삶을 고양시키고 온전하게 해 줄 그 사랑의 힘을 믿는다.

이혼의 격랑을 지나면서, 혹은 늦은 밤 친한 친구에게 아픔을 토로하면서 다시는 사랑을 하지 않겠다고 맹세했을지도 모른다. 하지만 그런 맹세가 실제로 지속되는 경우는 드물다. 이혼을 경험한 사람들은 시간의 흐름과 함께 대부분 새로운 관계 속으로 들어가게 된다. 물론 이들은 이번에는, 혹은 미래의 관계는 정말 자기들이 꿈꾸는 그런 관계였으면 하고 바란다.

시간이 지나 이제는 새로운 관계를 시작해 볼 수도 있겠다는 생각이 드는 것은 자연스러운 일이다. 어떤 사람들의 경우는 이혼하기도 전에 새로운 사랑을 찾으며, 심지어 그로 인해 이혼을 불가피한 것으로 만들기도 한다. 어떤 경우는 이혼 후 여러 해가 지나서야 새로운 관계를 시작할 마음이 들기도 한다. 하지만 대부분의 사람들은 이혼 후 1~2년 내에 새로운 관계를 시작하거나 찾기 시작한다. 물론 그들의 마음에는 기대와 염려가 교차한다. 현실적인 태도를 잃지 않으려고 무척 애를 쓰면서도 이번에는 꼭 맞는 사람을 만나 과거의 실수를 반복하지 않게 되기를 바라는 것이다.

이혼한 부모들에게 있어 새로운 관계의 시작은 결코 단순한 일이 아니다. 이젠 당신 혼자가 아니라 다른 무언가가 함께 따라붙는 입장이기 때문이다. 이제는 당신의 자녀들 또한 새로운 관계의 한 부분이 되는 것이다. 누군가와의 새로운 관계나 그에 대한 당신의 감정을 생각하려 할 때, 이제는 당신 자신뿐 아니라 당신의 자녀 역시 빠뜨릴 수 없는 고려의 대상이 된다. 그리고 당신의 데이트 상대 역시 당신의 아이들을 고려하지 않으면 안 된다. 물론 상대방에게도 자녀들이 있어서 그 점이 관계의 한 요소로 고려되어야 할 입장일 수도 있다.

관계가 깊어질수록 당신의 아이들 또한 이 새로운 관계를 재어볼 수밖에 없게 될 것이다. 당신은 상대방을 선택하게 되겠지만, 당신의 아이들 입장에서 보자면 당신이 선택한 사람과 일종의 중매 결혼을 하는 것과 같다. 당신의 아이들이 당신의 상대를 고를 수는 없는 일이기에, 당신은 아이들의 입장을 고려하여 신중하게 선택해야 한다. 아이들의 관심사와 염려는 당신이 가진 염려와는 매우 다를 수 있다. 당신은 새로운 관계를 가정을 완전하게 만들어 주는 것, 아니면 적어도 당신 인생의 큰 틈을 메워 주는 것으로 생각할 수 있다. 하지만 당신의 아이들은 그를 침입자로 혹은 자기들과 당신과의 관계나 아버지/어머니와의 관계를 더 복잡하게 만들기만 하는 불필요한 존재로 인식할 수도 있다. 그래서 그들은 당신의 새로운 관계를 재어볼 것이고, 그 관계가 그들의 삶에 좋은 영향을 미치는지 혹은 그 반대인지 따져볼 것이다. 아이들은 어른들의 결정으로 이루어지는 결혼을 두고 이렇다 저렇다 할 수 없을지는 모르지만, 그들은 적극적으로 새로운 양부모 혹은 '어른 친구'를 받아들이거나 거부할 수 있다.

물론 당신의 전 배우자, 그리고 어쩌면 새로운 상대의 전 배우자도 생각하지 않으면 안 된다. 싫건 좋건, 당신의 전 배우자 역시 새로운 관계의 일부일 수밖에 없다. 가령 새로운 사람과 함께 집에 있는데 전 배우자가 아이들 때문에 전화를 하거나 들를 수도 있고, 전 배우자가 아이들을 데리러 오지 않아 연인과 오붓한 시간을 즐기려던 계획을 망치는 경우도 있을 것이다.

당신의 새로운 상대 또한 당신과 전 배우자와의 관계에 대해 나름의 느낌과 생각이 있을 것이다. 그의 태도에 따라 당신은 매우 편해지거나, 그저 그렇거나, 혹은 매우 방어적인 태도를 취하거나 할 것이다. 새로운 상대가 당신과 전 배우자의 협력적인 양육 방식을 좋게 볼 수도 있고, 두 사람의 우호적인 관계와 둘이 함께 보내는 시간에 대해 질투를 느낄 수도 있다. 새로운 상대는 당신의 적대적 이혼(angry divorce)이 자신의 삶을 너무 많이 침해한다고 느낄 수도 있다. 혹은 당신의 분노 때문에 안심이 되어, 자기의 질투심과 새로운 관계에 대한 불안감을 해소하기 위해 당신의 분노를 더 자극할 수도 있다.

물론 모든 사람들의 반응, 특히 전 배우자와 아이들의 반응은 당신의 새로운 관계가 어떻게 시작되었는가에 따라 달라질 것이다. 그 관계가 결혼 파탄의 원인을 제공한 외도로 시작된 경우, 상당한 시간이 지나기 전까지, 어쩌면 평생 당신의 전 배우자나 아이들이 이를 받아들이지 못할 수 있다는 것을 각오해야 할 것이다. 반대로 당신이 시간을 두고 당신 자신의 문제, 즉 자신의 분노나 상처나 슬픔, 그리고 전 배우자와의 관계 등의 문제에 집중한 경우라면 일이 훨씬 더 수월할 것이다. 아이들과의 관계 및 자녀 양육과 관련한 전 배우자와의 관계에 있어 새로운 경계를 설정하는 데 충분한 시간을 보낸 후라면 그만큼 잘 정비된 상황에서 새로운 사람과의 관계를 시작할 수 있는 것이다.

지금 당신은 전 배우자를 처음 만났을 때보다는 더 나이가 들었고, 그만큼 더 현명하다. 분명 관계를 바라보는 당신의 눈은 처음처럼 순진하지 않을 것이며, 이성이나 사랑, 교제나 결혼에 대한 믿음, 그리고 당신 자신이나 자신의 판단에 대한 신뢰도 많이 약해졌을 것이다. 어쩌면 한순간 꿈꾸었을지도 모르는 행복하기만 한 결혼에 대한 환상 역시 더 이상 남아 있지 않을 것이다. 어떻게 보면 이것이 꼭 나쁜 것은 아니다. 하지만 새로운 관계를 지나치게 겁낼 수도 있다. 사실 모든 관계에는 믿음의 도약이 있어야 한다. 신뢰가 필요하다는 것이다. 사랑이란 기회를 줘 보는 것이며, 여기서 다시는 상처받지 않으리라는 보장은 없다.

사무엘 존슨(Samuel Johnson)* 은 결혼을 "경험에 대한 희망의 승리"(the triumph of hope over experience)라 불렀다. 재치 있고 냉소적인 표현이긴 하지만, 중요한 진리를 말하는 것일 수도 있다. 희망은 분명 하나의 승리이다. 모든 깊은 관계는 희망과 위험을 감수하는 신뢰의 승리이다. 하지만 한 번 희망이 산산조각 난 마당에 어떻게 이 희망을 회복할 수 있을까? 분명 사람들은 나름의 방법을 찾아 내고 있다.

* 18세기 영국의 문인 - 역자 주

통계적으로 보면 이혼한 성인들 넷 중 세 사람은 결국 재혼하며, 비록 결혼에까지 이르지 못한 관계에 대한 통계는 없지만, 거의 모든 이혼한 성인들은 금방 혹은 더 오랜 시간이 지난 후 누군가와 새로운 관계를 시작한다.

새로 관계를 시작하는 것이 이혼이라는 갈등에 대한 완벽한 해결책으로 보일지 모른다. 사실 여러 가지 면에서 그렇게 될 수 있다. 어떤 이들에게는 거의 유일한 해결책으로 보이기도 할 것이다. 하지만 새로운 관계란 당신과 자녀, 그리고 전 배우자에게도 새로운 변화를 의미한다. 이 모든 것을 고려해 볼 때, 새로운 관계를 시작하면서 당신이 명심해야 할 사항이 있다. 곧 새로운 관계가 어떻게 시작되건, 혹은 그것이 아무리 멋진 것이라 하더라도 서둘러서는 안 된다는 것이다.

외도의 지속

만약 누군가와 외도의 관계에 빠져 한시라도 빨리 그 사람과 결합하고 싶은 경우라도 신중하게 접근하지 않으면 안 된다. 아마 당신은 시간을 끌고 싶은 생각이 없을지도 모른다. 사실 여유를 부리는 것이 불가능하다고 느낄 수도 있다. 하지만 그럼에도 불구하고 여유를 두어야 한다. 왜 그럴까? 우선 당신의 전 배우자와 해결해야 할 사안들이 너무 많다. 이혼하겠다고, 다른 누군가와 사랑에 빠졌다고 말한다고 해서 관계가 정리되는 것이 아니다. 결혼은 그런 식으로 끝낼 수 있겠지만 관계는 그렇지 않다. 관계는 다른 이름과 다른 방식으로 여전히 계속되는 것이다.

전 배우자와의 관계는 지금 다루어야만 한다. 그렇지 않으면 아마도 나중에, 십중팔구는 법정에서 그와 싸워야 할 공산이 크다. 당신에게 새로운 사람이 생겼다는 사실은 당신의 전 배우자의 분노에 구체적인, 어쩌면 정당한 공격의 대상을 제공하는 셈이 된다. 아니면 당신이 생각하는 것처럼, 그가 당신의 관계에 대해 분노하는 것은 결혼 생활에서 드러난 자신의 잘못들을 인정하지 않으려는 몸짓일 수도 있다. 어찌되었건 전 배우자의 감정은 실제적인 것이어서 당신에게 영향을 미칠 수밖에 없다. 설사 직접은 아니라고 해도 그것이 당신의 자녀들에게는 분명 영향을 미칠 것이기 때문이다.

당신의 자녀들을 생각한다면 새로운 관계를 서둘러서는 안 된다. TV 시트콤 <브래디 번치(Brady Bunch)>처럼, 각자 자신의 자녀들을 데리고 재혼한 부부가 큰 가족을 이루어 행복하게 잘 살아가고 있는 가정을 꿈꿀지도 모른다. 하지만 브래디 번치는 사실이 아니라 드라마이다. 그 이야기가 설사 사실이라고 해도 거기 나오는 부모들은 모두 사별한 사람들이다. 이혼도 없고, 전 배우자도 없고, 어느 부모 쪽에 마음을 주어야 할지 아이들이 혼란스러워할 필요도 없다. 아이들 양육 문제나 서로 간의 나쁜 관계 때문에 서로 다툴 필요도 없다. 하지만 TV가 아닌 현실에서 당신은 이 모든 문제들과 씨름해야만 한다.

외도의 결과로 누군가와 깊은 관계가 된 경우라면 아이들의 감정을 존중하는 차원에서 시간을 두고 접근하는 것이 바람직하다. 아이들은 부모들의 이혼으로 인해 마음에 상처를 입고 혼란스러워한다. 이혼의 여파 속에서 아이들이 그들의 삶에 또 하나의 변화를 받아들일 수 있기 위해서는 어느 정도 안정을 회복할 수 있는 시간이 흘러야만 한다. 그리고 명심해야 할 것은, 아이들의 삶에 새로운 관계를 끌어들이는 것은 필요하다면 뒤로 미루어도 좋은 일이라는 사실이다. 이상적으로 말하자면, 부모의 새로운 관계란 아이들이 전반적인 정서 상태나 안정감 측면에 있어서 최상의 컨디션일 때 다루는 것이 좋다.

사실 이는 당신의 자녀를 위해서 뿐 아니라 당신이 시작하는 관계 자체의 미래를 위해서도 좋은 일이다. 어느 한쪽에 자녀가 있는 상태에서 재혼한 경우를 대상으로 한 미국의 전국적인 통계조사에 의하면, 부부간의 갈등을 일으키는 가장 큰 요인은 역시 자녀들이었다. 그리고 재혼 부부들의 이혼율이 초혼의 경우보다 더 높으며, 아이들을 데리고 재혼한 경우는 그보다 더 높다. 모두를 위해 바람직하고 행복한 미래를 원한다면 어떻게 하는 것이 좋을지 생각해 보아야 할 것이다.

자녀들에게 새로운 연인이나 미래의 양부모를 소개한다는 것은, 아이들 입장에서는 엄청난 변화에 속한다. 부모들의 이혼 후, 자신의 부모가 깊은 관계를 맺고 있는 사람에게 익숙해지는 것이 아이들에게는 대단히 어려운 일일 수 있다. 우선 아이들로서는 당신이 누군가 다른 이성에게 관심을 갖는다는 사실 자체가 매우 큰 변화에 속한다. 갑자기 당신의 아이들, 특히 사춘기 무렵의 자녀들은 당신에게서 새로운 모습을 보게 되지만 그들에게는 당신의 그런 모습이 편하지 않은 것이다. 어쩌면 그들이 당신의 새로운 연애를 좋아하고 또 좋아하게 될 수도 있지만, 그렇다고 해서 상황이 달라지는 것은 아니다.

그리고 어떤 부모들은 상상도 하지 못하는 또 하나의 가능성이 있다. 당신이 새로이 사귀는 사람이 아이들 마음에 들지 않는 경우이다. 그 사람이 당신에게는 속마음을 털어놓을 수 있는 좋은 친구요 연인일지 모르지만, 아이들에게는 아무 상관도 없는 얘기다. 당신의 친구들이라면 당신이 그 사람에게 끌리는 사실을 이해해 줄지 모르지만, 당신의 자녀들은 그렇지 못하다. 사실 당신이 그 사람에게서 느끼는 매력이란 아이들의 지식이나 경험의 영역을 넘어서는 일들이고 또 그래야만 할 것이기 때문이다.

아이들이 그 사람을 좋아했으면 하고 바라기 이전에 먼저 아이들의 관점에서 한 번 생각해 보라. 아이들은 그 사람을 어떻게 생각할까? 이는 많은 부분 당신이 이혼 과정을 어떻게 다루어 왔는지, 어떻게 해서 이혼이라는 상황에 이르게 되었는지, 그리고 이혼 과정에서 아이들이 생각하는 당신과 전 배우자의 역할이 어떤 것인지에 달려 있다. 특히 당신의 관계가 외도에서 출발한 것이라면, 아이들이 당신의 새로운 상대를 환영해 주리라고 기대할 수는 없는 것이다.

새로운 상대가 당신에게 정말 맞는 짝인가를 분명히 하기 위해서도 시간을 두고 새로운 관계에 접근하는 것이 필요하다. 더없이 격렬한 열정을 느낄 수도 있겠지만, 그런 열정이 장기적인 관계를 위한 든든한 기초가 되는 경우는 드물다. 최상의 관계란 열정뿐 아니라 우정이라는 기초 또한 필요로 한다. 애석한 일이지만 이혼한 이들 중에는, 이혼하기 전 몇 달 혹은 몇 년 동안 그런 열정을 느끼지 못한 채 지내온 경우가 많다. 성적 매력의 힘은 강력하며, 다른 누군가의 열정의 대상이 되는 경험은 예전의 거부에서 연유한 자기회의(self-doubt)나 불안 등을 마법처럼 지워버린다.

물론 열정은 중요하다. 하지만 당신의 열정은 현실 속에서 온갖 부침을 감당해 나가야 하는 상황에서도 평정을 잃지 않도록 해 줄 수 있을 만큼 강력한 것이어야만 한다. 누군가와 사랑에 빠지는 것은 환상에 기초한 것이지 현실에 기초한 것은 아니다. 만약 당신이 이를 단순한 외도 이상의 것으로 만들고 싶다면 당장 고려하지 않으면 안 되는 현실이 존재하는 것이다.

다니엘의 외도

여러분은 책의 서문에서 한 회사의 회계사로서 자기주장이 강한 다니엘이라는 사람을 만났던 것을 기억할 것이다. 외도로 시작된 관계를 두고 서두르지 말라고 충고했지만 그녀는 나의 말에 귀를 기울이지 않았다. 기억하겠지만, 다니엘은 이미 남편 프랭크에게 외도 사실을 털어놓은 상태였고, 그는 비록 엄청난 충격을 받은 상황이었음에도 불구하고 다니엘과 우호적인 관계를 유지하기 위해 고투하고 있었다. 프랭크가 자신의 고통과 분노와 싸운 것은 여섯 살 된 아들 샘 때문이기도 했고, 다니엘과 이어 온 오래고 깊은 우정 관계 때문이기도 했고, 또 그가 망설이지 않고 인정한 것처럼 그는 여전히 다니엘이 돌아오기를 바라고 있었기 때문이기도 했다. 프랭크는 또한 남편으로서 자신의 잘못, 곧 정서적인 지지가 되지 못하고 일에만 파묻혀 있었으며, 다니엘의 존재를 당연시해 왔던 것이 다니엘의 외도에 빌미를 제공했다는 사실도 인정했다.

다니엘은 신실하지 못한 배우자들이 그러듯 자신의 외도를 두고 프랭크를 비난하지는 않았다. 그녀는 자신의 행동에 대해 자신의 잘못이라고 인정했으며, 결혼 관계의 선을 넘어간 사실을 부끄러워했다. 다니엘은 또한 자신의 외도로 인해 결혼 생활이 흔들렸다는 사실을 인정했다. "우리 결혼 생활은 내가 딴 사람을 만나기 이전에 이미 50퍼센트, 아니 70퍼센트는 망가져 있었어요. 하지만 내가 다른 사람을 만나면서 그나마 남아 있던 프랭크에 대한 감정조차 무너져 버렸어요. 가질 수 있는데도 갖지 못한 것이 있다는 생각이 들었던 거죠." 다니엘은 그녀의 외도가 결혼을 파괴했다는 사실은 인정했지만, 그녀의 결혼, 그리고 그녀의 아들의 존재가 외도를 통해 누리고 있던 환상을 파괴하게 될 것이라는 사실은 깨닫지 못했다.

성탄절 직전 위기 상황에서 나를 찾아온 이후 몇 달 동안 샘의 부모로서 다니엘과 프랭크의 태도는 더할 나위 없이 훌륭했다. 그들 모두 샘과 함께 있을 때는 그에게 전념했고(하지만 지나치지는 않았다), 필요할 경우 서로 연락을 취했으며, 샘을 양육하는 일에 있어서 서로 협조를 아끼지 않았다. 그들의 이혼 후 약 9개월 동안 정기적으로 나의 사무실에서 그들을 만났는데, 그들은 샘의 부모로서 그들이 지금까지 해 왔던 일에 대해 무척 뿌듯해하고 있었다. 사실 온갖 어려움에도 불구하고 샘은 잘 자라고 있었고, 그들의 자부심은 정당한 것이었다. 어느 면으로 보나, 샘이 적응유연성 있는 아이로 자랄 것이라는 것이 분명해 보였다.

하지만 다니엘이 개인적인 일로 나를 만나자고 했을 때, 그녀와 마일즈(Myles)와의 관계가 심상치 않다는 것을 알 수 있었다. (나는 그를 만나본 적이 없다.) 마일즈는 결혼한 적도 없고 아이도 없었다. 그는 강하고 열정적인 사람이었는데, 관계가 일 년여 지속되면서 다니엘은 (그의 영국식 악센트 말고도) 그의 그런 열정과 활력에 매력을 느꼈다. 하지만 다니엘이 프랭크와 헤어지고 나자 마일즈는 갑자기 매우 독점적인 태도로 돌변했고, 프랭크에 대해서 뿐 아니라 샘에 대해서도 질투를 느꼈다.

마일즈는 다니엘이 자기와 모든 시간을 함께하기를 원했고, 샘이 다니엘의 집에 와 있는 동안에는 왜 자신이 그녀의 집에서 밤을 지내도록 허락해 주지 않는지 다니엘을 이해하지 못했다. 이혼하고 한 달이 지났을 무렵 다니엘이 샘에게 마일즈를 소개시켜 주려 하면서 일이 더 어렵게 되었다. 다니엘의 말에 의하면, 마일즈를 보자 샘은 다소 거부하는 듯한 태도를 보였다고 한다. 뜻밖의 행동이나 특이한 행동은 하지 않았지만 어딘가 불편하고 거리감이 있어 보였다는 것이다.

반면 마일즈는 조급했고, 자기 입장을 내세웠으며, 성미가 급했다. 샘이 자신을 좋아해 주기를 바랐지만, 샘과 관계를 형성해 보려는 노력은 별로 하지 않았다. 그리고 셋이 함께 보냈던 몇 번의 시간 동안 마일즈는 샘보다 훨씬 더 심하게 다니엘의 관심을 독차지하려고 한 반면 다니엘은 오히려 샘에게 더 많은 관심을 주려고 노력하였다. 격주로 아이와 함께 있게 될 때마다 다니엘은 샘에게 더 많은 관심을 기울이고 싶었다. 샘이 오지 않는 주에는 마일즈 혼자 다니엘을 독차지할 수 있지 않은가.

샘과 만난 지 몇 주가 지나지 않아 마일즈는 다니엘에게 자신을 그녀의 새로운 삶의 일부로 인정해 줄 것인지 아니면 말 것인지 선택하라고 요구했다. 다니엘이 마일즈의 심한 분노를 처음으로 눈치 챈 것이 바로 이때였다. 다니엘은 이를 '어린아이 같은 분노'로 묘사했다. 다니엘은 곧바로 샘이 없는 주에만 마일즈와 만나는 것이 좋겠다고 생각했다. 마일즈는 이를 좋아하지 않았지만 마지못해 동의하였다.

다니엘이 털어놓지 않았던 것은, 그녀가 마일즈와의 관계에 대해, 그리고 스스로도 놀란 일이지만, 프랭크를 떠나기로 한 자신의 결정에 대해 자못 의구심을 품고 있었다는 것이다. "주저함이 있었다는 말로도 충분치 못한 것 같아요. 그런 느낌을 갖고 있었고, 지금도 그래요."

그 후 몇 달이 지나면서 마일즈는 프랭크에 대해 거의 도를 넘는 수준의 질투를 보였다. 프랭크 생각을 했다거나 함께 잤다거나, 다시 합칠 계획을 세우고 있다고 끊임없이 다니엘을 닦달했다. 그녀는 마일즈가 주저하고 있는 자신의 속마음을 눈치 채지는 않았는지 염려했다.

하지만 오래지 않아 다니엘과 프랭크의 재결합 가능성은 사라지고 말았다. 이혼 후 6개월이 지났을 무렵부터 프랭크가 다른 누군가를 만나기 시작한 것이다. 처음에는 다니엘에게도 이것이 반갑기도 하고 마음의 짐을 덜어 주는 일이기도 했다. "그가 누군가를 만난다니 기뻐요. 사실 그로 인해 저의 죄책감이 어느 정도 덜어지는 것 같기도 하고요. 그런데 마음 한구석에서는 여전히 질투가 나고 그가 다시 돌아왔으면 좋겠다 싶어요. 물론 저의 오락가락하는 마음을 프랭크에게 말한 적은 없어요. 공평하지 않다는 느낌이 들었거든요. 그때까지만 해도 프랭크가 제가 다시 돌아오기를 바라고 있었다는 걸 알았죠. 지금처럼 누군가를 본격적으로 만나기 전까지는 말이에요. 하지만 저는 제가 정말 원하는 것이 뭔지 잘 알 수가 없었어요. 만약 프랭크에게 돌아갔다가 아니다 싶어 돌아서면 프랭크는 또다시 같은 아픔을 맛보게 될 텐데, 그러고 싶지는 않았거든요. 정말 확실할 때까지 기다리고 싶었던 거죠. 하지만 이젠 나를 원하지 않는다는 프랭크의 마음이 분명해졌어요. 우습죠? 지금 내 상황을 그렇게 말고는 달리 표현하기 어려울 것 같아요."

다니엘은 잠시 침묵한 뒤 다시 말을 이었다. "사실 내 마음을 정말 솔직히 털어놓는다면, 나 역시 프랭크와의 재결합을 바라고 있는 것인지 확신할 수는 없어요." 말꼬리를 흐리며 그녀는 이렇게 말했다. "사실 이젠 아무것도 확실한 것이 없어요."

시간이 흐르면서 마일즈는 다니엘에게서 멀어지기 시작했다. 다니엘은 처음엔 그가 그냥 테스트해 보는 거려니 생각했다. 마일즈의 표현을 빌자면, '자신의 행동이 어떤 식인지를 맛보게 해 주려는' 것 말이다. 하지만 곧 그녀는 사태의 본질을 알아차리고 말았다. 마일즈가 다른 여자를 만나고 있었던 것이다. 다니엘이 혼자서만 나를 만나고 싶다고 연락하기 직전이었다. "내가 그렇게 멍청해 보일 수가 없었어요." 눈물을 훔치면서 털어놓았다. "결혼을 포기했어요. 아이에게 그렇게 못할 일을 시켰어요. 무엇 때문에요? 마일즈를 믿을 수 없다는 건 알았지만, 우리 두 사람이 함께 느꼈던 느낌, 그러니까 그 정열은 마치 무슨 마약 같았어요. 나에게 적당한 사람이 아니란 걸 알았지만 포기할 수가 없었어요. 프랭크와 있으면서 너무 오랫동안 그런 정열을 느껴보지 못했거든요. 물론 지금 와서 생각하니 프랭크와 나 사이에도 좋은 게 얼마나 많았었나 싶지만 말이에요. 참 사이가 좋았고, 둘 다 샘을 또 그렇게 사랑했고…." 다니엘은 더 이상 말을 이을 수 없을 만큼 울었고, 나는 가만히 앉아 그녀가 진정하기를 기다렸다. "이제 프랭크는 갔고, 마일즈도 갔고 전 혼자이고, 이젠 뭘 어떻게 해야 할지 모르겠어요."

아마 자업자득이라고 느낄 사람이 있을지도 모른다. 다니엘은 응분의 대가를 치른 것이다. 뿌린 대로 거두게 마련이고, 돌아간 것은 다시 돌아서 오는 법이니까. 하지만 외도는 일어난다. 그리고 그런 일이 생기는 이유도 다양하다. 사람이 이기적이고, 무모하고, 생각이 없어 오로지 자신의 쾌락에만 집착하는 사람이라 바람을 피우는 경우도 있을 것이다. 혹은 배우자의 관심을 받지 못해 외롭고, 의미 있는 관계를 갈구하다 외도에 빠질 수도 있다. 심지어는 부부 관계에서 채워지지 않는 욕구를 밖에서 해소함으로써 결혼을 지켜 보려는 의도로 외도가 이루어지는 경우도 있다. 물론 무슨 특별한 이유 없이 그런 일들이 일어나기도 한다. 어쩌면 자신이 아직도 젊고, 매력적이고, 연애의 대상이 될 수 있다는 것을 확인하고 싶어서 그럴 수도 있을 것이다.

외도는 분명 이루어지지만, 그 관계가 오래도록 지속되는 경우는 드물다. 외도의 환상 속으로 현실이 침입해 온다. 전 배우자, 아이들, 그리고 일상의 생활이 있다. 또한 그처럼 높은 강도로 정열을 지속하는 일도 불가능하다. 법정투쟁도 있고, 시간도 많지 않다. 내 경험에 의하면 결과가 좋았던 몇몇 경우들, 그러니까 외도가 실질적이고 지속적인 관계로 발전했던 경우들은 모두 3년, 5년, 혹은 그 이상의 매우 긴 시간을 들인 결과들이었다. 깊은 관계에 빠져 감정의 고공비행을 하고 있을 때는 귀를 기울이는 것이 거의 불가능하겠지만, 그럼에도 불구하고 이는 귀담아 들어야 할 중요한 충고이다. 새로운 관계를 맺는 일에 서두르지 말라는 것이다.

자녀들과 새로운 연인과의 관계에 대해 아이들에게 천천히 진행하기

그냥 한 번 만나보는 것에서부터 재혼에 이르기까지 부모가 새로 시작하는 관계가 어떤 성격의 것이든, 자녀들을 위한 가장 좋은 방침은 서두르지 않는 것이다. 부모들은 장래의 배우자가 될 수도 있는 새로운 사람과 아이들이 얼마나 잘 어울리는지 시간을 두고 지켜볼 필요가 있다. 부모는 일단 데이트를 시작하게 되면 새로운 상대가 아이들에 대해 어떤 관심을 갖고 있는지, 과거에 그랬던 것보다는 훨씬 더 철저하게 재어 보아야 한다. 젊은 시절, 당신은 아마 남자친구가 나중에 어떤 아빠가 될지 막연한 궁금증을 가져 본 적이 있을지 모른다. 아니면 그 당시 상황과 아무 상관도 없는 그런 먼 일에 신경을 쓸 이유가 없었을 수도 있다. (아마 지금쯤은 이런 생각을 하고 있을 것이다. "세상에, 어쩜 그렇게 생각이 없었을까?") 아니면 데이트 상대의 아버지로서의 자질을 평가해 보지 않은 것이 혹 그가 지레 겁을 먹고 떠날까 봐 두려워서였을 수도 있다. 물론 지금도 그런 식으로 데이트 상대를 쫓아내고 싶지는 않을 것이다(안 그래도 상대를 찾기 어려운데 말이다). 그러나 이혼한 부모라면 장래 짝으로서 뿐 아니라 장래 아이들의 양부모로서 그 사람의 자질을 재어 보지 않을 수 없다.

부모가 두 번째로 데이트를 즐길 무렵에는, 아이들이 더 이상 멀리 있는 막연한 상상 속의 존재들이 아니다. 누군가를 사귀려고 생각하는 순간에조차 아이들은 이미 엄연한 현실의 한 부분인 것이다. "모든 게 좋아 보이는데, 아이가 셋이라 … 그렇게 아이가 많은, 아니 아이가 딸린 여자와 사귈 수 있을지 잘 모르겠어." "좋은 남자 같긴 한데, 서른여덟에 아직 미혼이라면 … 언젠가는 결국 도망가 버리지 않을까? 아이들에게 다시 한 번 실패한 결혼의 아픔을 겪게 하고 싶지는 않아." "그녀도 이혼했고 내 딸 또래의 딸이 있어. 마음에 들어. 지금 그 아이는 어떤 식으로 부모와 함께 지내고 있나요? 전 남편과는 사이가 어떻답니까?"

당신이 누군가와 사귀게 된다면, 조만간 아이들 역시 당신이 사귀는 그 사람을 만나야만 할 것이다. 이는 시간을 끌수록 좋다. 왜냐하면 그런 만남에 대한 아이들의 반응이 어떨지, 혹은 그 사람의 반응이 어떨지, 그리고 당신이 그 관계에서 원하는 것이 정확히 무엇인지 모르기 때문이다.

어쩌면 당신이 전형적인 반동적 관계(rebound relationship)를 맺고 있으면서도 그걸 모르고 있을 수도 있다. 상대는 잘생겼고, 당신보다 세 살이나 어리며, 활기가 넘친다. 매력적인 웃음, 멋진 심야의 데이트, 만족스러운 섹스, 그리고 맛있는 음식들. 이렇게 두 달이 된 관계가 6개월 후에는 어떻게 될까? 아마 아이들도 그 사람을 매우 좋아하게 될 것이고, 그러면 그 사람은 떠나고 없을 것이다. 아이가 딸리지 않은 더 젊은 여자에게로. 그것도 아이들이 그 사람에게 막 정이 들려고 하는 참에 말이다. 아니면 아이들이 그 사람을 떠나게 만들 수도 있다. 그렇게 해서 아름다운 작은 환상이 사라지는 것이다. 어차피 거품이 꺼지게 마련이라면 그 위에 조금이라도 더 오래 떠 있는 것이 나을지도 모른다. 이혼과 같은 격랑을 헤쳐 온 후라면 그 정도의 도피를 즐길 만도 하다.

아니면 당신은 아이들에게 한 남자와 좋은 관계에 있다는 것을 보여주고 싶지만, 지금 이 사람은 맞지 않는 사람일 수도 있다. 두 사람만 있을 때엔 당신에 대한 세심한 배려가 느껴지지만 아이들이 함께 있을 때는 자꾸 방해가 된다. 그보다는 이혼한 이성 친구와 그의 아이들, 그리고 당신의 아이들이 함께 있는 편이 낫다. 서로의 관계에 불꽃은 없겠지만 강한 우정이 있고 또 그는 아이들을 잘 안다. 비록 두 사람이 사랑하는 사이는 아니라 해도 당신이 아이들을 사랑하는 좋은 이성 친구와 함께한다면, 아이들의 입장에서 볼 때 그리 나쁜 관계의 모델은 아니다.

만일 아직 확실히 말하기는 이르지만, 당신의 새 연인이 바로 그 사람이라는 생각이 들면 어떨까? 하지만 지난 일 년하고도 반 년 동안은 당신과 당신의 자녀들뿐이었다. 지금 이 멋진 여인과는 몇 개월째 데이트를 해 왔고, 이제는 아이들을 만나도 좋을 것 같다는 생각이 든다. 그녀 역시 아이들을 만나고 싶어 하고, 당신도 서로 어떻게 어울릴지 알고 싶어 안달이다. 이쯤 되면 아이들과 만날 절호의 기회 같지만, 서두르지 말라는 충고는 이런 경우에도 여전히 적용된다.

어쩌면 그녀는 아이가 없지만 아이들을 좋아하고, 또 아이들과 얼마나 잘 어울리는지 당신에게 보여 주고 싶을 것이다. 대단한 열의를 보이면서 그녀 나름으로 최선을 다해 아이들과 관계를 맺으려고 애를 쓸 것이다. 그에 반해, 당신의 여덟 살짜리 아들은 관심조차 없고, 열 살짜리 딸은 마지못해 "안녕하세요." 하고는 자기 방으로 달아나 버린다.

당신은 아이들의 버릇없음에 당황스러워할 것이다. 하지만 사태의 본질은 이렇다. 당신의 아들은 공놀이를 하고 싶지, 알지도 못하는 여자와 앉아서 그림을 그리고 싶지 않다. 그래서 아빠와 공놀이를 할 수 있게 그녀가 빨리 가 주었으면 하는 마음뿐이다. 딸의 반응은 더 복잡하다. 그 아이는 엄마와 당신, 그리고 두 사람의 관계에 대해 생각하고 있다. 아이는 그날 자기 일기장에 이렇게 쓴다. "엄마 아빠가 아직 이혼한 것도 아닌데, 아빠는 벌써 다른 여자를 만난다. 엄마 아빠가 다시 결합할지도 모른다고 생각했는데, 엄마는 그렇게 되기를 바라고 있다고 생각했는데. 그런데 아빠는 내가 저것에게 상냥하게 굴도록 하려고 한다니. 말도 안 돼!"

상황이 이런 식이라면 아이들은 여전히 부모의 이혼이라는 현실뿐 아니라 부모가 다른 사람과 사귄다는 생각에 익숙해질 필요가 있는 셈이다. 당신으로서는 데이트를 하고 새로운 관계를 모색하는 것이 이혼에 뒤따르는 자연스런 단계라 생각할지 모른다. 그러나 당신의 자녀들은 이들을 서로 전혀 무관한 별개의 사건들로 받아들인다.

이런 경우 시간을 두고 접근한다는 것은 이혼에 대해 아이들과 더 많은 이야기를 나눈다거나, 다른 사람을 만날 계획에 대해 말해 준다거나, 당신의 새로운 상대에게 아이들을 만날 때 너무 강하게 나가지 않도록 제안한다거나 하는 등의 일들을 포함할 것이다. 아마도 처음에는 아주 가벼운 만남, 가령 당신의 상대가 아이들에게 짧은 인사를 나누는 정도의 만남이 좋을 것이다. 아이들이 부정적인 반응을 보일 수도 있지만, 만남의 시간이 길지 않기 때문에 당신의 새 연인이 자기도 모르게 아이들의 감정을 상하게 하거나 아이들이 그어 놓은 경계를 성급히 넘어갈 가능성이 그만큼 적다. 다시 말해, 관계의 초기에 당신의 새 연인과 아이들이 함께 있는 시간이 적을수록 뜻하지 않은 실수나 오해로 인해 나중에 애를 먹는 일이 적어질 것이라는 말이다.

또 하나 주의해야 할 사항이 있다. 당신의 새 연인을 멋있게 꾸미려고 지나치게 많은 시간과 노력을 들이지 말아야 한다. 그녀를 멋있는 사람으로 만들수록 아이들이 앞으로 더 많은 흠을 잡을 수 있는 여지를 주는 셈이 된다. 아이들이 당신의 새 연인을 거부하기 위한 이런저런 구실을 찾는 상황이 아니라도, 기대 수준을 높이지 않는 것이 현명한 방법이다. 시간이 무르익어 적당한 때에 아이들이 그녀와 가까워질 때, 아이들 스스로 그녀가 얼마나 좋은 사람인가 하는 것을 알고 놀라게끔 하는 것이다.

아이들에게 새로운 남자친구 혹은 여자친구 소개하는 일을 미룰 수 있을 만큼 현명한 부모라면 다음의 사실 또한 기억할 필요가 있다. 당신과 그 사람의 관계가 지금까지 이르는 데는 나름의 시간이 필요했다는 사실이다. 아이들 역시 그들의 삶 속에서 그 새로운 인물과 '사귈' 시간을 필요로 한다. 당신의 방식대로가 아니라 아이들 나름의 방식대로 그 사람에 대해 알아갈 기회를 가져야 한다. 아이들 또한 자신들과 그 사람과의 관계가 어떤 것이 될지 알 필요가 있다는 것이다.

누군가와 탄탄한 연인 관계가 된다는 것은 멋진 일이지만, 이혼과 얽힌 다른 모든 일들과 마찬가지로, 당신 자녀들은 당신과는 다른 입장과 관점을 가지고 있다. 아이들은 엄마의 새로운 남자친구가 자기들이 차지할 시간과 관심을 뺏어 간다는 이유로 그 사람을 싫어할 수도 있다. 혹은 아이들은 당신의 새 관계와 다른 부모와의 관계 사이에서 어떻게 해야 할지 혼란스러워하거나, 아니면 그 사이에서 의도적인 줄다리기의 희생양이 될 수도 있다. 당신 아이들이 당신의 삶에 나타난 새로운 남자를 좋아할 수 있겠지만, 동시에 그 사람에 대한 아빠의 증오심, 질투, 혹은 그보다 더한 어떤 태도를 느끼거나 그 사람에 대해 아빠로부터 안 좋은 소리를 듣게 될지도 모른다. 당신이 만나는 그 사람을 좋아할지 모르지만, 만약 둘 중 하나를 택해야 한다면 자기들의 아빠를 선택할 것이다. 그리고 어쩌면 당신의 아이들은 둘 중 하나를 선택하지 않으면 안 된다고 느낄 것이다.

시간을 두고 일을 진행하면서, 여러 가지 가능성을 염두에 두어야 한다. 당신이 서두르지 않는 상황에서 아이들이 당신의 새 연인을 따뜻하게 받아 준다면 그 사람은 훨씬 수월하고 신속하게 아이들과 가까워질 수 있을 것이다. 하지만 아이들이 혼란스러워하거나, 화를 내거나, 마음이 상한다거나, 혹은 그저 그 사람을 싫어한다든지 등의 반응을 보이며 그 사람을 받아들이기 어려워한다면 모두에게 그만큼 더 어렵고 혼란스러운 상황이 된다. 설사 당신이 급하게 물러난다고 해도 말이다.

스콧과 신디의 새로운 관계

새로 시작된 연인 관계로 인해 상황이 복잡해진 것은 적대적 이혼을 겪은 스콧과 신디 및 두 부모 간의 감정싸움 사이에 낀 세 아이들의 경우에도 마찬가지였다. 이들 부부의 상담치료를 끝내고 악의에 찬 법정 분쟁이 시작된 지 2년도 더 지난 후 개인적인 상담치료를 받기 위해 스콧이 나에게 연락을 하였고, 얼마 후 신디 역시 나를 찾아왔다.

나의 원칙대로, 스콧을 따로 만나기 전 먼저 신디에게 연락하여 그래도 괜찮을지 확인하였다. 분쟁 투쟁 과정에서도 내가 두 사람을 따로 만난 경우가 종종 있었지만, 우리는 이 모든 개별적인 만남들을 모두 두 사람의 상담치료의 연장으로 생각하였다. 내가 이들을 마지막으로 만난 것이 거의 일 년 전의 일이었다. 스콧이 전화를 걸어 왔을 때, 그가 무언가 다른 것을 필요로 하고 있다는 것을 알 수 있었다. 나의 문의에 대한 신디의 짤막한 답변은 이랬다. "선생님이 상담을 위해 스콧을 만나는 걸 반대하지 않아요. 그 사람에겐 많은 도움이 필요하니까요." 이것을 듣자니 그 동안 두 사람의 관계가 거의 진전이 없었다는 생각이 들었다.

우리들이 따로 만난 첫 만남에서 스콧은 적대적인 일 년 반 동안 (여러 번의 재판을 포함한) 법적 투쟁을 해 왔고, 이제는 이혼 문제와 다른 여러 합의사항들도 완전히 정리되었다는 사실을 말해 주었다. 독자적인 심리검사와 부부 사이의 심각한 적대감을 고려하여 법원은 신디에게 신체적, 법적 친권을 부여했고, 안젤라, 조이, 그리고 콜린은 매 격주 주말 및 매주 수요일 저녁식사 시간에 스콧과 함께 시간을 보낼 수 있다고 결정하였다.

스콧에 의하면 신디는 분명 법정 투쟁에서의 승리로 한껏 고무된 것처럼 보였다. 스콧에 대해서도 승리자 행세를 했다. 반면 스콧은 신디에게, 법에게, 그리고 자신의 변호사에게 속았다는 생각이 들었다. 스콧은 아이들과의 시간을 더 얻기 위해 또 다른 법정 소송을 진행해야 할지 아니면 그냥 결과를 받아들여야 할지 고민 중이라고 말했다. 비통한 말투로 스콧이 말했다. “언젠가는 아이들이 법정의 기록을 읽을 수 있게 되겠지요. 그러면 아빠가 얼마나 자기들을 사랑했는지, 그리고 법이라는 것이 어떻게 한 남자를 아버지가 아닌 돈벌이 기계쯤으로 생각하는지 알게 되겠지요. 엄마에 대해선 글쎄요, 머지않아 아이들 역시 그 여자가 실제로 어떤 종류의 사람인지 깨닫게 되겠지요.”

나는 스콧이 법정에서의 패배를 오히려 자랑거리와 변명거리로 삼는 그런 종류의 아버지가 되는 것이 아닌지 염려스러웠다. 내가 그동안 만났던 아버지들 중에는 법적 투쟁에서 아주 패배하기로 작정한 듯 보이는 이들이 많이 있었다. 법정 소송을 시작하기 훨씬 이전에 그들은 이미 패배를 예상하고 있었다. 심지어는 그렇게 되기를 바라는 경우도 있었다. 하지만 패배한 전투의 영예 속에서 이들은 천천히 혹은 갑자기, 자기 자녀들의 삶에서 빠져나와도 좋다는 핑계거리를 얻는다. 사실 스콧처럼 이런 입장에 있는 사람들은 아이들을 얻기 위해 싸웠지만 패한 것이라고 큰소리칠 수 있다. 그렇다면 아이들의 삶에서 벗어나게 된 것이 자기가 원해서 그런 것이 아니라고 말할 수 있다. 그들 자신은 물러난 것이 아니라 밀려난 것이라고 생각하는 것이다.

스콧과 신디의 경우와 같은 상황에서 법원의 결정은 애초에 바라던 수준으로 아버지가 자녀와의 관계를 유지하는 것을 더 어렵게 만드는 것이 사실이다. 하지만 이것이 모든 것을 설명해 주는 것은 아니다. 아이들과 어울리는 일은 이전보다 더 어려워졌다. 아이들을 위해 더 좋은 관계를 유지하려면 당신의 전 배우자와 협력할 수 있는 모종의 방법을 찾기 위해 (많은 경우 거듭거듭) 애를 쓰지 않으면 안 된다.

하지만 스콧은 아이들을 두고 어떻게 해야 할지 결정하는 일을 도와달라고 나를 찾은 것이 아니었다. 그가 찾아온 이유는 현재 카트리나(Katrina)라는 여자와 교제하고 있기 때문이었다. 이혼이 최종적이 될 무렵부터 만나기 시작한 사람이었다. 지금은 만난 지 8개월이 지났고, 서로의 장래에 대해 진지하게 생각하기 시작한 시점이었다.

애석하게도 스콧의 아이들, 특히 여자 아이들은 카트리나와, 그녀의 아드인 에릭(이제 열한 살로 큰 딸 안젤라보다 두 살이 많은)과 잘 어울리지 못했다. 스콧은 에릭(Erik)이 카트리나의 외동아들이라 응석받이로 자랐고, 대체로 성격이 너무 강하다고 했다. 특히 안젤라가 감당하기는 너무 강하다는 것이었다. 스콧이 보기에 에릭은 너무 거칠고 이기적인 데다 게을렀으며, 재치 있는 안젤라는 늘 말로 박살내기 일쑤였다. 에릭은 종종 때릴 것처럼 위협하기도 했고, 스콧의 말에 따르면 둘이 가까이 있을 때는 그와 카트리나가 늘 지켜보고 있어야만 했다고 한다.

스콧은 집안일을 할 때 안젤라가 조이와 콜린과 함께 얼마나 자기를 많이 도와주는지 자랑하기 시작했다. 카트리나와 사귀기 시작하면서, 스콧은 아이들이 아빠와 함께 있을 때면 카트리나가 안젤라로부터 그 역할을 떠맡아 주기를 기대하였다. 안젤라가 부모의 역할을 대신하도록 해서는 안 된다는 나의 염려와 실제로 부모의 역할을 대신해야 했던 자기 자신의 경험을 떠올리면서, 스콧은 올바른 방향으로 일을 끌고 가고 싶었다. 그러니 안젤라가 카트리나를 밀어내는 것을 보고 당황할 수밖에 없었던 것이다.

막내딸 콜린의 경우는, 그녀의 성격에 어울리게 카트리나와 에릭이 집에 올 때는 늘 자리를 피했다. 사실 아이들이 스콧과 함께 있는 주말 시간 대부분이 그런 식이었다. 콜린은 조용하고 예의바르고 싹싹했지만, 최근 그녀는 엄마 집에 가면 안 되냐고 묻기 시작했다. 어떤 때는 눈물을 흘리면서 말이다. 콜린의 말에 스콧은 마음이 상했다. 비록 콜린이 왜 엄마 집에 가고 싶어 하는지 말은 하지 않았지만,

스콧은 그 이유를 잘 알 수 있었다. 신디가 뒤에서 콜린을 조종하고 있는 것이다.

아빠의 말에 의하면 적어도 조이에게는 아무런 문제가 없었다. 그 아이는 에릭을 마음에 들어 했고, 간간이 너무 사나워지는 경우가 있긴 했지만 스콧은 둘이 잘 어울리는 것이 보기에 좋았다. "조이는 아빠 편이죠." 스콧이 말했다. "그 아이가 문제가 없는 건 바로 그 때문이에요. 아이들의 엄마가 수시로 아이들이 카트리나와 에릭과 좋은 관계가 되지 못하게 방해하거든요."

나의 표정을 살핀 탓인지, 아니면 협력적인 양육에 관해 한 마디 들을 것이라 예상한 때문인지 스콧은 이렇게 말을 이었다. "하지만 이 점에 있어서는 제 말을 액면 그대로 받아들이실 필요는 없어요. 이걸 한번 보세요." 그러면서 스콧은 신디가 손으로 써서 보낸 편지 몇 통을 내어 놓았다. 편지는 분노로 가득 차 있었고, 그 내용은 카트리나의 도덕 수준을 공격하는 것에서부터 이 새로운 관계 때문에 아이들이 얼마나 화가 나 있는지 말해 주는 것까지 다양했다. 편지 더미의 제일 아래에는 신디의 변호사가 스콧의 변호사에게 보내는 편지도 들어 있었다. 내용인즉, 스콧이 시작한 새로운 관계가 상황의 변화에 해당하는 것이므로 아이들을 계속해서 카트리나와 에릭에게 노출시킨다면 신디로서는 스콧의 방문을 더 줄이려고 할 수밖에 없다는 것이었다.

"위선도 그 정도면 수준급이겠죠, 박사님?" 스콧이 말했다. "신디 자신도 두 달 이상 다른 사람을 만나고 있다는 걸 알고 있거든요." 그는 무척 화가 나 있었다. 비록 화를 낼 만한 상황이긴 했지만, 내가 보기에 여전히 중대한 한 가지 문제는 그와 신디가 여전히 감정적으로 서로 얽혀 있다는 사실이었다. 어떻게 이를 알 수 있을까? 신디의 신랄한 편지도 그렇지만, 스콧의 분노 역시 함께 아이를 양육한 지 시간이 꽤 흐른 사람들치고는 너무 격렬했다. 스콧의 감정을 움직이는 중심에는 안젤라나 조이나 콜린이 아니라 신디가 자리를 잡고 있었다. 바로 그것이 문제였다.

스콧이 화를 내는 건 자연스럽지만, 현 단계에서 내가 기대한 것은 오히려 염려였다. 아이들에 대한 염려, 아이들과 만나기가 더 어려워지면 어쩌나 하는 염려, 그의 새로운 관계를 두고 아이들이 느끼는 힘겨운 갈등에 대한 염려 같은 것들이지, 신디에 대한 더 격렬한 분노는 아닌 것이다. 또 신디에 대해 말하자면, 그녀는 과연 무슨 수로 카트리나를 그렇게 잘 알게 되어 그녀의 도덕적인 가치까지 비판할 수 있었을까? 분명 많은 생각과 분노가 그 편지들 속에 녹아들어 있었다. 그것도 너무 많이 말이다.

신디와 함께 상담치료를 받아 보는 것이 어떻겠냐고 스콧에게 제안했지만 그는 이를 일언지하에 거절하였다. 그는 자기 아이들과 카트리나에 관해 도움을 받고 싶으며, 그 외에는 아무 관심도 없다고 말했다. 하지만 도움이 필요한 것은 비단 그뿐만이 아닌 것처럼 보였다. 스콧이 한 말을 기초로 판단해 보건대, 그와 카트리나는 아이들과의 관계에 있어 너무 성급하였고, 지금도 너무 서두르고 있는 상황이었다. 서로 사귀기 시작한 지 6개월도 채 안 되었는데 서로의 아이들을 만났고, 곧바로 한가족처럼 지내려고 시도한 것이다.

둘 중 어느 누구도 상대의 아이들에게 제대로 받아들여지지 않았다는 사실, 그리고 에릭과 안젤라가 잘 어울리지 못한다는 사실이 분명해진 시점에서도 보다 여유 있게 접근하려는 시도는 이루어지지 않았다. "내가 물러설 순 없잖아요? 편지를 받기 이전부터 이미 신디가 아이들을 조종하고 있다는 걸 알고 있었어요."

여기서 두 가지 사실이 우리의 흥미를 끈다. 첫째, 이것으로 인해 스콧은 현재 자신의 문제를 과거 신디와의 관계 탓으로 돌릴 수 있었다. 스콧은 아이들이나 카트리나 모두 아직 서로를 받아들일 준비가 안 되었을 수 있다는 생각은 전혀 하지 못했다. 둘째로, 이로 인해 스콧은 감정의 초점을 아이들이 아닌 신디에게 맞출 수 있었다.

분명 아이들은 현재의 상황을 두고 스콧에게 많은 이야기를 하고 싶었다. 그 중 가장 분명한 메시지의 하나는 아빠를 다른 사람과 나누고 싶지 않다는 것이었다. 적어도 지금은, 그리고 이런 식으로는 아니라는 것이다. 스콧에게 지금 아이들하고만 보내는 시간이 충분하냐고 질문하자 그는 또다시 법체계의 문제점에 대해 일장 연설을 늘어놓기 시작했다. 내가 말을 끊고 "카트리나와 에릭이 없이 말입니다." 하고 말하자, 스콧은 영문을 모르겠다는 표정을 지으며 이렇게 대답했다. "한가족이 되려고 애를 쓰는 중입니다. 아직 제 말뜻을 잘 모르시는 것 같군요. 카트리나와 저는 결혼을 할 생각입니다. 머지않아, 어쩌면 이번 여름에요."

그 후 두 달여 동안 나는 한 여섯 번 정도, 가끔은 카트리나와 함께 동반한 스콧과 만남을 가졌다. 나의 권유는 두 사람 모두 좀 더 시간을 두고 접근하라는 것, 물러서라는 것이 아니라 속도를 늦추라는 것, 그리고 아이들의 필요에 더 민감해지라는 것이었다.

예를 들어, 매 격주마다 금요일 저녁부터 일요일 아침까지 스콧의 집에 여섯이 다함께 모여 줄곧 시간을 보내는 대신(어떤 때는 카트리나와 에릭이 손님방에서 자기도 했다), 그들의 '가족시간'을 토요일 오후로 제한하도록 제안하였다. 가끔 금요일 저녁 함께 외식을 한다든지, 일요일 점심 때 가까운 야외로 나가는 정도는 좋겠지만, 스콧의 아이들에게는 아빠와만 보낼 수 있는 시간이 필요했다. 스콧은 우선 자기와 아이들, 특별히 딸들과의 관계를 다시금 돈독히 할 필요가 있었다. 카트리나가 이를 대신해 줄 수는 없는 일이었다. 사실 상황을 있는 그대로 놓고 보면, 그녀의 잘못은 아니지만 그녀의 존재 자체가 스콧과 아이들의 관계에 도움이 아닌 방해거리로 작용하고 있었다.

우리는 또한 다양한 양육 관련 문제들을 논의하였다. 여기에는 매 주말을 신나는 특별행사처럼 만드는 대신 보다 일상적인 일들을 함으로써 아이들과의 시간을 정상화해야 할 필요 등의 사안도 포함되었다. 또한 나중에는 스콧이 에릭을 버릇이 나쁜 응석받이로 생각하고 있다는 사실도 털어놓았고, 아이에게 규율을 가르칠 수 있는 여러 방법들에 대해서도 제안을 내어 놓았다.

쉬운 일은 아니었지만, 이 문제를 건드림으로써 스콧과 카트리나는 한 가지 중요한 문제를 두고 대화를 나눌 수 있었다. 두 사람은 각자 아이를 기르면서 자기로서는 자신이 없는 분야의 일을 상대가 떠맡아 주기를 바라고 있었던 것이다. 카트리나는 스콧이 에릭을 훈계하는 일을 도와주기를 바랐고, 스콧은 딸들이 하게 되는 여러 가지 일들에 대해 카트리나가 여자로서 도움을 주기를 바랐다. 서로의 희망사항과 관심사들을 논의하는 가운데, 스콧과 카트리나는 모두 먼저 자기 아이들에게 좋은 부모가 되어야 한다는 사실을 깨닫게 되었다. 서로 상대방에게 미룰 것이 아니라, 스스로 아들에게 버릇을 가르치고 딸들과 함께 여러 가지 일들을 할 수 있어야 한다는 것이다. 그들이 서로를 도울 수 있는 최선의 방법은 서로의 책임을 떠맡는 것이 아니라 훈계나 딸과의 관계에 대해, 그리고 관찰하는 사람의 입장에서 발견하는 문제점들에 관해 서로 조언하는 것이다.

물론 스콧과 카트리나는 자주 신디 문제를 끄집어 내었다. 내가 안심을 시켰음에도 불구하고, 두 사람은 신디를 치료에 동참시키자는 제안에 대해 계속 주저하였다. 치료를 통해 도움을 받는 것 자체가 하나의 도박일 수 있지만, 신디와 스콧의 공동 양육 관계에 아무런 진전이 없는 한 기껏해야 불완전한 해결책 밖에는 제시할 수 없다는 사실을 나는 잘 알고 있었다. 그들이 신디의 행동을 바꿀 수는 없는 노릇이므로, 그들이 통제할 수 있는 일들, 곧 아이들과의 관계와 그들 두 사람의 관계에 집중하는 것이 현명한 처사인 것이다. 그렇게 함으로써 그들은 적어도 해야 할 일을 제대로 했다는 위안은 받을 수 있을 것이다.

만남이 계속되면서 스콧과 카트리나가 신디에 대해 이야기하는 경우는 점점 줄고 대신 자신들과 아이들과의 관계에 대해 점점 더 많은 이야기를 하게 되었다. 사실 그리 길지 않은 상담 과정을 마무리할 무렵 그들과 아이들과의 관계는 눈에 띄게 좋아지고 있었다. 무엇보다도, 적게 하는 것이 오히려 남는 것이었다. 토요일에 함께 하는 시간이 짧아지면서, 특히 함께 있는 동안 아이들이 카트리나와 에릭과 무언가를 하도록 강요하는 대신 '평소처럼' 지낼 수 있도록 해 주면서 모두가 훨씬 더 잘 어울리게 되었다.

함께 있을 때 카트리나는 여자 아이들과의 관계를 개선하기 위해 노력하면서도, 아이들의 태도를 살피면서 앞으로 나갈 때와 물러설 때를 구별하였다. 그녀는 안젤라가 부모의 역할을 떠맡고 있다는 사실, 그리고 비록 짐스럽긴 하지만 오히려 이 때문에 안젤라가 자신을 중요하고 필요한 사람으로 느끼고 있다는 사실도 알게 되었다. 가정에서 안젤라의 자리를 빼앗는 대신, 카트리나는 안젤라가 그 역할을 잘 할 수 있게 도왔다. 카트리나와 스콧의 목표는 안젤라를 도와 서서히 그녀가 부모 역할을 떠맡는 입장에서 벗어날 수 있게끔 하는 것이었다. 단둘이 있을 때 카트리나는 에릭을 훈계하는 일에 관심을 기울였고, 스콧은 딸들의 친구들을 집에 초대한다거나 하는 식으로 딸들이 원하는 것들을 할 수 있도록 해 주면서 그들과 보다 즐거운 시간을 보내려고 애를 썼다.

이러한 변화들은 매우 중요했다. 하지만 몇 개월 후 신디가 개인 면담을 요청하면서 알게 된 사실이지만, 이 모든 일 뒤에서 또 다른 큰 변화가 일어나고 있었다. 신디 자신이 누군가와 심각한 관계를 시작하고 있었던 것이다. 그는 신디보다 열 살이 많은 윌리엄(William)이란 이름의 이혼남으로 두 명의 장성한 자녀가 있었는데, 두 사람의 종교가 같은 연유로 알게 된 사이였다. 그저 친한 사이였던 것이 보다 내밀한 연인 관계로 발전하였고, 지금은 서로 결혼을 생각하고 있었다.

신디는 나에게 어떻게 아이들에게 윌리엄을 인사시키는 것이 좋을까에 대한 조언을 구하였다. 진지하게 사귀기 시작한 지 여섯 달이 넘었지만, 아직 서로의 자녀들에게 소개를 못 한 상황이었다. 많은 부분은 아이들이 아빠와 그의 새 여자친구로 인해 겪는 문제들을 보았기 때문이었다. 현명하게도 신디는 아이들의 삶을 더 복잡하게 만들고 싶지 않았고, 스콧과 카트리나가 저지른 실수를 반복하고 싶지 않았다.

나는 아이들에 대한 신디의 진솔한 배려와 아이들을 위해 시간을 두고 일을 진행하려는 그녀의 태도가 마음에 들었다. 하지만 더욱 인상적이었던 것은 그녀에게서 더 이상 보이지 않는 무엇이었다. 그것은 바로 스콧에 대해 품고 있던 그녀의 강한 분노였다. 물론 그녀는 여전히 여러 가지 일을 가지고 스콧을 비판했지만, 그녀의 주 관심사는 아이들이었지 스콧이 아니었다. '아이들의 공동 양육자로서' 지금쯤이라면 당연히 그래야 하겠지만, 지금 그의 위치는 그녀의 인생에 중요하기는 하지만 감정적으로 별 얽힘이 없는 그런 사람에 지나지 않았다.

하지만 그녀가 혼자 힘으로 이 지점에까지 이른 것은 아니었다. 아이들의 필요에 초점을 맞추도록 권유한 것은 바로 윌리엄이었다. 그는 자신의 경험에 비추어 아이들에게 있어 아버지와의 관계가 얼마나 중요한 것인지에 관해 신디를 설득하였다. 간접적이기는 했지만 윌리엄은 보다 근본적인 문제에 있어서도 신디에게 도움이 되어 주었다. 그는 신디를 사랑했고, 신디 역시 그를 사랑했다. 그리고 윌리엄을 사랑하는 법을 배우면서 신디는 드디어 스콧에게서, 그리고 그녀의 슬픔 중 많은 부분을 차지하고 있던 분노에서 벗어날 수 있었던 것이다.

이혼 후 어떤 이들은 스스로의 힘으로 전 배우자에게서 벗어나는 법을 배운다.

이전의 관계로부터 전혀 헤어나지 못하는 사람들도 있다. 혹은 신디처럼, 새롭고 건강한 관계가 치유하는 힘이 되어 과거로부터 벗어나 미래를 바라보도록 해 주기도 한다. 스콧과 카트리나가 아이들과 더 좋은 관계를 맺는 데 상담치료가 도움이 된 것이 분명하다. 또한 신디는 자신의 분노로부터 벗어나게 되고, 스콧은 스스로 통제할 수 있는 일들로 관심을 집중하게 됨으로써 많은 긍정적인 변화들이 가능하게 되었다. 스콧과 신디가 감정적 차원에서 서로 헤어지는 법을 배우면서, 그들의 이혼은 실제로 보다 건강하고 보다 냉담한 것으로 달라지고 있었던 것이다.

재혼

이혼 후의 새로운 관계는 시간을 두고 접근해야 한다는 원칙은 아이들과 재혼의 문제에 대해서도 마찬가지로 적용된다. 모름지기 재혼을 고려할 무렵에는 이전보다 훨씬 더 천천히 움직이면서, 필요하면 언제든지 제동을 걸 준비를 하고 있어야 한다. 언제나 재혼하는 사람들이 넘치고, 각각 이혼한 두 부모가 합친 가정 혹은 양부모를 통해 생겨난 가정이 아주 흔한 일이 되다 보니, 어떤 사람들은 이처럼 극도로 복잡한 가정 관계를 어떻게 제대로 돌아가게 할 수 있을지에 대해 별로 생각해 본 적이 없을지도 모른다. 하지만 양부모 관계를 통해 건강한 가족을 형성하는 일은 재혼 이전에는 많은 계획을, 그리고 재혼 이후에는 많은 노력을 필요로 한다.

이혼에 대한 우리의 이해가 진보하면서, 재혼과 재혼이 모든 가족 구성원들에게 미치는 영향에 대한 이해 역시 진보해 왔다. 전문가들 중 어떤 이들은 재혼이란 두 부모가 존재하는 가정을 재구성하는 것이라고 생각해 왔다. 이런 견해에 따르면 재혼이란 어머니, 아버지, 그리고 자녀들이라는 가정의 모든 요소를 새롭게 맞추어 놓는 일이다. 하지만 재혼에 대한 이런 식의 견해가 생각지 못하고 있는 것은 가정에서 엄마와 아빠의 자리가 대신 채워질 수 있는 것이 아니라는 사실이다. 부모가 이혼하여 재혼하더라도 아이들에게는 엄마와 아빠가 이미 있는 것이다.

부모의 입장에서 재혼은 이혼이라는 갈등에 대한 최종적 해결책일지 모른다. 정서적인 면에서, 현실적인 면에서, 재정적인 면에서, 다시금 당신에게 짝과 연인과 파트너가 생긴 것이다. 당신은 더 이상 부부들의 세계 속에 혼자 독신으로 살아가는 존재가 아니다. 가정의 입장에서는 재혼이 이혼과 정반대되는 것으로 보이겠지만, 아이들의 입장에서는 이 둘 사이에 공통점이 많다. 재혼이란 아이들에게는 또 하나의 전이, 그것도 종종 더 어려운 형태의 전이를 의미하는 것이다[41].

여기서는 재혼과 관련하여 상징적 의미를 지닐 수 있는 사안들과 복잡한 문제들을 잠시 살펴보는 것으로 만족해야 하겠다. 내가 희망하는 것은 재혼이라는 것이 헤어지고 2년은 지난 후에라야 생각해보기 시작하는 그런 사안이었으면 하는 것이다. 하지만 재혼이 던져 주는 어려움을 보다 생생하게 느껴 보는 의미에서, 첫 번째 결혼에서는 으레 신나면서도 상대적으로 단순하게 느껴졌던 그 모든 일들을 한 번 떠올려 보라. 약혼하기까지 서로 사귀던 오랜 기간들, 청혼, 결혼식, 신혼여행, 그리고 결혼 후 살게 될 신혼살림집 같은 것들 말이다.

이제 잠시 멈추어 이 모든 사안들이 두 번째 결혼의 경우에는 어떤 문제들을 불러일으키겠는지 생각해 보라. 아마 아이들에게 적응할 시간을 주기 위해 사귀는 시간을 더 길게 가져야 할 수도 있을 것이다. 하지만 당신의 나이가 많다면 어떻게 할 것인가? 혹은 두 사람의 아이를 갖고 싶은데 몸이 예전 같지 않다는 생각이 든다면 어떨까? 그리고 일단 재혼하기로 약속을 한 상황이라면 언제 아이들에게, 그리고 당신의 전 배우자에게 그 사실을 말하는 것이 좋을까? 성대한 결혼식이 좋을까, 아니면 이번에는 좀 더 조촐한 방식이 나을까? 당신의 새 아내에게는 이것이 첫 결혼이고, 또 그녀가 오랫동안 그 특별한 날에 대해 꿈꾸어 왔다면 어떻게 할 것인가? 결혼식에서 아이들은 어떤 역할을 하는 것이 좋을까? 아이들은 결혼식 순서의 일부로 참여하는 것 혹은 참여하지 않는 것을 얼마나 편하게 받아들일까? 신혼여행에 가 있는 동안 전 배우자가 아이들을 맡아 주려고 할까? 어떤 이혼을 했느냐에 따라 달라지겠지만, 신혼여행에 가 있는 동안 만일 아이들이 소외감을 느끼거나 상처를 받았거나 혹 비웃고 싶은 생각이 든다면, 그가 아이들을 잘 도와줄까, 아니면 오히려 불난 집에 부채질을 할까? 신나는 신혼여행을 마치고 돌아오면, 당신 두 사람은 이제 눈앞에 닥친 현실을 어떻게 다루어 갈 것인가? 한 집으로 이사하고, 어쩌면 아이들 또한 당신과 함께 새로운 집으로 옮기고, 그리고 가장 중요한 것으로, 당신의 새 배우자와 당신 아이들의 관계 및 재혼 가족으로서 당신의 생활을 꾸려 가고 하는 일들 말이다.

당신의 새로운 배우자와 당신 아이들의 관계에 대해 좀 더 자세히 살펴보도록 하자. 이것이 가장 중요하면서도 또한 상황이 얼마나 복잡하게 꼬일 수 있는지 잘 보여 주는 사안이기도 하기 때문이다. 특별히 자녀들이 나이가 많고 다른 부모가 아이들의 삶에 깊이 간여하는 상황이라면 양부모로서는 우선 원래의 부모를 대치하는 또 하나의 부모가 되려 하기보다는 어른 친구의 입장으로 접근하는 것이 현명하다. 아이들이 아직 어리고 다른 부모가 아이들의 삶에서 차지하는 자리가 크지 않다면 보다 빨리 제대로 된 부모 노릇을 시작할 수 있을 것이고, 아이들 역시 이를 반갑게 받아들일 것이다. 하지만 기억해야 할 것이 있다. 새로이 양부모가 된 입장에서 너무 성급히 접근했다 뒤로 물러서야 하는 것보다는 시간을 충분히 끌며 접근하다 더 가까이 다가가는 것이 훨씬 수월하다는 사실이다.

양부모의 역할을 어른 친구로 생각하기 시작할 때, 아이들이 양부모에 대해 사용하는 호칭은 매우 상징적인 의미가 있는 사안 중 하나이다. 아이들에게 양부모를 '엄마'나 '아빠'로 부르도록 강요하는 것은 아이들의 삶에서 양부모가 차지할 역할에 대해, 그리고 양부모에 대해 그들이 느끼고 표현했으면 하고 당신이 기대하는 애정과 신뢰와 존경의 수준에 대해 빗나간 메시지를 전달할 수 있다. 어떤 사람도 누구를 사랑하도록 명령받을 수는 없는 법이며, 아이들의 경우는 더더욱 그렇다.

엄마를 정기적으로 만나거나 대부분의 시간 동안 엄마와 함께 사는 큰 아이들은 이미 엄마가 있으므로 이들이 새로운 엄마를 원하거나 필요로 할 가능성은 별로 없다. 이혼 가정에서 비교적 나이가 많은 자녀들은 양어머니를 '엄마'라 부르기보다는 부모의 친구들 중 아주 가까운 몇몇 사람들에 대해서만 그럴 수 있게 허용되는 것처럼 그냥 이름으로 부르는 것을 더 편해 할 것이다. 아이들의 삶에서 그토록 구별되고 특별한 사람에게만 사용하는 애정 어린 호칭을 당신이 선택한 누군가에게도 사용하도록 강요하는 것은 아이들을 무시하는 불공평한 처사이다. 양부모를 엄마 아빠라 부르는 일에 있어서는 당신의 자녀들이 그 여부와 그 시기를 결정하는 주체여야 한다.

이처럼 복잡한 사안에는 또 하나의 복잡한 문제가 있다. 아버지가 아이들에게 그의 새 아내를 '엄마'라 부르도록 강요한다는 이야기를 아이들의 진짜 엄마가 들으면 기분이 좋을 리 없다. 여기서 우리는 다시금 당신과 아이의 공동 부모인 전 배우자와의 관계 문제로 돌아간다. 당신의 새로운 배우자가 아니라 다름 아닌 아이들의 엄마 혹은 아빠가 당신과 더불어 아이들의 부모가 되어야 할 사람이라는 사실이다.

당신의 새 배우자에 대한 아이들의 호칭 문제가 대단히 상징적인 의미를 띠는 사안이기는 하지만, 성공적인 결혼과 가정을 위한 기초를 다지는 일에 있어서 그 문제는 우선순위의 아래쪽에 남겨 두는 것이 좋다(재혼을 통해 이루어진 가정의 경우 이 두 사안은 상당히 밀접한 관련을 갖고 있다). 긍정적 측면에서 보자면, 성공적인 재혼 가정은 그 구성원들에게 대단히 많은 것을 제공해 줄 수 있다. 자녀 양육을 위한 큰 후원자이며 아이들의 삶에 긍정적인 역할을 해 줄 또 한 사람의 어른의 존재, 더 나아진 경제 사정, 양부모와 아이들 간의 건강한 관계, 결혼에 대한 긍정적인 모범, 화도 덜 내고 더 행복한 재혼 부모들의 존재, 그리고 어쩌면 새로 생긴 형제자매 같은 것 등을 생각해 볼 수 있을 것이다.

하지만 우리는 매우 건강한 재혼 가정에서조차도 신경 쓰지 않으면 안 되는 장애물들을 간과해서는 곤란하다. 양부모로서의 힘든 역할, 화를 내며 거부하는 아이들, 이전 부부 사이의 질투와 재현되는 갈등들, 양육 계획의 변동들, 어쩌면 아이들과 아주 멀어질 수도 있는 거처 변화와 그로 인한 어려움들 등의 문제들 말이다. 부모들이 서두르지 않고 처음부터 기초를 잘 다질수록 재혼이 성공할 확률이 높고, 그 전이가 아이들에게도 그만큼 더 자연스러운 것으로 다가올 것이다. 이를 위해 기억해야 할 몇 가지 사항을 소개한다.

- 부모들은 이혼 사실과 그 이혼이 돌이킬 수 없는 것이라는 사실에 대해 필요한 만큼 반복해서 아이들과 이야기를 나눔으로써 아이들이 새로운 관계의 시작을 부모들 결혼 생활의 마지막을 의미하는 것으로 인식하지 않도록 해야 한

다. 가능한 한 당신의 새로운 연인 관계와 이혼은 서로 별개의 사안임을 분명히 해야 한다. 물론 그 사람과 당신의 관계가 이혼의 원인이었거나 혹은 적어도 당신의 자녀들은 그렇게 생각하고 있는 경우라면 그 둘을 분리하는 것이 거의 불가능하겠지만 말이다.

- 자세한 이야기를 한다거나 모든 데이트 상대를 소개시켜 줄 필요는 없지만, 부모들은 자신이 새로운 상대를 만나고 있다는 사실을 아이들에게 말해 주어야 한다. 새로운 관계에 대해 말하는 것에는 당신이 다른 사람을 만나기 시작한다는 사실을 전 배우자에게 알려 주는 일도 포함된다. 그래야만 당신의 아이들이 부모들 사이에 끼어 그 사실을 다른 부모에게 비밀로 한다거나 혹은 비밀을 알려 준다거나 하는 상황을 피할 수 있다.
- 이혼한 후라도 가정은 여전히 가정이다. 좋건 싫건, 당신의 자녀들과 전 배우자는 이혼 후 당신이 형성하려는 새로운 관계의 일부가 될 수밖에 없다. 이러한 사실의 불가피성을 인식하고 이 점에 주의를 기울이는 것이 새로운 상황에 적응하는 데 있어 모두에게 도움이 될 것이다. 물론 이는 당신의 새 상대와 그 사람의 아이들에게도 공히 해당되는 말이다.
- 이혼한 부모들은 자신의 새로운 상대를 자신의 배우자뿐 아니라 아이들의 양부모가 될 가능성이 있는 사람으로 간주해야 한다. 별 생각 없이 그저 이혼의 공백을 메우기 위한 관계(rebound relationship)라면 이야기가 다르겠지만 말이다. 부모 노릇은 언제나 쉽지 않은 일이지만, 양부모 노릇은 더 힘들면 힘들었지 더 수월해질 리는 없다. 따라서 이혼한 부모로서는 아이들에 대한 관심이 자기 못지않게 깊고 진지한 짝을 만나는 것이 지혜로운 일일 것이다.
- 부모들은 서로 자주 만나고 그래서 진지한 관계가 되려고 하는 상대만을 아이들에게 소개하는 것이 좋다. 특히 아이들의 다른 부모가 거의 있으나마나 한 존재가 되어버린 상황, 그래서 아이들이 자기들도 다른 아이들처럼 새로 아빠나 엄마가 생겼으면 좋겠다고 느끼는 상황에서는 아이들이 쉽게 새로운 사람에게 애착을 느끼기가 쉽다. 아이들에게 또 다른 상처를 주지 않기 위해서, 부모들은 아이들이 자신의 새 남자친구나 여자친구와 가까워지게끔 만들기 이전 자신과 그 사람과의 관계가 지속될 가능성이 높은지 아닌지를 분명히 할 필요가 있다.
- 이혼한 부모들과 그들과 새로운 관계를 맺는 사람들은 아이들로서는 자기들의 삶에 새로운 어른을 받아들이는 것이 쉽지 않을 수 있다는 사실을 예상해야 한다. 아이들은 자기 부모와 자기들과의 관계에 새로운 사람이 끼어드는 것을

싫어할 수도 있고, 한 부모의 새로운 상대와 다른 부모의 상처나 질투, 외로움 사이에서 혼란스러워할 수도 있다. 혹은 어떤 이유로든 당신이 교제하는 사람을 마음에 들어 하지 않거나, 아니면 금방 떠나 버릴지도 모르는 누군가에게 다가가기를 주저할 수도 있다. 이러한 아이들의 입장을 충분히 의식함으로써, 새로운 어른 친구들은 성급히 아이들과 관계를 맺으려 하기보단 그들의 흐름에 맞추어 관계를 형성해 나갈 수 있을 것이다.

- 새로운 남자친구나 여자친구 혹은 양부모들은 곧바로 부모 노릇을 하려 들지 말고 우선 아니면 아예 아이들의 어른 친구가 되려고 노력해야 한다. 부모의 역할은 오직 당신의 자녀만이 부여할 수 있는 특권인 것이다.
- 아이들의 어른 친구가 된다는 것은 우선 아이들과 따뜻한 관계를 형성하려고 노력하는 것, 그리고 훈계하는 역할이 필요한 경우에라도 어느 정도 시간이 지난 후로 미룬다는 것이다. 생물학적 친부모들이 아이와의 관계 속에 훈계라는 요소를 끌어들이기 전 먼저 애착 관계를 형성하는 것과 마찬가지로, 양부모 역시 이와 같은 발달적 순서를 따라야 한다.
- 부모들이나 양부모들은 이혼이나 재혼에 있어서 모든 사람들을 동시에 만족시키는 해결책 같은 것은 없다는 사실을 인식해야 한다. 어린 아이들은 특히 다른 부모가 자기들의 삶에 별로 개입하지 않고 있는 경우 새로운 어른의 존재를 더 잘 받아들이는 경향이 있다. 보다 나이가 든 자녀들은 새로운 교제나 재혼에 대해 보다 조용한 입장을 보이는 수가 많은데, 특히 그들이 두 부모 모두와 좋은 관계를 유지하고 있을 경우는 더욱 그렇다.
- 부모들은 아이들의 입장에서 볼 때, 재혼이 두 부모가 있는 가정을 재형성하는 것이 아니라는 사실을 기억해야 한다. 아이들에게 있어 재혼이란 자기들 삶에 일어나는 또 하나의 큰 전이가 되는 것이다.

자신을 위해 속도를 늦추라

서두르지 않고 한 걸음씩 신중하게 진행하는 것은 또한 당신 자신을 위한 것이기도 하다는 사실을 잊지 말도록 하자. 사실 그렇게 되는 것이 마땅하다. 어쩌면 당신은 새로 시작한 관계가 아픔을 치유해 주는 면이 있다고 느낄지도 모른다. 물론 충분히 가능한 일이다. 하지만 성급한 관계의 치료 효과란 말하자면 몇 잔의 술이 숙취를 사라지게 하는 효과와 같다. 당장 문제가 해결되는 듯 보이지만, 결국에는 그 문제가 다시 발생하고 만다. 당신이 과거에 저질렀던 실수를 반복하지 않으려면, 이전 관계의 숙취를 먼저 극복할 필요가 있는 것이다.

새로운 사람을 사귈 준비가 되었다는 것을 어떻게 알 수 있을까? 당신의 전 배우자와 자녀들을 비롯한 다른 사람들에게 교제의 사실을 말할 준비가 된 상황이라면 당신은 새로운 교제를 할 준비가 된 것이다. 교제 사실을 알고 당신의 친구가 눈살을 찌푸린다거나, 너무 빠른 것 아니냐고 당신의 전 배우자가 흥분한다거나, 아이들이 여전히 이혼의 격한 감정에 사로잡혀 있어서 차마 다른 부담을 지울 수 없어 보인다면, 아직은 때가 되지 않은 것이다. 만약 이런 경우들이라면, 이는 그저 이들에게만 시기상조인 것이 아니라 아마 당신 자신에게도 마찬가지일 공산이 크다. 우선 당신 자신의 문제를 해결하는 것이 순서이다. 그리고 가족들과의 관계는 당신 자신의 한 부분이기도 하고 또한 당신이 자신의 감정을 돌보는 일에 얼마나 성공적인지를 보여 주는 척도이기도 하다. 이혼 이후 다른 사람과 교제하는 것은 말하자면 피임 대책이 없이 성 관계를 맺는 것과 같다. 결과를 감당할 준비도 갖추기 전에 섣불리 일을 벌여서는 안 된다는 것이다.

물론 우리는 모두 사람인지라 일단 교제를 시작한 후에는 실수할 수도 있다는 사실을 인정해야 한다. 처음으로 교제하는 상대가 당신과 당신의 자녀에게 완벽한 사람이기를 기대할 수는 없는 노릇이다. 따라서 어느 정도 시간과 공간적으로 (아이들과의) 거리를 두고서 한두 차례 혹은 세 차례 정도 반동적 관계(rebound relationship)를 가져보는 것이 좋다. 신디의 경우처럼, 새로운 관계를 맺는 과정에서 해소해 나가야 할 감정들이 있고, 그 결과 처음 교제를 시작할 때는 다소 지나치게 화를 내거나, 너무 신중하거나, 혹은 의존적인 모습을 보이게 될 수도 있는 법이다.

당신이 교제하고 있는 사람에 대해서도 같은 원리가 적용된다. 당신이 교제하는 사람이 최근에 이혼을 겪은 사람이라면 서둘러서는 안 된다. 당신과 마찬가지로 그 사람 역시 본격적인 관계에 들어서기 전 어느 정도의 실험과 실수의 여지가 필요할 것이기 때문이다. 이혼한 부모가 다른 이혼한 사람을 소개받게 되면 첫 번째로 던지는 질문이 있다. "그 사람 아이가 있나요?" 두 번째 질문은 이렇다. "이혼한 지 얼마나 된 사람이죠?" 다른 사람들과 마찬가지로, 당신 또한 이혼한 지 1년 혹은 2년이 채 안 된 사람과 만날 때는 주의해야 한다. 그리고 당신 자신이 이혼한 지 아직 1년이 되지 않은 상황이라면 자신에 대해서도 주의해야 한다.

이혼과 관련된 새로운 관계의 문제는 복잡하다. 아마 당신은 지금보다 일이 더 복잡하게 꼬이는 것이 무엇보다 싫을 것이다. 교제라는 연못으로 뛰어들기 전, 적어도 깊은 곳으로 가기 전 한동안 얕은 곳에서 물장난을 치도록 노력하라. 그리고 깊은 곳으로 수영해 들어가고 싶더라도 물가에서 너무 멀리 떨어지지는 않도록 하라.

무엇보다 중요한 것은 당신과 아이들, 전 배우자, 그리고 당신 자신과의 관계를 돌보는 일이다. 두 사람이 혼자 지냈던 시간의 공백으로 인해 당신이 새로 맺는 관계가 그 무엇보다 멋진 것처럼 보일지 모르지만, 그 관계 역시 일단 순전한 열정의 온실을 벗어나면 보다 넓은 정서적 환경의 영향 아래 놓이게 되어 거기 적응하여 자랄 수밖에 없다. 온실이라는 완벽한 환경에서 나와 정원이라는 보다 적대적이고 변화가 심한 영역에 적응해야 하는 식물처럼, 당신의 관계 역시 서서히 환경에 적응해 나가야 한다. 이러한 전이를 수월한 것으로 만들려면, 지금 관계들의 정원을 정성껏 가꾸어야 한다. 그래야만 당신에게 맞는 사람이 후에 나타났을 때 그 사람을 따뜻하게 환영해 줄 공간이 만들어져 있을 것이기 때문이다.

CHAPTER 10

배운 대로 실천하기

이혼이라는 험난한 고비가 많은 길을 헤쳐 가면서, 부모들은 종종 여러 가지 문제를 한꺼번에 해결하는 일이 그들의 감정, 시간, 인내력 및 체력에 큰 도전이 된다는 사실을 발견한다. 그럼에도 불구하고 대부분의 가정들은 이혼이라는 복잡한 과정을 헤쳐 나갈 수 있는 자기 나름의 길을 찾아낸다.

하지만 어떤 이들에게는 이혼을 거쳐 가는 여정이 잘못된 선택과 막다른 골목으로 점철되기도 한다. 대개 이는 상호간의 어려운 관계 및 매우 복잡하게 얽힌 가정 상황 때문인 경우가 많다. 정신건강 전문가나 변호사의 전문적인 도움을 필요로 하며, 어쩌면 당신 편에서도 힘을 합쳐 노력하지 않으면 안 될 만큼 어려운 온갖 종류의 난관들이 존재한다. 어떤 부모들은 분노로 인해 중심을 잃기도 하고, 어떤 이들은 아무런 슬픔도 못 느끼기도 한다. 어떤 이들은 달라진 관계의 경계를 새로이 설정하지 못해 애를 먹기도 하고, 혹은 공동 양육을 할 수 있는 방법을 찾아내는 데 실패하기도 한다. 그리고 종종 어떤 문제들은 다른 쪽 부모가 어떻게 할 도리가 없는 종류의 것들이다. 예를 들어, 한 부모가 아주 먼 곳으로 전근을 가게 되는 것처럼 말이다. 본 장에서는 이런 종류의 통상적인 문제들, 전부는 아니지만 많은 이혼 부모들이 새로운 삶을 향해 나아가면서 마주치는 장애물들에 관해 살펴볼 것이다.

상담치료를 고려해 보아야 할 시기

이혼이라는 불안정한 여정을 거치면서 사람들이 자주 묻는 질문들 중 가장 중요한 것은 이것이다. 상황이 얼마나 악화되었을 때 부모는 자기 자신이나 아이들 혹은 가족 전체를 위한 상담치료를 고려해야만 하는가? 당신 자신이나 전 배우자 혹은 당신의 자녀가 어떤 한 상태에 고착되어 적당한 시간이 지난 후에도 더 나은 방향으로 움직일 수 없는 상황이라면 상담치료를 생각해 보아야 한다. 그렇지만 어느 정도가 '적당한' 시간에 해당하는가? 물론 상황에 따라 달라지겠지만, 한두 달 정도는 시간을 두고 스스로 문제를 해결하기 위해 노력을 기울여야 한다.

그 뒤에도 여전히 막혀 있거나 발목이 잡혀 있거나 혹은 제자리만 맴돌고 있다면 이를 어떻게 알 수 있을까? 당신의 감정과 당신의 자녀, 그리고 전 배우자와의 관계를 변화시키기 위해 최선의 노력을 다해 왔는데, 이제는 더 이상 참기 어렵고, 뭘 해야 할지도 모르고, 아무런 희망도 느낄 수 없는 상황이라면 지금이 바로 상담이 필요한 시점이다. 문제가 너무 심각하여 어찌해 볼 도리가 없다면 앞이 가로막힌 상태라 할 수 있다. 잠을 제대로 자지 못하고, 긴장을 풀 수도 없다. 생각을 멈추기 어렵고, 도무지 집중이 안 된다. 제대로 일을 할 수도 없고, 눈물을 멈출 수도 없다. 화를 참을 수가 없다. 아이들도 도무지 통제가 안 되는 그런 상태이다.

이혼의 결과로 아이들에게서 (그리고 자신에게서) 가장 흔하게 발생하는 문제는 우울증과 분노, 공격성, 그리고 끊임없이 규칙을 무시한다거나 불필요하게 무모한 행동을 하는 것과 같은 충동적 성향이다. 혹은 이혼의 과정에서 불안, 약물남용, 심지어는 섭식장애와 같은 증세들이 심해지거나 혹은 드러날 수 있다. 이혼이 이런 문제들을 일으키지 않는 경우에도 (대부분의 정서 장애들은 복합적인 원인을 갖고 있다), 이혼으로 인한 스트레스의 증가나 정서적인 뒷받침의 상실 등으로 인해 심각한 정신적 문제에 대처하기가 훨씬 더 어려워질 수 있다.

특히 이혼과 같은 위기 상황에서는 정상적인 것과 비정상적인 것 사이의 구분이 상당히 미묘할 수 있다. 그러나 당신이나 당신의 자녀 혹은 당신과 전 배우자와의 관계가 분노나 번민으로 가득 차 있다면 상담치료를 시도해 보는 것이 좋다. 그것을 통해서 잃을 것은 별로 없지만 얻을 수 있는 유익은 매우 많기 때문이다. 당신이 상담치료에 회의적이라 하더라도 상담이 제공해 줄 수 있는 부인할 수 없는 유익이 있다. 바로 어느 한쪽에 치우치지 않은 신선한 관점이다. 효과적인 상담치료는 이보다 훨씬 더 많은 것을 줄 수 있겠지만, 이를 통해 얻을 수 있는 것이 비록 상황을 바라보는 새로운 방식뿐이라 하더라도 그만한 시간과 돈을 투자할 가치가 있다.

어쩌면 막다른 골목에 부닥치거나 혼란에 빠지기 이전에 상담치료를 받고 싶을 수도 있다. 어떤 사람들은 현명하게도, 스스로 길을 찾아낼 수 있다고 생각하는 대신 어디로 가야할지 분명치 않을 때 도움을 구하기도 한다. 이런 사람들은 문제를 매우 적극적인 관점에서 바라보는 사람들이거나 혹은 지금으로서도 이혼으로 인한 문제는 충분히 많다고 느끼는 사람들일 것이다.

상담치료를 일종의 예방적 조치로 생각하는 사람들도 있다. 이혼으로 인해 생겨나는 온갖 상황을 생각해 보면, 실수를 하기 전, 혹은 정말로 도움을 받지 않으면 안 될 상황이 오기 전, 좋은 상담치료라는 형태로 정서적인 배출구와 신선한 관점을 확보할 수 있다면 이는 얼마나 위안이 되는 일인가? 당신과 당신의 자녀가 고통스러워하지만 잘 대처해 나가고 있다면 상담치료가 필요치 않을 수도 있다. 하지만 그런 상황에서도 상담치료는 새로운 관점과 정서적 지원을 제공함으로써 당신이 상황에 보다 잘 대처할 수 있도록 도와줄 수 있다.

구체적인 문제나 감정에 대한 도움보다는 상황에 대한 관점과 지원을 원한다면 당신의 아이들보다는 당신을 위한 상담치료를 생각하는 것이 좋다. 아이들이 누군가 객관적인 전문가와 이야기를 나누고 싶다면 상담치료가 도움이 되겠지만, 애초에 그들이 관심이 없는 상황이라면 별로 큰 도움을 기대하기 어렵다. 물론 내키지 않던 아이가 상담을 통해 많은 것을 배우고 상담을 좋게 생각하는 경우도 있다. 다른 아이들도 도움을 받을 수는 있겠지만, 아이들은 누군가 얘기할 사람을 원할 만큼 아는 것이 충분치 않거나, 혹은 묻고 싶더라도 아직 어떻게 해야 할지 모른다.

하지만 분명히 기억해야 할 것은 적어도 잠재적으로는 당신이, 그리고 당신의 전 배우자가 아이들의 가장 좋은 상담치료자라는 사실이다. 당신이 자신의 감정에 대처할 수 있다면, 이런 힘든 시기를 지나는 당신의 아이들을 도와줄 수 있는 입장에 있는 셈이다. 그러나 다음의 세 가지 경우는 예외이다. 당신과 당신의 전 배우자가 스스로의 감정을 다루지 못하고 아이들이 두 사람 사이에 끼어 있는 경우, 당신의 아이들의 행동이나 감정에 심각한 문제가 있는 경우, 그리고 아이들의 학교나 지역 기관에서 이혼 가정의 자녀들을 위한 특별 프로그램을 운영하는 경우이다.

마지막의 경우[42], 그러니까 학교나 공공단체에서 운영하는 그룹 같은 것은 특별하고도, 잠재적으로 가치 있는 기회가 된다. 당신의 아이들에게 아무런 문제가 없는 경우에라도 아이들을 그와 같은 장소에 데리고 가는 것이 유익한 일이 될 수 있다는 연구 결과가 있다. 아이들은 서로 나름의 관점과 정서적 지지를 교환함으로써 어른들, 그러니까 부모나 혹은 전문상담치료자들도 하지 못하는 나름의 방식으로 서로 도움을 주고받는다. 아직 성숙하지 못하고 인생 경험이 많지 않기 때문에, 대부분의 아이들은 이혼 과정에서 자신의 느낌을 이해해 줄 수 있는 사람은 세상에 아무도 없다는 확신을 갖는다. 당신과 전 배우자와의 이혼이 협력적인 것이 아니었다면, 당신의 아이들은 당신과는 이야기를 할 수 없다거나 혹 그렇게 하면 저절로 자신이 처할 수 있는 최악의 상황, 곧 두 부모 사이에 끼이는 상황에 되고 말 것이라고 생각한다. 다른 아이들도 비슷한 상황에 처해 있다는 것을 안다고 해서 그들의 딜레마가 해결되는 것은 아닐 수 있지만, 이전처럼 외로이 문제에 직면하지는 않게 되는 것이다.

상담치료를 받을지 여부와 상담을 시작하는 시점, 그리고 치료에서 유익을 얻고 있는지 아닌지 하는 사항들은 철저히 사적이고 개인적인 상황을 고려하여 결정해야 할 사안에 속한다. 이런 이유들을 염두에 두고 몇몇 실제 사례들을 추적해 봄으로써, 이혼과 관련된 상담에서 종종 다루어지는 가장 흔한 문제들 몇 가지, 그리고 상담치료가 각 개인과 가정에 따라 어떤 식으로 독특한 양상을 띠게 되는가 하는 것을 살펴보도록 하자. 이들 사례들의 진행 과정은 이혼에 관해 지금까지 우리가 논의해 왔던 여러 교훈들에 관한 좋은 예증이 될 뿐 아니라, 당신 자신이 실제로 상황이 아주 나빠지기 전 이들을 실천하는 데 도움이 되기도 할 것이다.

전 배우자의 분노에 막힌 경우

케이트(Kate)는 남편 마이크(Mike)와 헤어진 지 2년 후에 개인적인 상담치료를 재개하였다. 몇 해 전 나와 상담을 할 때만 해도 그녀는 결혼 생활에 만족하지 못하지만 이혼에 대해서 자신이 없어 하던 그런 상황이었다. 그녀와 마이크의 결혼 생활은 차갑고 무미건조한 것이었다. 대화가 거의 없었고, 함께 웃는 일도 아주 드물었으며, 성 관계는 가끔씩 또 기계적으로 이루어졌다. 그들은 자신들의 관계 어느 측면에서도 서로의 마음을 나누지 못했는데, 이는 두 자녀, 곧 열한 살 된 크리스탈(Crystal)과 열 살 된 윌리스(Willis)를 양육하는 일에서도 마찬가지였다. 케이트는 울면서 이렇게 토로했다. "사실 결혼식장에서부터 내가 잘못된 사람과 결혼하고 있다는 걸 알고 있었지만 도저히 '아니요'라고 말할 용기가 없었어요." 결국 케이트는 마이크와 결혼했고, 13년 동안을 그와 함께 살았다.

감정적인 거리감 외에도 마이크의 성격과 빈정거림 때문에 케이트는 많은 상처를 받았다. 몇 해 전 처음 상담을 하던 날, 그녀는 울면서 이렇게 내뱉었다. "저는 그간 정서적 학대를 당해 왔어요. 마이크는 잘생겼고 운동도 잘하고, 다른 사람과 어울릴 때 매력적으로 행동하죠. 하지만 우리끼리 있건 다른 사람들과 함께 있건 제겐 언제나 성질만 부려요."

케이트는 더 심하게 울기 시작했다. "전 유치원 교사이고, 거기에 자부심을 느끼고 있어요. 그런데 그가 날 뭐라고 부르는지 아세요? '유치원 케이트'예요. 마치 내가 유치원 교사가 아니라 유치원생이기라도 한 것처럼 말이에요. 집에서는 '알았어, 유치원 케이트' 하며 저를 무시하려 해요. 심지어 다른 사람이 있는 데서도 그러려고 해요. 썰렁한 농담을 해 놓고는 내가 웃지 않으면 '유치원 케이트 수준으로는 이해가 안 되겠지.' 하는 식이죠. 그럴 땐 죽여도 성이 안 찰 정도예요. 그런데도 저는 멍청하게 앉아서 그걸 다 받아내고 있어요. 사람들 앞에서 싸우는 모습을 보이고 싶지 않다는 이유에서요."

케이트는 어떻게 해야 할지 몰라 괴로워했다. 마이크와 헤어지고 싶었지만 그런 생각만 해도 죄책감에 몸이 얼어붙었다. "나도 그를 사랑하지 않고, 그 역시 나를 사랑할 리 없어요. 그런데도 마이크를 떠난다고 생각하면 내가 마치 그를 버리는 것처럼 느껴져요. 자기는 잘 모르지만 사실 마이크는 제게 너무 많이 의존하고 있거든요. 아이들과의 관계도 그렇고, 친구 관계도 그렇고, 집안 일 꾸려 가는 것도 그렇죠. 그리고 아이들에겐 뭐라고 말하죠? 친구들과 가족들에게는요? 모두들 가정을 파괴했다고 나를 비난한다면 나는 아마 견디지 못할 거예요. 지금 이 상황만으로도 충분히 실패했다는 생각이 들어요."

케이트는 마이크를 떠나겠다고 몇 번이나 다짐했지만 차마 그 말을 꺼낼 용기를 내지 못했다. 그러다 어느 날 또 한 번 빈정거림을 듣게 되자 케이트는 마이크에게 소리질렀다. "당장 나가! 이혼할 거야!" 마이크는 대꾸하지 않았다. 그는 집을 나갔고 다시는 돌아오지 않았다. 뭐가 잘못된 것인지에 대해서나 결혼을 지키려고 노력하는 것에 대해서나 케이트에게 아무런 말도 하지 않았다. 비록 그녀는 그렇게 하고 싶었지만 말이다.

2년이 지난 지금, 케이트는 이혼을 하고 나서 여러 가지로 홀가분해졌다고 말했다. 하지만 다른 면에서 생각해 보면 정말로 더 나아진 것인지 의아한 생각이 든다고 했다. 마이크는 언제나처럼 성질을 부렸고 대하기가 까다로웠다. 하기야 이제 그의 화는 더 이상 그녀의 삶의 지속적인 일부가 아니었다. 하지만 아이들 문제로 여전히 그와, 그의 적대감과 완고함과 부닥쳐야 했다.

케이트는 이혼 이후 매사에 통제력이 많이 줄어들었다고 불평했다. 특별히 아이들에 대한 통제가 잘 안 되는 것에 대해 걱정이 컸다. 두 사람이 헤어지기 전 아이들은 주로 케이트의 몫이었다. 이제 그녀는 이렇게 말했다. "마치 두 집안의 아이들을 책임져야 하는 것 같은 느낌이에요. 아이들에 관해 무슨 제안을 할 때마다 마이크는 아예 이야기를 안 하려고 하든지 아니면 심한 말다툼으로 끝나고 말아요! 그러니 제가 어떻게 해야 할까요? 사사건건 그와 싸워야 하나요? 아니면 아이들이 힘들어하건 말건 그냥 마음대로 하라고 내버려 둘까요?"

케이트는 특히 아버지에 대한 윌리스의 분노에 대해 걱정이 많았다. 윌리스는 화내는 것에 대해서는 이야기를 하지 않으려 들었지만, 이혼 이후 그는 훨씬 더 다루기 어려워졌고, 케이트는 그 이유를 잘 알고 있었다. 그리고 크리스탈은 갈수록 케이트와 멀어지는 느낌이었다. 케이트는 마이크가 크리스탈에게 빈정거리는 것은 아닌지, 아니면 혹시 크리스탈과 엄마와의 친한 사이에 대해 빈정거리는 것은 아닌지 걱정이 되었다.

케이트는 자신이 염려하는 일들에 대해 마이크와 아이들을 한자리에 모아 놓고 이야기를 해 보고 싶었다. 하지만 그렇게 하자 마이크는 화를 내었고, 크리스탈은 아예 입을 다물어 버렸고, 윌리스는 홱 돌아서서 무관심한 체했다. 아버지와 매 격주 주말 밤을 함께 보내고 화요일 저녁을 같이 먹도록 되어 있는데, 이를 위해 아이들을 데려다 주고 또 데려오는 과정은 갈수록 부담스러운 시간이 되어 갔다. 케이트는 아이들이 마이크와 보내는 시간을 줄이기 위해 소송을 해야 하는 것은 아닌지 우려하고 있었다. (그들은 헤어져 있는 동안 변호사를 통해 합의서를 작성했었다.)

케이트는 또한 마이크를 떠난 것이 잘못은 아니었는지 하는 의문도 갖고 있었다. 적어도 그들이 함께 살 때는 아이들을 그에게서 지켜 줄 수는 있었다. 하지만 지금은 그의 집에서 무슨 일이 일어나고 있는지 알 도리가 없다.

케이트에게 마이크와 함께 상담치료를 받는 것이 어떠냐고 제안했지만, 그녀는 이렇게 말했다. "그는 절대 여기 오려고 하지 않을 거예요. 그리고 나 역시 그와 같은 방에 앉아 있어야 한다는 사실을 참을 수 없어요. 설사 그가 온다고 해도 말이에요. 그냥 제가 마이크와 그 사람의 성질과 우리 아이들에 대해 어떻게 하면 좋을지 알 수 있게 도와주시면 좋겠어요."

나는 그녀를 도와주는 데 동의했다. 처음 몇 번의 상담 동안 케이트는 마이크에 대해 많은 이야기를 했다. 나는 케이트의 입장에 공감하였다. 성질부리는 전 배우자요, 무관심한 아버지인 사람을 다루는 일은 쉽지 않다. 하지만 시간이 지날수록 케이트가 마음의 방향을 돌려 자신의 내면에 보다 집중해야 한다는 사실이 분명해졌다. 그녀가 아무리 바라고 희망하고 노력한들 마이크가 달라지는 건 아니었다. 결혼 후 13년 동안에도 그래서 달라진 것은 없었다. 그리고 가끔씩은 마이크도 그녀를 배려하기도 했다. 이 대목에서 왜 마이크가 변하려 하지 않는지 혹은 못하는지 하는 것이 바로 케이트가 벗어나야 할 질문의 하나였다. 이는 마이크로 하여금 직접 스스로에게 답변하게 해야 할 문제였던 것이다.

마이크의 성질 때문에 그녀는 상처를 받았고, 그건 정말 나쁘고 불공평한 일이었다. 하지만 케이트는 그녀가 어떻게 해 볼 수 없는 마이크로부터, 그녀가 할 수 있는 것으로 관심을 돌려야 했다. 나는 케이트에게 마이크와 아이들의 관계에서 한 걸음 물러서서, 그 관계를 조종해 보려는 노력을 멈추면 어떻게 되겠는가 하는 의구심을 표현하였다. 케이트는 아이들과 아버지 사이에 일어나는 일들을 그냥 두고 볼 수 있을까? 아이들이 더 인자한 아버지를 갖지 못한 것은 정말 애석한 일이지만, 싫건 좋건 마이크는 여전히 그들의 아버지가 아닌가? 한 걸음 물러선다고 달라지는 건 없겠지만, 한번 시도해 봄직한 실험처럼 보이지 않는가? 어쩌면 케이트는 이혼을 통한 참선을 배울 필요가 있을지도 모른다. 다른 사람 통제하기를 포기함으로써 오히려 통제력을 얻는 방식 말이다.

케이트의 입장에서 한 걸음 물러서는 일은 쉽지 않았다. 물론 가장 큰 이유는 마이크의 성질과 양육에 대한 그의 무관심이 케이트와 아이들에게는 정말 실제적인 문제였기 때문이다. 그녀는 자기 자신의 죄책감, 스스로에 대한 회의, 그리고 무언가 더 나은 것에 대한 갈망으로 인해 고통당하고 있었다. 마이크를 떠나기로 한 결정이 상황을 더 좋게 만들었다면 자신의 죄책감을 견딜 수 있었을지 모른다. 하지만 지금은 그녀에게나 아이들에게나 모든 것이 더 나빠지기만 했다. 그렇다면 그녀는 엄마로서나 아내로서 실패자가 된 것인가? 케이트는 자신이 마이크의 양육 방식에 간섭을 해야만 한다고 느꼈다. 언제나 그래 왔었고, 또 그것이 그녀의 역할이라고 믿고 있었기 때문이다. 마음 깊은 곳에서 케이트는 만일 아이들과 마이크의 관계를 더 낫게 만들 수만 있다면 이혼하기로 한 그녀의 결정이 더 그럴듯하게 정당화될 수 있으리라고 믿고 있었다.

무엇보다도 케이트의 죄책감은 결혼이 끝장난 것이 누구의 책임인가에 관한 케이트의 사고를 흐려 놓았다. 물론 '이혼'이라는 말을 꺼낸 것은 케이트지만, 마이크 역시 그녀가 잠시 열어 준 문을 박차고 나가는 데 조금도 주저함이 없었다. 그리고 원하건 원치 않건 그녀는 마이크로부터, 그리고 그와 아이들의 관계에 간섭해야 한다는 생각으로부터 벗어나야만 했다. 당신의 전 배우자에 대한, 그리고 그와 아이들의 관계에 대한 통제력을 상실하는 것은 이혼이 포함하는 불가피한 결과 중의 하나인 것이다.

서서히 그러한 상황들을 인식하고 받아들이면서, 케이트는 아이들에 대해서 뿐 아니라 혼자 살면서 느끼는 깊은 외로움에 대해서도 털어놓았다. 그녀는 마이크가 만나고 있는 여자에 대해 질투를 느꼈으며, 그는 다른 사람을 만나는데 자신은 그렇지 않다는 사실 때문에 더욱 그랬다. 어쩌다 아이들이 아빠와 신나게 지내다 오면 그것이 너무 싫었고, 혹 아이들이 마이크의 여자친구와 함께 시간을 보낸 것은 아닌지 늘 조바심을 내고 때로 아이들에게 물어보기까지 하였다.

케이트의 죄책감이 누그러들고 (거듭된 조언의 덕으로) 그녀가 마이크를 바꿀 수 있는 방법은 없다는 사실을 받아들이면서, 비로소 케이트는 한 걸음 물러서서 그와 아이들의 관계를 있는 그대로 지켜볼 수 있게 되었다. 그녀에게는 무척이나 놀랍게도 이 실험은 성공적이었다. 일단 그녀가 물러서자 그녀와 마이크와의 관계가 나아지기 시작했다. 그가 세상 제일의 아버지가 된 것은 아니지만, 그들은 서로 덜 싸우게 되었고, 케이트의 염려도 줄어들었다. 또한 케이트로서는 믿기 어려운 일이었지만, 심지어 아이들과 관련된 몇 가지 문제에 관해 마이크가 케이트의 조언을 구하기까지 하였다.

오래지 않아 아이들은 보다 자유롭게 아빠와 있었던 일에 대해 케이트와 이야기를 나누기 시작했다. 엄마에게 훨씬 더 여유가 생겼고 그들의 말을 잘 들어줄 준비가 되었다는 사실을 아이들도 느낀 것이다. 케이트는 여전히 마이크의 양육 방식에 대해 걱정했고, 아이들 역시 엄마에게 아빠에 대한 불평을 늘어놓곤 했다. 하지만 일단 자신이 통제할 수 없는 것들을 통제하려는 시도를 그만두면서 케이트는 훨씬 더 효과적으로 아이들을 도와줄 수 있었고, 정서적으로 훨씬 더 나은 상태를 유지할 수 있었다.

케이트의 내적인 변화가 도움이 된 것처럼, 내가 권유한 대로 그녀가 교제를 시작한 것도 도움이 되었다. 교제를 시작하면서 혼자 있다는 사실에 대한 두려움과 질투심이 많은 부분 사그라졌다. 이는 또한 그녀의 넘치는 에너지가 집중될 수 있는 새로운 초점을 제공해 주었다. 마지막 상담의 목표는 그녀가 마이크와의 관계에서 배운 깨달음을 아이들과의 관계 및 그녀의 새로운 관계에 실천하는 것이었다. 아이들은 이제 사춘기에 접어들었고, 그녀는 아이들을 통제하려는 생각을 어느 정도 포기하지 않으면 안 된다는 것을 깨닫고 있었다. 그녀는 또한 자신이 모든 친밀한 관계를 지속적인 것으로 만들려고 했다는 사실도 알게 되었다. 그녀는 자신의 남자친구에게, 그리고 그녀 자신에게, 아무런 강요 없이 그들의 관계를 탐구할 수 있는 여유를 주어야 한다는 것을 깨달았다.

케이트는 이혼의 참선을 배우게 되었다. 이제는 부모 노릇을 하는 데 있어서와 새로운 관계를 맺는 데 있어서의 참선을 배울 차례인 것이다.

케이트는 헌신적이고 사랑이 넘치는 어머니였고 따뜻하고 너그러운 여인이었다. 누군가 다른 사람과 결혼했더라면 그녀의 '문제들'이 문제가 아닌 장점들이 되었을지도 모른다. 하지만 그녀는 그런 가능성을 현실로 만들어 줄 누군가와 결혼한 것이 아니었다. 늘 성질을 부리며 그녀를 폄하하는 그런 사람과 결혼을 한 것이다. 가족치료였다면 마이크가 달라지도록 도와줄 수 있었을지도 모른다. 하지만 어차피 케이트의 삶에 달라질 수도 있었을 만한 것들이 한둘이 아니다. 케이트는 개인적인 치료를 통해, 우리 모두와 마찬가지로 그녀 역시 그녀가 맺고 있는 관계의 형성에 한 몫을 담당하고 있다는 사실을 배우게 되었던 것이다.

마이크의 입장에서 볼 때, 도와주겠다는 케이트의 끊임없는 노력이 아마도 그와 아이들과의 관계에 대해 사사건건 개입하고 조종하려는 모습으로 비쳤을 것이다. 그가 별로 좋은 아빠가 되지 못한 것은 어쩌면 아빠 노릇하는 법을 배울 기회가 없었기 때문일지도 모른다. 사실 언제나 케이트가 아이들을 도맡아 왔으니 말이다.

마이크가 가진 문제들을 두고 케이트를 비난하려는 생각은 추호도 없지만, 그녀는 자신의 행동에 대해서 책임지는 법을 배워야 했다. 그녀의 지나친 죄책감을 극복해야 했고, 모든 것을 마이크 탓으로 돌리고 그래서 자신을 변화시키지 못하는 난관에서 벗어나야 했다. 케이트는 자기 주변의 관계에 대해, 자신이 원하는 대로 일이 되도록 애쓰는 대신 한 걸음 물러서서 일이 되어가는 것을 바라보는 법을 배워야 했던 것이다.

부모의 결정을 대신 내리는 아이들

알리샤(Alicia)와 데이빗(David)이 가족치료 그리고 조정의 가능성을 생각하며 나를 찾아온 것은 이혼 후 약 일 년 반쯤 되었을 무렵이었다. 그들에게는 여덟 살짜리 토미(Tommy)와 여섯 살 된 헨리(Henry) 이렇게 두 명의 아들이 있었다. 알리샤는 데이빗의 양육 방식에 대해, 그리고 그들의 별거와 이제 곧 최종적이 될 이혼에 대한 아이들의 반응에 대해 걱정하고 있었다. 아이들에 대해 무슨 구체적인 걱정거리가 있는 것은 아니었다. 아이들은 착했지만 그저 행복하지 못하고 긴장된 것처럼 보였을 뿐이다. 데이빗 역시 아이들에 대해 걱정이 많았다. 그리고 그는 자주 스케줄이 바뀌는 것에 대해 불만이 많았다. 안 그래도 자기와 아이들이 함께할 시간이 별로 없는데, 그나마 그 시간을 계속 알리샤가 비집고 들어온다는 것이었다.

변호사의 도움을 일부 받아서 그들이 직접 작성한 합의서에는, 아이들은 "주로 엄마와 살고, 매주 금요일 밤, 그리고 자녀들의 유익을 고려하여 추가적으로 아빠와 시간을 보내도록 한다."고 되어 있었다. 분명 두 사람은 서로를 믿고 합의서를 작성했지만, 시간이 흐르면서 두 사람은 이를 서로 다르게 해석했다. 데이빗은 당연히 아이들이 금요일 저녁 말고도 훨씬 더 많은 시간을 자기와 지낼 수 있을 것으로 생각했다. 매주 한 번의 방문을 우선 정해 둔 최소한의 정도로 생각한 것이다.

알리샤 역시 그녀 나름으로 다른 시간에 방문하는 것이 가능할 수도 있다고 생각하였다. 그리고 그녀는 데이빗이 확정적인 것으로 간주한 금요일 저녁조차도 아이들에게 유익하지 못할 경우 취소될 수 있는 것이라 생각했다. 놀랍게도 이처럼 서로 다른 해석이 별다른 갈등을 일으키지 않았던 것은 마지못해서이긴 했지만 데이빗이 늘 스케줄에 관해서 알리샤의 결정에 따랐기 때문이었다.

그리고 알리샤는 여러 가지 이유로 자주 스케줄을 바꾸었다. 그녀는 아이들이 무엇을 하고 싶은지, 그리고 어디에서 시간을 보내고 싶은지에 대해 자신들의 의견을 말할 수 있어야 한다고 강하게 믿었다. 그녀의 이런 신념 때문에, 혹은 어쩌면 보다 미묘하고 이기적인 이유들로, 그녀는 매번 아빠에게 갈 시간이 될 때마다 아이들에게 가고 싶은지 아닌지를 물었다.

아이들은 낯선 동네에 있는 아빠의 좁은 아파트에서 부대끼는 것이 불편했고, 그래서 자주 아빠 집은 재미가 없으니까 차라리 엄마와 함께 집에 있으면서 친구들과 함께 노는 것이 좋다고 대답하곤 했다. (알리샤는 원래 집에 그대로 살고 있어서 근처에 아이들의 친구들이 여럿 있었다.) 아이들이 이런 식으로 대답하면 알리샤는 데이빗에게 전화를 걸어 아이들이 가고 싶어 하지 않는다고 이야기했다. 기분 상하고 낙심되면서도 데이빗은 대개 아이들이 원하는 것이 무엇인지에 대한 알리샤의 판단에 따랐다.

이런 사실을 이야기하면서 알리샤는 데이빗을 힐끗 쳐다보고는 나에게 이렇게 말했다. "아이들이 가기 싫어하는 다른 이유는 아빠가 아이들과 같이 하는 게 없기 때문이에요. 아이들과 운동을 잘 해주긴 하지만 그게 전부예요. 그의 아파트에서는 아이들이 편해 하지 않아요. 지루하고 또…." 그녀는 고개를 돌려 한 번 더 데이빗을 쳐다보고는 정말 하고 싶었던 말을 하기 시작했다. "아이들이 아빠 담배 연기를 맡는 게 정말 걱정돼요."

이 대목에서 데이빗이 받아쳤다. "아이들 있는 데서는 한 번도 담배를 피운 적이 없어요. 그건 당신도 알잖아요!"

알리샤가 되받았다. "그런데 왜 아이들 옷에서 늘 담배 냄새가 나죠?"

나는 간접흡연에 관해서는 나중에 이야기하기로 하고 우선은 스케줄 문제에 집중하는 것이 어떠냐고 이들에게 물었다. 잦은 스케줄 변경은 데이빗과 알리샤가 아이들을 서로 교환할지의 여부와 그 시점에 대해 항상 줄다리기를 해야 한다는 것을 의미했다. 그들은 두 사람 사이에서 그 갈등을 해결하는 대신, 아이들에게 어떤 것을 원하는지 물었다. 그들은 아이들의 생각을 묻는 것이 합당한 일일 뿐 아니라 아이들의 필요에 민감하게 대응하는 방법이기도 하다고 생각했다. 그리고 알리샤는 아이들이 그녀를 필요로 한다는 사실에 그만큼 기뻤고, 데이빗은 아이들이 그를 필요로 하지 않는다는 사실에 그만큼 낙담이 되었다.

부모들이 이야기하는 것을 들으면서, 나는 부모들이 무엇을 원하는지를 물어올 때 아이들이 더 권한을 부여받는 듯한 경험을 했을지 자못 의심스러웠다. 데이빗과 알리샤 사이에 끼인 것이 나로서는 전혀 권한을 부여받는 듯한 경험이 아니었다. 정확히 무엇이 불편한지를 꼭 집어 말할 수는 없었지만, 그들 두 사람과 같은 방에 있다는 사실만으로도 긴장감이 느껴졌다. 내놓고 서로 싸운 것은 아니지만 둘 사이의 팽팽한 긴장감과 그 밑에 깔린 경쟁의식을 감지하기는 어렵지 않았다.

대화를 주도한 것은 알리샤였다. 그녀는 똑똑하고, 정확했으며, 아이들에게로 관심이 모아져 있었다. 그런데 놀랍게도 그녀는 자신이 어떤 식으로 아이들을 난처한 입장으로 몰고 있는지를 보지 못하고 있었다. 알리샤와는 달리 데이빗은 그리 철저하지 못했다. 그가 원하는 바가 무엇인지, 그리고 그 이유가 무엇인지를 설명하려 했지만 대체로 그의 논증은 효과적이지 못했다. 설득하려는 시도가 실패하면 수동적이지만 공격적인 태도로 변했다. 부루퉁하고, 완고하며, 침묵으로 일관하려 들었다.

만약 이것이 그들의 결혼 상담이었다면, 나는 아마 그들의 의사소통 방식에 초점을 맞추었을 것이다. 하지만 대개 그와 같이 오래된 패턴을 바꾸는 것은 이혼 시의 가족치료의 목적이 아니다. 많은 경우 이혼 이전에 서로의 관계 방식을 바꾸어 보려고 노력하다가 실패한 경우가 많고, 또 그것이 이혼의 원인이 되는 경우도 많다. 따라서 이혼 시의 가족치료는 보다 실제적인 과제에 초점을 맞추는 경향이 있다. 나는 알리샤와 데이빗에게 명확하게 정의된 스케줄을 만들어 그것을 일관성 있게 준수할 것과, 서로의 의견차를 해결하겠다고 아이들을 끌어들이지 말 것을 제안했다. 애석하게도 이런 목표를 달성하기 위한 몇 주의 상담은 아무 성과가 없었다. 그러던 중 여섯 살짜리 헨리가 문제의 큰 부분을 해결해 주었다.

데이빗과 알리샤가 상담치료를 하러 온 어느 날, 알리샤가 헨리를 데리고 왔다. 감기가 들어 학교에 안 가고 집에 함께 있었다는 것이다. 상담 중 두 사람은 지난 주 헨리와 관련하여 일어났던 일에 대해 이야기하고 있었다. 토요일에 축구 시합을 하다 팔을 다쳤다는 것이다. 다행히 단순한 골절이었고, 또 다행히 두 부모가 모두 그 시합에 와 있었다. 아빠는 코치였고, 엄마는 헨리와 다른 두 아이를 차로 태우고 왔던 것이다.

헨리는 바닥에 넘어져 신음하며 뒹굴고 있었다. 분명 응급실로 달려가야 할 상황이었다. 가긴 가야 하는데, 누가 가야 하지? 알리샤와 데이빗이 다투기 시작했다. 두 사람 모두 자기가 병원에 가겠다고 하면서 상대방으로 하여금 남아서 다른 아이들의 차편이나 코치 일을 맡으라고 우겼다. 그들은 으레 해 왔던 방법으로 문제를 해결했다. 엄마가 헨리에게 "누구랑 병원에 가고 싶니?" 하고 물었던 것이다. 울면서 바닥에 누워 있던 헨리가 대답했다. "둘 다요." 그래서 데이빗은 경기를 포기하고, 그와 알리샤, 헨리, 그리고 헨리의 두 친구 모두가 병원으로 내달렸던 것이다.

이 이야기를 하면서 데이빗은 헨리가 다쳤을 때 자신이 그 자리에 같이 있었다는 사실을 아주 뿌듯해 했고 헨리가 병원에 같이 가주기를 바랐던 사실을 흐뭇해하였다. 알리샤는 그게 뭐 대단하냐는 듯한 표정을 지었다. 하지만 나의 생각은 헨리에게 가 있었다. 내가 두 사람에게 헨리가 우리들의 대화에 끼어도 좋겠느냐고 묻자 그들은 좋다고 말했고, 우리 네 사람은 한자리에 앉았다. 나는 헨리에게 우리가 지금까지 어떻게 해서 네가 깁스를 하게 되었는지 이야기하고 있었다고 알려 주었다. 그러자 데이빗이 물었다. "아빠가 마침 그 자리에 있어서 엄마랑 함께 병원으로 데려다 주니까 좋았지?"

분명 데이빗은 알리샤와의 암묵적인 경쟁에서 자신이 상당한 점수를 얻었으리라 생각했고, 헨리가 그 점수를 분명히 기록해 주기를 바랐다. 하지만 헨리가 미처 대답하기도 전에, 알리샤가 헨리에게 눈짓을 했다. 나조차도 그것이 무슨 의미인지 알 수 있었다. "조심해! 함정이란 말이야!"

기특하게도 헨리는 입을 다물어 버리거나 어느 한쪽 편을 들거나 하는 것과 같은 안전한 길을 선택하지 않았다. 오히려 그의 감정이 폭발하고 말았다. 그는 부모에게 소리를 질렀다. "엄마 아빠가 함께 병원에 갔어도 전혀 기쁘지 않아! 두 사람 다 때문에 너무 화가 난단 말이야. 누가 날 데려갈지 왜 나한테 물어? 아파 죽겠는데. 팔이 부러졌잖아! 엄마 아빠가 알아서 하면 될 걸 왜 자꾸 나를 가운데 끼워 곤란하게 만들어?"

헨리의 폭발한 분노 속에 담긴 진리가 마치 화살처럼 알리샤와 데이빗의 정곡을 찔렀다. 그들은 놀라 말을 잃었고, 현명하게도 아이의 말을 마음속에 새겨들었다. 그제야 그들은 지금까지 자신들이 어떻게 아이들을 곤란한 상황으로 밀어 넣어 왔는지 보게 되었고, 비로소 달라져야겠다는 생각을 하게 되었다. 그 후의 몇 주 동안, 그들은 보다 명확하게 정의된 스케줄을 새로 작성했고, 그것을 철저하게 지켜 나갔다. 알리샤는 더 이상 아이들에게 아빠한테 가고 싶은지 아닌지를 묻지 않았다. 대신 알리샤는 이제 고정적인 행사가 된 금요일 저녁의 시간을 어떻게 더 잘 보낼 수 있을지에 관해 데이빗에게 조언을 해 주었다. 가령 아이들이 없을 때에도 집 안에서는 담배를 피우지 않도록 하라는 것과 같은 조언들이었다. 아빠 집에서는 냄새가 너무 난다고 아이들이 심하게 불평을 했던 것이다. 데이빗 역시 아이들에게 무엇을 원하는지 더 이상 묻지 않았고, 알리샤의 조언을 고맙게 받아들였다. 서로 경쟁하는 대신, 데이빗과 알리샤는 같은 부모의 입장으로 돌아온 것이다.

· · ·

30초에 걸친 헨리의 토로는 부모들이나 전문가들이 좋은 의도를 가지고 종종 저지르는 실수의 핵심을 건드린다. 그 실수란 단지 자녀들을 두 부모 사이에 끼이게 하는 것뿐이 아니다. 실수의 보다 구체적인 핵심은 아이들에게 그들이 원하는 것이 무엇인지를 물음으로써 그들을 곤란한 입장에 빠뜨리는 것이다.

알리샤와 데이빗의 경우처럼, 부모들이 이런 실수를 저지르게 되는 것은 그것이 어느 정도 일리가 있는 것이기 때문이다. 아이들에게 가장 유익한 길을 택하고 싶은 부모들로서는, 아이들이 원하는 것을 알아내기 위해 그들에게 직접 물어보는 것보다 더 나은 방법이 어디 있겠는가? 애석한 일이지만, 판사, 변호사, 법정 후견인, 조정인, 혹은 심리학자와 같은 전문가들 또한 종종 아이들에게 어떤 식의 양육 계획을 원하는지 물어보는 바람직하지 않은 실수를 저지른다. 미묘한 방식으로 혹은 그렇지 않은 방식으로, 부모들과 전문가들은 사실상 이런 질문을 던지는 셈이다. "엄마랑 아빠 중에서 누구랑 함께 살고 싶어?"

이런 질문에 대해 아이들은 시큰둥한 어조로 "모두요"라고 대답할 가능성이 크다. 하지만 헨리가 말한 것처럼, 이혼한 가정의 아이들은 이런 식의 크고 작은 질문들에 대해 솔직히 이런 말을 하고 싶을 것이다. "나한테 묻지 마세요. 어른들이 결정할 일이잖아요!" 부모로서의 책임을 이해하고 받아들이는 데는 자신의 상식을 신뢰하는 일도 포함된다. 만일 부모가 아침마다 아이들에게 학교에 가고 싶은지 묻고 원하는 대로 할 수 있게 해 준다면 얼마나 많은 학생들이 학교를 빼먹게 되겠는가? 이혼 상황에서 더 큰 문제는 아이들을 쳐다보고 그들에게 어른들의 결정을 대신 내려 주도록 요구함으로써 자신들의 갈등, 그리고 책임까지도 회피하려는 부모들의 태도이다.

슬픔 표현하기

척(Chuck)과 약 5분 정도 이야기를 나누어보니, 그가 상담치료가 필요한 사람처럼 살고 있지 않다는 것이 분명해졌다. 그럼에도 불구하고 그가 이 자리에 와 있는 것은 27년을 함께 살아온 아내 낸시(Nancy)가 그에게 누군가와 이야기를 나눠 보는 것이 좋겠다고 권했기 때문이었다. 척은 올해 51세였는데, 25년간의 직업군인 생활을 마치고 3년 전에 제대하였다. 군인으로 있을 때나 새로운 직업인 컴퓨터 기술자로서나 결혼 생활에서나, 척은 모든 것을 규칙대로 하는 사람이었다. 척의 삶은 잘 정돈되고 순탄해 보였다. 지금부터 한 달 반 전 낸시가 척에게 이혼하자는 말을 꺼내기 전까지는 말이다.

척은 낸시의 말에 앞이 캄캄했다. 우리의 첫 상담에서 척은 혹시 낸시가 그러는 것 (그의 표현에 따르자면 낸시의 삶이 달라져 버린 것)이 사실은 폐경기 때문이 아니냐고 물었다. 폐경기 때 여자들은 이해할 수 없는 행동을 하기도 한다고 들은 적이 있는데, 요즘 낸시의 모습이 정말 그런 식이라는 것이었다. 폐경기가 현 상황에 대한 설명이 될 가능성은 거의 없는 것 같다고 대답했지만, 척은 나의 답변에 만족스러워하지 않는 것 같았다. 그는 계속해서 단순한 한 가지 문제를 해결하기만 하면 가정을 지킬 수 있다고 생각하고 그것을 찾아내려 했다.

척은 한 번도 그의 결혼 생활이 유난히 힘들다거나 혹은 유난히 행복하다는 생각을 해 본 적이 없었다. 그는 결혼 생활 자체에 대해 많은 생각을 해 본 적이 없었다. 그는 이렇게 말했다. "우리 결혼 생활이 완벽하지는 않았다는 건 알아요. 하지만 한 번도 심각한 어려움을 겪은 적은 없었습니다. 맞아요. 서로의 관심사는 다르죠. 저는 손으로 뭘 만드는 걸 좋아하고, 낸시는 좀 더 우아한 일들에 관심이 많죠. 하지만 저는 낸시의 관심사가 저와 다르다는 사실에 전혀 개의치 않아요."

주저하다가 척은 한마디 내던졌다. "좋아요. 말씀드리는 게 좋을 것 같은데, 저희들 사이의 성생활도 사실상 없는 거나 마찬가지예요." 여기서 잠시 멈추고, 나에게 웃음을 짓더니 이렇게 말했다. "하지만 제 생각에 그건 문제가 되더라도 늘 여자보다는 오히려 남자에게 더 문제가 되는 것 같은데. 그렇지 않나요?" 그는 또 이렇게 말을 이었다. "세월이 흐르면서 아주 가끔, 그것도 매우 특별한 날에만 잠자리를 같이하는 것처럼 되었네요."

척이 기억하는 바로는 낸시와 말다툼을 했던 경우는 열한 살 된 딸 멜린다(Melinda)에 관한 것밖에는 없었다. 척과 낸시에게는 스물여섯 살짜리 딸과 스물네 살짜리 아들이 있으니까, 두 사람에게는 멜린다가 늦둥이였던 셈이다. 척은 이 어린 딸을 무척 예뻐했고, 많은 애정을 쏟아 부었다. 하지만 낸시는 위의 두 아이들 때와는 달리 멜린다를 돌보는 일에 있어서는 훨씬 소극적인 태도를 보였다. 척의 말에 의하면, 임신한 것을 처음 알았을 때 낸시가 척에게 이렇게 말했다고 한다. "이건 당신의 실수예요. 나 혼자서 두 아이를 키웠으니까 이젠 당신 차례예요." 이런 낸시의 말에 대해 서로 이야기해 본 적은 없었지만, 11년 동안 척은 그 말을 마음에 담고 있었다. 멜린다를 돌보는 일에 있어서는 그가 주도적인 역할을 맡았던 것이다.

낸시는 척과 함께 상담치료 받는 것을 거부했다. 그녀에게는 다른 상담자가 있었고, 애초부터 결혼에 관해 무언가를 해 보려는 의사가 없었다. 낸시는 척에게 그녀가 여전히 그에게 관심을 갖고 있으며 무언가 도움을 주고 싶지만 더 이상 결혼생활을 지속하고 싶은 생각은 없다고 말했다. 이런 이야기를 늘어놓으면서도 척은 차분함을 잃지 않았다. 편하긴 했지만 별다른 감정이 없이 척은 어린 시절의 몇몇 끔찍한 사건들을 포함하여 자신의 삶에 일어났던 일들에 관한 이야기를 털어놓았다. 그가 아주 어릴 때 아버지가 어머니를 버렸다. 어머니는 척이 일곱 살 때 재혼했고, 그의 양아버지는 척이 열여덟 살이 되어 집을 나갈 때까지 신체적으로나 정서적으로 그를 학대했다.

척이 자신의 어린 시절에 관해 들려 준 거부와 폄하, 그리고 학대의 이야기는 나를 무척 슬프고 화나게 만들었다. 내가 그렇게 말하자 척은 자신은 한 번도 그런 식으로 느껴 본 적이 없다고 주장했다. 그는 자기 양아버지가 친절하지 못한 사람이라는 건 알았지만, 그분이나 어머니나 돌아가신 지 벌써 10년이나 지났다고 말했다. 척이 그나마 어떤 식으로든 감정을 드러낸 건 마지못해, 그것도 평범한 어조로, 낸시에 대해 다소 기분이 상하고 상당히 화가 난다는 사실을 인정할 때였다.

그는 자기가 느끼는 감정의 강도나 세부적인 내용을 묘사해 내지 못했다.

척이 자신이 처한 상황을 깨닫고 충격을 받기 시작한 것은 몇 주가 지나서였다. 낸시로부터 다른 누군가를 사랑하고 있다는 말을 들은 것이다. 낸시가 척과 헤어지려는 이유가 고등학교 시절의 남자친구 때문이라고 털어놓은 것이다. 그녀는 13년 전, 졸업 20주년 기념 동창회에서 옛 남자친구를 다시 만나게 되었다고 했다. 마음이 괴로웠지만, 지난 13년 동안 가끔씩 그와 만나 사랑을 주고받았다고 말했다. 하지만 멜린다의 아버지가 누구인지에 대해서는 전혀 의심할 이유가 없다고 했다. 척이 멜린다의 아버지였다. 사실 낸시는 척에게 멜린다의 신체적 친권을 양보하고 지금 집에서 그대로 살게 해 줄 용의가 있었다. 낸시가 원한 것은 여름에는 멜린다가 자기와 함께 지낼 수 있도록 해 달라는 것이 전부였다. 낸시는 최근에 이혼을 한 남자친구와 합치기 위해 메인 주로 이사를 갈 계획이었던 것이다.

척은 낸시에게 화를 내지도 않았고, 자기 곁에 있어 달라고 애걸하지도 않았다. 상담치료 과정에서, 그는 사태를 인식하고 있긴 했지만 여전히 믿을 수 없다는 태도를 보였다. 척은 또한 분명 낙담해 있었다. 그간 체중이 7킬로그램이나 줄었고, 거의 매일 밤 자다가 깨어서는 다시 잠들지 못했다. 늘 피곤했고, 일에 집중하기가 어려웠다. 우울증의 증세 중 척에게서 찾기 어려웠던 것은 슬픔 혹은 성마름 뿐이었다. 한 번은 심지어 척에게 정신질환을 위한 진단 및 통계 지침서(The Diagnoistic and Statistical Manual of Mental Disorders)에 적혀 있는 우울증의 모든 증세들을 읽어 주기까지 하였다. 척은 그 모든 증세들이 자기에게 해당된다는 사실에는 동의했지만, 자기는 우울증이 아니라고 말했다.

급기야 나는 척이 슬픔, 분노, 상처, 아픔과 같은 자신의 감정에 다가설 수 있도록 돕기 위해 지금과는 다른 방법을 시도하기로 했다. 인사를 하고 난 뒤 의자에 등을 기대고 앉아 천장을 응시하며 그의 시선을 피했다. 내가 척의 입장이라면 어떤 느낌이 들까에 대해 이야기하기 시작했다. 충격, 마비, 격분, 기만, 상처, 어떻게 해야 할지 알 수 없는 막막함, 멜린다에 대한 걱정, 낸시와 그녀가 만나는 남자에 대한 분노, 이런 일이 벌어지도록 한 인생 자체에 대한 분노, 절망감.

곧 척은 나의 몸짓을 따라하는가 싶더니 이윽고 내가 하는 말까지도 따라하기 시작했다. 그래, 정말 화가 나. 이건 너무나 불공평한 처사야. 나는 아무것도 잘못한 것이 없는데. 그리고 상처를 입었어. 그것도 아주 많이. 마음보다는 오히려 몸이 아플 정도로 고통스러워. 누군가가 내 가슴을 한 대 내려치기라도 한 것처럼. 그래, 서글퍼. 너무 오랜 세월 동안 너무 많은 일들 때문에 서글펐어. 상담치료 시간 내내 척은 계속해서 그러고 있었다. 사실 그 다음 약속이 있던 내가 상담을 다 끝내고 집으로 떠난 후에도 척은 주차장에 세워 놓은 자기 차 안에 앉아 그저 멍하니 창밖을 바라보고 있었다. 그의 감정을 가로막고 있던 댐이 무너진 것이다.

척은 그 후 여러 달 동안 상담을 받으면서 자신의 이야기를 계속했다. 낸시, 멜린다, 위의 두 자녀들, 그의 어머니, 그의 양아버지에 대한 자신의 느낌에 대해 말했다. 척은 어린 시절 어떻게 스스로의 감정을 차단함으로써 고통으로부터 자기를 방어하는 법을 배웠는지를 깨닫게 되었다. 그는 슬퍼할 필요가 있다는 것을 알았고, 또 실제로 슬퍼했다. 낸시를 놓고, 멜린다를 놓고, 잃어버린 결혼을 놓고, 그리고 한 번도 누리지 못한 그의 어린 시절을 놓고 슬퍼했다.

척은 상처를 입었고 화도 났지만, 결코 낸시를 막으려 하거나 상처를 되돌려 주려고 하지 않았다. 물론 그 역시 상처를 되갚아 주고 싶었다. 메인 주까지 차를 몰고 가 그녀에게 한바탕 해 준 다음 그 자식의 얼굴을 한 방 날리고 싶었다. 하지만 그런다고 해서 나아질 것은 아무것도 없다는 것을 그는 잘 알았다. 척은 가장 절실하게 느껴지는 것은 서글픔이라고 했다. 낸시가 그리웠지만, 그녀를 보내주는 것 외에는 달리 도리가 없다는 것을 잘 알았다.

그 후 일 년 반이 지나면서, 척은 낸시를 떠나보냈다. 그는 언제나 그랬듯이 지극한 사랑으로 멜린다를 돌보았다. 공정하고 우호적인 이혼 합의서도 작성했다. 자신의 감정을 부인하거나 분노에 굴복함으로써가 아니라 자신의 감정을 진솔하게 받아들임으로써 척은 낸시를 떠나보낼 수 있었다.

51년 동안 척은 자신의 감정을 가둬 둔 채 살아왔었다. 마지막 상담 때 그는 이렇게 말했다. "낸시가 떠난 것이 한 가지 면에서는 좋은 일이 되었군요. 감정을 느끼는 법을 배웠으니까요. 그리고 여전히 멜린다한테 아빠 노릇을 해야 하잖아요. 멜린다마저 잃었다면 아마 견디지 못했을 겁니다." 그리고 이렇게 말을 이었다.

"물론 그렇다고 낸시가 떠난 것이 잘한 일은 아니죠. 그렇지만 우리가 겪는 모든 일에는, 이혼도 마찬가지이지만, 무언가 긍정적인 면도 있다는 생각이 들어요."

얼핏 보기에 척은 전혀 상담이 필요한 사람이 아니었지만, 그는 상담을 통해 많은 것을 얻을 수 있었다. 나 역시 그와 상담하는 과정을 통해 많은 것을 얻었다. 지난 50년 동안, 그의 모든 감정들은 어린 시절 그가 자신의 감정 둘레에 쌓아 놓은 벽 뒤편으로 사라져 버렸다. 그리고 이 벽은 남자의 감정 표현을 좋게 생각하지 않는 세상에서 남자로 살아온 경험을 통해 더욱 견고해졌다. 약간의 도움과 길잡이를 통해 척은 자신의 벽들을 가늠해 내었을 뿐 아니라 쉽게 드러나는 분노 그 너머를 탐색하면서, 상처, 서글픔, 열망과 슬픔처럼, 보다 고통스럽지만 더 풍성한 감정의 다발들을 찾아낼 수 있었다.

이혼을 두고 전혀 슬픔을 느끼지 못하는 사람들이 있다. 상담 초기에 나는 척이 바로 그런 사람들 중의 하나일 거라고 확신하였다. 하지만 상담이 끝난 후에는 오히려 그가 새로 발견한 통찰을 놀라워하게 되었다.

척이 보여 준 또 한 가지 놀라운 점은 공평함에 대한 그의 올곧은 감각이었다. 낸시가 그를 떠난 것과 멜린다에게 보여 준 태도는 잘못된 것이었다. 하지만 잘못에 잘못을 더한다고 해서 사태가 올바르게 되지는 않는다는 것이 척의 생각이었다. 척 역시 아내가 다른 남자에게 빠져 떠나버린 어떤 남자들 못지않은 상처를 받았지만, 척은 거기에 대해 깊이 생각해 본 후 감정에 따라 행동하지 않겠다는 의식적인 결정을 내렸다. 그는 그의 마음에 옳다고 여겨지는 대로 하기로 결정한 것이다. 낸시를 미워하기보단 멜린다를 사랑하기로 한 것이다.

법정소송이 해결책

부부 관계에 문제가 생기면 많은 부모들은 상담사를 찾는다. 반면 어떤 부모들은 변호사에게 전화를 건다. 골치 아픈 법적 문제들이 이혼 이후의 가족 관계에 큰 장애가 될 수 있기 때문이다. 앞에서 계속 언급하였고 또 여기서도 확인할 수 있는 것처럼, 감정 문제가 법률적 갈등을 야기하거나 혹은 더 복잡하게 만드는 경우가 종종 있다. 부모들이 그들의 감정과 관련된 문제들을 서로 이야기할 수 있다면 법적 사안들을 해결하는 일이 훨씬 수월하거나 아니면 아예 불필요한 일이 될 것이다.

부모 역할 회복하기

로드(Rod)와 프란시스(Feances)가 조정과 가족치료를 받기 위해 나를 찾아온 것은 그들이 이혼한지 2년이 지난 후였다. 오랫동안 친권을 두고 서로 다투어 온 터라 판사가 이제는 좀 다른 방식의 접근이 필요하다고 생각하여 그들에게 상담을 받도록 명령을 했고, 양측 변호사들은 각각 자신의 고객이 선호하는 상담자의 이름을 세 개씩 적은 목록을 제출했는데, 그 두 목록에 공통적으로 나의 이름이 들어가 있었다. 이렇게 해서 그들은 나에게 가족치료를 받기로 합의하였던 것이다.

로드와 프란시스에게는 세 명의 자녀가 있었다. 여덟 살 된 이안(Ian)은 에너지가 넘치고 똑똑한 아이였는데, 종종 부모, 특히 엄마에게 성질을 부렸고, 학교에서 사고를 일으키고, 똑똑한 것에 비해서는 학교 성적이 좋지 못했다. 열두 살인 크리스틴(Christine)은 말수가 적고 모범적인 소녀로서 집안일을 걱정하고 식구들 간의 조정인 노릇을 하는 아이였다. 열다섯 살 된 젠(Jen)은 매력적이었으나 진지하지 않고 반항적이었으며, 엄마 말에 따르면 꾸미는 것과 남자애들이랑 노는 것, 그리고 아빠를 포함하여 아이건 어른이건 남자들을 좌지우지하는 것 말고는 관심이 없는 아이였다.

부모들이 별거한 지난 4년 동안 아이들은 온갖 가능한 조합을 다 시도하면서 두 부모와 함께 살았다. 처음에는 세 아이 모두 주로 엄마와 함께 지냈지만, 프란시스가 이안 돌보는 일을 너무 어려워한 나머지 첫 번째 친권 다툼 때 아빠에게로 옮기도록 해 주었다.

몇 달 후 젠 역시 이안의 뒤를 따랐지만, 그녀는 그 후 여러 해 동안 주 거주지를 자주 바꾸었다. 함께 지내는 부모와 대판 싸우거나 할 때마다 다른 부모에게로 가겠다고 우겼기 때문이다. 엄마와 아빠는 모두 그러는 젠을 반갑게 받아 주었는데, 이는 젠을 도우려는 의도보다는 두 사람이 서로에게 앙갚음하려는 의도가 더 컸다.

크리스틴은 오랫동안 엄마와 함께 살았지만, 아빠가 소송에서 이겨 세 자녀 모두의 친권을 따내면서 아빠에게로 옮겨갔다. 하지만 6개월 후 로드가 직장에서 해외로 파견근무를 나가면서 세 아이는 다시 엄마 집으로 옮기게 되었다. 귀국하면서 아빠는 다시 친권 소송을 제기했고 그 결과 딸들은 엄마와, 그리고 이안은 아빠와 살도록 결정이 되었다. 하지만 로드와 프란시스가 나를 찾아왔을 때 젠은 아빠, 이안, 그리고 양어머니와 함께 살고 있었다. 크리스틴은 엄마와 그녀의 오랜 남자친구와 함께 살고 있었다.

여러 달에 걸쳐 로드와 프란시스 그리고 아이들을 때로는 함께 때로는 따로따로 상담했다. 근본적인 문제들은 처음부터 분명했고, 매번 만날 때마다 이들 가족이 안고 있는 문제점들의 구체적인 실상이 계속해서 드러났다. 로드와 프란시스는 서로의 자녀 양육을 지원해 주지 않았을 뿐 아니라, 자주 서로를 의도적으로 폄하하기조차 했다. 그들은 서로 간의 분쟁에 너무 사로잡힌 나머지, 그리고 아이들을 서로 자기 편으로 만드는 데 혈안이 된 나머지, 아이들을 혼내는 일이 드물었을 뿐 아니라 아무런 원칙도 없었다. 이는 당연히 아이들을 힘들게 했지만, 부모들은 자신들이 어떤 행동을 하고 있는지 깨닫지 못했다. 프란시스와 로드는 서로 끊임없이 싸웠고, 아이들과도 싸우는 일이 점점 더 잦아졌지만, 그들의 다툼은 언제나 다람쥐 쳇바퀴 돌 듯하여 아무것도 달라지는 것은 없었다. 그들은 아무런 문제도 해결하지 못했고, 둘 중 어느 하나도 자녀 양육의 주도권을 쥐려 하지 않았다.

나는 이런 문제들을 볼 수 있었는데, 이는 열두 살 먹은 크리스틴 역시 마찬가지였다. 그녀는 두 부모 사이를 오고가며 서로를 화해시키거나 어느 한쪽을 진정시키느라 많은 시간을 소모했다. 크리스틴은 또한 이안에게 깊은 관심도 보여주고 힘이 닿는 대로 야단치기도 하면서 그에게 엄마 노릇을 해 주려고 최선을 다했다. 이안은 크리스틴이 엄마 노릇하려 드는 게 피곤하다고 말하긴 했지만, 그 둘은 좋은 관계를 유지하고 있었다.

젠 또한 엄마 노릇하려 드는 크리스틴을 비웃었고, 크리스틴에게 좀 적당히 하라고 말했다. 하지만 젠은 자신이 보이려고 노력하는 것만큼 정서적으로 편안하지 못했다. 남자아이들에 대한 그녀의 집착은 그녀의 삶에 애정과 안정감을 확보하고자 하는, 철저히 숨겨지긴 했지만 여전히 처절한 탐색처럼 보였다. 어쩌면 크리스틴이 정서적으로 더 억눌린 것처럼 보였을 수 있다. 너무 많은 짐을 지고 있고, 걱정이 많으며, 부모 노릇을 대신하는 아이였으니까 말이다. 하지만 실제로는 크리스틴이 젠보다 훨씬 더 자신의 감정에 충실한 입장에 있었다.

내가 관찰한 바를 프란시스와 로드에게 이야기했지만 별 소용이 없었다. 자기들의 다툼이 아이들에게나 아이들의 양육에 문제가 된다는 사실, 그리고 서로 더 잘 협조할 필요가 있다는 사실은 인정했다. 그들은 또한 상담 받으러 오는 것이 좋고 도움이 되는 것 같다고도 말했다. 하지만, 실질적으로 무언가를 바꾸고 앞으로 나아가야 할 대목에 이르면 프란시스는 로드에게 책임을 돌렸고, 로드는 프란시스 탓으로 돌렸다.

자주 다투긴 했지만, 로드와 프란시스 사이의 말다툼에는 악의적인 색채는 느껴지지 않았고, 우리는 다소 가벼운 분위기의 공감대를 형성할 수 있었다. 이로 인해 나는 그들의 분노가 나에게 집중되는 것을 피하면서도 직접 그들의 문제점들을 다룰 수 있었다. 다섯 번째와 여섯 번째 만남에서, 도와주려는 나의 노력을 무시한 채 서로 옥신각신하고 있는 그들에게 나는 다소 장난스런 어조로 이렇게 말했다. "글쎄, 어쨌든 당신 두 사람은 재미를 보고 있는 것 같아 좋네요."

그들은 말다툼을 멈추었다. 먼저 로드가, 그리고 이어서 프란시스가 야릇한 웃음을 지었다. 그렇다. 서로 다투는 것이 일종의 재미였다는 사실을 그들도 인정한 것이다. 이혼하기 이전에 그랬던 것처럼 말이다. 그들은 논쟁하기를 좋아했다. 논쟁은 도전이 되고 활력을 불러일으키는 일이었다. 그들은 아직도 서로에게서 반응을 이끌어 낼 수 있다는 사실을 좋아했다. 결국 프란시스가 웃으며 말했다. 사실 로드가 자기 의견에 아무런 관심이 없다면 그의 생각이 다르다고 그렇게까지 화를 낼 이유는 없지 않겠느냐는 것이었다. 프란시스가 이렇게 말할 때 로드도 피식 웃음을 지었고, 사무실 안의 분위기는 마치 폭풍이 물러간 뒤 시원한 공기가 밀려드는 것처럼 변하였다.

일단 자신의 감정을 드러내 놓고 인정할 수 있게 되자, 로드와 프란시스는 더 이상 서로 상대방이 어떻게 나오나 보려고 싸움을 걸거나 하면서 은근히 서로를 시험할 필요가 없게 되었다. 두 사람은 결혼과 이혼 그리고 아이들에 대한 자신들의 감정에 대해 이야기하면서 몇 차례의 만남을 더 가졌다. 자신들이 상처받은 것에 관해 이야기했다. 서로가 잘못한 모든 일들에 대해 사과했다. 즐거웠던 시간들, 특히 아이들과 같이 보냈던 시간들을 함께 추억했다. 그들은 아이들 돌보는 일 때문에 힘들었고, 지금도 힘겨워하고 있노라고 털어놓았다. 자신들이 잃어버린 것이 무엇인지에 대해서도 어느 정도 생각을 나누었다. 서로에 대해 아직 약간의 미련이 남아 있다는 사실까지도 인정했다. 그럼에도 불구하고 그들은 지금 처음으로 자신들의 결혼에 대해 작별을 고할 수밖에 없다는 사실을 인정하였다.

프란시스와 로드는 친구가 될 수 있도록 노력해 보고 싶었지만 감정적으로 친구로 남는 것이 가능할지, 그리고 새로운 상대들이 그들의 친구 관계를 이해해 줄지 자신이 없었다. 앞으로 그들의 관계가 어떻게 되든지, 아이들에게 더 좋은 부모가 되겠다고 다짐했다. 두 사람은 그들의 사랑, 관심, 그리고 다소간의 엄한 꾸짖음 등과 같이 아이들에게 필요한 것을 제공해 주는 일에 초점을 맞출 필요가 있다는 사실에 생각을 같이했다.

나는 그들이 기대하는 변화를 일구어 낼 수 있도록 계속해서 돕겠다고 제안했다. 하지만 그들은 한 번만 더 만나면 될 것 같다고 했다. 그들은 마지막으로, 아이들을 모두 데리고 와서 그들에게 사과하고, 두 사람 다 그들을 사랑하고 있다는 말을 해 주고, 앞으로는 두 사람이 같은 입장에 서서 행동할 것이라고 경고해 주고 싶다고 했다. 더 이상 엄마와 아빠 사이에서 장난을 치지 못하도록 말이다.

그들과의 마지막 상담은 내가 했던 가족상담 중 가장 행복하고, 또 가장 쉬웠던 만남이었다. 나는 그냥 편하게 앉아 바라보기만 했다. 프란시스와 로드는 아이들에게 하고 싶은 말을 조목조목 전달하였다. 그들의 말투에는 사랑이 듬뿍 담겼고, 때로는 반성의 분위기를 띠기도 했지만, 시종일관 권위가 있었다. 그들이 전달한 어떤 내용보다도, 그들의 어조 자체가 그들이 가정의 부모들이며 부모로서의 역할을 하기 시작할 것이라는 사실을 분명히 말해 주고 있었다.

로드와 프란시스가 이야기하는 동안, 이안은 똑바로 앉아 귀를 기울였고, 젠은 눈을 굴리며 믿을 수 없다는 표정을 지었다. 크리스틴은 안도의 한숨을 쉬면서 더없이 행복하고 귀여운 미소를 지었다.

갈등과 분노는 종종 겉으로 드러나는 것과는 전혀 다른 의미를 감추고 있는 경우가 있다. 갈망, 상처, 슬픔, 그리고 두려움은 종종 갈등과 분노에 불을 지핀다. 상담치료를 통해 로드와 프란시스는 그들이 깨닫지 못하던 감정들, 자존심이나 불안감으로 인해 인정하지 못하던 감정들을 보게 되었다. 상담은 그들에게 다른 곳에서는 다루지 못했던, 미처 해소되지 못한 감정들을 다룰 수 있는 마당을 제공해 주었다.

결과적으로 로드와 프란시스는 이혼 상황에서 부모들이 해야 할 일을 하였다. 즉 서로 간에, 그리고 아이들과의 사이에 분명한 경계가 있는 보다 사무적인 관계를 확립한 것이다. 로드와 프란시스는 그들의 분노에 속아 이혼을 하면서 서로가 아주 멀어졌다고 생각했다. 하지만 갈등은 그들을 하나로 묶어놓고 있었다. 다른 많은 부모들처럼 로드와 프란시스는 이혼의 과정에서 이처럼 간단해 보이지만 감정적으로는 매우 복합적인 교훈을 배우는 데 많은 시간을 필요로 했던 것이다.

선택의 여지가 없어 보이는 상황에서 가능성 찾기

멜빈(Melvin)과 펠리샤(Felicia)가 조정을 위해 방문한 것은 그들이 헤어진 지 2년이 지난 시점이었다. 그들에게는 다섯 살 된 안토니(Anthony)와 세 살 된 콜렛(Collette)이라는 어린 두 아이가 있었다. 그 당시 멜빈과 펠리샤가 두 아이들을 돌보는 스케줄은 이를 데 없이 복잡한 것이었다. 결별하기 전 아이들을 돌보는 의무를 함께 나누었던 것처럼 그들은 이혼 후에도 자녀 양육을 정확히 절반씩 나누어 하고 있었다.

펠리샤와 멜빈의 자녀 양육계획서는 순전히 두 사람의 힘으로 만들어 낸 것이다. 그들은 각자 상담사를 만났지만, 아이들에 관해 가족치료 상담사나 조정인과 이야기를 나눈 적은 없었다. 헤어지기 전에 각자의 변호사와 상의했지만, 두 사람 모두 마지막 이혼 서류 작성할 때 말고는 그들과 다시 의논하지 않았다. 자기들 나름의 방식으로 문제를 해결하고 싶었던 것이다. 그저 어린이와 이혼에 관한 몇 권의 책으로부터 도움을 받았을 뿐이었다.

어느 면으로 보나, 멜빈과 펠리샤는 아이들을 우선시한다는 점에 있어서 매우 모범적인 것처럼 보였다. 펠리샤는 이사를 했지만, 아이들을 돌보기 위해 그러는 것이 좋다고 여겨지면 일주일에도 몇 번씩이나 예전 집에 들렀다. 멜빈 역시 필요하다고 생각될 경우 펠리샤의 아파트에서 아이들을 돌보았고, 아이들과 서로의 필요에 맞추기 위해 근무시간을 자주 조정하였다.

두 사람 다 정규 직장을 갖고 있었지만, 다행히도 두 사람 모두 사무실에서 근무하는 시간을 줄이고 가택근무 시간을 더 길게 할 수 있었다. 멜빈은 최근 창업한 조그만 기술 관련 회사를 운영하고 있었는데, 직원들이 맡은 역할을 충실히 수행하는 한 시간을 자유롭게 쓸 수 있도록 해 주었다. 펠리샤는 그 지역 대학교에서 정보기술 부서의 특별 자문 담당이었다. 근무시간 대부분 그녀는 별로 할 일이 없었다. 더 많은 일을 할 수 있는 역량이 있다는 사실을 알았지만 말이다. 하지만 긍정적인 면도 있었다. 가령 사무실의 컴퓨터 고장 같은 대형 사고를 막으면서, 그녀는 자유롭게 출입할 수 있었고 거의 대부분의 일을 집에서 처리했다.

조정 과정에서 펠리샤와 멜빈은 자신들의 느낌, 이혼에 대해 오락가락하는 마음 및 새로운 삶을 살고 싶다는 바람 등에 대해 솔직하지만 상대방을 배려하는 태도로 이야기했다. 서로 헤어진 지 2년이 지났지만, 여전히 그들의 삶은 서로 깊이 얽혀 있었고, 이것은 그들이 그렇게 하기로 선택한 것이었다.

그렇다면 무슨 이유로 이런 훌륭한 부모요, 선량한 사람들이 조정을 받으려 한 것일까? 펠리샤는 버지니아를 떠나 서부로 이사를 가고 싶어 했는데, 이처럼 큰 변화를 시도하려 한 데는 그만한 이유가 있었다. 그들이 예전에 살았던 실리콘밸리의 한 회사로부터 굉장히 매력적인 제안이 들어왔고, 그녀는 자신에게 그 기회를 잡을 만한 자격이 있다고 생각했다. 다시금 첨단기술의 중심지로 복귀하고 싶었던 것이다.

사실 5년 전 멜빈이 꿈꾸던 직장을 좇아 버지니아로 이사하면서 그는 5년 내에 다시 캘리포니아로 돌아가자고 펠리샤에게 약속했었다. 멜빈은 펠리샤가 너무 고맙게도 자신이 꿈꾸던 직장을 좇아갈 수 있도록 해 주었으니 펠리샤 역시 그럴 수 있는 기회를 얻게 될 것이라고 자신 있게 말했던 것이다. 지난 5년 내내 펠리샤는 그 때를 기다리고 있었고, 드디어 약속한 시간이 다 되었던 것이다.

두 번 정도 상담을 한 결과, 펠리샤와 멜빈의 문제는 실제적인 것이지 전혀 감정적인 것은 아니라는 사실이 분명해졌다. 우리는 서로 머리를 맞대고 가능한 해결책을 찾기 위해 애를 썼다. 처음 나에게 찾아올 때 멜빈과 펠리샤는 두 가지 가능성을 염두에 두고 있었다. 펠리샤가 옮겨가거나 혹은 그냥 남거나 둘 중 하나였다. 브레인스토밍은 사람들로 하여금 훨씬 더 많은 가능성을 발견할 수 있도록 도와주는 기술이다.

브레인스토밍을 할 때, 당신은 먼저 새로운 것이건 기존의 것이건 가능한 한 많은 해결책들을 열거해 보는 것으로 시작한다. 생각의 문을 열고 독창적인 사고를 촉진하는 의미에서 온갖 종류의 생각들을, 심지어 말도 안 되는 것들이라도 생각해 내는 것이다. 이런 생각들을 평가하는 것은 나중에 할 일이다. 우선은 선택할 수 있는 가능성들을 적은 긴 목록을 작성하고 난 뒤, 이것들에 대해 생각해 볼 시간을 가져야 하는 것이다.

조정할 때, 브레인스토밍은 이혼으로 인한 감정적 얽힘을 어느 정도 피할 수 있다는 이점이 있다. 브레인스토밍을 할 때는 어떤 생각이든지 이야기할 수 있는 것이므로, 많은 부모들은 이런 자유로움을 기회삼아 말하고 싶었지만 할 수 없었던 생각들을 시험삼아 던져 본다. 가령, 어느 한 편에서 "음, 다시 합칠 수도 있겠죠." 라고 말할 수도 있다. 이것은 진짜 제안이긴 하지만, 다른 편에서 아무런 관심을 보이지 않으면 그저 나름 독창적인 생각이었다고 무시하고 지나가면 그만인 것이다.

실제로 나는 펠리샤를 비롯한 많은 부모들이 그렇게 하는 것을 보아 왔다. 그녀는 이렇게 말했다. "우리가 캘리포니아에 멋진 집을 하나 사서 다같이 살 수도 있잖아요." 그녀는 잠시 말을 멈추고 곁눈질로 멜빈을 쳐다보았다. "서로 반대쪽에 떨어져서 산다는 거죠."

한쪽이 제시한 의견이 다른 한쪽의 마음에 들지 않더라도 화를 내거나 반박을 하는 것은 허락되지 않는다. 대신 두 부모 모두 시간을 두고 (종종 며칠 혹은 몇 주가 되기도 한다), 제시된 제안들을 말도 안 되는 것들까지 포함해서 전부 고려해 보아야 한다. 이런 절차는 사람들로 하여금 반사적으로 대응하거나, 화를 내거나, 협상을 막아버리거나 하지 않도록 해 준다. 또한 시간을 끄는 것은 처음에는 터무니없이 나쁘게만 여겨졌던 제안 속에도 나름 긍정적인 부분이 있다는 것을 볼 수 있게 해 준다. 그리고 브레인스토밍은 정말로 창조적인 사고를 촉진시킨다.

펠리샤와 멜빈은 브레인스토밍에 성공했고, 여러 가지 가능한 선택들을 생각해 내었다. 멜빈이 펠리샤와 함께 캘리포니아로 이사할 수 있다. 혹은 멜빈의 사업이 정착될 때까지 펠리샤가 이사를 1년 더 미룰 수 있다. 혹은 펠리샤가 실리콘밸리로 이사를 하고 멜빈과 아이들은 6개월 후 따라갈 수 있다. 아니면 아이들이 펠리샤를 따라가고 멜빈이 6개월 후 따라갈 수 있다. 멜빈이 자기 회사에 펠리샤를 취직시킬 수 있다. 펠리샤가 멜빈에게 일자리를 줄 수 있다. 그들 모두가 전혀 다른 어딘가로 이사해 중립지역에서 새롭게 시작할 수 있다. 혹은 펠리샤는 이사를 가고 멜빈은 머물며, 아이들은 학기와 방학 때 서로 나누어 지낼 수 있다. 만약 동서부에 분교가 있는 사립학교라면 아이들이 학업에 지장을 받지 않고서도 더 자주 오고갈 수 있을 것이다.

더 이상 독창적인 아이디어가 나올 기미가 없자, 내가 두 가지 가능성을 더 제시했다. 각자 아이를 한 명씩 맡는다. 아이들을 플로리다로 보내 조부모와 함께 살도록 하면서, 격주마다 아이들이 비행기로 오고가도록 한다. 이런 말도 안 되는 제안들을 내놓으면서 나는 그들이 더 자유롭게 생각하게끔 만들어 주고, 그와 동시에 그들에게 한 가지 메시지를 던져 주려고 했다. 그들이 내어 놓은 제안들은 완벽과는 거리가 먼 것들이지만, 그보다 더 못한 가능성들도 있다는 사실이었다.

펠리샤와 멜빈과 상담을 하던 중, 나는 이혼법 수업을 듣는 학생들에게 조정에 관한 초청 강의를 하게 되었다. 나는 펠리샤와 멜빈의 사례, 아이들에 대한 그들의 관심, 그리고 그들의 기발한 브레인스토밍이 조정에 대한, 그리고 조정과 적대적인 법적 공방 사이의 대조점들에 대한 좋은 예화가 될 수 있으리라 생각하였다. 나는 (이 책 전체에서 한 것과 마찬가지로) 등장인물들의 신분을 철저히 가리고 이 사례를 학생들에게 제시하였다. 나는 학생들 역시 펠리샤와 멜빈의 경우를 두고 브레인스토밍을 하도록 했다. 이처럼 똑똑하고 젊은 법학도들 중 누군가가 멜빈과 펠리샤가 생각해 내지 못한 멋진 가능성을 생각해 내기를 바랐던 것이다.

학생들은 실제로 여러 가지 기발한 아이디어를 들고 나왔다. 한 학생은 펠리샤가 캘리포니아로 이사를 가되 매 주말마다 비행기를 타고 돌아와서 아이들을 맡아 돌볼 수 있다는 제안을 했다. 또 다른 학생은 멜빈이 캘리포니아로 이사를 가되 단 5년 동안만 그렇게 한다는 생각을 들고 나왔다. 그 다음은 다시 멜빈의 뜻에 따를 차례가 되는 것이다.

하지만 가장 의미심장한 대안을 들고 나온 것은 수업을 공동강의하고 있던 대단히 탁월한 법정변호사였다. 그녀는 학생들이 펠리샤와 멜빈의 문제를 다른 견지에서 접근하는 것이 어떻겠냐고 제안했다. 만약 그녀가 펠리샤의 변호사라면 이렇게 충고하겠다고 했다. 직장을 그만두거나, 혹은 그보다 더 나은 경우로서 해고를 당하라는 것이다. 펠리샤는 현재의 컨설팅 일에 염증을 느끼고 있는 데다, 일을 안 하게 되면 다른 좋은 점도 있다. 펠리샤는 대부분의 시간 동안 어린 자녀들을 돌볼 수 있을 테고, 멜빈은 그녀에게 자녀 양육비와 어쩌면 위자료까지도 지불해야 할 것이다. 펠리샤가 일을 안 하고 아이들을 돌보며 한두 해 정도 지내면, 후에 소송을 제기하여 단독 친권을 얻어낼 수 있는 최상의 입장에 서게 될 것이다. 일단 단독 친권을 확보하게 되면 펠리샤는 원하는 곳 어디로든 갈 수 있게 된다. 멜빈이 동의하든 말든 상관없이.

이 충고는 전적으로 펠리샤의 입장에서 본다면 대단히 탁월한 것이라 여겨질 것이었다. 물론 이 훌륭한 전략이 펠리샤와 멜빈의 관계, 멜빈의 아버지 노릇, 그리고 아이들에게 미칠 영향을 생각해 볼 때, 무척이나 마음 불편하게 여겨지는 것도 사실이었다. 사실 이런 전략이 내 마음을 너무도 불편하게 한 나머지, 우리가 조정 과정에서 생각해 내었던 불완전한 대안들이 이전보다는 훨씬 더 나은 것으로 여겨지기 시작했다. 하지만 나는 이 변호사가 협력적인 접근과 관계된 많은 실제적인 사안들을 제기했다는 사실을 인정하지 않을 수 없었다. 예를 들어, 일단 펠리샤가 멜빈과 아이들보다 먼저 캘리포니아로 이사한다고 치자. 그럴 경우 멜빈이 뒤따라 가기를 거부하고 단독 친권을 얻기 위한 소송을 하지 말라는 법이 어디 있는가? 멜빈이 누군가를 사귀게 된다면? 아직은 그런 일이 일어나지 않았지만, 그건 누구도 모르는 일이 아닌가? 불확실함과 위험성은 피할 수 없는 것이었다.

멜빈과 펠리샤는 결국 이사를 한 해 더 미루고 그동안 멜빈이 사업에 박차를 가해 캘리포니아로 회사를 옮기는 계획을 세우는 것으로 결정을 내렸다. 펠리샤는 1년 후에도 좋은 직장을 얻을 수 있으리라는 자신감이 있었고, 그동안에 멜빈은 그녀를 자기 회사의 외부 컨설턴트로 일하게 했다. 그녀가 맡은 일 중에는 캘리포니아를 비롯해 미국 전역을 돌아다니는 것도 포함되었는데, 멜빈은 가끔은 이들 출장에 아이들도 데리고 갈 수 있다고 동의하였다.

집을 옮기는 문제는 이혼 후 부모들이 직면하는 가장 어려운 과제이면서, 법적으로도 가장 논쟁이 심하고 일관성이 없는 영역이기도 하다. 어떤 주에서는 단독 친권을 가진 부모가 타당한 이유가 있다면 어디든 원하는 곳으로 갈 수 있게끔 허용하는 반면, 다른 주에서는 부모들은 어디로도 옮길 수 있지만 아이들은 옮기지 못하도록 규정하고 있다. 이럴 경우 부모가 이사하면 친권을 바꾸라는 명령을 내린다. 또 다른 주에서는 주 내에서는 매우 먼 거리의 이사도 허용하지만 다른 주로의 이사는 금하고 있다. 예를 들면, 뉴욕에 사는 부모는 맨하탄에서 여섯 시간이 떨어진 버팔로로 이사할 수는 있지만 바로 워싱턴다리만 건너면 되는 뉴저지로는 이사를 하지 못한다.

CHAPTER 11

과거를 내려놓고 미래를 바라보기

당장은 상상하기 어려울지 모르지만, 당신과 아이들은 언젠가는 이혼 후의 새로운 삶이 주는 도전과 기회들을 향해 나가게 될 것이다. 스스로 미래를 바라보든지, 아니면 앞날이 당신에게 닥쳐올 것이다. 설사 아직 앞으로 발을 내딛을 준비가 되지 않았다고 느끼더라도 마찬가지이다. 당신은 아직도 상처를 어루만지고 있는데, 전 배우자가 새로운 삶을 시작하고, 아이들 역시 이혼의 아픔을 뒤로 하고 앞으로 나갈 준비가 된 것을 보게 될지도 모른다. 혹은 당신과 사귀기를 원하는 누군가를 만나게 될 수도 있다. 아직 완전한 준비가 갖추어지지 않았을 수도 있지만, 조만간 당신은 몇 해 전 당신이 계획했거나 예상한 것과 사뭇 달라 보이는 미래 속으로 뛰어들지 않을 수 없다. 좋건 싫건(더 좋을 것이라고는 생각하기 어렵다), 이것이 당신과 당신의 가족이 받아들여야 할 새로운 삶인 것이다.

과거를 내려놓고 돌아서서 미래를 직면해야 할 시점은 언제일까? 이런 물음에 대답하기가 항상 쉬운 것은 아니다. 과거의 부부들은 새로운 인생, 그리고 어쩌면 새로운 관계를 시작하고 싶어 안달이 날 수도 있다. 그렇게 서두르다가 자신들의 이혼에 있어 가장 핵심적인 사안이라고 할 수 있는 감정의 문제에 신경을 쓰지 못할 수 있다. 감정의 수렁에 영원히 갇혀 있고 싶은 생각은 없겠지만, 이혼이라는 늪지대는 당신의 감정과 바로 연결된다. 과거가 당신의 미래에 영원한 그림자를 드리우는 불행을 막고 싶다면, 당신의 감정들을 직시하고 받아들이며, 당신의 가족 관계를 새롭게 정립하지 않으면 안 된다.

이혼에 있어서 다른 많은 것들과 마찬가지로, 새로운 단계로 이행하는 시기 문제에 있어서도 가장 좋은 지표는 역시 당신의 감정이다. 하지만 감정이 뒤죽박죽일 때는 당신의 진정한 느낌이 어떤 것인지를 알기 어렵다. 지금이야 그런대로 잘 하고 있다고 생각할지 모르지만, 세 달 후 지금을 돌아보며 어쩌면 당신은 "세상에, 그땐 왜 그렇게 엉망이었는지…" 하게 될지도 모른다.

만약 아픔이 완전히 사라질 때를 기다리고 있다면, 그건 아마 매우 긴 기다림이 될 것이다. 당신의 전 배우자, 당신의 결혼, 그리고 당신의 가족 생활에 대한 사랑, 분노, 그리고 슬픔은 시간의 흐름과 함께 많이 누그러들 것이다. 하지만 어떤 식으로든 이혼의 흔적은 그저 몇 년이 아니라 평생 지속될 수밖에 없다.

감정들의 뒤섞임과 이런 강한 감정들을 추려내는 과정의 불확실함 때문에, 언제쯤 이혼에 쏠려 있던 관심을 거두어 들여야 할지를 결정하는 데 도움이 될 만한 지표를 마련하는 것이 유익할 수 있다. 사랑하는 사람이 죽은 후, 남겨진 사람이 정말 과거를 잊고 자신의 삶을 다시 살아가기 위해서는 통상 약 1년 정도의 시간이 필요하다고 생각한다. 이혼에 있어서는 아픔을 추스르고 가족 간의 관계를 재정립하는 일에도 그보다 더 긴 시간이 필요하다. 따라서 당신이 결별한 지 채 1년이 안 된 상황이라면, 새로운 삶으로 옮겨가겠다는 희망을 갖기에는 너무 이른 시점인 것이 거의 확실할 것이다. 하지만 결별한 지 2년이 넘었다면, 분명 이혼과 관련된 대부분의 과제가 해결된 상황일 테고, 따라서 이제 당신은 자신과 아이들의 미래를 생각하고 있을 시점일 것이다.

물론 미래로 나아가기 위해서는 먼저 과거를 내려놓기 시작해야 한다. 지난 일을 내려놓는다는 것은 과거를 잊는다거나 혹은 마치 결혼을 하지 않았던 것처럼 생각하는 것과는 다르다. 과거를 내려놓는다는 것은 당신 속에 있는 상처와 분노를 내려놓는 것, 죄책감과 부끄러움을 내려놓는 것, 그 배우자와 함께 한 가정을 이룬다는 생각을 내려놓는 것을 의미한다. 그리고 당신의 전 배우자를, 그리고 당신의 슬픔을 내려놓는 것이다.

내려놓는다는 것은 당신의 감정을 극복하는 것과는 다르다는 사실을 이해하는 것이 중요하다. 내려놓는다는 것은 당신의 동요된 감정이 사라지거나 잊혀지는 것을 의미하지 않는다. 오히려 내려놓는다는 것은 더 이상 어떤 기대나 되갚아 주고 싶은 욕구나 혹은 슬픔에 사로잡히는 일 없이 하루하루의 삶을 살기 시작하는 것을 의미한다. 내려놓는다는 것은 당신의 가슴 속에 그 감정들을 보관해 둘 자리를 마련하는 것이며, 그럼으로써 그 아픔이 흘러넘쳐서 좋은 일, 좋았을 수도 있는 일들을 망치는 일이 없게 되는 것이다. 내려놓는다는 것은 당신의 감정을 편안하게 간직할 수 있는 곳을 찾는 것이기도 하지만, 또한 종종 그 감정을 다시 꺼내어 살펴보고, 시험해 보고, 있던 곳에 다시 놓아둔 다음 불을 끄고 문을 닫을 수 있는 그런 장소를 찾는 것이기도 하다.

새로운 삶을 시작하기 위해서는 우선 지난 시간을 내려놓아야 하지만, 또한 새로운 도전에 직면하고 이를 받아들여야만 한다. 혼자라는 두려움에 직면하는 법을 배워야 한다. 아이들을 돌보고, 직장 생활을 하고, 가사를 돌보며, 재정을 꾸려 가고, 서로의 스케줄을 맞추는 법을 배워야 한다. 또한 다른 사람에게 도움을 구하고 또 그들의 도움을 받는 법을 배워야 할 수도 있다. 아이를 병원에 데리고 가야 할 때 일에 차질이 없도록 자리를 채워 줄 직장 동료나, 당신이 직장에서 빠져나올 수 없을 때 대신 수리공에게 집 문을 열어 줄 이웃, 혹은 당신이 딸을 축구 연습하는 곳에 데려다 줄 수 있도록 당신 아들을 야구팀 경기장에 데려다 줄 수 있는 친구 같은 사람 말이다. 새로운 삶을 시작한다는 것은 또한 다시금 독신이 되고, 사람을 만나고, 연인을 신뢰하는 법을 배우고, 또 사랑에 빠진 자신을 신뢰하는 법을 배우는 설렘과 두려움에 직면하는 것을 의미한다.

이제, 나는 어떤 사람인가?

'이혼자'라는 말은 불편한 단어이다. 아마 절대로 당신의 이름 앞에 이 말을 붙이고 싶지 않을 것이다. 하지만 새로운 삶을 시작한다는 것은 이 말이 당신에게 해당되는 말이라는 사실을 받아들이는 것, 그러면서도 이혼자라는 타이틀이 당신의 정체는 아니라는 것을 이해하는 것을 의미한다.

당신은 더 이상 아내와 남편의 관계는 아니다. 이제는 이혼한 (혹은 곧 이혼할) 여자요 남자인 것이다. 여전히 엄마이고 아빠이긴 하지만, 부모로서 당신의 정체성에 대해 이전보다 든든함이나 자신감이 크지는 않을 것이다. 만일 당신이 자신을 주로 아내이자 엄마 혹은 남편이자 아빠로서 생각해 왔다면, "이제 나는 어떤 사람인가?" 하는 물음에 답하는 데 많은 어려움을 겪게 될지도 모른다. 지금까지 당신을 규정해 왔던 핵심적인 역할을 잃어버린 나머지, 당신 자신의 정체성의 큰 부분을 상실한 것처럼 느낄 수도 있다. 심한 경우라면 이제 당신이 아무것도 아니라는 느낌에 시달릴 수도 있을 것이다. 심각한 정체성의 위기를 겪는다는 것이다.

유명한 심리학자 에릭 에릭슨(Erik Erikson)[43]은 우리의 문화 속에서 정체성의 위기가 성년이 되는 과정의 불가결한 요소라고 말했다. 에릭슨은 주장하기를, 청소년들은 "내가 누구인가?" 하는 물음과 씨름하면서 이에 대한 자기 자신의 해답을 찾을 수밖에 없다고 했다. 젊은이들은 여러 가지 다른 목표들, 관심사들, 가치관들, 관계들 및 사회적 역할들을 실험해 보면서 이 물음에 대한 다양한 답변들을 시험해 본다. 사실, 젊은이들이 정체성 위기를 극복하고 일생 동안 지속될 성인으로서의 정체성을 받아들이기 전에 불확실함, 혼란, 그리고 탐구로 규정되는 유예(moratorium)의 과정을 거치는 것은 건강할 뿐만 아니라 필요한 것이기도 하다고 했다.

지금쯤은 당신도 잘 알고 있겠지만, 사람들의 정체성이 일생 동안 고정적인 것은 아니다. "지금, 나는 누구인가?" 하는 것은 이혼과 함께 많은 사람들이 다시금 붙들고 씨름해야만 할 질문에 속한다. 이제 당신이 새로운 삶을 시작하면서 답하기 시작해야 할 질문인 것이다.

이혼 후의 유예기간

자신이 누구인지 알 수 없는 상황에서 당신은 막막하고, 혼란스럽고, 겁이 나고, 절박하다는 느낌에 사로잡힐 수 있다. 그래서 속히, 혹은 성급하게, 어떤 새로운 정체성이나 새로운 관계를 붙잡고 거기서 새로운 정체성과 안정감을 얻고 싶을지 모른다. 만약 당신의 상태가 이런 경우에 해당된다면, 너무 빨리 새로운 역할이나 관계에 뛰어들지 않도록 하는 것이 좋다. 적어도 본격적으로는 말이다. 대신 에릭슨의 충고를 따르라. 자신에게 유예기간을 부여하는 것이다. 이것은 은둔하라는 것이 아니라, 어느 정도의 시간을 두고서 새로운 관심사나 역할들 및 관계들을 시험해 보라는 것이다.

진부한 소리처럼 들리겠지만, 별거와 이혼의 위기를 겪으면서 당신에게 일어나는 급격한 변화를 성숙의 기회로 만들 수 있다. 이러한 불확실함과 자신에 대한 의심의 시간을 이용하여 당신이 저질렀던 실수들, 그리고 앞으로는 다르게 해 보고 싶은 것들을 생각해 볼 수 있다. 또 이혼 후의 유예기간을 이용해서 새로운 삶을 위한 새로운 목표들을 재어 보고 설정하며, 다음에는 어떤 점들에 있어 달라지도록 하겠다는 결심을 세울 수도 있다.

새로운 삶의 과정을 설정하면서, 어떤 부분을 바꾸고 또 어떤 실수들을 다시는 반복하지 않을지를 결심하면서, 좀 더 시간 여유를 두고, 완전하지 않을 수 있다는 여지를 더 많이 남겨두도록 노력하라. 부모들의 가르침이 아주 틀린 것은 아니라는 결론을 내리기까지 완고한 반항자가 되곤 하는 청소년들처럼, 이혼한 성인들 역시 처음에는 지나친 모습을 보일 때가 있다. 당신 또한 반항도 해 보고, 이전과는 180도 다른 삶을 시도해 볼 수 있겠지만, 아마도 이전의 방식이 아주 틀린 것은 아니었을 것이다. 과거 당신의 선택들이 모두 잘못된 것은 아니다. 미래를 위한 당신의 해법이 과거에 했던 것과는 정반대로 하는 것은 아닐 것이며, 모르긴 해도 그 중의 일부만을 좀 다르게 하는 것일 가능성이 높을 것이다. 이혼을 통해 성숙하기 위해 필요한 것은 과거로부터 깨달음을 얻는 것이지 과거를 거부하는 것은 아니다.

역할과 정체성의 확장

이혼 후의 유예과정에 있는 성인들의 거의 대부분에게 해당되는 건전한 목표의 하나는, 과거의 역할을 재정의하는 것을 넘어 자신의 정체성을 넓히고 새로운 관심사 및 역할들을 발견하는 것이다. 물론 이혼한 성인들의 대부분이 조만간 다시 아내나 남편이 되거나 깊은 관계에 있는 누군가에게 중요한 사람이 되는 것이 사실이다. 그리고 비록 자신의 역할에 대해 자부심을 갖지 못할지도 모르지만 그들은 여전히 어머니요, 아버지이다. 당신은 현재의 불확실한 시기를 가정 내에서의 역할을 새롭게 정립하는 일뿐 아니라 자신의 성숙을 위한 시간, 곧 친구, 딸, 형제, 교사, 운동이나 음악을 즐기는 사람, 혹은 단순히 사려 깊고 도덕적인 혹은 종교적인 사람으로 자신을 더 넓혀 가는 시간으로 삼을 수 있다.

어떻게 당신의 역할 범위를 넓혀 갈 수 있을까? 여기엔 두 단계가 있다. 첫째, 자기 자신이 위기 혹은 적어도 혼란의 상황에 머물 수 있게끔 허용할 필요가 있다.

둘째, 자신의 역할과 정체성을 확장하는 것이다. 정체성이란 행동에 근거를 두는 법이다. 새로운 정체성을 시험하는 가장 좋은 방법은 실제로 그 역할을 해 보는 것이다. 부모로서 더 잘하고 있다는 느낌을 갖고 싶다면, 아이들과 함께하는 시간을 더 확보하라. 더 자주보다는 더 일관성 있게 아이들과 이야기를 나누려고 하라. 아이들과 더 자주 연락할 수 있는 방법을 찾으라. 당신의 자녀들에게 당신이 그들을 얼마나 사랑하는지, 그리고 그들의 다른 쪽 부모 역시 얼마나 그들을 사랑하는지를 말해 주라.

일하는 사람으로서 당신의 가치에 대해 더 자신감을 갖고 싶다면, 어떤 것이든 직장을 구하라. 그리고 좀 더 열심히 일을 하라. 당신이 올라갈 수 있는 사다리의 다음 단계를 바라보라. 이력서를 새로 작성하여 어느 정도까지의 직장을 얻을 수 있는지 시험해 보라. 아니면 다시 학교에 들어가 늘 하고 싶어 했던 학위공부를 하거나 바라던 직업을 위해 공부를 하라.

당신이 외롭고, 고립되어 있고, 무료하다면, 새로운 활동을 시도해 보라. 친구에게 부탁하여 무언가를 함께 해 보도록 하라. 수화기를 들고 얼마 전 만났던 그 재미있는 사람에게 전화를 해 보라. 독서클럽에 가입할 수도 있다. 운동을 시작할 수도 있다. 카페에서 책을 읽으며 새로운 사람들을 만날 수도 있다. 사무실 회식에 함께 참석하여 혼자 구석에 숨지 않도록 하라. 하이킹 동호회에 가입할 수도 있다. 아이들 특별활동이나 학부모 모임이나 혹은 체육 행사 때 다른 부모들과 보다 적극적으로, 보다 편하게 대화를 나누도록 하라.

자기주장이 좀 더 분명한 사람이 되고 싶다면, 슈퍼마켓의 점원에게, 새치기하는 사람에게, 직장 상사에게, 전 배우자에게 당신의 입장을 분명히 말하도록 하라. 혼자서 모든 일을 도맡아 하는 것이 넌더리가 난다면, 설거지를 미루어 버린다든지, 정신건강을 위해 하루 결근을 한다든지, 문제를 다른 사람에게 넘겨 버린다든지, 소개팅 제안에 승낙을 해 버리라.

중요한 것은 시도하는 일이다

시도가 먹히지 않을 수도 있다. 아마 처음엔 거의 제대로 되는 적이 없겠지만, 그것이 중요한 것이 아니다. 요는 시도해 본다는 것이다. 당신이 설정한 유예기간은 가능성을 시험해 보려는 것이지 당장 성공을 거두겠다는 것이 아니다. 근육 하나를 움직여보는 것이지 180킬로그램을 들어 올리려는 것이 아니다. 당신의 유예기간은 어떤 옷이 맞을지 이런저런 옷을 열심히 걸쳐 보는 것이지 처음 입어 본 옷을 산다거나, 옷장을 새 옷들로 채운다거나, 혹은 몸에 안 맞게 되었다고 옷을 갖다 버리는 것이 아니라는 것이다.

새로운 역할이나 관계가 당신에게 맞지 않는 것일 때 형편없는 기분이 될 것이라는 것을 예상하라. 예전의 당신으로 돌아갔으면 하는 바람이 생길 것이라는 것도 예상할 수 있다. 하지만 일단 새로운 정체성을 분명히 정하고 나면, 당신은 아마 현재의 이 혼란과 불확실함의 시간을 하나의 전환점으로 바라보게 될 것이다. 지금으로서는 상상하기 어렵겠지만, 미래에는 아마 이혼 이후의 정체성의 위기를 씁쓸하면서도 달콤한 시간으로 기억하게 될 것이다. 상처는 여전히 쓰라리겠지만, 당신의 자아를 찾으려는 몸부림을 돌아보면 그 시간의 불확실함에서 어느 정도 달콤함 역시 발견하게 될 것이다. 변화에 대한 희망, 미래의 가능성, 그리고 당신의 삶에 새로운 방향을 설정해 낸 당신의 강인함에서 느끼는 달콤함 말이다.

슬픔을 나누는 일

새로운 삶을 시작한다는 것은 슬픔을 넘어선다는 것을 의미한다. 하지만 이혼의 과정에서 어떻게 그렇게 할 수 있을까? 우선, 슬퍼하는 것이 중요하다. 당신 자신이 분노나 슬픔이나 갈망을 느낄 수 있도록 허용해야 한다. 하지만 감정을 그대로 느끼는 것은 그것을 표현하는 것과는 다르다. 당신이 지킬 박사와 하이드처럼 느낄 수는 있지만, 그렇다고 그런 식으로 행동할 수는 없는 것이다.

당신이 그대로 행동에 옮겨서는 안 되는 감정들이 많지만, 그럼에도 불구하고 당신의 감정들을 분출할 수 있는 통로가 필요하다. 슬픔은 어느 정도 다른 이들과 공유되어야 한다. 죽음을 슬퍼하는 의식들이 고통스러우면서도 위안이 되는 것은 이런 의식들을 통해 상실의 아픔을 다른 사람들과 함께 나누기 때문이다.

불행하게도 많은 사람들은 이혼의 아픔을 혼자서 삭이려 한다. 인생에서 겪는 다른 많은 상실의 경험과는 달리, 결혼의 상실이라는 아픔을 완전히 공유할 수 있는 것은 단 한 사람, 곧 당신의 전 배우자뿐이다. 하지만 앞에서 설명한 것처럼 전 배우자와 함께 슬퍼하는 것은 불가능하다. 두 사람은 그 슬픔을 바라보는 일에 있어서나, 서로 다른 사랑과 분노와 아픔의 얽힘 면에서 전혀 다른 입장에 서 있었고, 아마 지금도 그럴 것이기 때문이다. 당신의 전 배우자와의 관계를 회복하는 일 역시 만만치 않다. 함께 슬퍼하는 법을 찾는다는 것은 사실상 불가능하다는 것이다.

당신의 전 배우자와 만나는 일조차도 슬픔을 더 복잡한 것으로 만들 수 있다. 관계를 개선할 방법을 찾는다는 것은 분노라는 치유력의 감정을 많은 부분 포기하는 셈이 된다. 깨지기 쉬운 희망에 자신을 노출하는 것이기도 하다. 아마 이 모든 것만으로도 전 배우자 대하는 일이 당신에게는 충분한 정서적 부담이 될 뿐더러, 감정의 문제를 지나치게 복잡하게 만드는 일일 것이다.

슬픔을 아이들과 나누는 일은 가능하지만, 그들에게서 많은 도움을 기대해서는 안 된다. 당신의 역할은 자녀를 위로하고 뒷받침하며, 슬픔이라는 아픈 감정을 함께 나누되, 그런 중에도 강하고 긍정적인 모습을 잃지 않는 것이다. 당신의 역할은 아이들을 뒷받침해 주는 것이지만, 그들의 역할은 당신을 뒷받침하는 것이 아니다. 자녀들과 함께 슬픔을 나눌 수는 있지만, 대부분의 경우 이러한 나눔은 잘 통제된, 그리고 분명한 의도를 가진 것이어야 한다. 아이들에게 당신의 개인적인 슬픔을 지나치게 표현해서는 안 된다. 그것은 당신의 아이들을 부모를 돌보는 아이들(caretaker kids)로 만들 위험을 자초하는 것이기 때문이다.

슬픔은 어느 정도 친구들이나 가족들과 나눌 수 있다. 분명 가족이나 친구들은 어느 정도까지는 당신의 아픔을 위로하고 공감해 줄 수 있을 것이다. 하지만 당신의 감정은 분명 그들이 느끼는 것보다 더 강렬하고 지속적일 것이다. 조만간 가족과 친구들은, 비록 사랑하는 사람의 일이긴 하지만 당신이 이혼 때문에 겪는 그 격렬한 감정에 지치고 말 것이다. 이혼한 당사자의 입장에서 이것은 자신의 편이 되어 주던 사람들이 더 이상 자기 마음을 이해하지 못한다는 느낌으로 다가올 것이다. 이것 역시 흔한 상황이며, 홀로 겪어야 할 이혼의 슬픔의 한 부분이다. 가족이나 친구들은 아마 당신이 미처 준비되기도 전에 당신이 새로운 삶을 위한 준비가 되어 있다고 생각할 수 있다. 따라서 당신이 채 준비를 갖추기도 전에 당신에게 새로운 삶을 시작하기를 바라거나 또 그렇게 하라고 격려할 것이다.

이혼의 슬픔으로 인해 외롭다거나 슬픔에 갇혀 있다고 느끼는 경우, 상담치료를 받는 것이 제일 좋은 해법일 수 있다. 상담사가 뭐라고 느낄지 혹은 그가 얼마나 객관적일지 아무런 염려도 할 필요가 없고, 상담사의 인내심을 한계에 도달하게 만들지나 않을까 염려할 필요도 없기 때문이다.

상담사가 슬픔을 겪는 당신에게 도움이 될 수 있겠지만, 슬퍼하기 위해 상담사를 찾아야 한다는 생각이 당신을 외롭게 만들 수 있다. 애석한 일이지만, 이혼의 슬픔을 겪으면서 고독함을 피할 수 있는 해법은 없다. 이는 슬프고 외로운 일이긴 하지만 대부분의 이혼을 경험하는 사람들에게는 다른 선택의 여지가 없는 불가피한 현실이다. 대부분의 사람들이 결혼의 마지막을 홀로 슬퍼할 수밖에 없는 것은 그들이 이 세상에서 단 한 사람과만 나누어 왔던 독특한 관계를 두고 슬퍼하고 있는 것이고, 그리고 그 한 사람은 더 이상 마음을 함께 나눌 수 있는 사람이 아니기 때문이다. 그것이 바로 이혼의 본질인 것이다.

과거 내려놓기, 그리고 용서

당신의 슬픔을 내려놓고 미래로 나아가는 일에 도움을 줄 수 있는 것은 무엇일까? 정서적인 측면에서 당신은 감정의 롤러코스터를 타야 할 필요가 있다. 이성적인 측면에서는 그 과정을 더 부드럽게 할 수 있다. 만약 거기서 벗어날 수 있다면, 그리고 궁극적으로는 그것을 용서할 수 있다면 말이다.

내려놓는다는 것은 미련을 버리는 것이지 감정을 버리는 것을 의미하지 않는다. 당신은 스스로에게 거듭 모든 것이 끝났다는 사실을 말해 주어야 한다. 거듭거듭, 당신이 그 사실을 믿을 때까지, 그래서 결국 결혼이 아주 끝났다는 사실을 받아들일 때까지 그래야 한다. 내려놓음을 통해 당신은 슬픔의 과정에서 일종의 떠나는 지점을 확보하는 셈이다. 그렇게 하여 당신은 전 배우자가 친절하게 나올 때마다 혹은 아이들이 고통을 받을 때마다 다시 감정의 소용돌이 속으로 빠져드는 일이 없게 될 것이다.

용서는 오늘날처럼 자기 입장이 분명한 세상에서는 아무런 쓸모가 없는 구태의연한 덕목에 속한다. 오늘날 누군가를 용서한다는 것은 무척이나 순진한, 심지어 코웃음 칠 만한 일에 가깝다. 특히 이혼이라는 그 분노와 상처와 고통의 격랑 속에서는 더더욱 그렇게 보인다. 오늘날처럼 공평해야 하고, 자신의 권리에 민감해야 하고, 얻을 수 있는 것은 다 얻어 내야 하는 세상에서 용서는 참 안 어울리는 생각이다.

하지만 용서할 수 있다면, 당신은 용서하고 앞으로 나아갈 수 있다. 용서할 마음을 가질 수 있다면, 비록 그것이 소박하고 구태의연해 보일지 모르지만 당신은 단순한 감정의 지혜 이상의 무언가를 성취한 것이다. 용서할 수 있다면, 진정으로 도덕적인 무언가를 성취한 것이다.

용서를 할 수 있는 유일한 방법은 그렇게 하기로 마음을 먹는 것이다. 슬픔이란 가장 기본적인 인간의 본성에 속하는 것으로, 심지어 많은 동물들조차도 큰 상실 이후 거쳐 가게 되는 경험이라 할 수 있다. 하지만 용서는 전혀 다르다. 슬픔에서 더 나아가는, 인간에게만 독특한 어떤 것이다.

용서한다는 것은 더 이상 상처를 되갚는다거나, 서운한 마음을 품고 있다거나, 똑같이 하겠다고 발버둥을 친다거나, 지금까지 받은 상처에 대한 보상을 기대한다거나 하지 않는 것을 의미한다. 누가 그렇게 하고 싶을까? 사람들이 용서하는 것은 도덕적이고자 혹은 친절하고자 하기 때문이기도 하고, 그들의 감정이나 그들 자신들보다는 아이들과 그들의 가치를 우선시하기 때문이기도 하다. 하지만 이런 것들은 용서를 위한 보다 고상한 근거들로서, 사람들이 자기 자신 속에서 혹은 자기의 도덕적, 종교적 신념을 통해 찾아야 할 것들이다. 심리적인 견지에서 볼 때, 용서의 동기는 보다 실제적이다. 당신이 다른 사람을 용서해야 하는 이유는 그렇게 함으로써 당신이 전 배우자와의 관계를 개선하는 일에, 그리고 용서하지 않으면 계속하여 품고 있을 가능성이 많은 감정들의 짐으로부터 벗어나는 데 도움을 얻을 수 있기 때문이다. 정서적인 측면에서 볼 때, 용서가 필요한 이유는 과거의 감정, 당신의 분노를 내려놓는 데(let go) 도움이 되기 때문이다.

슬픔의 자리 확보하기

한두 해 동안 사랑, 분노, 우울함의 파도에 밀려다니던 어느 날, 문득 물결이 잔잔해진 것 같은 느낌이 든다. 이 무렵이면 당신은 아마 한 번에 하나의 감정만을 느끼는 것이 아니라는 것, 당신의 이혼과 전 배우자에 대해 사랑과 분노와 슬픔을 약간씩 한꺼번에 느낄 수 있다는 것을 깨달을지도 모른다. 당신은 동시에 예전의 좋았던 시절을 기억하고, 받은 상처 때문에 화가 나고, 잃어버린 것들, 달라졌을 수도 있었을 일들로 인해 슬퍼할 수 있다. 이런 느낌이 들 때쯤이면, 당신은 슬픔을 넘어 앞으로 전진할 시점에 거의 다가서 있는 것이다.

그렇다면 슬픔은 어떻게 할 것인가? 슬퍼하는 올바른 방법이나 슬픔을 해소하는 정해진 답이 있는 것은 아니다. 슬픔이란 지극히 개인적인 감정의 작용이기 때문이다. 당신의 여정이 어떠했든, 당신의 종착점이 어디든, 한 가지는 분명하다. 슬픔을 넘어선다는 것은 슬픔을 극복하는 것과는 다르다는 사실이다.

슬픔이란 완전히 극복할 수 있는 것이 아니며, 아마 그러고 싶지도 않을 것이다. 슬픔을 극복한다는 것은 당신이 살아온 역사를, 당신의 사랑을, 당신의 삶을 포기한다는 것이다. 슬픔을 극복한다는 것은 당신의 결혼에 종지부를 찍었던 감정들은 물론이고 당신의 아이들을 태어나도록 만든 그런 감정들까지도 잊어버린다는 것을 의미한다. 슬픔을 극복해야 할 필요는 없다. 그보다는 오히려 당신의 사랑과 분노와 슬픔이 충분히 줄어들어 당신 마음 속의 서랍 안에 들어갈 수 있게 되었다는 것을 의미한다. 당신의 감정을 던져버리는 곳이 아니라 담아 두는 곳 말이다.

자녀들의 새로운 삶

당신의 자녀들 역시 새로운 삶을 바라보며 부모의 결별과 이혼에 대한 그들의 감정을 담아 둘 자리를 찾아야 한다. 아이들 역시 새로운 삶을 시작하겠지만, 이는 부모가 먼저 그렇게 한다는 것을 전제한다. 어른들이 자신의 산소마스크를 먼저 착용한 후에 아이들에게 마스크를 씌워 주라는 비행기의 안전지침을 생각해 보라. 부모들이 이혼의 위기와 아픔을 넘어 새로운 삶으로 이행할 때, 아이들도 비로소 자유롭게 가정 내에서 겪어야 했던 큰 충격에서 벗어나 본래 아이의 모습으로 되돌아갈 수 있게 된다. 부모가 새로운 삶을 시작하지 않는다는 것은 아이들이 앞으로 나아갈 수 있도록 허용하지 않는다는 말이 된다. 그리고 부모가 새로운 삶을 시작하지 못한다면, 이는 아이들에게 슬픔을 극복하는 일에 관한 모범을 보이지 못한다는 의미가 된다.

당신과 전 배우자가 새로운 삶을 시작하지 못한다면 당신의 이혼이 아이들의 어린 시절에 종지부를 찍는 일이 될 수도 있다. 당신이 슬픔과 분노의 감정에 막혀 앞으로 나아가지 못한다면, 당신 아이들은 갈등, 긴장, 그리고 슬픔으로 규정되는 삶을 살게 될 것이다. 이혼의 충격이 아이들에게 상처를 준다는 사실을 부인할 수는 없지만, 당신과 전 배우자가 때가 되었을 때 새로운 삶을 시작함으로써 당신의 자녀들이 모든 아이들이 마땅히 누려야 할 그런 어린 시절을 누릴 수 있도록 도와주어야 한다. 이것 하나만으로도 당신이 새로운 삶을 시작해야 할 충분하고도 남을 만한 이유가 된다. 우리가 아이들의 교육과 치아와 건강과 다른 수많은 일들을 두고 염려하는 것은 그것들이 아이들의 미래에 미칠 영향을 생각하기 때문이다. 나의 체험을 통해 알게 된 사실, 그리고 연구 결과가 뒷받침해 주는 사실은 바로 이것이다. 즉, 이혼이 아이들에게 미치는 항구적인 영향은 이혼 자체보다는 오히려 부모들이 이혼을 다루어가는 방식과 더 깊이 연관되어 있다는 것이다.

부모가 부모로서 바람직하게 행동하고, 아이들이 아이들답게 살 수 있도록 하는 데 성공했다고 하더라도 아이들의 입장에서 볼 때 이혼은 여전히 종결된 문제가 아니다. 나이가 들고 성숙해 가면서, 살아가면서 새로운 상황과 어려움에 직면하면서, 그들은 부모의 이혼을 되돌아보게 된다. 이혼할 수밖에 없었던 정황과 이혼이 진행되었던 과정, 현재 양쪽 부모와 그들 자신의 관계, 그리고 이 모든 것이 의미하는 바에 대해 묻게 되는 것이다. 만일 당신이 이해심이 많고 아이들 역시 열린 마음을 가지고 있다면, 이러한 갈등을 어느 정도 당신과 나눌 수도 있다. 그렇지만 아이들은 자신들이 직면하는 도전들을 많은 부분 스스로 해결하지 않으면 안 된다. 부모로서 당신의 책임은 이혼과 관련하여 당신의 역할을 충실하게 수행하는 것이며, 이로써 자녀들이 그들의 문제를 해결하는 일에 집중할 수 있도록 하는 것이다. 자녀들이 이러한 위기를 거쳐 갈 때, 당신이 도울 수 있는 방법은 헤아릴 수 없이 많다. 하지만 그들에게 당신의 이혼을 받아들이도록 하거나 그들의 삶 속에서 이 모든 것들이 어떤 의미가 있는 것인지 설명해 줄 수는 없다. 이것은 당신의 자녀들이 스스로 하지 않으면 안 되는 숙제인 것이다.

가정과 이혼에 대한 새로운 이해

자녀들이 나이가 들어 부모의 이혼을 되돌아볼 때, 부모는 그들이 새로운 수준의 이해에 이르도록 인도해 줄 수 있다. 자녀가 영아기 때 이혼을 한 경우라면 유아기가 되었을 때 부모의 이혼에 관해 설명해 줄 필요가 있다. 학령기 전의 아이들이라면 다른 아이들은 두 부모가 모두 한집에 산다는 것을 알아채기 시작할 것이고 왜 자기는 그렇지 않은지 알고 싶어 할 것이다. 하지만 아이들이 묻는 다른 많은 "왜요?" 물음처럼, 이 경우에도 아이들에게 필요한 것은 간단한 대답과 정서적인 다독거림이다. 귀여운 공룡 바니(Barney)* 가 가족에 대해 부르는 노래를 들어 보라. 그러면 아이들이 필요로 하는 것이 무엇인지 알게 될 것이다. "가족은 사람들, 가족은 사랑. 그게 바로 가족이지." 실제로 가족의 구성원이나 구조가 어떻게 서로 다른지, 그리고 당신의 가족이 당신과 아이에게 어떻게 해서 꼭 맞는 것인지 장황하게 설명하려 드는 어설픔보다는 차라리 "바니가 말하는 것처럼 말이다…" 하고

* 미국의 유명한 어린이 프로그램 캐릭터인 보라색 공룡 - 역자 주

시작하는 설명이 훨씬 나은 방식일 것이다.

학령기의 아이들 역시 종종 이혼에 관한 새로운 질문들을 던지곤 한다. 만일 아홉 살짜리 아들이 이혼에 관해 새삼 질문을 하고 나온다면, 아마도 한편으로는 호기심 때문에, 그리고 한편으로는 정서적으로 안심시켜 주기를 바라기 때문일 것이다. 따라서 이 연령대의 아이가 당신에게 왜 이혼했냐고 묻는 것은 무슨 고해성사나 재판을 원하는 것이 아니다. 그저 자신을 좀 더 잘 이해하고 싶은 것이고, 또 아빠를 가끔씩만 보아야 하는 이유가 무엇인지 알고 싶거나 아니면 물어보는 친구들에게 해 줄 만한 대답을 원하는 것뿐이다.

아이들이 사춘기로 접어들면서 아마도 질문은 더 많아지고 또 더 어려운 것이 될 가능성이 크다. 하지만 그들에게 시시콜콜한 이야기들을 모두 들려주기에는 아직 이르다. 가령 어느 한 부모의 심각한 정신적 문제와 같이, 더 어린 나이에는 이해할 수 없었지만 이제는 이해할 수 있는 분명한 이유가 있었던 것이 아니라면, 아마도 자녀들이 부모의 이혼에 관한 모든 자세한 내용들을 알아야만 할 시점은 영원히 오지 않을 것이다.

말을 조심하는 것은 경계를 존중한다는 것을 의미한다. 전 배우자에 대한 당신의 생각은 여전히 양극화되어 있을 가능성이 크기에 당신과 전 배우자와의 관계를 둘러싼 경계도 포함되겠지만, 무엇보다도 당신과 당신 자녀들 사이의 경계를 존중한다는 것을 의미한다. 우리가 앞에서 다룬 삶의 측면들에 관한 비유를 기억하라. 아이들이 성적(sexual) 측면에 있어서 부모들의 과거와 현재에 대해 속속들이 알 필요는 없다. 성(性)의 문제처럼, 당신의 이혼에 얽힌 시시콜콜한 이야기들은 아마도 당신의 아이들과 함께 나누기엔 너무 사적인 내용들일 것이다.

사춘기 자녀들의 질문에 대해서는 솔직하지만 간략히 대답해 주는 것이 좋다. 사용하는 개념이나 용어는 좀 더 어려워도 되겠지만, 상세한 배경 설명은 포함하지 않도록 하라. "우리는 더 이상 사랑하지 않게 되었단다." 하는 식의 답변이 더 어린 나이에는 이해할 수 없어서 해 줄 수 없었지만 사춘기 아이들에게는 해 줄 수 있는 보다 추상적인 설명의 요지가 될 것이다. 혹은 성(性)에 관해 예상할 수 있는 질문들처럼, 어쩌면 사춘기 자녀가 묻는 것은 당신의 이혼에 관한 것이 아닐 수도 있다. 그렇다고 하더라도 종종 이혼에 관한 이야기가 나올 수 있을 텐데, 그럴 경우에는 당신이 이해시키고자 하는 한 가지 메시지를 강조하려고 노력하라.

개인적인 경험을 말하자면, 나는 운전을 하면서 딸 매기와 이야기 나누는 것이 더 편했다. 그 아이가 주의를 기울이면서도 또한 어색한 순간을 피할 수 있도록 주의를 분산시킬 수 있었기 때문이다. 나의 메시지는 이것이었다. "이혼이라는 아픈 경험을 하게 해서 미안하구나. 이야기하고 싶을 때는 언제라도 이야기하렴. 엄마와 나는 언제나 너를 무척 사랑했고, 또 앞으로도 그럴 거라는 걸 알았으면 해." 내가 매기로부터 가장 많이 들었던 대답 속의 메시지는, 이혼은 분명 힘들지만, 그것이 오히려 그런 어려움이 없이 자라는 친구들보다 자기를 더 강하고 섬세하게 만들어 준다고 믿는다는 것이었다. 나 역시 그녀의 판단이 정확했다고 생각한다.

자녀들의 정체성 위기

당신의 20대 자녀가 예기된 정체성의 위기로 들어가고, 지금까지 자신이 지나온 삶을 되짚어 보게 될 때, 당신의 이혼이 그 속에서 중심적인 역할을 하게 될지도 모른다. 대부분의 젊은이들에게 있어 성인의 삶으로 이행하는 과정은 회고, 질문, 불확실함, 그리고 탐구로 이루어지며, 종종 부모와 가족들은 그들의 의문, 심지어는 비웃음의 초점이 된다. 많은 젊은이들은 적어도 일시적으로는 자기 가족의 관심사들, 관계들, 그리고 가치들에 도전하며, 아마 이것들을 거부하기도 할 것이다. 당신의 이혼이 자녀의 정체성 위기에서 중심적인 역할을 하지 않을 수도 있다. 하지만 이혼이 만약 중심적인 역할을 하게 된다면, 그들이 의문과 재정리의 과정을 잘 헤쳐 나가도록 도울 수 있는 가장 좋은 방법은 무엇인가?

당신은 사춘기 및 청소년기 자녀들에게 귀를 기울이고 그들을 정서적으로 후원하거나, 간간이 대안적인 가능성들을 제안하거나 할 수 있다. 그리고 대부분의 경우에는 그들이 스스로 모든 질문과 대답을 처리해 나가는 동안 인내심을 잃지 않는 것이다. 그들이 겪는 혼란스러움 중 어떤 부분은 분명 당신의 이혼으로 인한 것이다. 다른 측면들은 자연스럽지만 과장된 반항의 결과이다. 당신이 인내심을 발휘하기 위해 애를 쓸 때, 마크 트웨인(Mark Twain)의 다음과 같은 말이 위안이 될 것이다. "내가 열네 살의 소년이었을 때, 아버지가 너무 무식해서 같이 옆에 서 있는 것조차 견딜 수가 없었다. 하지만 내가 스물한 살이 되었을 때는, 그 7년 사이에 우리 아버지가 그렇게나 많이 유식해졌다는 사실에 깜짝 놀랐다."

물론 당신의 용감무쌍한 스물한 살 딸에게서 듣는 질문이나 비난들이 정곡을 찌르는 것일 수 있다. 청년기의 자녀가 다가와 당신의 이혼에 관해 이야기를 꺼낼 때는 설명하려 들기 보단 그저 들어 주려 하는 것이 좋다. 이때는 어쩌면 당신이 사과를 해야 할 시점이 될 수도 있다. 그리고 드디어 이전과는 다르게 대응해야 할 시점일 수도 있다. 어쩌면 당신의 딸은 지금까지는 두려워서, 어려서 아직 감이 잡히지 않아서, 혹은 당신을 지켜 주려는 욕구로 인해 말하지 못했던 것들을 당신에게 말할지도 모른다. 어쩌면 당신은 처음으로 진실을, 당신의 딸이 느끼는 진실을 듣게 될 것이다.

먼저 듣고, 그리고 받아들이라. 그런 다음에는 이전과는 다르게 대응하도록 하라. 지금이라도 아직 늦어버린 것은 아니지만, 어쩌면 지금이 마지막 기회가 될지도 모른다. 당신이 달라지지 않는다면, 이제 당신의 청년 자녀는 더 어렸을 때와는 다른 대안들을 선택할 것이다. 당신으로부터 거리를 두고, 다른 부모에게 돌아서거나, 혹은 두 사람 모두를 자기 남자친구의 가족, 그러니까 그녀가 늘 바랐던 모습의 가정으로 대치하려고 시도할 것이다.

고통에서 의미 찾기

결국, 당신이 부모이든 아이이든, 당신이 겪어야 했던 그 모든 일들을 받아들일 수 있는 유일한 길은 당신의 경험 속에서 의미를 찾는 것이다. 이것은 그저 식상한 격언들을 뒤적여 보고서 마지막에는 "모든 일들이 다 좋은 뜻으로 일어나는 셈이다" 하는 결론을 내리는 것을 의미하지 않는다. 큰 고통 속에서 진정한 의미를 발견할 수 있는 유일한 방법은 오랜 탐색의 시간을 갖는 것이다. 이 탐색은 어떤 답변을 기대하면서 시작하거나 마칠 수 있는 과정이 아니다. 어느 날 자리를 잡고 앉아 이 모든 것의 의미를 알아내겠다고 말할 수 있는 것이 아니다. 의미란 발견되는 것이지 발명하는 것이 아닌 것이다.

이혼이라는 길고도 힘겨운 여정 끝에 당신은 무엇을 발견하게 될까? 물론 알 수 없다. 생각했던 것보다 당신이 더 강한 사람이었다는 것을 발견할 수도 있다. 당신 인생의 목표들과 우선순위를 재검토해 보고서 당신의 아이들, 친구들, 혹은 당신의 감정을 더 소중하게 여길 수 있다. 다른 사람의 갈등에 더 민감하고 더 이해심을 발휘하는 것의 가치를 발견할 수도 있다. 당신 자신의 통제력의 한계를 절감하고 더 높은 능력을 신뢰하는 것만이 유일한 대안이라는 것을 발견할 수도 있다. 정말로 당신 자신을 신뢰할 수 있다는 것을 발견하고 스스로 놀랄 수도 있다. 지금으로부터 2년, 10년, 20년 후 당신은 이 모든 일들을 전혀 다른 빛 아래서 보게 될 수도 있다.

당신이 고통으로부터 어떤 교훈을 얻어야 하는지 말할 수는 없지만, 내 자신이 얻은 교훈을 나누어 볼 수는 있을 것이다. 나는 나 자신의 부족함을 깨닫고는 더 겸손한 사람이 될 수밖에 없었다. 나처럼 자만심이 강한 사람으로서는 힘들었지만 그러나 중요한 교훈이었다. 나의 선택이 나의 사랑스런 딸을 비롯한 다른 사람들에게 고통을 주었다는 사실을 회피할 도리는 없었다. 나는 또한 나의 결의와 좋은 의도에도 불구하고 내가 통제할 수 없는 것들이 얼마나 많은지를 알게 된 것, 그리고 옳은 일을 하고 싶지만 항상 그것을 해 내는 것은 아니라는 것을 인정할 수밖에 없게 된 것 역시 나를 겸허하게 했다.

나 자신의 실패를 인식하게 되면서 나는 다른 사람들의 실패에 대해서 더 인내심을 갖게 되었다. 지금의 나는 결별과 이혼으로 인해 촉발되는 상실감, 갈등, 고통, 두려움, 그리고 탐색의 강렬함을 더 잘 이해할 수 있다고 생각한다. 분명 나는 이혼이라는 감정의 격랑 속에서 올바른 선택을 한다는 것이 얼마나 어려운 일인지를 더 잘 이해할 수 있다.

그렇지만 나는 여전히 실패를 쉽게 받아들이지 못한다. 당신이 이 책에 담긴 연구결과와 임상적 사례들, 충고, 그리고 나의 개인적 경험을 활용하여 당신의 전 배우자와 당신의 자녀들에게 조금이나마 더 좋은 사람이 될 수 있다면, 나는 나의 개인적 투쟁과 실패들에서 가장 큰 의미를 찾을 수 있을 것이다.

주 석/찾아보기

서론 – 결혼이 깨어질 때 아이들을 먼저 생각하기

1) 오늘날 미국에서만 매년 백만 명 이상의 아이들이: 이혼으로 인해 영향을 받는 아동들의 수에 대한 통계 자료들과 향후 이혼율에 대한 예상치들은 미국 통계청의 다음 자료에서 확인할 수 있다. "Marriage, Divorce, and Remarriage in the 1990's." *Current Population Reports* (P23-180) (Washington, D.C.: U.S. Government Printing Office, 1992).

CHAPTER 01 – 감정과 헤어지기: 슬픔이라는 감정의 롤러코스터를 혼자 타기

2) 1972년 출판 된 『결혼의 미래』라 영향력 있는 책에서: '그의' 결혼과 '그녀의' 결혼에 관한 제스 버나드(Jesse Bernard)의 『*The Future of Marriage*』(New York: World, 1972)라는 책이다.

3) 이루 말할 수 없을 정도로: '그의' 결혼과 '그녀의' 결혼이 서로 별개의 세계라는 사실 및 이 두 세계 간에 소통이 이루어지지 않고 있다는 것은 놀라울 정도이다. 내가 수행했던 한 연구에 의하면 대상이 된 부부의 15퍼센트 정도는 아내와 남편 두 사람 모두 "이렇게 이혼을 하는 건 내 남편/아내가 그걸 원하기 때문"이라는 생각을 갖고 있었다. *Renegotiating Family Relationships: Divorce, Child Custody, and Mediation* (New York: Guilford Press, 1994), 9.

4) 이를 더욱 분명하게 설명하기 위해: 나는 앞서 *Renegotiating Family Relationships*에서 슬픔에 관한 나의 이론을 개진하였다.

5) 최근에 나의 박사과정 학생인: 대학생 커플들의 '무선호출기' 일기를 연구하여 발표한 슬픔에 관한 첫 논문은 다음과 같다. D. A. Sbarra and R. E. Emery (근간), "The Emotional Sequelae of Nonmarital Relationship Dissolution: Descriptive Evidence from a 28-Day Prospective Study," *Personal Relationships.*

6) 분노는 … 대처하는 데 도움이: 심리학자 Len Berkowitz는 고통이 어떻게 분노를 촉발시키는지 보여주었다. 그는 이 반응을 '혐오자극적 공격성'(aversively stimulated aggression)이라 불렀다. 가령 다음의 연구를 보라. L. Berkowitz, "Aversively Stimulated Aggression: Some Parallels and Differences in Research with Animals and Humans," *American Psychologist, 38* (1983), 1135-44.

7) 위협적인 상황은 … 촉발: 때리거나-도망가거나 반응에 주의를 환기시킨 사람은 잘 알려진 스트레스 연구가 Walter Cannon이라는 사실이 널리 인정된다. 이 반응은 지금 심리학 개론서들에서 자주 논의되고 있다.

8) 존 볼비 박사: 특히 애착에 관한 3부작 연구에서 제시된 John Bowlby의 애착 이론은

슬픔에 관한 나의 사고에 큰 영향을 미쳤다. *Attachment*(New York: Basic, 1969), *Separation: Anxiety and Anger* (New York, Basic 1973), and *Loss: Sadness and Depression* (New York: Basic, 1980).

9) 도움을 얻는 것이 그토록 어렵다면: 나는 여러 논문들 및 *Renegotiating Family Relationships*에서 떠나는 이와 남겨진 이에 관한 문제들을 다루었다. 심리학자들이 관계 해체에 있어서 이처럼 중요하고 상식적인 구분을 다루는 경우가 매우 드물다는 사실은 놀라운 일이다.

10) 미국에서 이혼하는 사례의 약 60퍼센트가: 남자들보다는 여자들이 이혼을 먼저 요구하는 경우가 많다는 사실 및 그 이유에 관한 논의를 살피려면 다음의 연구를 보라. L. Buckle G. G. Gallup, Jr., and R. A. Zachary, "Marriage as a Reproductive Contact: Patterns of Marriage, Divorce and Remarriage," *Ethology and Sociobiology, 17*(1996), 363-77.

CHAPTER 02 – 분리된 영역들: 이혼이 감정에 좌우되는 것을 막는 법

11) 우리는 … 대인관계에서의 경계를 설정: 친밀한 관계에서의 경계 문제에 관한 나의 생각을 정리하는 데 있어서 가족체계이론, 특히 Salvador Minuchin의 통찰력 넘치는 관찰들로부터 큰 도움을 받았다. S. Minuchin, *Families and Family Therapy* (Cambridge, MA: Harvard University Press, 1974).

12) 단 두 가지, 곧 사랑 아니면 권력: 아래 책에서 나는 관계의 기본적 차원들을 형성하는 사랑과 권력의 문제 및 애정 갈등과 친밀감 갈등의 혼동에 관한 상세한 설명을 제시하였다. R. E. Emery, "Family Conflict and Its Developmental Implications: A Conceptual Analysis of Deep Meanings and Systematic Processes," in C. U. Shantz & W. W. Hartup eds., *Conflict in Child and Adolescent Development* (London: Cambridge University Press, 1992).

CHAPTER 03 – 아동들의 현실: 아동과 이혼에 대한 진실

13) 현실은 훨씬 더 복잡하며: 사회과학자들은 이혼이 아동들에게 미치는 영향에 관해 오랫동안 논쟁해 왔다. 한 쪽 극단에서는 이혼이 심각한 영향을 끼치는데도 불구하고 이 영향이 과소평가되고, 제대로 관찰되지 않으며, 또한 분명 무시되고 있다고 주장한다. 다른 극단에서는 아동들이 적응유연성을 갖고 있을 뿐 아니라, 부모가 더 행복하면 아이들도 더 행복하다는 전제 아래 이혼이 유익한 것일 수도 있다는 주장

을 편다. 다음 책에서 나는 이에 관한 논쟁 및 두 극단적 입장과 중도적 입장이 보여주는 강점과 오류들을 살펴보았다. R. E. Emery, *Marriage, Divorce, and Children's Adjustment*, 2nd ed. (Thousand Oaks, CA: Sage Publications, 1999) 및 이혼문제 전문가인 Joan Kelly와의 2003년 공동 연구, "Children's Adjustment Following Divorce: Risk and Resilience Perspectives," *Family Relations*, 52, 352-62.

14) 이혼한 가정의 아이들은: 이혼이 아동들에게 정신적 문제를 야기할 수 있는 위험이 있음을 보여주는 통계 및 다른 관련된 통계 자료들은 *Marriage Divorce, and Children's Adjustment*에서 다루었다. 사회학자 Paul Amato는 다양한 연구들을 통해 이혼이 아동들에게 미칠 수 있는 위험들에 관한 증거들을 통계적으로 정리해 놓았다. P. R. Amato and B. Keith, "Parental Divorce and the Well-being of Children: A Meta-analysis," *Psychological Bulletin, 110* (1991), 26-46 및 P. R. Amato, "Children of Divorce in the 1990s: An Update of the Amato and Keith Meta-analysis," *Journal of Family Psychology, 15* (2001), 355-70.

15) 닉 질 … 미국 전역에서 … 실시한 주요 연구: 결혼가정과 이혼가정의 자녀들 중 정신건강 전문가를 찾아오는 아동들의 비율에 관한 자료는 다음의 연구에서 얻은 것이다. N. Zill, D. R. Morrison, and M. J. Coiro, "Long-term Effects of Parental Divorce on Parent-Child Relationships, Adjustment, and Achievement in Young Adulthood," *Journal of Family Psychology, 7* (1993) 91-103.

16) 실제로, 학자들은 … 단정한다: 이혼 후 자녀들에게서 발견되는 많은 문제들이 실제로는 부모의 결별 이전에 발생한 것이라는 결론을 내리고 있는 초기의 중요한 예지적 연구들 중 하나를 소개한다. A. J. Cherlin, F. F. Furstenberg, P. L. Chase-Lansdale, K. E. Kiernan, P. K. Robins, D. R. Morrison, and L. O. Teitler (1990), "Longitudinal Studies of Effects of Divorce on Children in Greater Britain and the United States," *Science, 252* (1991), 1386-89.

17) 아동들과 가족들이 어떻게 기능: 이혼 후 나타나는 자녀 양육 문제들 중 많은 부분이 이혼 이전으로 거슬러 올라간다는 것을 보여 주는 나의 연구는 아래 논문에 담겨져 있다. D. S. Shaw, R. E. Emery, and M. D. Tuer, "Parental Functioning and Children's Adjustment in Families of Divorce: A Prospective Study," *Journal of Abnormal Child Psychology, 21* (1993), 119-34.

18) 사실은: 나는 아래의 논문에서 이혼가정 및 결혼가정에서 아동들에게 정서적 문제를 일으키는 결정적 요인으로서의 부모 갈등에 처음 주의를 환기시켰었다. R. E. Emery, "Interparental Conflict and the Children of Discord and Divorce," *Psychological Bulletin, 92* (1982), 310-30.

19) 부모자녀 관계에 있어서의 지속적인 문제들: 이혼 후 자녀들의 심리적 문제에 부모의 양육방식이 미치는 영향에 대해서는 버지니아 대학의 나의 오랜 동료인 E. Marvis

Hetherington이 폭넓은 연구를 진행하였다. E. M. Hetherington and J. Kelly, *For Better or for Worse: Divorce Reconsidered* (New York: Norton, 2002).

20) 돌보는 역할을 감당하는 아이: 나의 이전 대학원 학생이었던 Michelle Tuer Martin이 (이혼에 있어서 아이가 부모의 필요, 특히 정서적 필요를 돌보게 되는, 일종의 역할 역전 현상인) 부모화에 관해 수행한 연구는 이 분야의 연구 중 가장 훌륭한 것 가운데 하나이다. M. Tuer Martin, "Mother-Daughter Relations in Divorced Families: Parentification and Internalizing and Relationship Problems." 미출판 박사학위 논문 (Charlottesville, VA: University of Virginia, 1995).

21) 탄력성은 … 아주 다르다: 나는 이혼가정 자녀들의 적응유연성에 관해 여러 편의 연구논문들을 썼다. 그 중 하나를 언급하면, R. E. Emery and R. Forehand, "Parental Divorce and Children's Well-being: A Focus on Resilience," in R. J. Haggerty, L. Sherrod, N Garmezy, and M. Rutter eds, *Risk and Resilience in Children* (London: Cambridge University Press, 1994) 64-99.

22) 적응유연성이 높은 학생들조차도: 이혼가정에서 적응유연성을 가진 아동들에게서도 발견되는 고통에 관해 내가 Lisa Laumann-Billings와 공동으로 수행한 연구는 다음과 같다. L. Laumann-Billings, and R. E. Emery, "Distress Among Young Adults from Divorced Families," *Journal of Family Psychology, 14* (2000), 671-87.

23) 적응유연성과 고통 사이의 차이점: 자신의 잘 알려진 책에서 이혼이 거의 모든 경우 자녀에게 심각하고도 지속적인 영향을 미친다고 주장했던 심리학자 Judith Wallerstein은 우리가 제시한 고통과 병리 사이의 구별이 이혼이 아동에게 미치는 영향에 관한 큰 논쟁을 해결하는 것이라는 데 의견을 같이 한다. 최근의 글에서 그녀는 이렇게 말했다. "어떤 학자들의 주장에 의하면 (결혼가정 자녀들과 이혼가정 자녀들 사이의) 이러한 차이는 비록 중요한 것이긴 하지만 심각하게 우려해야 할 문제는 아니다. 어떤 이들은 이러한 차이들이 많은 문제를 드러내는 것으로 보고서 새로운 개입절차와 정책 입안을 요청하는 하나의 경종으로 받아들인다…. 다양한 사회계층의 청년들을 대상으로 한 표본 연구를 바탕으로 Laumann-Billings와 Emery는 양 진영의 발견을 공히 뒷받침하는 강력한 증거들을 찾아내고 있다." J. S. Wallerstein, "Children of Divorce: A Society in Search of Policy," in M. A. Mason, A. Skolnick, and S. D. Sugarman, eds., *All Our Families: New Policies for a New Century* (New York: Oxford University Press, 2003), 66-95. 인용문은 73쪽에 나온다.

CHAPTER 04 – 변화의 계절들: 이혼의 과제들

24) 12년이 지난 후: 친권 문제를 놓고 커플들을 무작위로 배정하여 조정 혹은 법정 소

송을 하도록 했던 나의 연구는 1987년부터 시작된 일련의 논문들에서 발표되었다. R. E. Emery, and M. M. Wyer, "Child Custody Mediation and Litigation: An Experimental Evaluation of the Experience of Parents," *Journal of Consulting and Clinical Psychology, 55* (1987), 179-86. 12년 후의 후속 결과에 관해 가장 최근에 출판된 보고는 R. E. Emery, L. Laumann-Billings, M. Waldron, D. A. Sbarra, and P. Dillon, "Twelve-Year Follow-up of Mediated and Litigated Child Custody Disputes," *Journal of Consulting and Clinical Psychology, 69* (2001), 33-32.

CHAPTER 05 – 결별에 대해 자녀들에게 이야기하기

25) 아이들에게 더 낫다: 부모들의 갈등이 자녀들에게 미치는 파괴적 영향에 대해서는 앞에서 언급한 나의 1982년도 논문에서 검토하였다. 이를 포괄적으로 검토했던 다른 학자들 역시 유사한 결론에 도달하였다. 예를 들면, E. M. Cummings and P. Davies, *Children and Marital Conflict* (New York: Guilford, 1994), 그리고 J. H. Grych and F. D. Fincham "Marital Conflict and Children's Adjustment: A Cognitive-Contextual Framework," *Psychological Bulletin, 108* (1990), 267-90.

26) 아이들이 더 많은 문제를 가지고 있다: 이혼 후 (부부간의 갈등 수준이 높은 가정의 자녀들이 상태가 호전된 데 비해) 부부간의 갈등 수준이 낮은 가정의 자녀들은 더 많은 문제를 겪는다는 사실을 최초로 보고한 것으로는 P. R. Amato, L. W. Loomis, and A. Booth, "Parental Divorce, Marital Conflict, and Offspring Well-being During Early Adulthood," *Social Forces, 73* (1995), 895-915.

27) 정확히 뭐라고: 부모의 이혼에 대해 다양한 연령의 자녀들이 보여 주는 반응을 풍부하게 묘사한 연구로는 J. S. Wallerstein and J. B. Kelly, *Surviving the Breakup: How Children Actually Cope wih Divorce* (New York: Basic, 1980).

CHAPTER 06 – 법률적 절차에서 감정 배제하기

28) 1980년대에: 참고 R. E. Emery and M. M. Wyer, op. cit.

29) 객관적으로 반복, 평가: 참고 R. E. Emery et al. (2001), op. cit.

30) 조정을 수용한 부모의 대부분은: ibid.

31) 자녀의 … 복지 측면에 다소간 더 유익: 다양한 연구에 대한 최근의 통계학적 요약에 의하면, 공동 친권을 택하는 것이 자녀의 심리적 건강 및 가족 관계에 신뢰할 만한 유익을 주는 것으로 나타났다. R. Bauserman, "Child Adjustment in Joint-Custody Versus Sole-Custody Arrangement: A Meta-analytic Review," *Journal of Family Psychology, 16*(2002), 91-102.

32) 최선이기도 하고 최악의 방식: 연구 결과들이 어느 한쪽으로 일관되게 나타나는 것은 아니지만, 많은 연구들은 부모의 갈등이 심할 경우 공동친권 상황의 자녀들이 단독친권 상황의 자녀들보다 더 많은 심리적 문제를 겪는다는 것을 보여주었다. 가령 다음의 연구를 보라. J. R. Johnston, "Children's Adjustment in Sole Custody Compared to Joint Custody Families and Principles for Custody Decision Making," *Family and Conciliation Courts Review, 33*(1995), 415-25. 발표되지 않은 나의 연구 역시 동일한 양상을 보여주었다.

33) 부모들과 비교하였을 때: 앞에 언급된 Bauserman의 연구를 참고하라.

34) 단지 소수의: 공동 신체적 친권에 관한 부분에서 내 견해의 근거로 삼았던 자료들은 *Marriage, Divorce, and Children's Adjustment* (2nd ed.)에서 논의하였다. 가령 (공동 신체 친권이 보편적인 것으로 알려진) 캘리포니아의 한 표본에 대한 어떤 연구에 의하면 단지 10퍼센트의 가족들만이 공동으로 신체적 친권을 유지하였으며, 시간이 갈수록 그 빈도가 감소하는 것으로 나타났다. E. E. Maccoby and R. H. Mnookin, *Dividing the Child: Social and Legal Dilemmas of Custody* (Cambridge, MA: Harvard University Press, 1992), 그리고 C. M. Buchanan, E. E. Maccoby, and S. M. Dornbusch, *Adolescents After Divorce* (Cambridge, MA: Harvard University Press, 1996).

35) 잘 적용될 만한 양육 계획은 수없이 많다: 서로 다른 이혼 유형에 대하여 다른 양육 일정을 고려할 때에는 애리조나 주 마리코파 카운티의 변호사, 정신건강전문가 및 판사들로 이루어진 협의회가 마련한 일정 모델의 도움을 받았다.

36) 안정된 애착 관계: 애착 대상으로부터의 헤어짐이 (밤을 지내는 방문을 포함하여) 어린 자녀들에게 해롭다는 관점을 표현한 연구로는 J. Soloman and C. George eds., *Attachment Disorganization* (New York: Guilford, 1999), 243-64. 어린 자녀들은 (밤을 지내는 방문에 대한 적응을 포함하여) 적응력이 높으며 따라서 둘 이상의 애착 관계를 갖는 것이 중요하다는 것을 주장한 것으로는 J. B. Kelly and M. E. Lamb, "Using Child Development Research to Make Appropriate Custody and Access Decision," *Family and Conciliation Courts Review, 38*(2000), 297-311.

CHAPTER 08 – 적응유연성 있는(resilience) 아이로 키우기 위한 공동 노력

37) 부모들은 … 네 가지 중 하나의 범주: Diana Baumrind의 저술은 이런 양육 방식들의 본래 근간을 이루는 기초 연구에 해당한다. 가령, D. Baumrind, "Current Patterns of Parental Authority," *Developmental Psychology Monograph, 4* (1971), (I, Pt.2). 하지만 직접적으로 이 책에서 묘사된 네 개의 양육 방식들의 바탕이 된 것은 다음의 연구이다. E. E. Maccoby and J. A. Martin, "Sociolization in the Context of the Family: Parent-Child Interaction," in E. M. Hetherington, ed., *Handbook of Child Psychology*, 4th ed., vol. 4 (New York: Wiley, 1983), 1-102.

38) 실제로 일어나는: 심리학자 Gerald Patterson은 강압적 상호작용에 대해 상세히 묘사하고 연구하였다. 가령, G. R. Patterson, *Coercive Family Processes* (Eugene, OR: Castilia, 1982).

39) 통계학자 쥬디스 셀처: J. A. Seltzer, "Relationships Between Fathers and Children Who Live Apart: The Father's Role After Separation," *Journal of Marriage and the Family, 53* (1991), 79-101.

40) 세 배 정도나 더 높았다: Emery 외 (2001), 위의 책.

CHAPTER 09 – 새로운 관계의 모색

41) 재혼이란 또 하나의 … 의미하는 것이다: E. Marvis Hetherington과 Glen Clingempeel은 부모의 재혼이 자녀들에게 또 하나의, 많은 경우 힘겨운 전이 경험이라는 사실을 보여 주는 최초의 연구들 중 일부를 수행하였다. 가령, E. Marvis Hetherington and Glen Clingempeel, "Coping with Marital Transitions: A Family Systems Perspective," *Monographs for the Society for Research in Child Development, 57* (1992).

CHAPTER 10 – 배운 대로 실천하기

42) 마지막의 경우: JoAnne Pedro-Carroll은 이혼 가정 자녀들을 염두에 둔 수많은 학교용 프로그램들을 개발하였고, 그 효과를 조직적으로 시험하였다. 가령, J. Pedro-Carroll, L. Alpert-Gillis, and E. Cowen, "An Evaluation of the Efficacy of a Preventive Intervention for 4th-6th Grade Urban Children of Divorce," *Journal of Primary Prevention, 13* (1992), 115-30.

CHAPTER 11 – 과거를 내려놓고 미래를 바라보기

43) 유명한 심리학자 에릭 에릭슨: E. H. Erikson, *Identity and the Life Cycle* (New York: Norton, 1959, 1980)을 보라.

찾아보기

저자 및 역자 소개

[저 자] 로버트 E. 에머리(Robert E. Emory)

로버트 에머리 박사는 지난 29년간 주로 부모의 갈등 및 이혼과 관련한 가족관계 및 아동의 정신건강에 대한 연구를 주로 해오고 있으며, 미국뿐 아니라 전 세계적으로 폭넓은 강연 활동을 하고 있다.

백여 편이 넘는 학술논문과 여러 권의 책을 저술하였고, 그의 연구들 중 "Interparental Conflict and the Children of Discord and Divorce"는 "Citation Classic"에 선정될 정도로 자주 인용된다. 1999년에 2판이 발행된 "Marriage, Divorce, and Children's Adjustment"는 Choice 매거진이 시상하는 "Outstanding Academic Book Award"를 수상하였으며, 중국어로 번역되기도 하였다.

"부모의 이별과 마주한 아이: 아동과 이혼에 대한 진실"(The Truth about Children and Divorce)은 자녀를 가진 부모들이 이혼을 생각할 때 반드시 고려해야 할 사항을 다룬 것이다. 이 책에서 저자는 이혼전문가로서의 식견뿐 아니라, 자신이 이혼 후 딸을 키우며 겪었던 개인적 체험 또한 진솔하게 소개하고 있다. 미국에서 출판 당시 Newsweek 매거진에 소개되었으며 Today Show, The Jane Pauley Show, National Public Radio에서 책과 저자가 함께 소개되기도 했다. 지금은 버지니아 대학교 아동, 가족, 법률 센터의 소장이자 심리학과 교수로 재직 중이며, 슬하에 다섯 명의 자녀를 두었다.

[역 자] 최 인 화

서울대학교 의류학과를 졸업하고 영국에서 몬테소리 국제교사 자격증을 취득한 뒤 미국 컬럼비아대학교 교육대학원(Teacher's College)에서 유아교육학 석사학위를 받았다. 서울대학교 아동가족학과에서 아동학 전공으로 박사학위를 받았고, 현재 명지대학교 사회복지대학원 겸임교수로 일하고 있다. 옮긴 책으로 『영국 엄마들이 골라 주는 영어동화책』(홀씨: 공역)이 있다.

부모의 이별과 마주한 아이
(아동과 이혼에 대한 진실)

초판 1쇄 인쇄 2010년 5월 1일
초판 1쇄 발행 2010년 5월 7일

역　　자 | 최인화
펴 낸 이 | 김기섭
책임편집 | 박윤정
표　　지 | 이상은
펴 낸 곳 | 창지사 www.changjisa.com
121-809 서울시 마포구 대흥동 161
전화 (02) 719-2211~3
팩스 (02) 701-9386
등　　록 | 1977년 4월 28일 · 제1-421호

ISBN 978-89-426-1081-5 93370
값 20,000원